# 핵심패턴!

## 폴란드어

패턴별 원어민 음성과 반복 학습 영상을 수록!
유튜브 강의를 적극 활용하세요.

https://bit.ly/2Z6imFy

김아름 지음

| | |
|---|---|
| 초판인쇄 | 2020년 7월 10일 |
| 지은이 | 김아름(동유럽총괄센터) |
| 디자인 | 이종혁(동유럽총괄센터) |
| 원어감수 | 피오트르 로바친스키(Piotr Robaczyński) |
| 펴낸이 | 박창식 |
| 펴낸곳 | 도서출판 쥬빌리 |
| 주소 | 인천시 연수구 송도과학로56 송도테크노파크BT센터 2211호 (우21984) |
| 대표전화 | 032-719-8763 |
| 홈페이지 | www.jubileetrans.com |
| 신고번호 | 제352-2510020180000012호 |
| 신고일자 | 2018.05.15. |
| ISBN | 979-11-963994-3-6 |
| 정가 | 32,000원 |

\* 도서출판 쥬빌리는 교육 연구, 어학 교재를 전문으로 출판하는 회사입니다.
\* 이 책의 모든 내용, 디자인, 이미지 및 구성의 저작권은 동유럽총괄센터(김아름,이종혁)에 있습니다.
\* 출판사와 저작권자의 사전 허가 없이 이 책의 일부 또는 전부를 복제, 전재, 발췌하는 것을 금합니다.
\* 잘못된 책은 구입한 서점에서 바꿔 드립니다.

이 도서의 국립중앙도서관 출판예정도서목록(CIP)은 서지정보유통지원시스템 홈페이지(http://seoji.nl.go.kr)와 국가자료종합목록 구축시스템(http://kolis-net.nl.go.kr)에서 이용하실 수 있습니다. (CIP제어번호: CIP2020028087)

## 지은이의 말

문법을 쉽게 배우도록 "The 바른 폴란드어"를 만들었다면, OPI 시험 대비용 교재로 "한 번에 끝 폴란드어 OPI"를 집필하였습니다. 폴란드어 핵심패턴은 다년간의 노하우로 직접 학습자를 가르쳐 검증한 단기간 완성! 중급 폴란드어 회화를 보장할 수 있는 모든 비법이 담긴 책입니다.

본 교재는 폴란드어 핵심 동사를 기본으로 총 4가지 PART로 나누었습니다.

**Part1. Być 동사 100% 활용 패턴**의 경우, 가장 기본이 되는 Być 동사를 활용하여 뒤에 형용사와 명사만 넣으면 대화가 가능하도록 구성하였습니다. 전치사와 비인칭 구문까지 다각도로 Być 동사를 활용할 수 있는 방법을 소개하였습니다.

**Part2. 가장 유용한 일반동사/조동사 패턴**의 경우, 바로 뒤에 동사원형만 나오면 쉽게 쓸 수 있는 동사 등을 소개하였습니다. 또한 명사의 활용, 6하원칙 의문사, 과거/현재/미래 동사 변형, 어울리는 동사 및 전치사 표현 등을 풍부하게 담아두었습니다. PART2까지만 완성하면 폴란드어 초급은 마스터할 수 있음을 확신합니다.

**Part3. 자주 등장하는 일반동사 패턴**의 경우, PART2에 이어 가장 자주 쓰는 일반동사 33개를 수록하였으며, 접두사에 따른 동사의 다양한 의미, 명령법, 분사, 파생명사 등을 담아 동사의 어원을 알면 다른 단어가 나와도 연상하여 추론할 수 있도록 구성하였습니다. 특히 PART3은 접두사+동사 구조에 힘을 실어 중급 회화뿐 아니라, 쓰기, 읽기까지 가능하도록 만들었습니다.

**Part4. 활용도가 좋은 기타 동사**의 경우, 총 15개를 수록하여 유용하게 활용할 수 있는 방법을 소개하였습니다.

본 교재는 제목처럼 핵심적으로 쓰는 폴란드어 패턴들만을 담아 무조건적으로 원어민과 자연스럽게 대화를 할 수 있도록 구성한 책입니다. 폴란드어 강의를 진행하면서 학습자 입장에서 어려운 폴란드어를 쉽게 공부할 수 있도록 고민하고 또 고민하여 만든 책입니다. 핵심패턴을 쓸 수 있게 도와주신 모든 폴란드어 학습자분들께 감사 인사를 전합니다. 이 한 권의 책으로 폴란드어를 마스터할 수 있길 기원합니다.

저자 김아름

## 소개말

## 폴란드 사람들과 대화할 때,
## 무조건 쓰는 패턴은 232개!

### ★ 왜 폴란드어는 동사로 공부해야 하나요?

폴란드어는 동사에 따라 그 뒤에 나오는 형용사와 명사의 격변화, 즉 어미변형이 이루어집니다. 격변화가 복잡하긴 하지만 일정한 규칙이 있어, 그 규칙만 잘 숙지한다면 동사 뒤 명사만 갈아 끼워 쉽게 익힐 수 있습니다. 폴란드어에서 핵심인 목적격 동사를 중심으로 어미 변형을 자연스럽게 익힐 수 있도록 구성하였습니다.
또한 본 교재는 실제로 폴란드 사람들과 대화할 때 가장 자주 쓰는 동사만을 소개하였으며, 총 62개의 동사를 일정한 패턴에 적용시켜 다양하게 학습할 수 있도록 구성하였습니다. 교재에 소개한 총 62개의 동사와 총 232개의 패턴을 정확히 학습을 한다면 아주 쉽게 폴란드어를 정복할 수 있습니다.

### ★ 왜 폴란드어를 패턴으로 공부해야 하나요?

동사를 중심으로 배워야 가장 효과적인 폴란드어는 격변화가 있지만 일정한 패턴이 있습니다. 예를 들어 "나는 oo를 마시다."라는 표현에서 oo에 해당되는 명사만을 격변화로 끼워 맞추면 아주 다양한 표현을 구사할 수 있습니다. "나는 oo를 마시는 것을 좋아합니다."라는 표현으로 확장, 너는 oo를 마시는 것을 좋아해? 의문문으로 확장, 더 넘어 의문사로의 확장 등을 통해 단계적으로 읽고 말하는 연습을 반복하면 대화가 가능합니다. 본 교재에서는 이러한 기본 패턴부터 확장 패턴들을 단계적으로 소개해두었습니다.

# 232개 동사패턴을 이용하여 명사들만 익히면 회화가 가능합니다!

### ★ 이 패턴들만 익히면 정말 대화가 되나요?

제가 현장에서 폴란드어를 가르치면서 가장 강조하는 부분이 이 핵심패턴입니다. 본 교재를 만들기 전에는 필요한 내용들을 교안으로 정리하여 제공할 정도로 핵심적으로 강조하였습니다. 이러한 패턴들을 익히고 단어 암기가 기반이 되면 반복적으로 질문-답변을 연습할 수 있도록 훈련합니다. 실제로 핵심패턴으로 공부하여 폴란드 사람들과 대화가 가능한 학습자들이 많습니다. 실제로 폴란드 사람들이 일상생활에서 쓰는 말하기 패턴들은 핵심패턴 232를 벗어나지 않습니다.

### ★ 이 책을 효과적으로 활용하는 방법에 대해 말해주세요.

우선적으로 이 책을 학습하기 전에 폴란드어 철자, 기본 문법, 명사 위주의 단어를 공부한 후에 이 교재를 학습하기를 권장합니다. 본 교재는 문법이 아닌 패턴 위주의 회화 학습 교재이므로 동사 다음에 갈아 끼울 수 있는 명사들만 기본적으로 암기하면 자연스러운 패턴학습이 가능합니다. 또한 폴란드어는 기본적으로 듣기 훈련이 되어야 합니다. 따라서 원어민 발음을 계속 듣고 이를 따라 하는 학습이 가장 기본이 되어야 합니다. 무료로 제공하는 유튜브 영상을 꾸준히 들으면서 듣고 말하는 연습을 익힌다면 자연스럽게 대화가 가능합니다. 본 교재에 수록된 예문들은 실제로 폴란드인들이 쓰는 자연스러운 표현들만 골라 담았습니다. 반복적 학습으로 충분한 효과를 볼 수 있습니다.

## 책 구성

유투브에 교재와 연관된 원어민 음성을 수록한 학습 영상이 있습니다. 패턴 단위로 제작된 영상과 교재를 함께 활용하면 효과적인 학습이 가능합니다.

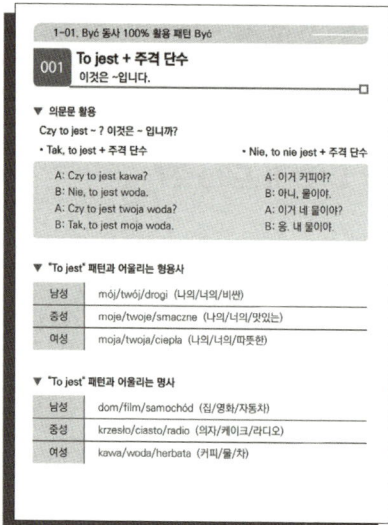

오늘 배울 핵심 패턴과 예문을 넣었습니다. 패턴을 확장하여 의문문과 부정문 패턴을 넣어두었습니다.

현지 폴란드인이 쓰는 표현들을 담아 어떤 상황에서 해당 패턴을 쓸 수 있는지 확인할 수 있도록 회화문을 구성하였습니다.

동사 패턴에 이어 뒤에 나오는 기본적인 문법 변형 및 패턴과 어울리는 표현들을 담아 다양하게 활용할 수 있도록 구성하였습니다.

왼쪽 내용을 토대로 "패턴+문법+어울리는 표현"을 어울려 만든 예문들을 넣었습니다.

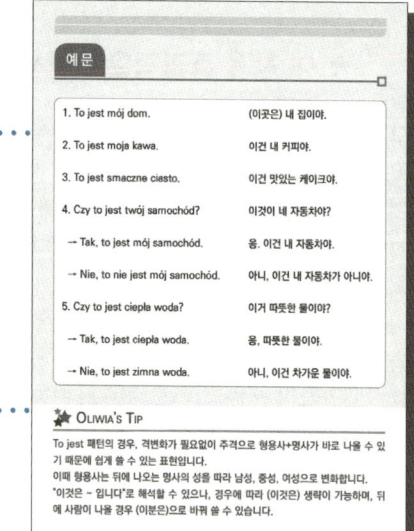

OLIWIA'S TIP을 통해 상세한 사항들을 확인 할 수 있도록 하였습니다.

교재의 패턴에서 소개한 단어이외에 알아두면 좋을 단어들을 엄선하여 정리해두었습니다.
특히 "Part 3 자주 등장하는 일반동사"와 같은 방식으로 패턴에 적용하여 연습하면 효과적입니다.

☆ 학습 요령 :
교재를 100% 활용할 수 있도록 핵심적인 문법들만 추려 정리해두었으니 참고하여 학습하면 효과적입니다.

다른 동사들에도 적용할 수 있도록 과거, 현재, 미래형 만드는 방법, 명령법, 분사 등 만드는 방법들을 수록해두었습니다.

☆ 한눈에 보는 격 정리:
부록 내용에 들어가기 앞서 전체적인 격에 따라 파생되는 내용들을 한 번에 정리하였습니다.

학습 Check !

### Step1. 유투브 영상을 적극 활용하세요.

하루에 1-2패턴을 완벽하게 학습한다는 다짐으로 패턴당 원어민 음성을 5번 듣고 따라하기를 연습하세요. 듣기와 말하기를 동시에 잡을 수 있는 지름길입니다. 익숙해 질 정도로 따라 연습하면 최대의 효과를 볼 수 있습니다. 특히 패턴당 원어민 음원은 5분 이내이기 때문에 자투리 시간을 이용하여 학습하기 좋습니다.

### Step2. 한국어-폴란드어 사전을 적극 활용하세요.

핵심 패턴을 확장하는 좋은 방법은 패턴에 어울리는 명사들을 직접 찾아 적용하는 연습입니다. 패턴과 어울리는 명사들을 한국어-폴란드어 사전을 활용하여 어미변형 및 의문사 등 회화를 연습해보세요.

### Step3. Oliwia's Tip을 적극 활용하세요.

전치사 + 명사의 경우 한 묶음으로 외우는 것이 좋고, 접두사의 의미 차이 등 회화에 도 좋은 문법사항들을 Tip으로 담았습니다. 반복되는 내용이 많기 때문에 계속해서 활용할 수 있도록 숙지해주세요.

### Step4. 부록을 적극 활용하세요.

교재에 수록되지 않은 단어들은 부록의 학습 요령을 참고하여 그대로 적용하여 연습할 수 있도록 활용하기 좋은 문법들을 엄선하여 수록하였습니다.

## 목차 1

## Part 1. Być 동사 100% 활용 패턴

### unit 01. * Być ~이다.

| | | |
|---|---|---|
| 001 | To jest + 주격 단수 : 이것은 ~입니다. | 22 |
| 002 | Jestem + 형용사 : 나는 ~입니다. | 24 |
| 003 | To są + 주격 복수 : 나는 ~입니다. | 26 |
| 004 | Jestem + 기구격 : 나는 ~입니다. | 28 |
| 005 | Jestem + 전치사구 : 나는 ~에 있습니다. | 30 |
| 006 | Było/Jest/Będzie + 비인칭구문 : ~이었다/~이다/~일 것이다 | 32 |
| 007 | 의문사 + to jest? : (의문사) 입니까? | 34 |
| 008 | 의문대명사 + to jest? : (의문대명사) 입니까? | 36 |

## Part 2. 가장 유용한 일반동사/조동사 패턴

### unit 01. * Mieć ~를 가지고 있다.

| | | |
|---|---|---|
| 009 | Mam + 목적격 단수 : 나는 ~를 가지고 있다. | 40 |
| 010 | Mam + 목적격 복수 : 나는 ~를 가지고 있다. | 42 |
| 011 | Kto ma + 목적격? : 누가 ~를 가지고 있나요? | 44 |
| 012 | Miałem + 목적격 : 나는 ~를 가지고 있었다. | 46 |
| 013 | 패턴 : "być/mieć"를 이용한 다양한 관용어구 | 48 |

### unit 02. * Lubić ~를 좋아한다.

| | | |
|---|---|---|
| 014 | Lubię + 목적격 단수 : 나는 ~를 좋아한다. | 52 |
| 015 | Lubię + 목적격 복수 : 나는 ~를 좋아한다. | 54 |
| 016 | Lubię robić + 목적격 : 나는 ~하는 것을 좋아한다. | 56 |
| 017 | Lubić 동사와 어울리는 동사 10개 | 58 |
| 018 | Lubiłem + 동사원형 : 나는 ~하는 것을 좋아했다. | 60 |

## 목 차 2

### unit 03 . * Chcieć ~을 원하다.

| | | |
|---|---|---|
| 019 | Chcę + 목적격 단수 : 나는 ~를 원합니다. | 64 |
| 020 | Chcę robić + 목적격 : 나는 ~하는 것을 원합니다. | 66 |
| 021 | Chcieć 동사와 어울리는 동사 10개 | 68 |
| 022 | Chciałem + 동사원형 : 나는 ~하는 것을 원했다. | 70 |

### unit 04 . * Móc ~할 수 있다.

| | | |
|---|---|---|
| 023 | Mogę + 동사원형 (단수) : 나는 ~를 할 수 있습니다. | 74 |
| 024 | Mogę + 동사원형 (복수) : 나는 ~를 할 수 있습니다. | 76 |
| 025 | Kto może + 동사원형? : 누가 ~를 할 수 있어요? | 78 |
| 026 | Móc 동사와 어울리는 동사 10개 | 80 |
| 027 | Mogłem + 동사원형 : 나는 ~를 할 수 있었습니다. | 82 |

### unit 05 . * Musieć ~를 해야한다.

| | | |
|---|---|---|
| 028 | Muszę + 동사원형 (단수) : 나는 ~를 해야만 합니다. | 86 |
| 029 | Muszę + 동사원형 (복수) : 나는 ~를 해야만 합니다. | 88 |
| 030 | Kto musi + 동사원형? : 누가 ~를 해야만 하나요? | 90 |
| 031 | Musieć 동사와 어울리는 동사 10개 | 92 |
| 032 | Musiałem + 동사원형 : 나는 ~해야만 했습니다. | 94 |

### unit 06 . * Woleć ~를 선호하다.

| | | |
|---|---|---|
| 033 | Wolę + 목적격 : 나는 ~하는 것을 선호합니다. | 98 |
| 034 | Wolę + 동사원형 : 나는 ~하는 것을 선호해. | 100 |
| 035 | Woleć + 동사와 어울리는 동사 10개 | 102 |

### unit 07 . * Trzeba/Warto/Wolno/Można
(~해야한다/~할 가치가 있다/~허가한다/~할 수 있다.)

| | | |
|---|---|---|
| 036 | Trzeba/Warto/Wolno/Można + 동사원형 [단수] : ~해야 한다/~할 가치가 있다/~허가한다/~할 수 있다. | 106 |

| 037 | Trzeba/Warto/Wolno/Można + 동사원형 [복수] : ~해야 한다/~할 가치가 있다/~허가한다/~할 수 있다. | 108 |
| 038 | Co warto + 동사원형? : 무엇을 ~ 할만 한가요? | 110 |
| 039 | Trzeba, Warto, Wolno, Można 동사와 어울리는 동사 10개 | 112 |
| 040 | 패턴 활용 : 과거, 현재, 미래형 trzeba, warto, wolno, można | 114 |

## unit 08 . * Prosić ~를 부탁하다.

| 041 | Proszę o + 목적격 : ~를 주세요. | 118 |
| 042 | Prosić + 동사원형 : ~해주세요. | 120 |
| 043 | Kto prosi o + 목적격? : 누가 ~를 부탁/요청 하나요? | 122 |
| 044 | Prosić 동사와 어울리는 동사 10개 | 124 |
| 045 | Prosiłem + 동사원형 : 나는 ~를 요청했습니다. | 126 |

## unit 09 . * Wiedzieć ~알다.

| 046 | Wiem + 접속사 + (주어) + 동사 : 나는 ~하는 것을 알고 있습니다. | 130 |
| 047 | Wiedziałem + 접속사 + (주어) + 동사 : 나는 ~하는 것을 알았습니다. | 132 |
| 048 | Wiedzieć의 다양한 활용 | 134 |

## unit 10 . * Umieć ~를 배워 알다.

| 049 | Kto umie + 동사원형? : 누가 ~를 할 줄 아나요? | 138 |
| 050 | Umiałam + 동사원형 : 나는 ~를 배워 알았습니다. | 140 |

## Part 3. 자주 등장하는 일반동사

## unit 01 . * Robić ~를 하다.

| 051 | Robię + 목적격 단수 : 나는 ~를 하고 있습니다. | 144 |
| 052 | Robię + 목적격 복수 : 나는 ~를 하고 있습니다. | 146 |
| 053 | Kto robi + 목적격 : 누가 ~를 하나요? | 148 |
| 054 | 유용한 일반/조동사 + robić | 150 |

# 목차 3

| | | |
|---|---|---|
| 055 | Zrobiłem + 목적격 : 나는 ~를 했습니다. | 152 |
| 056 | Robić의 다양한 활용 | 154 |

## unit 02 . * Pić ~를 마시다.

| | | |
|---|---|---|
| 057 | Piję + 목적격 : 나는 ~를 마십니다. | 158 |
| 058 | Kto pije + 목적격? : 누가 ~를 마시나요? | 160 |
| 059 | 유용한 일반/조동사 + pić | 162 |
| 060 | Piłem + 목적격 : 나는 ~를 마셨습니다. | 164 |
| 061 | Pić의 다양한 활용 | 166 |

## unit 03 . * Jeść ~를 먹다.

| | | |
|---|---|---|
| 062 | Jem + 목적격 단수 : 나는 ~를 먹습니다. | 170 |
| 063 | Jem + 목적격 복수 : 나는 ~를 먹습니다. | 172 |
| 064 | Kto je + 목적격 : 누가 ~를 먹나요? | 174 |
| 065 | 유용한 일반/조동사 + jeść | 176 |
| 066 | Jadłem + 목적격 : 나는 ~를 먹었습니다. | 178 |
| 067 | Jeść의 다양한 활용 | 180 |

## unit 04 . * Spać 자다.

| | | |
|---|---|---|
| 068 | Kto śpi + 부사? : 누가 ~에 자나요? | 184 |
| 069 | 유용한 일반/조동사 + spać | 186 |
| 070 | Spałem + 부사 : 나는 ~에 잤습니다. | 188 |
| 071 | Spać의 다양한 활용 | 190 |

## unit 05 . * Chodzić 가다.

| | | |
|---|---|---|
| 072 | Kto chodzi + 부사? : 누가 ~에 가나요? | 194 |
| 073 | 유용한 일반/조동사 + chodzić | 196 |
| 074 | Chodziłem + 부사 : 나는 ~에 갔었습니다. | 198 |
| 075 | Chodzić의 다양한 활용 | 200 |

## unit 06 . * Iść 가다.

| | | |
|---|---|---|
| 076 | Kto idzie + 부사? : 누가 ~에 가고 있나요? | 204 |
| 077 | 유용한 일반/조동사 + iść | 206 |
| 078 | Poszłam + 부사 : 나는 ~에 다녀왔습니다. | 208 |
| 079 | Iść의 다양한 활용 | 210 |

## unit 07 . * Jechać 타고 가다.

| | | |
|---|---|---|
| 080 | Kto pojedzie + 부사? : 누가 ~에 갈 것인가요? | 214 |
| 081 | 유용한 일반/조동사 + jechać | 216 |
| 082 | Pojechałam + 부사 : 나는 ~에 갔습니다. | 218 |
| 083 | Jechać의 다양한 활용 | 220 |

## unit 08 . * "씻다." 동사

| | | |
|---|---|---|
| 084 | Kto myje + 목적격? : 누가 ~를 씻기나요? | 224 |
| 085 | 유용한 일반/조동사 + 동사원형 | 226 |
| 086 | Wykąpałem się + 부사 : 나는 ~에 목욕을 했습니다. | 228 |
| 087 | "씻다" 동사의 다양한 활용 | 230 |

## unit 09 . * Mieszkać 살다.

| | | |
|---|---|---|
| 088 | Kto mieszka + 부사? : 누가 ~에서 사나요? | 234 |
| 089 | 유용한 일반/조동사 + mieszkać | 236 |
| 090 | Mieszkałem + 부사 : 나는 ~에서 살았습니다. | 238 |
| 091 | Mieszkać의 다양한 활용 | 240 |

## unit 10 . * Gotować 요리하다.

| | | |
|---|---|---|
| 092 | Gotuję + 목적격 단수 : 나는 ~ 를 요리합니다. | 244 |
| 093 | Gotuję + 목적격 복수 : 나는 ~ 를 요리합니다. | 246 |
| 094 | Kto gotuje + 목적격? : 누가 ~를 요리하나요? | 248 |
| 095 | 유용한 일반/조동사 + gotować | 250 |
| 096 | Ugotowałem + 목적격 : 나는 ~를 요리했습니다. | 252 |

## 목차 4

| | | |
|---|---|---|
| 097 | Gotować의 다양한 활용 | 254 |

### unit 11 . * Czekać na ~를 기다리다.

| | | |
|---|---|---|
| 098 | Czekam na + 목적격 : 나는 ~를 기다리고 있습니다. | 258 |
| 099 | Kto czeka na + 목적격? : 누가 ~를 기다리나요? | 260 |
| 100 | 유용한 일반/조동사 + czekać | 262 |
| 101 | Czekałem na + 목적격 : 나는 ~를 기다렸습니다. | 264 |
| 102 | Czekać의 다양한 활용 | 266 |

### unit 12 . * Czytać ~를 읽다.

| | | |
|---|---|---|
| 103 | Czytam + 목적격 단수 : 나는 ~를 읽습니다. | 270 |
| 104 | Czytam + 목적격 복수 : 나는 ~를 읽습니다. | 272 |
| 105 | Kto czyta + 목적격? : 누가 ~를 읽나요? | 274 |
| 106 | 유용한 일반/조동사 + czytać | 276 |
| 107 | Czytałem + 목적격 : 나는 ~를 읽었습니다. | 278 |
| 108 | Czytać의 다양한 활용 | 280 |

### unit 13 . * Oglądać ~를 보다.

| | | |
|---|---|---|
| 109 | Oglądam + 목적격 단수 : 나는 ~를 보고 있습니다. | 284 |
| 110 | Oglądam + 목적격 복수 : 나는 ~를 보고 있습니다. | 286 |
| 111 | Kto ogląda + 목적격? : 누가 ~를 보고 있나요? | 288 |
| 112 | 유용한 일반/조동사 + oglądać | 290 |
| 113 | Obejrzałem + 목적격 : 나는 ~를 봤습니다. | 292 |
| 114 | Oglądać의 다양한 활용 | 294 |

### unit 14 . * Znać ~를 알다.

| | | |
|---|---|---|
| 115 | Znam + 목적격 단수 : 나는 ~를 알고 있습니다. | 298 |
| 116 | Znam + 목적격 복수 : 나는 ~를 알고 있습니다. | 300 |
| 117 | Kto zna + 목적격? : 누가 ~를 알고 있나요? | 302 |
| 118 | 유용한 일반/조동사 + znać | 304 |
| 119 | Znałem + 목적격 : 나는 ~를 알았습니다. | 306 |
| 120 | Znać의 다양한 활용 | 308 |

## unit 15 . * Grać ~를 (경기/연주)하다.

| | | |
|---|---|---|
| 121 | Gram w + 목적격 : 나는 ~를 경기하고 있습니다. | 312 |
| 122 | Gram na + 장소격 : 나는 ~를 연주하고 있습니다. | 314 |
| 123 | Kto gra w + 목적격? : 누가 ~를 경기하나요? | 316 |
| 124 | 유용한 일반/조동사 + grać | 318 |
| 125 | Grałem w + 목적격 / na + 장소격 | 320 |
| 126 | Grać의 다양한 활용 | 322 |

## unit 16 . * Uczyć (+się) ~를 공부하다.

| | | |
|---|---|---|
| 127 | Uczę się + 소유격 : 나는~를 공부하고 있습니다. | 326 |
| 128 | Kto się uczy + 소유격 : 누가 ~ 를 배우나요? | 328 |
| 129 | 유용한 일반/조동사 + uczyć (+się) | 330 |
| 130 | Uczyłem się + 소유격 : 나는 ~를 배웠습니다. | 332 |
| 131 | Uczyć (+się)의 다양한 활용 | 334 |

## unit 17 . * Rozmawiać ~이야기하다.

| | | |
|---|---|---|
| 132 | Kto rozmawia + 부사? : 누가 ~에 이야기를 하나요? | 338 |
| 133 | 유용한 일반/조동사 + rozmawiać | 340 |
| 134 | Rozmawiałem + 부사 : 나는 ~에 이야기를 했습니다. | 342 |
| 135 | Rozmawiać의 다양한 활용 | 344 |

## unit 18 . * Spacerować/Podróżować 산책하다/여행하다.

| | | |
|---|---|---|
| 136 | Kto spaceruje + 부사? : 누가 ~에 산책을 하나요? | 348 |
| 137 | 유용한 일반/조동사 + spacerować/podróżować | 350 |
| 138 | Podróżowałem + 부사 : 나는 ~를 여행했습니다. | 352 |
| 139 | Spacerowałem + 부사 : 나는 ~에 산책했습니다. | 354 |
| 140 | Spacerować, Podróżować의 다양한 활용 | 356 |

## unit 19 . * Pomagać 돕다.

| | | |
|---|---|---|
| 141 | 유용한 일반/조동사 + pomagać | 360 |

## 목차 5

| | | |
|---|---|---|
| 142 | Pomagałem + 여격 + 동사원형 : 나는 ~에게 ~하는 것을 도와줬습니다. | 362 |
| 143 | Pomagać의 다양한 활용 | 364 |

### unit 20 . * Dać ~를 주다.

| | | |
|---|---|---|
| 144 | Dam + 여격 + 목적격 단수 : 나는 ~에게 ~를 줄 것입니다. | 368 |
| 145 | Dam + 여격 + 목적격 복수 : 나는 ~에게 ~를 줄 것입니다. | 370 |
| 146 | Kto da + 여격 + 목적격 : 누가 ~에게 ~를 줄 건가요? | 372 |
| 147 | 유용한 일반/조동사 + dać | 374 |
| 148 | Dałem + 여격 + 목적격 : 나는 ~에게 ~를 주었습니다. | 376 |
| 149 | Dać의 다양한 활용 | 378 |

### unit 21 . * Sprzedać ~를 팔다.

| | | |
|---|---|---|
| 150 | Sprzedaję + 목적격 복수 : 나는 ~를 팝니다. | 382 |
| 151 | Kto sprzedaje + 목적격? : 누가 ~를 파나요? | 384 |
| 152 | 유용한 일반/조동사 + sprzedać | 386 |
| 153 | Sprzedałem + 목적격 : 나는 ~를 팔았습니다. | 388 |
| 154 | Sprzedać의 다양한 활용 | 390 |

### unit 22 . * Sprawdzać ~를 확인하다.

| | | |
|---|---|---|
| 155 | Sprawdzam + 목적격 단수 : 나는 ~를 확인하고 있습니다. | 394 |
| 156 | Sprawdzam + 목적격 복수 : 나는 ~를 확인하고 있습니다. | 396 |
| 157 | Kto sprawdza + 목적격? : 누가 ~를 확인하나요? | 398 |
| 158 | 유용한 일반/조동사 + sprawdzać | 400 |
| 159 | Sprawdziłem + 목적격 : 나는 ~를 확인했습니다. | 402 |
| 160 | Sprawdzać의 다양한 활용 | 404 |

### unit 23 . * Naprawiać ~를 수리하다.

| | | |
|---|---|---|
| 161 | Naprawiam + 목적격 단수 : 나는 ~를 수리합니다. | 408 |
| 162 | Naprawiam + 목적격 복수 : 나는 ~를 수리합니다. | 410 |
| 163 | Kto naprawia + 목적격? : 누가 ~를 수리하나요? | 412 |
| 164 | 유용한 일반/조동사 + naprawiać | 414 |

| | | |
|---|---|---|
| 165 | Naprawiłam + 목적격 : 나는 ~를 수리했습니다. | 416 |
| 166 | Naprawiać의 다양한 활용 | 418 |

## unit 24 . * Interesować się ~에 관심이 있다.

| | | |
|---|---|---|
| 167 | Kto się interesuje + 기구격? : 누가 ~에 관심이 있나요? | 422 |
| 168 | Interesowałem się + 기구격 : 나는 ~에 관심이 있었습니다. | 424 |

## unit 25 . * Spotykać się ~를 만나다.

| | | |
|---|---|---|
| 169 | Kto spotyka się + 부사 : 누가 ~에 만나요? | 428 |
| 170 | 유용한 일반/조동사 + spotykać się | 430 |
| 171 | Spotkałem się + 부사 : 나는 ~에 만났습니다. | 432 |

## unit 26 . * Wracać 돌아오다.

| | | |
|---|---|---|
| 172 | Kto wraca + 부사? : 누가 ~에 돌아가나요? | 436 |
| 173 | 유용한 일반/조동사 + wracać | 438 |
| 174 | Wracałem + 부사 : 나는 ~에 돌아왔습니다. | 440 |
| 175 | Wracać의 다양한 활용 | 442 |

## unit 27 . * Słuchać ~를 듣다.

| | | |
|---|---|---|
| 176 | Słucham + 소유격 : 나는 ~를 듣고 있습니다. | 446 |
| 177 | Kto słucha + 소유격? : 누가 ~를 듣나요? | 448 |
| 178 | 유용한 일반/조동사 + słuchać | 450 |
| 179 | Słuchałem + 소유격 : 나는 ~를 들었습니다. | 452 |
| 180 | Słuchać의 다양한 활용 | 454 |

## unit 28 . * Szukać ~를 찾다.

| | | |
|---|---|---|
| 181 | Szukam + 소유격 : 나는 ~를 찾고 있습니다. | 458 |
| 182 | Kto szuka + 소유격? : 누가 ~를 찾나요? | 460 |
| 183 | 유용한 일반/조동사 + szukać | 462 |
| 184 | Szukałem + 소유격 : 나는 ~를 찾았습니다. | 464 |

## 목 차 6

| | | |
|---|---|---|
| 185 | Szukać의 다양한 활용 | 466 |

### unit 29 . * Kupować ~를 사다.

| | | |
|---|---|---|
| 186 | Kupuję + 목적격 단수 : 나는 ~ 를 삽니다. | 470 |
| 187 | Kupuję + 목적격 복수 : 나는~를 삽니다. | 472 |
| 188 | Kto kupuje + 목적격? : 누가 ~를 사나요? | 474 |
| 189 | 유용한 일반/조동사 + kupować | 476 |
| 190 | Kupiłem + 목적격 : 나는 ~를 샀습니다. | 478 |
| 191 | Kupować의 다양한 활용 | 480 |

### unit 30 . * Pisać ~를 쓰다.

| | | |
|---|---|---|
| 192 | Kto pisze + 목적격? : 누가 ~를 쓰나요? | 484 |
| 193 | 유용한 일반/조동사 + pisać | 486 |
| 194 | Napisałem + 목적격 : 나는 ~를 썼습니다. | 488 |
| 195 | Pisać의 다양한 활용 | 490 |

### unit 31 . * Sprzątać ~를 청소하다.

| | | |
|---|---|---|
| 196 | Kto sprząta + 목적격? : 누가 ~를 청소하나요? | 494 |
| 197 | 유용한 일반/조동사 + sprzątać | 496 |
| 198 | Sprzątałem + 목적격 : 나는 ~를 청소했습니다. | 498 |
| 199 | Sprzątać의 다양한 활용 | 500 |

### unit 32 . * Odpoczywać 쉬다.

| | | |
|---|---|---|
| 200 | Kto odpoczywa + 부사? : 누가 ~에 쉬나요? | 504 |
| 201 | 유용한 일반/조동사 + odpoczywać | 506 |
| 202 | Odpoczywałem + 부사 : 나는 ~에 쉬었습니다. | 508 |
| 203 | Odpoczywać의 다양한 활용 | 510 |

# Part 4. 활용도가 좋은 기타 동사

**unit 01. * 기타 동사**

| | | |
|---|---|---|
| 204 | Pytać 1 : 묻다. | 514 |
| 205 | Pytać 2 : 묻다. | 516 |
| 206 | Starać się 1 : 노력하다. | 518 |
| 207 | Starać się 2 : 노력하다. | 520 |
| 208 | Mówić 1 : 말하다. | 522 |
| 209 | Mówić 2 : 말하다. | 524 |
| 210 | Brać 1 : 가져가다. | 526 |
| 211 | Brać 2 : 가져가다. | 528 |
| 212 | Wybierać 1 : 선택하다. | 530 |
| 213 | Wybierać 2 : 선택하다. | 532 |
| 214 | Pracować 1 : 일하다. | 534 |
| 215 | Pracować 2 : 일하다. | 536 |
| 216 | Przygotować 1 : 준비하다. | 538 |
| 217 | Przygotować 2 : 준비하다. | 540 |
| 218 | Planować 1 : 계획하다. | 542 |
| 219 | Planować 2 : 계획하다. | 544 |
| 220 | Próbować 1 : 시도하다. | 546 |
| 221 | Próbować 2 : 시도하다. | 548 |
| 222 | Zmienić 1 : 변경하다. | 550 |
| 223 | Zmienić 2 : 변경하다. | 552 |
| 224 | Myśleć 1 : 생각하다. | 554 |
| 225 | Myśleć 2 : 생각하다. | 556 |
| 226 | Wysłać 1 : 보내다. / składać 2 : 제출하다. | 558 |
| 227 | Wysłać 2 : 생각하다. | 560 |
| 228 | Składać 2 : 제출하다. | 562 |
| 229 | Pamiętać 1 : 기억하다. | 564 |
| 230 | Pamiętać 2 : 기억하다. | 566 |
| 231 | Prowadzić 1 : 진행하다. | 568 |
| 232 | Prowadzić 2 : 진행하다. | 570 |

# 핵심 패턴

# Part.1

## By 동사 100% 활용 패턴

# 01

* Być ~이다.

**001.** To jest + 주격 단수 : 이것은 ~ 입니다.
**002.** Jestem + 형용사 : 나는 ~ 입니다.
**003.** To są + 주격 복수 : 이것은 ~ 입니다.
**004.** Jestem + 기구격 : 나는 ~ 입니다.
**005.** Jestem + 전치사구 : 나는 ~ 에 있습니다.
**006.** Było/Jest/Będzie + 비인칭 구문 : ~이었다/~이다/~일 것이다.
**007.** 의문사 + to jest? : (의문사) 입니까?
**008.** 의문대명사 + to jest? : (의문대명사) 입니까?

## 1-01. Być 동사 100% 활용 패턴 Być

### 001 To jest + 주격 단수
이것은 ~입니다.

▼ 의문문 활용

Czy to jest ~ ? 이것은 ~ 입니까?

- Tak, to jest + 주격 단수
- Nie, to nie jest + 주격 단수

A: Czy to jest kawa?
B: Nie, to jest woda.
A: Czy to jest twoja woda?
B: Tak, to jest moja woda.

A: 이거 커피야?
B: 아니, 물이야.
A: 이거 네 물이야?
B: 응. 내 물이야.

▼ "To jest" 패턴과 어울리는 형용사

| 남성 | mój/twój/drogi (나의/너의/비싼) |
| 중성 | moje/twoje/smaczne (나의/너의/맛있는) |
| 여성 | moja/twoja/ciepła (나의/너의/따뜻한) |

▼ "To jest" 패턴과 어울리는 명사

| 남성 | dom/film/samochód (집/영화/자동차) |
| 중성 | krzesło/ciasto/radio (의자/케이크/라디오) |
| 여성 | kawa/woda/herbata (커피/물/차) |

## 예문

1. To jest mój dom.  (이곳은) 내 집이야.

2. To jest moja kawa.  이건 내 커피야.

3. To jest smaczne ciasto.  이건 맛있는 케이크야.

4. Czy to jest twój samochód?  이것이 네 자동차야?

  → Tak, to jest mój samochód.  응. 이건 내 자동차야.

  → Nie, to nie jest mój samochód.  아니, 이건 내 자동차가 아니야.

5. Czy to jest ciepła woda?  이거 따뜻한 물이야?

  → Tak, to jest ciepła woda.  응, 따뜻한 물이야.

  → Nie, to jest zimna woda.  아니, 이건 차가운 물이야.

 **OLIWIA'S TIP**

To jest 패턴의 경우, 격변화가 필요없이 주격으로 형용사+명사가 바로 나올 수 있기 때문에 쉽게 쓸 수 있는 표현입니다.
이때 형용사는 뒤에 나오는 명사의 성을 따라 남성, 중성, 여성으로 변화합니다.
"이것은 ~ 입니다"로 해석할 수 있으나, 경우에 따라 (이것은) 생략이 가능하며, 뒤에 사람이 나올 경우 (이분은)으로 바꿔 쓸 수 있습니다.

## 1-01. Być 동사 100% 활용 패턴 Być

### 002 Jestem + 형용사
나는 ~입니다.

▼ 의문문 활용

Czy jesteś + 형용사?

- Tak, jestem + 형용사
- Nie, nie jestem + 형용사

A: Moja matka jest bardzo miła i ładna, ale surowa.
(나의) 어머니는 매우 친절하고 아름답지만 엄격하셔.
B: Moja matka też jest bardzo piękna, ale niska.
(나의) 어머니 역시 아주 예쁜데 키가 작으셔.

A: Mój ojciec jest bardzo wysoki i gruby.
(나의) 아버지는 키가 매우 크고 덩치가 크셔.
B: Mój ojciec jest szczupły, ale niski.
(나의) 아버지는 마르셨지만 키가 작으셔.

▼ być 동사 변형

| Być | 단수 | | 복수 | |
|---|---|---|---|---|
| 1 | Ja | jestem | My | jesteśmy |
| 2 | Ty | jesteś | Wy | jesteście |
| 3 | On/Ono/Ona | jest | Oni/One | są |

▼ "być + 형용사" 패턴과 어울리는 형용사

| 남성 | młody/duży/mały (젊은/큰/작은) |
|---|---|
| 중성 | łatwe/trudne/smaczne (쉬운/어려운/맛있는) |
| 여성 | szczęśliwa/smutna/dobra (행복한/슬픈/좋은) |

## 예문

1. Jestem smutny.      나는 슬퍼.

2. Czy jesteś szczęśliwa?      너는 행복해?

   → Tak, jestem szczęśliwa.      응, 나는 행복해.

   → Nie, nie jestem szczęśliwa.      아니, 나는 행복하지 않아.

3. To ciasto jest bardzo smaczne.      이 케이크는 매우 맛있어.

3. Ten egzamin jest naprawdę trudny.      이 시험은 정말 어려워.

4. Dzisiaj jesteśmy już zmęczeni.      오늘 우리는 벌써 지쳤어.

5. Oni są mili.      그들은 친절해.

##  Oliwia's Tip

형용사의 성은 주어의 성을 따라 바뀝니다. 즉 주어가 남성/중성/여성에 따라, 뒤에 나오는 형용사도 동일하게 남성/중성/여성으로 어미형이 바뀝니다.
또한 이야기를 할 때 가리키는 대상이 남성일 때는 남성 어미로, 여성일 때에는 여성 어미로 변합니다.
np.) Jestem wysoki. 나는 키가 크다. (내가 남자일 때) ,
    Jestem wysoka. 나는 키가 크다. (내가 여자일 때)

## 1-01. Być 동사 100% 활용 패턴 Być

### 003 To są + 주격 복수
나는 ~입니다.

▼ 의문문 활용

Czy to są...?   이것은...입니까?

- Tak, to są + 주격 복수
- Nie, to nie są + 주격 복수

A: Czy to są twoje zwierzęta domowe?
B: Tak, to są moje koty i psy.

네 애완동물이야?
응, 내 고양이와 강아지들이야.

A: Czy to są twoi koledzy?
B: Tak, to są moi koledzy.

네 친구들이야?
응, 내 친구들이야.

▼ "To są" 패턴과 어울리는 형용사 복수

| 남자명사 | moi/twoi/nasi (나의/너의/우리의) |
|---|---|
| 비남자 명사, 중성, 여성 | moje/twoje/nasze (나의/너의/우리의) |

▼ "To są" 패턴과 어울리는 복수 명사

| 남자명사 | koledzy/synowie/uczniowie (친구/아들/학생) |
|---|---|
| 비남자 명사 | koty/psy/długopisy (고양이/개/볼펜) |
| 중성 | zwierzęta/zadania/muzea (동물/과제/박물관) |
| 여성 | ryby/torby/córki (생선/가방/딸) |

## 예문

1. To są moi synowie. — 내 아들들이야.
2. To są moje zwierzęta. — 내 동물이야.
3. To są moje ulubione torby. — 내가 좋아하는 가방이야.
4. Czy to są twoje córki? — 네 딸들이야?
   → Tak, to są moje córki. — 응. 내 딸들이야.
   → Nie, to nie są moje córki. — 아니, 내 딸들이 아니야.
5. Czy to są twoi uczniowie? — 네 학생들이야?
   → Tak, to są moi uczniowie. — 응, 내 학생들이야.
   → Nie, to są jego uczniowie. — 아니, 그의 학생들이야.

 **OLIWIA'S TIP**

주격 복수 명사/형용사 어미변형 편

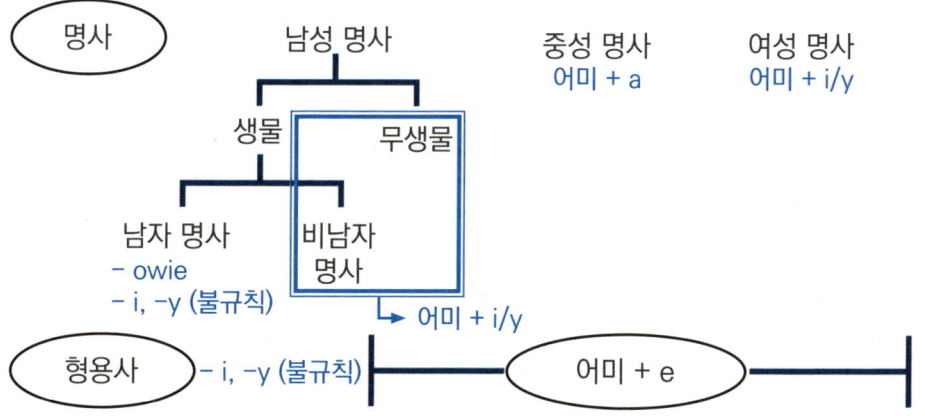

## 1-01. Być 동사 100% 활용 패턴 Być

### 004 Jestem + 기구격
나는 ~입니다.

▼ 의문문 활용

Czy jesteś + 기구격?    [ 기구격 어미: 남성+em , 여성+ą, 복수: +ami ]

- Tak, jestem + 기구격    • Nie, nie jestem + 기구격

A: Jesteś Koreańczykiem?    너는 한국사람이야?
B: Nie, jestem Japończykiem. A ty? Jesteś Koreanką?
　 아니, 나는 일본사람이야. 너는? 너는 한국사람이야?
A: Tak, jestem Koreanką. Jesteś studentem?
　 응, 나는 한국사람이야. 너는 학생이야?
B: Tak, jestem studentem.    응, 나는 학생이야.

▼ "być+ 기구격" 패턴과 어울리는 명사

| | |
|---|---|
| 남성 | Koreańczyk/Japończyk/Chińczyk/Polak<br>(한국/일본/중국/폴란드) 남자 |
| 여성 | Koreanka/Japonka/Chinka/Polka<br>(한국/일본/중국/폴란드) 여자 |

▼ "być+ 기구격" 패턴과 어울리는 직업

| | |
|---|---|
| 남성 | aktor/lekarz/nauczyciel/dziennikarz/kelner/policjant<br>(배우/의사/선생님/기자/웨이터/경찰) |
| 여성 | aktorka/lekarka/nauczycielka/dziennikarka/kelnerka<br>(배우/의사/선생님/기자/웨이터) |
| 구분 없이 쓰는 직업 | architekt/profesor/fotograf/inżynier/muzyk/prawnik<br>(건축가/교수/사진작가/엔지니어/음악가/법조인) |

## 예문

1. Jestem Polakiem.     나는 폴란드 사람이야.

2. Czy jesteś Chińczykiem?     너는 중국사람이야?

   → Tak, jestem Chińczykiem.     응, 나는 중국사람이야.

   → Nie, jestem Koreańczykiem.     아니, 나는 한국인이야.

3. Ona jest moją córką.     그녀는 내 딸이야.

4. On jest architektem.     그는 건축가야.

5. Jesteśmy lekarzami.     우리는 의사야.

## OLIWIA'S TIP

"być+ 명사" 패턴의 경우, 신분, 자격, 직업, 국적을 표현할 때 주격 대신 "기구격을 쓴다"라는 규칙이 있습니다. "być+ em(남성명사), być+ ą (여성명사)", "być+ ami (복수)" 규칙만 외우면 어렵지 않게 표현할 수 있습니다.
또한 주의해야 할 사항은 To jest/ To są 으로 신분, 자격을 표현할 때에는 주격 단수/복수가 나오며, To 를 제외하고 Być동사만 나올 경우에는 기구격을 취하는 특징이 있습니다.
np.) To jest student. 학생이다.
    On jest moim studentem. 그는 내 학생입니다.

## 1-01. Być 동사 100% 활용 패턴 Być

### 005 Jestem + 전치사구
나는 ~에 있습니다.

▼ 의문문 활용

Czy jesteś + 전치사구?

• Tak, jestem + 전치사구  • Nie, nie jestem + 전치사구

A: Jestem po pracy. Teraz jestem w domu.
나 회사 끝났어. 지금은 집이야.
B: Jestem nadal w pracy. Jestem na spotkaniu.
나는 아직도 회사야. 지금 회의 중이야.

A: Jestem na lotnisku na pierwszym piętrze.
나는 공항 1층에 있어.
B: Ja też właśnie jestem na lotnisku, na parterze.
나도 공항 0층에 있어.

▼ "być + 전치사구" 패턴과 어울리는 전치사구

| w ~에서 | w kawiarni/w kinie/w pracy (커피숍/영화관/회사)에서 |
|---|---|
| na ~에서 | na lotnisku/na parkingu/na spotkaniu (공항/주차장/회의)에서 |
| po ~후에 | po śniadaniu/po obiedzie/po kolacji (아침/점심/저녁)식사 후에 |
| z ~와 함께 | z żoną/z córką/z rodzicami (아내/딸/부모님)과 함께 |

▼ "być + 전치사구" 패턴과 어울리는 빈도부사

| codziennie/zwykle/zawsze (매일/보통/항상) |
|---|
| rzadko/niedługo/często (거의/머지않아/자주) |

## 예문

1. Zwykle jestem w pracy do siedemnastej.

   보통은 17시까지 회사에 있어.

2. Będziesz po południu na spacerze w parku?

   오후에 공원에서 산책할 거야?

3. Moja żona po kolacji jest zawsze zmęczona.

   저녁 식사 후에 내 아내는 항상 피곤해해.

4. Jesteśmy na obiedzie z rodzicami.

   우리는 부모님과 함께 점심 식사 중이야.

5. Jesteście już na parkingu?

   너희 벌써 주차장에 있어?

# OLIWIA'S TIP

"być+ 전치사구" 패턴의 경우 뒤에 나오는 전치사가 어떤 격을 취하느냐에 따라 장소격, 소유격, 기구격 등 다양하게 나올 수 있습니다. 대부분 상태와 장소를 이야기할 수 있는 장소격이 가장 빈번하게 나옵니다. 하지만 장소격이 문법적으로 배우기 힘들다는 점과 자주 쓰는 표현들은 정해져 있다는 점을 고려하여, 옆에 제시한 전치사를 묶어 한 번에 암기하는 것이 효과적입니다.

## 1-01. Być 동사 100% 활용 패턴 Być

### 006. Było/Jest/Będzie + 비인칭 구문
~이었다/~이다/~일 것이다.

▼ 의문문 활용

Czy było/jest/będzie + 비인칭 구문?

- Tak, było/jest/będzie
- Nie, to nie było/jest/będzie

> A: W zimie ubiegłego roku było bardzo zimno.
> 작년 겨울은 굉장히 추웠어.
> B: Tak, było bardzo zimno. Ale w tym roku będzie ciepło.
> 응, 엄청 추웠어. 그런데 이번 연도는 따뜻할 거야.
> A: To dobrze. Będę codziennie spacerować.
> 다행이다. 나는 매일 산책할거야.

▼ być동사 과거, 현재, 미래형

|  | 과거 | 현재 | 미래 |
|---|---|---|---|
| 1인칭 단수 | byłem/byłam | jestem | będę |
| 2인칭 단수 | byłeś/byłaś | jesteś | będziesz |
| 3인칭 단수 | był/było/była | jest | będzie |
| 1인칭 복수 | byliśmy/byłyśmy | jesteśmy | będziemy |
| 2인칭 복수 | byliście/byłyście | jesteście | będziecie |
| 3인칭 복수 | byli/były | są | będą |

▼ "być+ 비인칭 구문" 패턴과 어울리는 단어

| ciepło/chłodno/gorąco/zimno | 따뜻하게/시원하게/뜨겁게/춥게 |
|---|---|
| wiosna/lato/jesień/zima | 봄/여름/가을/겨울 |
| ciemno/jasno | 어둡게/밝게 |

## 예문

1. W zimie było bardzo zimno.

   겨울은 매우 추웠어.

2. W sierpniu tego roku będzie bardzo gorąco w Polsce.

   올해 8월의 폴란드는 매우 더울 거야.

3. Jest chłodno kiedy wieje wiatr.

   바람이 불면 시원해.

4. Gdzie byłyście na wycieczce?

   너희는 어디로 여행 다녀왔어?

5. Kiedy byłem w supermarkecie, było bardzo ciemno.

   내가 마트에 있었을 때, 엄청 어두웠어.

 **OLIWIA'S TIP**

być 동사를 이용하여 비인칭 구문(날씨, 일자, 계절, 시간, 그 외의 비인칭)을 표현할 시, 3인칭 단수 중성을 쓰는 규칙이 있습니다. 따라서, 과거형 było, 현재형 jest, 미래형 będzie + 부사로 비인칭 구문을 표현합니다.
또한 앞서 배운 현재형 패턴에 과거형, 미래형을 넣어 다양한 문장을 만들어 활용하면 풍부하게 표현할 수 있습니다.

## 1-01. Być 동사 100% 활용 패턴 Być

### 007  의문사 + to jest?
(의문사) 입니까?

▼ 의문문 활용

Kto/Kiedy/Gdzie/Co/Jak/Dlaczego to jest?

• (To) jest + 주격

| | |
|---|---|
| A: Co to jest? | 이건 뭐야? |
| B: To jest bilet na koncert. | 콘서트 티켓이야. |
| A: Kiedy będzie ten koncert? | 이 콘서트는 언제 있어? |
| B: Koncert będzie dzisiaj wieczorem. | 콘서트는 오늘 저녁에 있어. |
| A: Gdzie będzie koncert? | 콘서트는 어디에서 해? |
| B: Ten koncert będzie w Warszawie. | 이 콘서트는 바르샤바에서 해. |

▼ "6하원칙 의문사 + być " 패턴 예문

| | |
|---|---|
| kto 누가 | Kto tam jest? 저기에 누가 있어? |
| kiedy 언제 | Kiedy będzie impreza? 언제 파티가 있어? |
| gdzie 어디서 | Gdzie jest bank? 은행이 어디에 있어? |
| co 무엇을 | Co to jest? 이것은 뭐야? |
| jak 어떻게 | Jak to jest po koreańsku? 이것을 한국어로는 어떻게 말하면 돼? |
| dlaczego 왜 | Dlaczego tutaj jesteś? 너는 왜 여기에 있어? |

## 예문

1. Kto to jest? 이분은 누구야?

   → To jest moja matka. 이분은 내 어머니야.

2. Kiedy w Warszawie będzie festiwal? 언제 바르샤바에서 축제 해?

   → Festiwal muzyczny będzie w tym miesiącu. 이번 달에 음악 축제가 있어.

3. Gdzie jest poczta? 우체국은 어디에 있어?

   → Poczta jest niedaleko stąd. 우체국은 여기에서 멀지 않아.

4. Co to jest? 이것은 뭐야?

   → To jest mój ulubiony album. 내가 제일 좋아하는 앨범이야.

5. Jak to jest po polsku? 이것을 폴란드어로는 어떻게 말하면 돼?

   → Po polsku to jest "jabłko". 폴란드어로는 "야부코"라고 말해.

## ⭐ OLIWIA'S TIP

"6하원칙 의문사 + być" 패턴의 경우, "to"는 생략이 가능합니다.

### 1-01. Być 동사 100% 활용 패턴 Być

## 008 의문대명사 + to jest?
(의문대명사) 입니까?

▼ 의문문 활용

Który/Jaki/Czyj + (주어) + jest?

• To jest + 주격

| | |
|---|---|
| A: Co to jest? | 이건 뭐야? |
| B: To jest herbata. | 차(마시는 차)야. |
| A: Czyja to jest herbata? | 누구의 차야? |
| B: To jest herbata mojej mamy. | 내 엄마가 마시는 차야. |
| A: Jaka jest ta herbata? | 이 차는 어때? |
| B: Ta herbata jest smaczna i zdrowa. | 이 차는 맛이 있고 건강에 좋아. |
| A: Która herbata jest moja? | 어떤 차가 내 거야? |
| B: Tamta jest twoja. | 저기 있는 차가 네 차야. |

▼ "의문대명사 + być" 패턴 예문 (형용사 취급)

| | | |
|---|---|---|
| Czyj/Czyje/Czyja + to jest?<br>→ To jest ~~ | (누구의) | Czyj to jest plecak?<br>누구의 배낭이야? |
| Który/Które/Która + 명사 + to jest?<br>→ Ten/to/ta+명사 jest ~ | (어느) | Która kawa jest moja?<br>어떤 커피가 내 것이야? |
| Jaki/Jakie/Jaka + (주어) +동사<br>→ (주어) jest (형용사) | (어떤) | Jakie jest twoje dziecko?<br>너의 아이는 어때? |

## 예문

1. Czyj to jest pies? — 누구의 개야?

   → To jest pies mojego ojca. — 내 아버지 개야.

2. Czyja jest ta torba? — 누구 가방이야?

   → To jest torba mojej mamy. — 내 엄마 가방이야.

3. Który kot jest twój? — 어느 고양이가 네 고양이야?

   → Ten kot jest mój. — 이 고양이가 내 고양이야.

4. Która książka jest ciekawsza? — 어느 책이 더 재미있어?

   → Tamta książka jest ciekawsza. — 저 책이 더 재미있어.

5. Jaki jest twój ojciec? — 네 아버지께서는 어떠셔?

   → Mój ojciec jest wysoki i przystojny. — 내 아버지는 키가 크고 잘생기셨어.

 **OLIWIA'S TIP**

który는 (어느 것)의 의미로 어떠한 선택의 여지가 있을 때 쓰며 Jaki는 (어떤)의 의미가 있으며, 외형, 성격, 성질 묘사할 때 사용합니다. 또한 który와 jaki는 일자를 나타낼 때 아래와 같이 쓸 수 있습니다.

* Który jest dzisiaj? 오늘은 몇 일이야?
* Jaki dziś jest dzień? 오늘은 몇 요일이야?

# 핵심 패턴

# Part.2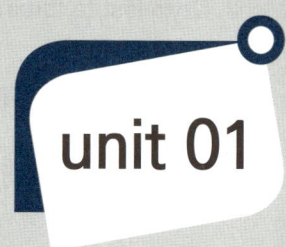

## 가장 유용한 일반동사/조동사 패턴

# #01

**\* Mieć ~를 가지고 있다.**

**009.** Mam + 목적격 단수 : 나는 ~를 가지고 있다.
**010.** Mam + 목적격 복수 : 나는 ~를 가지고 있다.
**011.** Kto ma + 목적격? : 누가 ~를 가지고 있나요?
**012.** Miałem + 목적격 : 나는 ~를 가지고 있었다.
**013.** 패턴 : "być/mieć"를 이용한 다양한 관용어구

Part 2-01. 가장 유용한 일반동사/조동사 패턴1 mieć

## 009 Mam + 목적격 단수
나는 ~를 가지고 있다.

▼ 의문문 활용

Masz + 목적격 단수?

• Tak, mam + 목적격 단수
• Nie, nie mam + 소유격 단수

A: Masz psa w domu? 집에 개가 있어?
B: Tak, mam dużego psa. A ty masz kota?
응, 큰 개가 있어. 너는 고양이 있어?
A: Nie, nie mam kota, ja też mam psa.
아니, 고양이는 없어, 나도 개가 있어.
B: Jaki jest twój pies? 네 개는 어때?
A: Mój pies jest mały i słodki. 내 개는 작고 귀여워.

▼ 목적격 단수

|  | 현재 |
|---|---|
| 1인칭 단수 | mam |
| 2인칭 단수 | masz |
| 3인칭 단수 | ma |
| 1인칭 복수 | mamy |
| 2인칭 복수 | macie |
| 3인칭 복수 | mają |

+

| 구분 | 형용사단수 | 명사 단수 |
|---|---|---|
| 남성생물 | -ego | -a |
| 남성무생물 | =주격 | =주격 |
| 중성 | =주격 | =주격 |
| 여성 | -ą | -ę |

▼ 소유격 단수

|  | 현재 |
|---|---|
| 1인칭 단수 | nie mam |
| 2인칭 단수 | nie masz |
| 3인칭 단수 | nie ma |
| 1인칭 복수 | nie mamy |
| 2인칭 복수 | nie macie |
| 3인칭 복수 | nie mają |

+

| 구분 | 형용사단수 | 명사 단수 |
|---|---|---|
| 남성생물 | -ego | -a |
| 남성무생물 | -ego | -u |
| 중성 | -ego | -a |
| 여성 | -ej | -i/-y |

## 예문

1. Masz w domu wygodne łóżko?     집에 편안한 침대가 있어?

   → Tak, mam w domu wygodne łóżko.     응, 나는 집에 편안한 침대가 있어.

2. Masz w pokoju duże biurko?     (너는) 방에 큰 책상이 있어?

   → Tak, mam w pokoju duże biurko.     응, 방에 큰 책상이 있어.

3. Macie ciekawą książkę?     너희는 재미있는 책을 가지고 있어?

   → Tak, mamy tutaj ciekawą książkę.     응, 여기에 흥미로운 책이 있어.

4. Masz młodszego brata?     너는 남동생이 있어?

   → Nie, nie mam młodszego brata. Mam tylko starszego brata.

   아니, 나는 남동생은 없어. 형/오빠만 있어.

4. Twój uczeń ma dobry komputer?     네 학생은 좋은 컴퓨터를 가지고 있어?

   → Nie, on ma tylko stary komputer.     아니, (그는) 오래된 컴퓨터만 있어.

5. Czy twoja mama ma samochód?     네 엄마는 자동차가 있어?

   → Nie, moja mama nie ma samochodu.     아니, 내 엄마는 자동차가 없어.

## ⭐ Oliwia's Tip

siostra 누나, 언니, 여동생, brat 형, 오빠, 남동생 등의 의미로 상황에 따라 해석이 달라집니다.

## Part 2-01. 가장 유용한 일반동사/조동사 패턴1 mieć

### 010 Mam + 목적격 복수
나는 ~를 가지고 있다.

▼ 의문문 활용

Masz + 목적격 복수?

- Tak, mam + 목적격 복수
- Nie, nie mam + 소유격 복수

A: Masz dzieci?  너는 아이가 있어?
B: Tak, mam jednego syna i dwie córki. A ty?
응, 나는 아들 하나와 딸 둘이 있어. 너는?
A: Nie mam jeszcze dzieci.  나는 아직 아이가 없어.

▼ 목적격 복수

| | 현재 |
|---|---|
| 1인칭 단수 | mam |
| 2인칭 단수 | masz |
| 3인칭 단수 | ma |
| 1인칭 복수 | mamy |
| 2인칭 복수 | macie |
| 3인칭 복수 | mają |

\+

| 구분 | 형용사 복수 | 명사 복수 |
|---|---|---|
| 남자사람 | -ych/ -ich | -ów<br>-y/-i<br>(기능적연음) |
| 그외 남성 명사 | -e | -y/-i |
| 중성 | -e | -a |
| 여성 | -e | -y/-i |

▼ 소유격 복수

| | 현재 |
|---|---|
| 1인칭 단수 | nie mam |
| 2인칭 단수 | nie masz |
| 3인칭 단수 | nie ma |
| 1인칭 복수 | nie mamy |
| 2인칭 복수 | nie macie |
| 3인칭 복수 | nie mają |

\+

| 구분 | 형용사 단수 | 명사 단수 |
|---|---|---|
| 남성 | -ych / -ich | -ów<br>-i, -y<br>(기능적연음) |
| 중성 | -ych / -ich | 탈락 |
| 여성 | -ych / -ich | -y<br>(기능적연음)<br>-i (연음) |

## 예문

1. Masz kolegów?      너는 친구가 있어?

   → Tak, mam dużo kolegów.      응. 나는 친구들이 많아.

2. Macie psy?      너희는 개가 있어?

   → Tak. Mamy duże psy.      응. 우리는 큰 개들이 있어.

3. Czy twoje córki mają wygodne biurka?      네 딸들은 편안한 책상을 갖고 있어?

   → Tak, one mają wygodne biurka.      응, (그녀들은) 편안한 책상이 있어.

4. Czy ona ma dobrych przyjaciół?      그녀는 좋은 친구가 있어?

   → Tak, ona ma dużo dobrych przyjaciół.      응, 그녀는 좋은 친구들이 많아.

5. Macie zwierzęta w domu?      너희는 애완동물이 있어?

   → Nie, nie mamy zwierząt w domu.      아니, 우리는 애완동물이 없어.

## ⭐ Oliwia's Tip

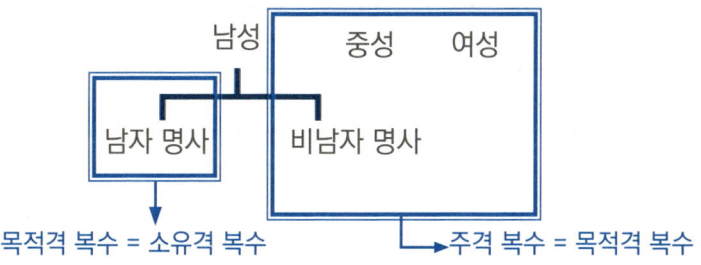

### Part 2-01. 가장 유용한 일반동사/조동사 패턴1 mieć

## 011　Kto ma + 목적격?
누가 ~를 가지고 있나요?

▼ 의문문 활용

Kto/Kiedy/Gdzie/Co/Jak/Dlaczego + (주어) + mieć + 목적격?

A: Masz zajęcia dzisiaj?　　　　　오늘 수업이 있어?
B: Tak, mam zajęcia.　　　　　　응, 수업 있어.
A: Kiedy i gdzie masz zajęcia?　　언제 어디에서 수업이 있어?
B: Mam zajęcia na uniwersytecie dzisiaj po południu.
오늘 오후에 대학교에서 수업이 있어.

A: Kto ma dzisiaj urlop?　　　　　누가 오늘 휴가야?
B: Mój przyjaciel Michał ma urlop.　　내 친구 미하우가 휴가야.

▼ "6하원칙 의문사 + mieć" 패턴 예문

| | |
|---|---|
| kto 누가 | Kto ma dzisiaj urodziny? 오늘 누구 생일이야? |
| kiedy 언제 | Kiedy masz egzamin? 언제 시험이 있어? |
| gdzie 어디서 | Gdzie masz swoją torbę? 네 가방은 어디에 있어? |
| co 무엇을 | Co masz przy sobie? 무엇을 가지고 있어? |
| jak 어떻게 | Jak masz na imię? 너의 이름이 뭐야? |
| dlaczego 왜 | Dlaczego masz zły humor? 왜 기분이 안 좋아? |
| skąd ~로부터 | Skąd masz taką dobrą książkę?<br>어디에서 이런 좋은 책을 갖게 되었어? |

## 예문

1. Kto dzisiaj ma czas? 　　　　　오늘 시간 있는 사람?

   → Ja mam czas, bo dzisiaj nie mam pracy domowej.

   　오늘 숙제가 없어서 내가 시간이 있어.

2. Kiedy masz egzamin? 　　　　　언제 시험이 있어?

   → Dzisiaj po południu mam egzamin z języka polskiego.

   　오늘 오후에 폴란드어 시험이 있어.

3. Co masz przy sobie? 　　　　　너는 뭘 가지고 있어?

   → Mam w plecaku kanapkę i sok pomarańczowy.

   　나는 배낭에 샌드위치와 오렌지 주스가 있어.

4. Gdzie masz podręcznik? 　　　　교재는 어디에 뒀어?

   → Nie mam tutaj podręcznika, on jest w domu.

   　여기에는 없고, 집에 교재가 있어.

5. Dlaczego twój brat ma dzisiaj zły humor?　네 동생은 왜 오늘 기분이 안 좋아?

   → Bo on dzisiaj ma trudny egzamin. 　오늘 어려운 시험이 있어서 그래.

 OLIWIA'S TIP

"kto ma + 목적격" 의 경우, "누가 ~를 가지고 있어?" 라는 표현이므로 주어를 3인칭 단수 취급하여 표현할 수 있습니다.

Part 2-01. 가장 유용한 일반동사/조동사 패턴1 mieć

## 012 Miałem + 목적격
나는 ~를 가지고 있었다.

▼ mieć 미래형 활용

Będę miał + 목적격 , 나는 ~를 가질 것이다.

▼ 패턴: 과거, 현재, 미래형 mieć 활용법

|  | 과거 | 현재 | 미래 |
|---|---|---|---|
| 1인칭 단수 | miałem/miałam | mam | będę miał/miała |
| 2인칭 단수 | miałeś/miałaś | masz | będziesz miał/miała |
| 3인칭 단수 | miał/miała | ma | będzie miał/miała |
| 1인칭 복수 | mieliśmy/miałyśmy | mamy | będziemy mieli/miały |
| 2인칭 복수 | mieliście/miałyście | macie | będziecie mieli/miały |
| 3인칭 복수 | mieli/miały | mają | będą mieli/miały |

▼ 추가 활용 표현

| ktoś 누군가 | Na pewno ktoś ma długopis.<br>분명 누군가는 볼펜을 가지고 있을 거야. |
|---|---|
| kiedyś 언젠가 | Kiedyś miałam poważny wypadek.<br>심각한 사고가 있었던 적이 있어. |
| coś 뭔가 | Masz coś do picia? 마실 거 좀 있어? |
| gdzieś 어디선가 | Masz gdzieś pieniądze? 어딘 가에 돈을 두었지? |
| jakiś 어떤 | Masz jakiś ołówek? 연필 같은 거 있어? |

▼ 시간 부사 활용

| 요일 | w poniedziałek, we wtorek, w środę, w czwartek, w piątek, w sobotę, w niedzielę (월,화,수,목,금,토,일) 요일에 |
|---|---|
| 월 | w styczniu, w lutym, w marcu, w kwietniu, w maju, w czerwcu, w lipcu, w sierpniu, we wrześniu, w październiku, w listopadzie, w grudniu (1,2,3,4,5,6,7,8,9,10,11,12) 월에 |
| 미래 | jutro, pojutrze, za tydzień, za miesiąc, za rok<br>내일, 모레, 일주일 후에, 한 달 후에, 일 년 후에 |

## 예문

1. Masz spotkanie dzisiaj?   오늘 미팅 있어?

   → Nie mam spotkania dziś, będę miał spotkanie dopiero za 3 dni.

   오늘은 미팅 없어. 미팅은 3일 뒤에 있을거야.

2. Masz laptop?   노트북 있어?

   → Kiedyś miałem laptop, ale już go nie mam.

   예전에는 노트북이 있었는데 지금은 없어.

3. Kiedy twoi rodzice będą mieli urlop?   너희 부모님은 언제 휴가셔?

   → Oni będą mieli urlop w sierpniu.   8월에 휴가를 가지실 거야.

4. Czy masz moją zapalniczkę?   내 라이터 가지고 있어?

   → Miałem wczoraj, ale dzisiaj zapomniałem.

   어제 가지고 있었는데 오늘은 (가지고 오는 걸) 잊어버렸어.

5. Kiedy będziecie mieli ślub?   너희는 언제 결혼식을 해?

   → Będziemy mieli ślub za rok.   우리는 일 년 뒤에 결혼을 할 거야.

## Oliwia's Tip

육하원칙 의문사 뒤에 ś가 붙으면, 불확실한 과거, 현재, 미래에 대한 표현이 됩니다. 이러한 표현에 어울리는 시간 부사를 넣으면 더욱 풍부한 회화로 활용할 수 있습니다.

## Part 2-01. 가장 유용한 일반동사/조동사 패턴1 mieć

### 013 패턴
"być/mieć"를 이용한 다양한 관용어구

▼ Być

1. Jest + 주격 ↔ Nie ma + 소유격 　　　있다 ↔ 없다

   → Dzisiaj jest kolacja. 　　　오늘은 저녁 식사가 있어.

   → Dzisiaj nie ma kolacji. 　　　오늘은 저녁 식사가 없어.


2. Było + 주격 ↔ Nie było + 소유격 　　　있었다 ↔ 없었다

   → Wczoraj wieczorem było ciepło. 　　　어제 저녁은 따뜻했어.

   → Przedwczoraj nie było żadnych spotkań.
   　　그제는 회의가 하나도 없었어.


3. Będzie + 주격 ↔ Nie będzie + 소유격 　　　있을 거다 ↔ 없을 거다

   → Jutro będzie wielka impreza. 　　　내일은 큰 파티가 있을 거야.

   → Jutro w pracy nie będzie szefa. 　　　내일은 회사에 상사가 없을 거야.

## "być/mieć"를 이용한 다양한 관용어구

▼ Mieć

1. 나이를 물어보는 표현

   → Ile masz lat?                          너는 몇 살이야?

2. 이름을 물어보는 표현

   → Jak pan ma na imię?                    당신의 이름은 무엇인가요?

3. 옷을 입을 때

   → Mam na sobie~                          나는 ~를 입고 있습니다.

4. 생각을 물어볼 때

   → Czy masz na myśli, że~                 너는 ~에 대한 생각이 있어?

5. 반대 의사를 물어볼 때

   → Masz coś przeciwko~                    너는 ~에 대해 반대의사가 있어?

6. 의향을 물어볼 때

   → Mam ochotę na~ ↔ Nie mam ochoty na~

   나는 ~가 끌려요. ↔ 나는 ~가 끌리지 않아요.

7. 의무를 표현할 때

   → Czy mam to zrobić?                     이걸 꼭 제가 해야 하나요?

8. 의미를 표현할 때

   → To dla mnie ma znaczenie ↔ To dla mnie nie ma znaczenia.

   나에게 이것은 의미가 있어요. ↔ 나에게 이것은 의미가 없어요.

# 핵심 패턴

# Part.2　unit 02

## 가장 유용한 일반동사/조동사 패턴

# #02

* Lubić ~를 좋아한다.

**014 .** Lubię + 목적격 단수 : 나는 ~를 좋아한다.
**015 .** Lubię + 목적격 복수 : 나는 ~를 좋아한다.
**016 .** Lubię robić + 목적격 : 나는 ~하는 것을 좋아한다.
**017 .** Lubić 동사와 어울리는 동사 10개
**018 .** Lubiłem + 동사원형 : 나는 ~하는 것을 좋아했다.

Part 2-02. 가장 유용한 일반동사/조동사 패턴2 lubić

## 014 Lubię + 목적격 단수
나는 ~를 좋아한다.

▼ 의문문 활용

Lubisz + 목적격 단수?

- Tak, lubię + 목적격 단수
- Nie, nie lubię + 소유격 단수

A: Lubisz piłkę nożną?  축구 좋아해?
B: Nie lubię piłki nożnej, ale lubię golfa.
   축구를 좋아하지 않지만, 골프는 좋아해.
A: Ja nie lubię golfa, bardziej lubię tenis.
   나는 골프를 좋아하진 않아, 테니스를 더 좋아해

▼ 목적격 단수

|  | 현재 |
|---|---|
| 1인칭 단수 | lubię |
| 2인칭 단수 | lubisz |
| 3인칭 단수 | lubi |
| 1인칭 복수 | lubimy |
| 2인칭 복수 | lubicie |
| 3인칭 복수 | lubią |

| 구분 | 형용사 복수 | 명사 복수 |
|---|---|---|
| 남성생물 | -ego | -a |
| 남성무생물 | =주격 | =주격 |
| 중성 | =주격 | =주격 |
| 여성 | -ą | -ę |

▼ 소유격 단수

|  | 현재 |
|---|---|
| 1인칭 단수 | nie lubię |
| 2인칭 단수 | nie lubisz |
| 3인칭 단수 | nie lubi |
| 1인칭 복수 | nie lubimy |
| 2인칭 복수 | nie lubicie |
| 3인칭 복수 | nie lubią |

| 구분 | 형용사 복수 | 명사 복수 |
|---|---|---|
| 남성생물 | -ego | -a |
| 남성무생물 | -ego | -u |
| 중성 | -ego | -a |
| 여성 | -ej | -i/-y |

## 예문

1. Lubisz sport? 너는 스포츠를 좋아해?

   → Tak, lubię szczególnie siatkówkę. 응, 나는 특히 배구를 좋아해.

2. Lubicie polską herbatę? 너희는 폴란드 차를 좋아해?

   → Tak, lubimy polską herbatę. 응, 우리는 폴란드 차를 좋아해.

3. Lubisz swojego psa? 네 개를 좋아해?

   → Tak, lubię mojego psa. 응, 나는 내 개를 좋아해.

4. Lubicie mięso? 너희는 고기를 좋아해?

   → Tak, lubimy jeść mięso. 응, 우리는 고기 먹는 것을 좋아해.

5. Twój syn lubi dżem pomarańczowy? 네 아들은 오렌지 잼을 좋아해?

   → On nie lubi dżemu pomarańczowego. 그는 오렌지 잼을 좋아하지 않아.

## ⭐ OLIWIA'S TIP

lubić 동사의 경우, "~를 좋아하다."라는 표현으로 mieć 동사 다음으로 가장 자주 쓰는 표현입니다. 바로 뒤에 목적격을 취하는 동사로, 목적격 어미 변형 연습을 반복적으로 학습하는 것이 좋습니다.

## Part 2-02. 가장 유용한 일반동사/조동사 패턴2 lubić

### 015 Lubię + 목적격 복수
나는 ~를 좋아한다.

▼ 의문문 활용

Lubisz + 목적격 복수?

- Tak, lubię + 목적격 복수
- Nie, nie lubię + 소유격 복수

A: Lubisz zajęcia z języka polskiego?
B: Tak, bardzo lubię te zajęcia.

너는 폴란드어 수업을 좋아해?
응, 나는 이 수업을 아주 좋아해.

A: Lubicie koreańskie filmy?
B: Nie lubimy koreańskich filmów. Lubimy amerykańskie filmy.

너희들은 한국 영화를 좋아해?
나는 한국 영화를 좋아하지 않아. 미국 영화를 좋아해.

▼ 목적격 복수

|  | 현재 |
|---|---|
| 1인칭 단수 | lubię |
| 2인칭 단수 | lubisz |
| 3인칭 단수 | lubi |
| 1인칭 복수 | lubimy |
| 2인칭 복수 | lubicie |
| 3인칭 복수 | lubią |

+

| 구분 | 형용사 복수 | 명사 복수 |
|---|---|---|
| 남자 사람 | -ych/ -ich | -ów<br>-i, -y<br>(기능적연음) |
| 그 외 남성 명사 | -e | -y/-i |
| 중성 | -e | -a |
| 여성 | -e | -y/-i |

▼ 소유격 복수

|  | 현재 |
|---|---|
| 1인칭 단수 | nie lubię |
| 2인칭 단수 | nie lubisz |
| 3인칭 단수 | nie lubi |
| 1인칭 복수 | nie lubimy |
| 2인칭 복수 | nie lubicie |
| 3인칭 복수 | nie lubią |

+

| 구분 | 형용사 복수 | 명사 복수 |
|---|---|---|
| 남성 | -ych/ -ich | -ów<br>-i, -y<br>(기능적연음) |
| 중성<br>여성 | -ych/ -ich | 탈락<br>-y (기능적연음)<br>-i (연음) |

## 예문

1. Lubisz japońskie samochody?   너는 일본 자동차를 좋아해?
   → Nie, nie lubię japońskich samochodów.
   아니, 나는 일본 자동차를 좋아하지 않아.

2. Lubicie ładne kwiaty?   너희는 아름다운 꽃들을 좋아해?
   → Tak, lubimy piękne kwiaty.   응, 우리는 예쁜 꽃들을 좋아해.

3. Lubisz zwierzęta?   너는 동물을 좋아해?
   → Tak, lubię zwierzęta, najbardziej lubię psy.
   응, 나는 동물을 좋아하는데 그 중 개를 가장 좋아해.

4. Lubisz swoich braci?   네 오빠들을 좋아해?
   → Nie, nie lubię moich braci, oni są hałaśliwi.
   아니, 너무 시끄럽게 굴어서 오빠들을 좋아하지 않아.

5. Lubisz francuskie torby?   너는 프랑스 가방을 좋아해?
   → Nie lubię francuskich toreb.   나는 프랑스 가방을 좋아하지 않아.

## ⭐ Oliwia's Tip

**불규칙한 소유격 복수 형태**

| 주격단수 | 소유격복수 | 주격단수 | 소유격복수 |
|---|---|---|---|
| człowiek | ludzi | brat | braci |
| przyjaciel | przyjaciół | mężczyzna | mężczyzn |

Part 2-02. 가장 유용한 일반동사/조동사 패턴2 lubić

## 016 Lubię robić + 목적격
나는 ~하는 것을 좋아한다.

▼ 의문문 활용

Lubisz + robić + 목적격?

- Tak, lubię robić + 목적격
- Nie, nie lubię robić + 소유격

A: Lubisz robić zakupy?　　　　　　너는 쇼핑하는 것을 좋아해?
B: Tak, lubię robić zakupy.　　　　　응, 나는 쇼핑하는 것을 좋아해.
A: Kiedy i gdzie lubisz robić zakupy?　언제 어디에서 쇼핑하는 것을 좋아해?
B: Lubię robić zakupy w supermarkecie w weekend.
　　나는 주말에 마트에서 쇼핑하는 것을 좋아해.

▼ "6하원칙 의문사 + lubi robić" 패턴 예문

| | |
|---|---|
| kto 누가 | Kto lubi robić zdjęcia?<br>누가 사진 찍는 것을 좋아해? |
| kiedy 언제 | Kiedy lubisz robić pranie?<br>너는 언제 빨래하는 것을 좋아해? |
| gdzie 어디서 | Gdzie lubisz robić zakupy?<br>너는 어디에서 쇼핑하는 것을 좋아해? |
| co 무엇을 | Co lubisz robić w wolnym czasie?<br>너는 여가시간에 무엇을 하는 것을 좋아해? |
| jak 어떻게 | Jak lubisz robić kawę?<br>너는 어떻게 커피 만드는 것을 좋아해? |
| dlaczego 왜 | Dlaczego lubisz grać w koszykówkę?<br>너는 왜 농구 하는 것을 좋아해? |

## 예문

1. Kto lubi robić zdjęcia?    누가 사진 찍는 것을 좋아해?
   → Moja mama lubi robić zdjęcia.    엄마가 사진 찍는 것을 좋아해.
2. Kiedy lubicie robić zakupy?    너희는 언제 쇼핑하는 것을 좋아해?
   → Lubimy robić zakupy w weekend.    우리는 주말에 쇼핑하는 것을 좋아해.
3. Gdzie lubisz robić piknik?    너는 어디로 소풍을 가?
   → Lubię robić piknik w parku w sobotę.
   나는 토요일에 공원에서 소풍을 즐기는 걸 좋아해.
4. Co lubisz robić w wolnym czasie?    너는 여가시간에 무엇을 하는 걸 좋아해?
   → Lubię pić kawę w domu.    나는 집에서 커피 마시는 것을 좋아해.
5. Dlaczego nie lubicie robić kolacji dla swoich dzieci?
   왜 너희는 아이들을 위해 저녁해 주는 걸 싫어해?
   → Bo jesteśmy zawsze zmęczeni po pracy.
   퇴근 후 우리는 늘 피곤하기 때문이야.

## ⭐ OLIWIA'S TIP

폴란드어는 뒤에 나오는 동사의 격에 따라 의문사 역시 아래처럼 격변화를 합니다.

| 주격 | 목적격 | 소유격 |
| --- | --- | --- |
| kto | kogo | kogo |
| co | co | czego |

* Co lubisz? ↔ Czego nie lubisz?    무엇을 좋아해? ↔ 무엇을 싫어해?
* Kogo lubisz? ↔ Kogo nie lubisz?    누구를 좋아해? ↔ 누구를 싫어해?

Part 2-02. 가장 유용한 일반동사/조동사 패턴2 lubić

## 017 Lubić 동사와 어울리는 동사 10개

* Lubić + 동사원형          ~ 하는 것을 좋아한다.
* Nie lubić + 동사원형      ~ 하는 것을 좋아하지 않는다.

*6하원칙 의문사:
Kto/Kiedy/Gdzie/Co/Jak/Dlaczego + (주어) + lubić + 동사원형

* (dk) = 완료, (ndk) = 불완료

1. czytać ~를 읽다. (dk) przeczytać

   → Lubię czytać książki.          나는 책 읽는 것을 좋아해.

2. grać w ~를 경기하다. (dk) zagrać w

   → Kiedy lubisz grać w tenisa?    너는 언제 테니스 치는 것을 좋아해?

3. rozmawiać ~ 대화하다. (dk) porozmawiać

   → Lubię rozmawiać z kolegami.    나는 친구들과 대화하는 것을 좋아해.

4. słuchać ~를 듣다. (dk) posłuchać

   → Kiedy lubisz słuchać radia?    너는 언제 라디오 듣는 것을 좋아해?

5. oglądać ~를 보다. (dk) obejrzeć

   → Co lubisz oglądać w wolnym czasie?

   여가시간에 무엇을 보는 것을 좋아해?

6. poznawać ~을 알게 되다. (dk) poznać

→ Lubisz poznawać nowych ludzi? 새로운 사람을 알아가는 것을 좋아해?

7. pływać 수영하다.

→ Lubicie pływać na basenie?　　너희들은 수영장에서 수영하는 것을 좋아해?

8. prowadzić samochód 운전하다.

→ Lubisz prowadzić samochód?　　너는 운전하는 것을 좋아해?

9. gotować ~를 요리하다. (dk) ugotować

→ Jakie jedzenie lubisz gotować dla rodziny?

　가족을 위해 어떤 요리를 하는 것을 좋아해?

10. wybierać ~를 선택하다. (dk) wybrać

→ Dlaczego lubisz wybierać tą restaurację?

　너는 왜 이 식당을 선택하는 것이 좋아?

 OLIWIA'S TIP

* kochać ~를 사랑하다.

좋아하는 개념보다 더 강한 애정을 나타내는 표현이며, lubić 동사와 동일하게 바로 뒤에 목적격 명사, 동사 원형, 의문사 등을 이용하여 활용할 수 있는 표현입니다. lubić처럼 다양하게 활용연습을 해보세요!

## Part 2-02. 가장 유용한 일반동사/조동사 패턴2 lubić

### 018 Lubiłem + 동사원형
나는 ~하는 것을 좋아했다.

▼ 미래형 활용

Polubię + 동사원형     나는 ~하는 것을 좋아하게 될 거야.

▼ 패턴: 과거, 현재, 미래형 lubić 활용법

|  | 과거 (ndk) | 현재 | 미래 (dk) |
| --- | --- | --- | --- |
| 1인칭 단수 | lubiłem/lubiłam | lubię | polubię |
| 2인칭 단수 | lubiłeś/lubiłaś | lubisz | polubisz |
| 3인칭 단수 | lubił/lubiła | lubi | polubi |
| 1인칭 복수 | lubiliśmy/lubiłyśmy | lubimy | polubimy |
| 2인칭 복수 | lubiliście/lubiłyście | lubicie | polubicie |
| 3인칭 복수 | lubili/lubiły | lubią | polubią |

▼ 추가 활용 표현

| ktoś 누군가 | Czy ktoś z was lubił w dzieciństwie czytać komiksy?<br>너희 중 누군가는 어린 시절에 만화 읽는 것을 좋아했어? |
| --- | --- |
| kiedyś 언젠가 | Kiedyś lubiłem książki. 나도 책을 좋아했던 적이 있었어. |
| coś 뭔가 | Lubisz coś rysować?   뭔가를 그리는 것을 좋아해? |
| gdzieś 어디선가 | Lubię chodzić gdzieś na spacery.<br>나는 어딘가로 산책하러 가는 걸 좋아해. |

▼ 어울리는 전치사

| w ~에서 | w restauracji/w domu/w parku (식당/집/공원)에서 |
| --- | --- |
| na ~로 | na śniadanie/na obiad/na kolację (아침/점심/저녁) 식사로 |
| po ~후에 | po spotkaniu/po pracy/po prezentacji<br>(회의/일/프레젠테이션) 후에 |
| z ~와 함께 | z siostrą/z synem/z szefem (언니/아들/상사)와 함께 |

## 예문

1. Kiedyś lubiłam robić zakupy, ale ostatnio jestem zawsze zmęczona.

   나는 한때 쇼핑을 좋아했었는데, 요즘은 매번 피곤해.

2. Co lubicie jeść na obiad? 너희는 점심으로 뭘 먹는 것을 좋아해?

   → Lubimy jeść pizzę na obiad. 우리는 점심으로 피자 먹는 것을 좋아해.

3. Kiedy lubisz spacerować? 언제 산책하는 것을 좋아해?

   → Lubię spacerować w sobotę wieczorem z moją córką.

   내 딸과 함께 토요일 저녁에 산책하는 것을 좋아해.

4. Myślisz, że polubisz polskie jedzenie? 폴란드 음식을 좋아하게 될것 같아?

   → Jeszcze nie próbowałam polskiego jedzenia, ale myślę, że je polubię.

   폴란드 음식을 먹어보진 않았지만, (먹어보면) 좋아하게 될 것 같아.

5. Co najbardziej lubiliście jeść w dzieciństwie?

   너희는 어릴 적에 뭘 먹는 것을 가장 좋아했어?

   → W dzieciństwie lubiliśmy jeść słodycze.

   어릴 적에는 단 것을 먹는 걸 좋아했어.

 **OLIWIA'S TIP**

실제적으로 불완료 미래형 + lubić는 문법적으로 맞으나, 어색한 표현이며, "좋아하게 될 것이다."라는 의미로는 완료형태인 polubić가 자연스럽습니다. 완료 동사의 경우, 현재 동사 변형 형태로 미래를 대신할 수 있습니다.

# 핵심 패턴

## Part.2 unit 03

### 가장 유용한 일반동사/조동사 패턴

# #03

*** Chcieć ~을 원하다.**

**019.** Chcę + 목적격 단수 : 나는 ~를 원합니다.
**020.** Chcę robić + 목적격 : 나는 ~하는 것을 원합니다.
**021.** Chcieć 동사와 어울리는 동사 10개
**022.** Chciałem + 동사원형 : 나는 ~하는 것을 원했다.

Part 2-03. 가장 유용한 일반동사/조동사 패턴3 chcieć

## 019 Chcę + 목적격 단수
나는 ~를 원합니다.

▼ 의문문 활용

Chcesz + 목적격 단수?

• Tak, chcę + 목적격 단수
• Nie, nie chcę + 소유격 단수

A: Chcesz coś do picia?  뭐 좀 마실래?
B: Chcę sok pomarańczowy, a ty?  나는 오렌지 주스 마실래, 너는?
A: Chcę kawę. Ty nie chcesz kawy?
　나는 커피 마실래, 너 커피 안 마실 거야?
B: Tak, nie chcę kawy ani wody. Ja chcę tylko zimny sok.
　응, 나는 커피도 물도 싫어. 나는 차가운 주스만 마시고 싶어.

▼ 목적격 단수

| | 현재 |
|---|---|
| 1인칭 단수 | chcę |
| 2인칭 단수 | chcesz |
| 3인칭 단수 | chce |
| 1인칭 복수 | chcemy |
| 2인칭 복수 | chcecie |
| 3인칭 복수 | chcą |

| 구분 | 형용사 복수 | 명사 복수 |
|---|---|---|
| 남성생물 | -ego | -a |
| 남성무생물 | =주격 | =주격 |
| 중성 | =주격 | =주격 |
| 여성 | -ą | -ę |

▼ 소유격 단수

| | 현재 |
|---|---|
| 1인칭 단수 | nie chcę |
| 2인칭 단수 | nie chcesz |
| 3인칭 단수 | nie chce |
| 1인칭 복수 | nie chcemy |
| 2인칭 복수 | nie chcecie |
| 3인칭 복수 | nie chcą |

| 구분 | 형용사 복수 | 명사 복수 |
|---|---|---|
| 남성생물 | -ego | -a |
| 남성무생물 | -ego | -u |
| 중성 | -ego | -a |
| 여성 | -ej | -i/-y |

## 예문

1. Chcesz piwo? 너 맥주 마실래?

   → Nie chcę piwa, chcę colę.     나는 맥주 싫고, 콜라 마실래.

2. Chcecie te kosmetyki?     너희 이 화장품들 갖고 싶어?

   → Nie chcemy tych kosmetyków.     아니, 우리는 이런 화장품 싫어해.

3. Chcesz (kupić) wino? 너 와인 사고 싶어?

   → Tak, chcę kupić dobre wino.     응, 나는 좋은 와인을 좀 사고 싶어.

4. Chcesz zimną czy ciepłą wodę?     냉수 혹은 온수 중 어떤 거 마실래?

   → Chcę ciepłą wodę.     나는 따뜻한 물을 마시고 싶어.

5. Chcesz ciasto? Ono jest bardzo pyszne.

   너는 케이크 먹고 싶어? 이거 엄청 맛있어.

   → Tak, dziękuję bardzo.     응, 정말 고마워.

## ⭐ OLIWIA'S TIP

chcieć 표현의 경우, 바로 뒤에 명사가 나올 경우 중간에 동사를 생략 혹은 생략 된 것으로 보일 수 있어 다양한 의미로 해석할 수 있습니다. "원하다."의 의미를 기본적으로 포함하지만 문맥에 따라 다른 의미로 해석될 수 있습니다.

### Part 2-03. 가장 유용한 일반동사/조동사 패턴3 chcieć

## 020 Chcę robić + 목적격
나는 ~하는 것을 원합니다.

▼ 의문문 활용

Chcesz + robić + 목적격?

- Tak, chcę robić + 목적격
- Nie, nie chcę robić + 소유격

| | |
|---|---|
| A: Co chcesz robić w sobotę? | 토요일에 뭘 하고 싶어? |
| B: Chcę zrobić piknik z rodziną. | 나는 가족과 함께 소풍 가고 싶어. |
| A: Gdzie chcecie zrobić piknik? | 너희들은 어디로 소풍 가고 싶은데? |
| B: Chcemy zrobić piknik w parku obok rzeki. | 강 옆 공원으로 소풍 가고 싶어. |

▼ 추가 활용 표현

| | | |
|---|---|---|
| kto 누가 | Kto chce robić zdjęcia? | 사진 찍고 싶은 사람? |
| kiedy 언제 | Kiedy chcesz robić pranie? | 언제 빨래 하고 싶어? |
| gdzie 어디서 | Gdzie chcecie robić zakupy? | 너희들은 어디에서 쇼핑하고 싶어? |
| co 무엇을 | Co chcesz robić w wolnym czasie? | 너는 여가시간에 뭘 하고 싶어? |
| jak 어떻게 | Jak chcesz robić kawę? | 어떻게 커피 만들고 싶어? |
| dlaczego 왜 | Dlaczego chcesz robić ten raport? | 왜 이 보고서를 만들고 싶어? |

## 예문

1. Co chcecie robić w weekend?  너희는 주말에 뭐하고 싶어?

   → W weekend chcemy zrobić porządki w domu.

   우리는 주말에 집 정리를 하고 싶어.

2. Gdzie chcecie zrobić piknik?  너희는 어디로 소풍 가고 싶어?

   → Chcemy zrobić piknik w Seulu.  우리는 서울로 소풍 가고 싶어.

3. Kto chce robić pranie?  누가 빨래하고 싶어?

   → Moja żona chce robić pranie.  내 아내가 빨래하고 싶대.

4. Kiedy chcecie robić obiad?  너희는 언제 점심을 만들고 싶어?

   → Chcemy robić obiad w południe.  우리는 정오에 점심을 만들 거야.

5. Twój ojciec chce zrobić remont mieszkania?

   네 아버지께서 집 수리를 하고 싶어 하셔?

   → Nie, moja matka chce zrobić remont mieszkania.

   아니, 어머니께서 집 수리를 하고 싶어 하셔.

 **OLIWIA'S TIP**

"chcieć + robić + 목적격" 패턴의 경우, 단독 표현 이외에도 앞에 의문사를 넣어 묻고 답할 수 있는 표현을 다양하게 만들 수 있습니다. zrobić는 robić 동사의 완료형태로, 하고 싶은 행위는 미래의 기원을 이야기할 경우가 많기 때문에 미래 표현으로 완료형을 쓰는 것이 일반적입니다.

Part 2-03. 가장 유용한 일반동사/조동사 패턴3 chcieć

## 021 Chcieć 동사와 어울리는 동사 10개

* Chcieć + 동사원형　　~ 하는 것을 원한다.
* Nie chcieć + 동사원형　~ 하는 것을 원하지 않는다.

*6하원칙 의문사:
Kto/Kiedy/Gdzie/Co/Jak/Dlaczego + (주어) + chcieć + 동사원형

* (dk) = 완료, (ndk) = 불완료

1. myć ~를 씻기다. (dk) umyć

   → Chcę umyć samochód.　　　　　나는 세차하고 싶어.

2. sprzedawać ~를 팔다. (dk) sprzedać

   → Chcemy sprzedawać te produkty do Polski.

   　우리는 이 제품들을 폴란드에 판매하고 싶어.

3. kupować ~를 사다. (dk) kupić

   → Chcemy kupować polskie produkty.　우리는 폴란드 제품들을 사고 싶어.

4. brać udział w ~에 참석하다. (dk) wziąć udział w~

   → Chcę brać udział w maratonie co miesiąc.

   　나는 매달 마라톤 경주에 참여하고 싶어.

5. pić ~를 마시다. (dk) wypić

   → Wieczorem chcę pić piwo.　　　저녁에는 맥주를 마시고 싶어.

6. jeść ~를 먹다. (dk) zjeść

→ Jestem głodna. Chce mi się jeść.   나 배고파. 뭐 좀 먹고 싶어.

7. sprzątać ~를 청소하다. (dk) posprzątać

→ Nie chcesz dzisiaj sprzątać pokoju?   너는 오늘 방 청소 하기 싫어?

8. pracować 일하다.

→ Kiedy nie chcecie pracować?   너희들은 언제 일하기 싫어?

9. spać 자다.

→ Jestem bardzo zmęczona, chce mi się spać.

나 많이 피곤해서 잠 좀 자고 싶어.

10. kąpać się 목욕하다. (dk) wykąpać się

→ Chcę szybko wykąpać się po pracy.   퇴근 후에는 빨리 목욕하고 싶어.

##  Oliwia's Tip

완료형은 현재형으로 미래를 대신하며, 과거/미래에 한 번 했던/할 예정인 상황을 표현할 때 쓰입니다. lubić의 경우, "좋아하는" 상황이 일반적이거나 지속적인 표현일 경우가 많아 대부분 불완료를 쓰지만, chcieć의 경우, 원하는 상황이 1번 미래에 일어날 경우가 많기 때문에 완료형으로 어울리는 표현을 삽입하였습니다.
다양하게 활용할 수 있도록 연습해보세요!

## Part 2-03. 가장 유용한 일반동사/조동사 패턴3 chcieć

### 022 Chciałem + 동사원형
나는 ~하는 것을 원했다.

▼ 미래형 활용

Będę chciał + 동사원형  나는 ~할 것을 원한다.

▼ 패턴: 과거, 현재, 미래형 chcieć 활용법

|  | 과거 | 현재 | 미래 |
|---|---|---|---|
| 1인칭 단수 | chciałem/chciałam | chcę | będę chciał/chciała |
| 2인칭 단수 | chciałeś/chciałaś | chcesz | będziesz chciał/chciała |
| 3인칭 단수 | chciał/chciała | chce | będzie chciał/chciała |
| 1인칭 복수 | chcieliśmy/chciałyśmy | chcemy | będziemy chcieli/chciały |
| 2인칭 복수 | chcieliście/chciałyście | chcecie | będziecie chcieli/chciały |
| 3인칭 복수 | chcieli/chciały | chcą | będą chcieli/chciały |

▼ 추가 활용 표현

| ktoś 누군가 | Ktoś chciał porwać mojego psa.<br>누군가 내 개를 훔치려 했었어. |
|---|---|
| kiedyś 언젠가 | Kiedyś chciałem przeczytać tą książkę.<br>나는 이 책을 읽고 싶었던 적이 있었어. |
| coś 뭔가 | Chcesz w coś zagrać?<br>너는 어떤 경기를 하고 싶은 거야? |
| gdzieś 어디선가 | Chciałem gdzieś spacerować.<br>나는 어딘가로 산책을 가고 싶었어. |
| jakiś 어떤 | Jutro będę chciał obejrzeć jakiś film.<br>내일은 어떤 영화라도 보고 싶어질 거야. |

▼ 어울리는 전치사

| w ~에서 | w sklepie/w kuchni/w samochodzie (가게/부엌/자동차)에서 |
|---|---|
| z ~와 함께 | z bratem/z rodziną/z kolegami (오빠/가족/친구들)과 함께 |

## 예문

1. Moja żona będzie chciała żebym robił pranie.

   내 아내는 내가 빨래해주길 바랄 거야.

2. Kiedyś chciałem pracować w tej firmie z kolegami.

   이 회사에서 친구들과 함께 일하고 싶었던 적이 있었어.

3. Moja córka chciała w wakacje gdzieś podróżować ze mną.

   내 딸은 방학 때 나와 함께 어디론가 여행하고 싶어 했어.

4. Gdzie chcecie kupić modną torebkę?

   너희는 어디에서 세련된 가방을 사고 싶어?

   → Chcemy kupić tę torebkę w centrum handlowym.

   우리는 백화점에서 그 가방을 사고 싶어.

5. Kiedy będziesz chciała brać urlop?   너는 언제 휴가를 내고 싶어?

   → Chcę wziąć urlop w kwietniu.   나는 4월에 휴가를 내고 싶어.

 Oliwia's Tip

의문사에 ś를 넣고 chcieć 동사와 만날 경우, 불확실한 상황에 대해 원하는 표현으로, "~라도 하고 싶어." 라는 의미가 됩니다. 이때 어울리는 여러 전치사를 함께 넣어 풍부하게 표현할 수 있습니다.

# 핵심 패턴

# Part.2

## 가장 유용한 일반동사/조동사 패턴

# 04

## * Móc ~할 수 있다.

**023.** Mogę + 동사원형 (단수) : 나는 ~를 할 수 있습니다.

**024.** Mogę + 동사원형 (복수) : 나는 ~를 할 수 있습니다.

**025.** Kto może + 동사원형? : 누가 ~를 할 수 있어요?

**026.** Móc 동사와 어울리는 동사 10개

**027.** Mogłem + 동사원형 : 나는 ~를 할 수 있었습니다.

## Part 2-04. 가장 유용한 일반동사/조동사 패턴4 Móc

### 023 Moge + 동사원형 (단수)
나는 ~를 할 수 있습니다.

▼ 의문문 활용

Możesz + 동사원형

• Tak, mogę + 동사원형 　　　　　• Nie, nie mogę + 동사원형

> B: Możesz ugotować kolację dziś wieczorem?
> 오늘 저녁에 저녁 식사를 요리해줄 수 있어?
> A: Chyba będę mogła przygotować kolację, co chcesz zjeść?
> 아마 저녁을 준비할 수 있을 거야, 뭐 먹고 싶어?
> B: Możesz zrobić spaghetti? 　　　　스파게티 만들어 줄 수 있어?
> A: Tak, mogę zrobić zakupy po pracy i ugotować spaghetti.
> 응, 퇴근 후에 장봐서 스파게티를 요리해줄 수 있어.

▼ [단수]

| | 현재 |
|---|---|
| 1인칭 단수 | mogę |
| 2인칭 단수 | możesz |
| 3인칭 단수 | może |
| 1인칭 복수 | możemy |
| 2인칭 복수 | możecie |
| 3인칭 복수 | mogą |

\+ 동사 원형 \+ 동사원형이 취하는 격에 따라 어미 변형

▼ [단수]

| | 현재 |
|---|---|
| 1인칭 단수 | nie mogę |
| 2인칭 단수 | nie możesz |
| 3인칭 단수 | nie może |
| 1인칭 복수 | nie możemy |
| 2인칭 복수 | nie możecie |
| 3인칭 복수 | nie mogą |

\+ 동사 원형 \+ 동사원형이 취하는 격에 따라 어미 변형

## 예문

1. Możesz teraz sprawdzić e-mail?   지금 이메일 확인할 수 있어?

   → Niestety nie mam czasu. Mogę sprawdzić dopiero po południu.

   안타깝지만 지금 시간이 없어. 오후 돼야 확인할 수 있어.

2. Moja córka może dzisiaj bawić się na dworze.

   내 딸은 오늘 밖에서 놀 수 있어.

3. Możemy teraz porozmawiać o tej sprawie?

   이 문제에 대해서 지금 이야기 좀 나눌 수 있을까?

   → Tak, oczywiście. Możemy porozmawiać pijąc kawę.

   응, 당연하지. 우리 커피 마시면서 이야기 나누자.

4. Możesz napisać raport do godziny 15?   15시까지 보고서를 쓸 수 있어?

   → Przepraszam, chyba nie zdążę, mam dużo spotkań. Mogę skończyć do 18.

   미안, 회의가 많아서 시간 못 맞출 것 같아. 18시까지 끝낼 수 있어.

5. Możesz mi pomóc?   나 좀 도와줄 수 있어?

   → Tak, jasne. Co się stało?   응, 당연하지, 무슨 일이야?

 **OLIWIA'S TIP**

móc 동사는 조동사로서, 바로 뒤에 원형이 나오는 표현입니다. 또한 "~할 수 있다." 라는 의미 이외에도 "~해도 된다."라는 허가의 의미도 있습니다.

## Part 2-04. 가장 유용한 일반동사/조동사 패턴4 Móc

### 024 Mogę + 동사원형 (복수)
나는 ~를 할 수 있습니다.

▼ 의문문 활용

Możesz + 동사원형

- Tak, mogę + 동사원형
- Nie, nie mogę + 동사원형

A: Możesz zrobić mi zdjęcie?    내 사진을 찍어줄 수 있겠어?
B: Tak, oczywiście. Mogę zrobić ci zdjęcie.
    응, 당연하지. 내가 네 사진 찍어줄게.
A: Możesz kupić dla mnie świeże owoce?
    나를 위해 신선한 과일 좀 사줄 수 있어?
B: Jasne, jakie owoce chcesz zjeść?    당연하지, 어떤 과일 먹고 싶은데?
A: Chcę zjeść truskawki.    딸기가 먹고 싶어.

▼ [복수]

|  | 현재 |
|---|---|
| 1인칭 단수 | mogę |
| 2인칭 단수 | możesz |
| 3인칭 단수 | może |
| 1인칭 복수 | możemy |
| 2인칭 복수 | możecie |
| 3인칭 복수 | mogą |

\+ 동사 원형 \+ 동사원형이 취하는 격에 따라 어미 변형

▼ [복수]

|  | 현재 |
|---|---|
| 1인칭 단수 | nie mogę |
| 2인칭 단수 | nie możesz |
| 3인칭 단수 | nie może |
| 1인칭 복수 | nie możemy |
| 2인칭 복수 | nie możecie |
| 3인칭 복수 | nie mogą |

\+ 동사 원형 \+ 동사원형이 취하는 격에 따라 어미 변형

## 예문

1. Możesz przeczytać te książki w tym tygodniu?
   이번 주까지 이 책들을 다 읽을 수 있어?
   → Nie mogę przeczytać tylu książek tak szybko.
   나는 이렇게 많은 책들을 그렇게 빨리 읽을 수는 없어.
2. Możesz wykąpać psy i koty?  개와 고양이들 목욕 시킬 수 있어?
   → Tak, mogę wykąpać nasze zwierzęta.
   응, 우리 동물들을 목욕시킬 수 있어.
3. Możesz kupić dla mnie nowe krzesła?
   나를 위해 새로운 의자들을 사줄 수 있어?
   → Nie mogę kupić nowych krzeseł.
   나는 새로운 의자들을 사줄 수 없어.
4. Możecie złożyć te dokumenty dziś do 18?
   너희들 오늘 18시까지 이 서류들을 작성할 수 있겠어?
   → Niestety nie możemy, mamy za mało czasu.
   안타깝지만, 우리는 시간이 너무 없어서 못할 것 같아.
5. Możesz dzisiaj ugotować chińskie potrawy?
   오늘 중국 요리를 해줄 수 있어?
   → Nie mam składników, dlatego nie mogę gotować chińskich potraw.
   재료가 없어서 중국 요리는 못할 것 같아.

 **OLIWIA'S TIP**

móc 동사 뒤에 동사원형이 나올 경우, 뒤에 나오는 동사가 어떤 격을 취하느냐에 따라, 명사의 어미변형이 이루어집니다. 예를 들어 szukać는 소유격 동사로 뒤에 나오는 명사는 소유격 어미로 변형이 이루어집니다.

### Part 2-04. 가장 유용한 일반동사/조동사 패턴4 Móc

## 025 Kto może + 동사원형?
누가 ~를 할 수 있어요?

▼ 6하원칙 의문사 활용

**Kto/Kiedy/Gdzie/Co/Jak/Dlaczego + (주어) + móc + 동사원형**

A: Kiedy możesz zrobić zakupy?
너는 언제 장볼 수 있어?

B: Mogę zrobić zakupy dziś po południu.
오늘 오후에 장볼 수 있어.

A: Gdzie mogę wydrukować ten dokument?
어디에서 이 서류를 출력할 수 있어?

B: W tym budynku na parterze jest drukarka.
이 건물 0층에 출력기가 있어.

▼ 추가 활용 표현

| | |
|---|---|
| kto 누가 | Kto może poszukać kluczy? 누가 열쇠를 찾아줄 수 있어? |
| kiedy 언제 | Kiedy możesz zrobić zakupy? 너는 언제 장볼 수 있어? |
| gdzie 어디서 | Gdzie możecie kupić te produkty?<br>너희는 어디에서 이 제품들을 살 수 있어? |
| co 무엇을 | Co możecie sprzedać? 너희는 무엇을 팔 수 있어? |
| jak 어떻게 | Jak możemy zrobić to ciasto?<br>이 케이크는 어떻게 만들 수 있어? |
| dlaczego 왜 | Dlaczego nie możesz uprawiać sportu?<br>너는 왜 운동을 못해? |

## 예문

1. Kto może uprasować tą koszulę?     누가 이 셔츠를 다림질 할 수 있어?

   → Moja matka może uprasować ubrania wieczorem.

       어머니가 저녁에 옷 다림질을 해주실 수 있어.

2. Kiedy możemy porozmawiać?     우리 언제 이야기할 수 있어?

   → Możemy porozmawiać teraz.     지금 이야기할 수 있어.

3. Gdzie możemy obejrzeć ten film?     어디에서 이 영화를 볼 수 있어?

   → Możemy obejrzeć ten film w kinie.     영화관에서 이 영화를 볼 수 있어.

4. Co możemy kupić w tym sklepie?     이 가게에서 무엇을 살 수 있어?

   → Możemy kupić wygodne meble.     우리는 편안한 가구를 살 수 있어.

5. Dlaczego dzisiaj nie możesz zrobić zakupów?     오늘 왜 쇼핑을 못해?

   → Bo mam dzisiaj bardzo dużo pracy.     오늘 일이 너무 많기 때문이야.

## ⭐ OLIWIA'S TIP

아래와 같은 표현은 어울리는 의문사를 넣어 다양하게 질문-답변이 가능합니다. 바로 뒤에 동사원형을 쓸 수 있으며, móc만 단독으로 와도 자연스러운 표현이 됩니다.

* Co możesz? ↔ Czego nie możesz? 무엇을 할 수 있어? ↔ 무엇을 못해?

Part 2-04. 가장 유용한 일반동사/조동사 패턴4 Móc

## 026 Móc 동사와 어울리는 동사 10개

* Móc + 동사원형      ~ 할 수 있습니다.
* Nie móc + 동사원형   ~ 할 수 없습니다.

*6하원칙 의문사:

Kto/Kiedy/Gdzie/Co/Jak/Dlaczego + (주어) + móc + 동사원형

* (dk) = 완료, (ndk) = 불완료

1. pomagać 돕다. (dk) pomóc

   → Jeśli chcesz mogę pomagać w weekendy.

   원하면, 주말에 도와줄 수 있어.

2. uprawiać ~를 경작하다.

   → Mogę uprawiać ryż na wsi.

   시골에서 쌀농사를 지을 수 있어.

3. spotykać się ~를 만나다. (dk) spotkać się

   → Mogę spotykać się z rodziną w wakacje.

   방학에는 가족과 만날 수 있어.

4. wybierać ~를 선택하다. (dk) wybrać

   → Dzieci mogą wybierać słodycze.

   아이들은 단 것을 고를 수 있어.

5. wysyłać ~를 보내다. (dk) wysłać

→ Możesz wysyłać mi raport co poniedziałek?

매주 월요일마다 나에게 보고서를 보내줄 수 있어?

6. składać ~를 제출하다. (dk) złożyć

→ Możesz złożyć dokumenty w urzędzie?

관공서에 서류들을 제출해줄 수 있어?

7. odpoczywać 휴식을 취하다. (dk) odpocząć

→ Dopiero wieczorem mogę odpoczywać.

오늘 저녁에서야 비로서 쉴 수 있게 되었어.

8. szukać ~를 찾다. (dk) poszukać

→ Możesz poszukać produktów tej firmy?

이 회사 제품들을 찾아줄 수 있어?

9. naprawiać ~를 수리하다. (dk) naprawić

→ Gdzie możemy naprawiać komputery?

우리는 어디에 컴퓨터 수리를 맡길 수 있어?

10. kolekcjonować ~를 수집하다.

→ Możemy kolekcjonować te znaczki.

우리는 이 우표들을 수집할 수 있어.

## Part 2-04. 가장 유용한 일반동사/조동사 패턴4 Móc

### 027 Mogłem + 동사원형
나는 ~를 할 수 있었습니다.

▼ 미래형 활용

Będę mógł + 동사원형   나는 ~를 할 수 있을 것이다.

▼ 패턴: 과거, 현재, 미래형 móc 활용법

|  | 과거 | 현재 | 미래 |
|---|---|---|---|
| 1인칭 단수 | mogłem/mogłam | mogę | będę mógł/mogła |
| 2인칭 단수 | mogłeś/mogłaś | możesz | będziesz mógł/mogła |
| 3인칭 단수 | mógł/mogła | może | będzie mógł/mogła |
| 1인칭 복수 | mogliśmy/mogłyśmy | możemy | będziemy mogli/mogły |
| 2인칭 복수 | mogliście/mogłyście | możecie | będziecie mogli/mogły |
| 3인칭 복수 | mogli/mogły | mogą | będą mogli/mogły |

▼ 추가 활용 표현

| ktoś<br>누군가 | Ktoś będzie mógł wygrać nagrodę.<br>누군가는 상을 받을 수 있을 거야. |
|---|---|
| kiedyś<br>언젠가 | Kiedyś będę mógł kupić rodzicom dom.<br>언젠가는 부모님에게 집을 사드릴 수 있을 거야. |
| coś 뭔가 | Możesz coś zjeść? 뭐 좀 먹을 수 있겠어? |
| gdzieś<br>어디선가 | Czy będziecie mogli kupić gdzieś dla mnie nową gazetę?<br>나를 위해 어딘가에서 새로운 신문을 구입해줄 수 있어? |
| jakiś<br>어떤 것 | Będziemy mogli obejrzeć jakiś film.<br>우리는 어떤 영화든 볼 수 있을 거야. |

▼ 어울리는 전치사

| w ~에서 | w miejscu/w windzie/w wolnym czasie<br>(자리,좌석,장소/엘리베이터/여유시간)에 |
|---|---|
| z ~와 함께 | z rodzicami/z szefem/z klientami (부모님/상사/고객들)과 함께 |

## 예문

1. Będziesz mógł upiec to ciasto sam?

    혼자서 이 케이크를 구울 수 있겠어?

    → Tak, uczyłem się gotować, dlatego będę mógł upiec to ciasto.

    응, 나는 요리하는 법을 배웠기 때문에 이 케이크를 구울 수 있을 거야.

2. Gdzie będziesz mógł studiować?

    어디에서 공부를 할 수 있을 거야?

    → Będę mógł studiować w Japonii.

    나는 일본에서 공부를 할 수 있을 거야.

3. Możemy negocjować tą cenę?

    우리가 단가 협상을 할 수 있을까요?

    → Tak, możemy negocjować nasze warunki.

    네, 우리의 조건을 협상할 수 있습니다.

4. Kiedy będziesz mogła odpoczywać?

    언제 쉴 수 있을 것 같아?

    → Teraz nie mam czasu, w sierpniu będę mogła odpoczywać.

    지금은 시간이 안되지만, 8월에는 쉴 수 있을 거야.

5. Gdzie będziecie mogli pływać?

    너희들은 어디에서 수영할 수 있을 것 같아?

    → Będziemy mogli pływać na basenie w weekend.

    우리는 주말에 수영장에서 수영할 수 있을 거야.

# 핵심 패턴

## Part.2   unit 05

### 가장 유용한 일반동사/조동사 패턴

#05

* Musieć ~를 해야한다.

028. Muszę + 동사원형 (단수) : 나는 ~를 해야만 합니다.
029. Muszę + 동사원형 (복수) : 나는 ~를 해야만 합니다.
030. Kto musi + 동사원형? : 누가 ~를 해야만 하나요?
031. Musieć 동사와 어울리는 동사 10개
032. Musiałem + 동사원형 : 나는 ~해야만 했습니다.

## Part 2-05. 가장 유용한 일반동사/조동사 패턴5 Musieć

### 028  Muszę + 동사원형 (단수)
나는 ~를 해야만 합니다.

▼ 의문문 활용

Musisz + 동사원형?

- Tak, muszę + 동사원형
- Nie, nie muszę + 동사원형

> A: Musisz sprzątać teraz! 너는 지금 청소해야만 해!
> B: Nie mam czasu, muszę zrobić zadanie domowe.
> 숙제를 해야해서 시간이 없어요.
> A: Dobrze, ale jutro musisz posprzątać twój pokój!
> 좋아, 그럼 내일은 네 방 청소 꼭 해!
> B: Rozumiem, muszę o tym pamiętać.   알겠어요. 명심할게요.

▼ 단수

|  | 현재 |
|---|---|
| 1인칭 단수 | muszę |
| 2인칭 단수 | musisz |
| 3인칭 단수 | musi |
| 1인칭 복수 | musimy |
| 2인칭 복수 | musicie |
| 3인칭 복수 | muszą |

\+ 동사 원형 + 동사원형이 취하는 격에 따라 어미 변형

▼ 단수

|  | 현재 |
|---|---|
| 1인칭 단수 | nie muszę |
| 2인칭 단수 | nie musisz |
| 3인칭 단수 | nie musi |
| 1인칭 복수 | nie musimy |
| 2인칭 복수 | nie musicie |
| 3인칭 복수 | nie muszą |

\+ 동사 원형 + 동사원형이 취하는 격에 따라 어미 변형

## 예문

1. Muszę napisać raport do godziny 15.

   나는 15시까지 보고서를 써야만 해.

2. Muszę uczyć się języka polskiego.

   나는 폴란드어를 공부해야 돼.

3. Muszę skupić się na tym projekcie.

   나는 이 프로젝트에 집중해야만 해.

4. Musimy przygotowywać wszystkie rzeczy na podróż.

   우리는 여행에 필요한 모든 것들을 준비해야만 해.

5. Musicie skanować te dokumenty przed spotkaniem.

   너희들은 회의 전에 이 서류들을 스캔 해야만 해.

## OLIWIA'S TIP

musieć는 조동사로 바로 뒤에 동사원형이 반드시 나와야 하는 표현입니다. 바로 뒤에 나오는 동사가 uczyć się 과 같은 소유격 동사일 경우 바로 뒤의 형용사+명사의 어미형태는 소유격으로 어미 변형이 됩니다. 같은 맥락으로 기구격 동사인 opiekować się은 뒤의 명사는 기구격으로 어미 변형이 이루어집니다. 하지만, 폴란드어 특성 상, 목적격 동사가 대부분이므로 목적격 어미 변형을 잘 익혀두면 활용도가 높습니다.

## Part 2-05. 가장 유용한 일반동사/조동사 패턴5 Musieć

### 029 Muszę + 동사원형 (복수)
나는 ~를 해야만 합니다.

▼ 의문문 활용

Musisz + 동사원형?

• Tak, muszę + 동사원형　　　　　　　　• Nie, nie muszę + 동사원형

> A: Musisz wysłać mi raporty przed spotkaniem.
> 미팅 전에는 내게 보고서들을 보내야 해.
> B: Niestety nie zdążę. Muszę jeszcze wydrukować i skanować te dokumenty na spotkanie. 안타깝지만 시간 못 맞춰. 미팅에 필요한 서류들을 출력하고 스캔 해야 해.
> A: Jeszcze musisz przygotować salę na zebranie!
> 또 회의 장소도 준비해야 해!

▼ 복수

| | 현재 | | | |
|---|---|---|---|---|
| 1인칭 단수 | muszę | | | |
| 2인칭 단수 | musisz | | 동사 원형 | 동사원형이 취하는 격에 따라 어미 변형 |
| 3인칭 단수 | musi | + | | + |
| 1인칭 복수 | musimy | | | |
| 2인칭 복수 | musicie | | | |
| 3인칭 복수 | muszą | | | |

▼ 복수

| | 현재 | | | |
|---|---|---|---|---|
| 1인칭 단수 | nie muszę | | | |
| 2인칭 단수 | nie musisz | | | |
| 3인칭 단수 | nie musi | + | 동사 원형 | + | 동사원형이 취하는 격에 따라 어미 변형 |
| 1인칭 복수 | nie musimy | | | |
| 2인칭 복수 | nie musicie | | | |
| 3인칭 복수 | nie muszą | | | |

## 예문

1. Dzieci muszą myć zęby dokładnie.

   아이들은 이를 정확하게 닦아야 해.

2. Muszę kupić świeże owoce dla dzieci.

   아이들을 위해 신선한 과일을 사야 해.

3. Musimy sprzedać dobre kosmetyki do Polski.

   우리는 폴란드에 좋은 화장품을 판매해야 해.

4. Musimy wyrzucić te śmieci?

   우리가 이 쓰레기들을 버려야 하나요?

   → Nie musimy wyrzucić tych śmieci.

   우리가 이 쓰레기들을 버릴 필요는 없어.

5. Musimy przygotować te raporty?

   우리가 이 보고서들을 준비해야 하나요?

   → Tak, musimy przygotować te raporty.

   네, 우리가 이 보고서들을 준비해야 합니다.

### Oliwia's Tip

폴란드어는 "의미, 동사, 전치사에 따라서 뒤에 나오는 형용사와 명사의 어미가 변한다."라는 규칙을 반드시 기억해야만 어려움이 없습니다.

## Part 2-05. 가장 유용한 일반동사/조동사 패턴5 Musieć

### 030 Kto musi + 동사원형?
누가 ~를 해야만 하나요?

▼ 6하원칙 의문사 활용

Kto/Kiedy/Gdzie/Co/Jak/Dlaczego + (주어) + musieć + 동사원형

> A: Dlaczego musiałeś wstać wcześnie rano?
> 왜 이렇게 아침 일찍 일어나야만 했어?
> B: Bo musiałem przygotować prezentację na zebranie.
> 회의에 필요한 프레젠테이션을 준비해야 했어.
>
> A: Co musisz zrobić dziś wieczorem?
> 오늘 저녁에는 뭐해야 해?
> B: Muszę napisać raporty i wysłać je do 20.
> 보고서 작성 후 20시까지 보내야 해.

▼ "6하원칙 의문사 + musieć + 동사원형" 패턴 예문

| | |
|---|---|
| kto 누가 | Kto musi zrobić zadanie domowe?<br>누가 숙제를 해야 하나요? |
| kiedy 언제 | Kiedy musisz posprzątać pokój?<br>너는 언제 청소해야 해? |
| gdzie 어디서 | Gdzie musisz sprzedawać te produkty?<br>이 제품들을 어디에 팔아야 해? |
| co 무엇을 | Co musicie zrobić w niedzielę?<br>너희는 일요일에 뭐해야 해? |
| jak 어떻게 | Jak musisz przygotować prezentację?<br>어떻게 프레젠테이션을 준비해야 해? |
| dlaczego 왜 | Dlaczego musisz przygotować ten raport?<br>너는 이 보고서를 왜 준비해야 해? |

## 예문

1. Co musisz robić dzisiaj po południu?  오늘 오후에는 무엇을 해야 돼?
   → Muszę się uczyć, bo mam egzamin jutro.
   내일 시험이 있어서 공부해야 해.

2. Do kiedy muszę naprawić ten laptop?  언제까지 이 노트북을 수리해야 해?
   → Musisz naprawić laptop dzisiaj, bo pilnie go potrzebuję.
   긴급히 필요해서 오늘 이 노트북 수리를 해야 해.

3. Kto musi pomagać mamie?  누가 엄마를 도와줘야 해?
   → Moja żona musi pomagać mamie gotować, bo dziś mój ojciec ma urodziny.
   오늘 아버지 생신이어서 와이프가 엄마를 도와 요리를 해야 해.

4. Gdzie musisz iść po pracy?  퇴근 후에 어딜 가야 해?
   → Dziś po pracy muszę iść do szpitala.  오늘 퇴근하고 병원에 가야 해.

5. Nie musisz sprawdzić tych dokumentów? 이 서류들을 검토할 필요는 없어?
   → Nie muszę sprawdzić tych dokumentów, szef to zrobi.
   상사가 진행 할거라서 내가 이 서류들을 검토할 필요는 없어.

## OLIWIA'S TIP

* Co musisz? ↔ Czego nie musisz? 무엇을 해야 해 ↔ 무엇을 하지 않아도 돼?

해당 표현의 경우, 앞서 설명한 대로 의문사의 co, czego의 변화형을 잘 살펴야 합니다. musieć 조동사는 바로 뒤에 동사 원형이 와야 하고, 동사 원형이 취하는 격에 따라 뒤에 나오는 명사의 어미 변형이 이루어지지만, 일반적인 사실을 물어볼 경우, robić 동사를 생략하는 것으로 보기 때문에 긍정에서는 목적격, 부정에서는 소유격으로 의문사가 변형됩니다. lubić처럼 다양하게 활용연습을 해보세요!

Part 2-05. 가장 유용한 일반동사/조동사 패턴5 Musieć

## 031　Musieć 동사와 어울리는 동사 10개

* Musieć + 동사원형　　　　　　~ 해야만 한다.
* Nie musieć + 동사원형　　　　~ 하지 않아도 된다.

* 6하원칙 의문사:
Kto/Kiedy/Gdzie/Co/Jak/Dlaczego + (주어) + musieć + 동사원형

* (dk) = 완료, (ndk) = 불완료

1. próbować ~를 시도하다. (dk) spróbować

   → Muszę spróbować, nawet jeśli nie uda mi się.

   　내가 성공하지 못하더라도, 시도는 해봐야 해.

2. dowiadywać się ~를 알게 되다. (dk) dowiedzieć się

   → Muszę się dowiedzieć, o co ci chodziło.

   　너에게 무슨 일이 있었는 지 내가 꼭 알아야 겠어.

3. dawać ~를 주다. (dk) dać

   → Muszę dawać korepetycje, żeby zarobić pieniądze.

   　돈을 벌기 위해서는 과외를 해야만 해.

4. myśleć o ~ 에 대하여 생각하다. (dk) pomyśleć o

   → Musisz pomyśleć o tym poważnie.

   　너는 이 점에 대해 신중히 생각해야만 해.

5. czekać ~를 기다리다. (dk) poczekać

→ Musisz poczekać na mnie.

너는 나를 기다려야 해.

6. starać się ~를 노력하다. (dk) postarać się ~

→ Musisz się postarać, żeby zrobić to dokładnie.

이를 정확하게 하기 위해, 너는 노력해야 해.

7. witać ~를 환영하다. (dk) powitać

→ Musisz powitać profesora.

너는 교수님을 환영해야 해.

8. ubierać się ~를 입다. (dk) ubrać się

→ Muszę ubierać się ciepło, bo już będzie zimno.

이제 추워질 테니 따뜻하게 입어야 해.

9. mieszkać 살다.

→ Nie musisz mieszkać już z rodzicami.

이제 부모님과 함께 살지 않아도 돼.

10. wyglądać (jak) ~(처럼) 보이다.

→ Mam dzisiaj rozmowę kwalifikacyjną, dlatego muszę wyglądać ładnie.

오늘 인터뷰가 있어서, 나는 예뻐 보여야 해.

Part 2-05. 가장 유용한 일반동사/조동사 패턴5 Musieć

## 032 Musiałem + 동사원형
나는 ~해야만 했습니다.

▼ 미래형 활용

Będę musiał + 동사원형    나는 ~해야만 할 것이다.

▼ 패턴: 과거, 현재, 미래형 musieć 활용법

|         | 과거 | 현재 | 미래 |
|---|---|---|---|
| 1인칭 단수 | musiałem/musiałam | muszę | będę musiał/musiała |
| 2인칭 단수 | musiałeś/musiałaś | musisz | będziesz musiał/musiała |
| 3인칭 단수 | musiał/musiała | musi | będzie musiał/musiała |
| 1인칭 복수 | musieliśmy/musiałyśmy | musimy | będziemy musieli/musiały |
| 2인칭 복수 | musieliście/musiałyście | musicie | będziecie musieli/musiały |
| 3인칭 복수 | musieli/musiały | muszą | będą musieli/musiały |

▼ 추가 활용 표현

| ktoś 누군가 | Ktoś musiał sprzątnąć salę konferencyjną w naszym biurze. 누군가는 우리 사무실에 있는 회의실 청소를 해야만 했어. |
|---|---|
| kiedyś 언젠가 | Kiedyś musiałem przeczytać te książki. 나는 이 책들을 통독해야 했던 적이 있었어. |
| coś 뭔가 | Musisz coś kupić w tym sklepie? 이 가게에서 뭔가를 사야만 해? |
| gdzieś 어디선가 | Będę musiał kupić gdzieś nowy garnitur. 어디선가 새 정장을 구입해야 할거야. |
| jakiś 어떤 것 | Musimy mieć jakiś pomysł na wakacje. 우리는 방학 때 뭘할 지 생각 좀 해봐야 해. |

▼ 어울리는 전치사

| w ~에서 | w piwnicy/w biurze/w liceum (지하창고/사무실/고등학교)에서 |
|---|---|
| z ~와 함께 | z dziadkiem/z uczniem/z mężem (할아버지/학생/남편)과 함께 |

## 예문

1. W liceum musiałem uczyć się języka angielskiego.

    나는 고등학교 시절에 영어를 배워야 했어.

2. W poniedziałek muszę skończyć raport.

    월요일에는 보고서를 끝내야만 해.

3. Co będziesz musiał robić w tym tygodniu?

    너는 이번 주에 뭘 해야 해?

    → Będę musiał negocjować warunki umowy z klientami.

    나는 고객들과 계약 조건을 협상해야만 할거야.

4. Moja mama musiała zrobić z tatą porządki w piwnicy.

    엄마는 아빠와 함께 지하창고 정리를 해야만 했어.

5. Musiałam zrobić zakupy z dziadkiem w centrum handlowym.

    나는 할아버지와 함께 백화점에서 쇼핑을 해야 했어.

 **OLIWIA'S TIP**

해당 표현을 단순 평서문으로만 쓰기 보다, 부정문, 의문사, 육하원칙을 함께 활용하여 사용하게 되면 좀더 풍부한 표현이 될 수 있습니다.
Co pan będzie musiał robić? 과 같이 의문사 + 미래형 표현 등을 함께 쓰게 되면 좀 더 다양한 문장을 만들 수 있게 됩니다.

핵심 패턴

▶ Part.2

가장 유용한 일반동사/조동사 패턴

#06

* Woleć ~를 선호하다.

033. Wolę + 목적격 : 나는 ~하는 것을 선호합니다.
034. Wolę + 동사원형 : 나는 ~하는 것을 선호해.
035. Woleć + 동사와 어울리는 동사 10개

## Part 2-06. 가장 유용한 일반동사/조동사 패턴6  woleć

### 033  Wolę + 목적격
나는 ~하는 것을 선호합니다.

▼ 의문문 활용

Wolisz + A czy B?          A와 B중 어느 것을 선호하나요?
Wolę + A niż B             나는 B보다 A를 선호합니다.

A: Wolisz herbatę zieloną czy czarną?     녹차 아님 홍차 중 어떤 차를 선호해?
B: Wolę zieloną herbatę. Możesz zrobić dla mnie?
   나는 녹차가 더 좋아. 나를 위해 만들어 줄 수 있어?
A: Tak, mogę. Wolisz herbatę z cukrem?    응, 해줄 수 있어. 설탕 넣어줄까?
B: Wolę bez cukru.                         나는 무설탕 차가 더 좋아.

▼ 목적격 단수

|         | 현재     |
|---------|---------|
| 1인칭 단수 | wolę    |
| 2인칭 단수 | wolisz  |
| 3인칭 단수 | woli    |
| 1인칭 복수 | wolimy  |
| 2인칭 복수 | wolicie |
| 3인칭 복수 | wolą    |

+

| 구분     | 형용사 단수 | 명사 단수 |
|---------|-----------|---------|
| 남성생물  | -ego      | -a      |
| 남성무생물 | =주격     | =주격    |
| 중성     | =주격     | =주격    |
| 여성     | -ą        | -ę      |

▼ 목적격 복수

|         | 현재     |
|---------|---------|
| 1인칭 단수 | wolę    |
| 2인칭 단수 | wolisz  |
| 3인칭 단수 | woli    |
| 1인칭 복수 | wolimy  |
| 2인칭 복수 | wolicie |
| 3인칭 복수 | wolą    |

+

| 구분      | 형용사 복수 | 명사 복수              |
|----------|-----------|----------------------|
| 남자사람  | -ych/ -ich | -ów<br>-y-i (기능적연음) |
| 남자 외 명사 | -e       | -y/-i                |
| 중성      | -e        | -a                   |
| 여성      | -e        | -y/-i                |

## 예문

1. Wolisz psy czy koty?  개 혹은 고양이 중 어떤 동물이 더 좋아?

   → Wolę koty.  나는 고양이를 더 좋아해.

2. Twoja matka woli herbatę czy kawę?

   네 어머니는 차 아님 커피 중에 뭘 더 좋아하셔?

   → Ona woli herbatę.  어머니께서는 차를 더 좋아하셔.

3. Wolisz maliny czy truskawki?

   너는 산딸기 혹은 그냥 딸기 중 어떤 게 더 좋아?

   → Wolę truskawki.  나는 그냥 딸기가 더 좋아.

4. Twoja córka woli jeść lody czy ciastka?

   네 딸은 아이스크림, 과자 중 어떤 걸 더 좋아해?

   → Ona woli jeść lody.  아이스크림 먹는 것을 더 좋아해.

5. Wolisz wakacje w mieście czy na wsi?

   도시 아님 시골 중 어디에서 방학을 보내는 것을 더 좋아해?

   → Wolę wakacje na wsi.  나는 시골에서 방학을 보내는 것을 더 좋아해.

### ★ OLIWIA'S TIP

wolę 동사의 경우 바로 뒤에 목적격을 취하는 동사로, 기본적인 의미는 "나는 ~를 선호하다." 라는 뜻입니다. 비슷한 뜻으로 비교 대상을 강조하여 bardziej lubię의 의미인 "나는 ~를 더 좋아하다."라는 혹은 "나는 ~보다 더 원하다."의 의미로도 쓰입니다.

# Part 2-06. 가장 유용한 일반동사/조동사 패턴6 woleć

## 034　Wolę + 동사원형
나는 ~하는 것을 선호해.

▼ 의문문 활용

Wolisz + A czy B?　　　　　*A,B 동사원형

• Wolę + A niż B

A: Co wolisz, imprezować czy odpoczywać w ten weekend?
　 너는 이번 주말에 파티 혹은, 쉬는 것 중에 뭐가 더 좋아?
B: Wolę odpoczywać w domku nad morzem.
　 나는 바닷가에 있는 집에서 쉬는 게 더 좋아.

A: Nie wolisz pojechać w góry zamiast nad morze?
　 바닷가 대신 산에 가는 걸 더 좋아하는 거 아니었어?
B: Miałem dużo pracy w tygodniu, wolę odpoczywać spokojnie niż jechać w góry.
　 주중에 일이 너무 많아서, 산에 가는 거보다 조용히 쉬는 게 더 좋아.

▼ "6하원칙 의문사 + woleć + 동사원형" 패턴 예문

| | |
|---|---|
| kto 누가 | Kto woli pić piwo z sokiem?  누가 과일맥주를 더 좋아해? |
| kiedy 언제 | Kiedy wolisz robić piknik, w sobotę czy niedzielę?<br>너는 토요일, 일요일 중 언제 소풍 가는 것을 좋아해? |
| gdzie 어디서 | Gdzie wolisz robić zakupy?<br>너는 어디에서 쇼핑하는 것이 더 좋아? |
| co 무엇을 | Co wolisz kupić, jabłka czy gruszki?<br>너는 사과와 배 중 어떤 걸 사고 싶어? |
| jak 어떻게 | Jak wolicie jechać, pociągiem czy autobusem?<br>너희들은 기차와 버스 중 무엇을 타고 가는 것을 더 좋아해? |
| dlaczego 왜 | Dlaczego wolisz pracować niż odpoczywać?<br>너는 왜 쉬는 것보다 일하는 것을 더 좋아해? |

## 예문

1. Kto woli sprzątać kuchnię?    누가 주방 청소를 선호해?

   → Moja żona woli sprzątać kuchnię.

   내 와이프가 주방 청소하는 것을 선호해.

2. Kiedy wolisz podróżować?    너는 언제 여행하는 것을 선호해?

   → Wolę podróżować wiosną, kiedy kwiaty kwitną.

   나는 꽃이 만개하는 봄에 여행하는 것을 선호해.

3. Gdzie wolisz robić zakupy?    너는 어디에서 쇼핑하는 것을 선호해?

   → Wolę robić zakupy w sklepie blisko mojego domu.

   나는 집 근처에 있는 가게에서 쇼핑하는 것을 선호해.

4. Dlaczego wolisz pić kawę z lodem?

   너는 왜 아이스커피 마시는 것을 더 좋아해?

   → Wolę kawę z lodem, bo dzisiaj jest bardzo gorąco.

   오늘 너무 더워서 아이스커피가 더 마시고 싶어.

5. Co wolisz robić w wakacje?    방학 때 무엇을 하는 것을 좋아해?

   → Nie chcę podróżować, wolę odpoczywać w domu.

   나는 여행하기 싫고, 집에서 쉬는 편이 더 좋아.

Part 2-06. 가장 유용한 일반동사/조동사 패턴6  woleć

## 035 Woleć + 동사와 어울리는 동사 10개

* Woleć + 동사원형 　　~ 하는 것을 선호합니다.

*6하원칙 의문사:
Kto/Kiedy/Gdzie/Co/Jak/Dlaczego + (주어) + woleć + 동사원형

* (dk) = 완료, (ndk) = 불완료

1. studiować ~를 전공하다.

   → Wolę studiować ekonomię niż prawo.

   　나는 법학보다 경제학을 전공하는 것을 더 선호해.

2. planować ~를 계획하다. (dk) zaplanować

   → Wolę planować podróż w góry niż nad morze.

   　나는 바닷가보다 산악 여행을 계획하는 것을 더 좋아해.

3. analizować ~를 분석하다. (dk) przeanalizować

   → Wolisz analizować raport czy statystyki?

   　너는 통계, 보고서 중 어떤 것을 분석하는 게 더 좋아?

4. przygotowywać ~를 준비하다. (dk) przygotować

   → Moja żona woli przygotowywać na kolację włoskie potrawy niż polskie.

   　나의 와이프는 저녁 식사로 폴란드 음식보다 이탈리아 음식을 준비하는 것을 더 좋아해.

5. kopiować ~를 복사하다. (dk) skopiować

→ Wolisz żebym kopiował te dokumenty teraz czy jutro?

이 서류들을 지금 혹은 내일 중 언제 복사하는 것이 더 좋아?

6. drukować ~를 출력하다. (dk) wydrukować

→ Dlaczego twój szef woli drukować raport niż czytać na komputerze?

왜 네 상사는 컴퓨터로 보고서를 보는 것보다 출력해서 읽는 것을 더 선호해?

7. negocjować ~를 협상하다.

→ Wolę negocjować warunki nowej umowy osobiście niż przez telefon.

나는 전화 보다 직접 만나 신규 계약 조건들을 협상하는 것을 더 선호해.

8. skanować ~를 스캔 하다. (dk) zeskanować

→ Wolę skanować te raporty i czytać je na komputerze.

나는 이 보고서를 스캔 해서 컴퓨터로 보는 것을 더 선호해.

9. próbować ~를 시도하다. (dk) spróbować

→ Rodzice wolą próbować rozmawiać z dzieckiem zamiast karać je.

부모님은 아이를 벌주는 대신 대화를 먼저 시도하는 편이 더 좋아.

10. używać ~를 사용하다. (dk) użyć

→ Ja wolę używać do pracy tego laptopa.

나는 회사에 이 노트북을 사용하는 것을 더 선호해.

# 핵심 패턴

## Part.2  unit 07

가장 유용한 일반동사/조동사 패턴

#07

**\* Trzeba/Warto/Wolno/Można
(~ 해야한다/~할 가치가 있다/~ 허가한다/~할 수 있다.)**

**036.** Trzeba/Warto/Wolno/Można + 동사원형 [단수] :
~해야 한다/~할 가치가 있다/~허가한다/~할 수 있다.

**037.** Trzeba/Warto/Wolno/Można + 동사원형 [복수] :
~해야 한다/~할 가치가 있다/~허가한다/~할 수 있다.

**038.** Co warto + 동사원형? : 무엇을 ~ 할만 한가요?

**039.** Trzeba, Warto, Wolno, Można 동사와 어울리는 동사 10개

**040.** 패턴 활용 : 과거, 현재, 미래형 trzeba, warto, wolno, można

Part 2-07. 가장 유용한 일반동사/조동사 패턴7 Trzeba,Warto,Wolno,Można

## 036  Trzeba/Warto/Wolno/Można + 동사원형 [단수]
~해야 한다/~할 가치가 있다/~허가한다/~할 수 있다.

▼ 의문문 활용

(Czy) Trzeba/Warto/Wolno/Można + 동사원형?

A: Czy tutaj można płacić kartą kredytową?
여기에서 신용카드로 결제할 수 있나요?
B: Niestety nie można. Przepraszam, ale to jest mały sklep i trzeba płacić gotówką.
안타깝지만, 불가합니다. 이곳은 작은 가게라서, 현금 결제만 가능합니다.

▼ 단수

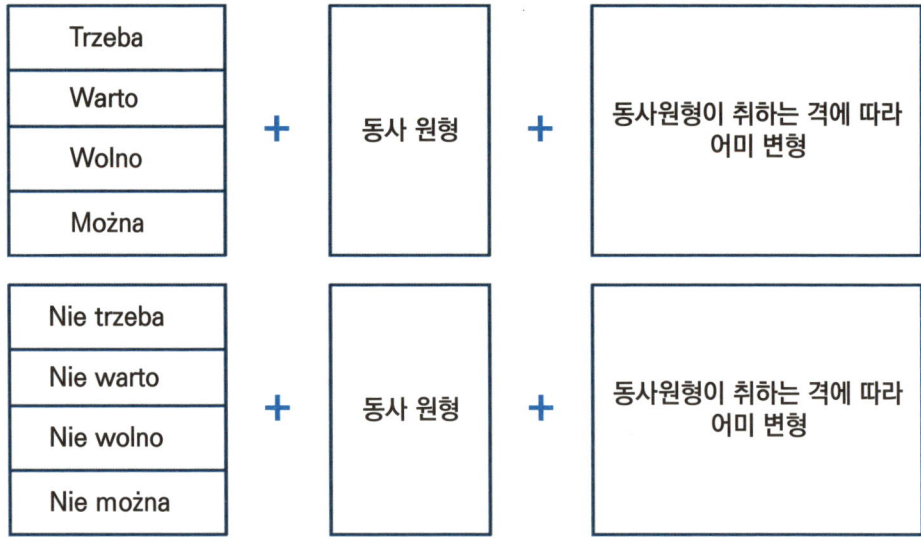

## 예문

1. Raport trzeba przygotować dokładnie.

   보고서는 정확하게 준비해야 한다.

2. Co warto zjeść w Polsce?

   폴란드에서 먹어볼 만한 음식이 뭐야?

   → Myślę, że warto zjeść rosół i bigos.

   로수우와 비고스는 먹어볼 만한 가치가 있을 거라 생각해.

3. Tutaj nie wolno parkować.

   여기에 주차하면 안됩니다.

4. Pamiętaj, że w pracy nie wolno ci pić alkoholu.

   회사에서는 술을 마실 수 없다는 걸 너는 명심해야 해.

5. Można sprawdzić tutaj ile kosztuje ten produkt?

   이 제품이 얼마인지 여기에서 확인할 수 있나요?

## Oliwia's Tip

Trzeba/Warto/Wolno/Można는 주어가 불명확하고 일반적이고 불특정 다수를 대상으로 쓰는 표현입니다. 주어가 불명확하기 때문에 동사 변형이 필요 없으며, 바로 뒤에 동사 원형을 써서 쉽게 쓸 수 있는 표현입니다. 단, 강조하고 싶을 경우에는 주어를 여격으로 넣을 수 있습니다.

np.) Pamiętaj, że w pracy nie wolno ci pić alkoholu. 회사에서는 너에게 술을 허락하지 않는 다는 걸 명심해!

Part 2-07. 가장 유용한 일반동사/조동사 패턴7 Trzeba,Warto,Wolno,Można

## 037 Trzeba/Warto/Wolno/Można + 동사원형 [복수]
~해야 한다/~할 가치가 있다/~허가한다/~할 수 있다.

▼ 의문문 활용

(Czy) Trzeba/Warto/Wolno/Można + 동사원형?

> A: Tutaj nie wolno palić, trzeba wyjść do ogrodu.
> 여기에서는 담배를 피울 수 없습니다. 정원으로 나가셔야 합니다.
> B: Dobrze, rozumiem. A czy można tu kupić kanapki?
> 알겠습니다. 여기에서 샌드위치를 살 수 있나요?
> A: Przykro mi, ale w ogrodzie nie wolno jeść.
> 안타깝지만, 정원에서는 먹을 수 없습니다.

▼ 복수

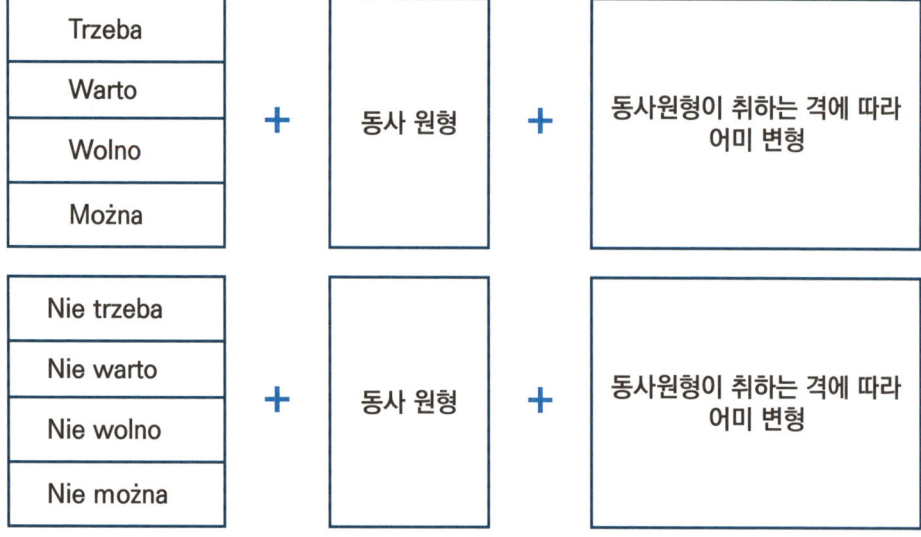

## 예문

1. Mam 17 lat, czy mogę kupić papierosy?

    저는 17살인데 담배를 살 수 있나요?

    → Jeśli nie masz 18 lat, nie wolno ci kupować papierosów.

    18살이 안되었으면, 너는 담배를 살 수 없어.

2. Czy warto importować te maszyny?

    이 기계들을 수입할만한 가치가 있을까요?

    → Nie warto importować tych maszyn.

    이런 기계들은 수입할만한 가치가 없습니다.

3. Czy wolno tutaj sadzić kwiaty?

    여기에 꽃을 심어도 되나요?

    → Nie wolno tutaj sadzić kwiatów.

    여기에서는 꽃을 심으면 안됩니다.

4. Trzeba gotować te warzywa?

    이 채소들을 요리해야 하나요?

    → Nie, te warzywa można jeść na surowo.

    아니요, 이 채소들은 날것으로 먹을 수 있습니다.

5. Warto zwiedzać te muzea?

    이 박물관들을 구경할만한 가치가 있나요?

    → Nie warto zwiedzać tych muzeów.

    이 박물관은 구경할만한 가치가 없습니다.

## Part 2-07. 가장 유용한 일반동사/조동사 패턴7 Trzeba, Warto, Wolno, Można

### 038 Co warto + 동사원형?
무엇을 ~ 할만 한가요?

▼ Kto/Kiedy/Gdzie/Co/Jak/Dlaczego
+ trzeba, warto, wolno, można + 동사원형

A: Gdzie warto zobaczyć w Korei wystawę?
한국에서 가볼만한 전시회가 어디에 있나요?
B: Warto zobaczyć wystawę w Muzeum Narodowym w Icheon.
이촌에 있는 국립박물관 전시회는 가볼만 합니다.
A: Co można kupić w sklepie z pamiątkami?
기념품 가게에서는 무엇을 살 수 있나요?
B: Można tam kupić tradycyjne wachlarze i inne ładne rzeczy.
전통 부채와 다른 예쁜 물건들을 그곳에서 살 수 있습니다.

▼ "6하원칙 의문사 + trzeba, warto, wolno, można + 동사원형" 패턴 예문

| | |
|---|---|
| komu 누구에게 | Komu wolno korzystać z tej windy?<br>누가 여기 엘리베이터 이용이 가능하나요? |
| kiedy 언제 | Kiedy trzeba przygotować obiad?<br>언제 점심을 준비 해야만 하나요? |
| gdzie 어디서 | Gdzie można kupić ten komputer?<br>이 컴퓨터는 어디에서 살 수 있나요? |
| co 무엇을 | Co można robić w wolnym czasie?<br>여가시간에 무엇을 할 수 있나요? |
| jak 어떻게 | Jak można robić kimchi?<br>어떻게 김치를 만들 수 있나요? |
| dlaczego 왜 | Dlaczego warto zwiedzać to miasto?<br>무엇 때문에 이 도시는 구경할만한 가치가 있나요? |

## 예문

1. Co warto kupić w Polsce?　　　폴란드에서 살만한 것은 무엇인가요?
   → W Polsce warto kupić aronię.
   　폴란드에서 아로니아는 구입할만한 가치가 있습니다.

2. Jakie potrawy warto jeść w Korei?　한국에서는 어떤 음식이 먹어 볼만 한가요?
   → W Korei warto spróbować bulgogi, można tam też zjeść owoce morza.
   　한국에서는 불고기를 먹어 볼만 하고, 해산물들을 먹어볼 수 있습니다.

3. Gdzie można robić zakupy w Korei?　한국에서는 어디에서 쇼핑을 할 수 있나요?
   → Zakupy można robić w dzielnicy Insadong, warto też pojechać na Myeongdong.
   　쇼핑은 인사동에서 할 수 있으며, 명동 역시 가볼만 합니다.

4. Dlaczego warto pojechać do Krakowa?　크라쿠프에 가볼만한 이유가 있나요?
   → Warto tam pojechać, ponieważ w Krakowie można zwiedzić piękny zamek.
   　크라쿠프에는 예쁜 성을 구경할 수 있기 때문에 그곳에 가볼만한 가치가 있습니다.

5. Czego nie wolno robić w Polsce?　폴란드에서는 하면 안 되는 것이 있나요?
   → W Polsce nie wolno pić alkoholu w parku, alkohol można pić tylko barach i restauracjach.
   　폴란드에서는 공원에서 술을 마실 수 없고, 술집 혹은 식당에서 술을 마실 수 있습니다.

###  Oliwia's Tip

소개한 동사의 경우, 여격을 주어로 쓰기 때문에 의문사 kto 대신 여격의 komu를 써야 합니다.

Part 2-07. 가장 유용한 일반동사/조동사 패턴7 Trzeba,Warto,Wolno,Można

## 039 Trzeba, Warto, Wolno, Można 동사와 어울리는 동사 10개

* Trzeba, Warto, Wolno, Można + 동사원형
* Nie trzeba, warto, wolno, można + 동사원형

*6하원칙 의문사:
Kto/Kiedy/Gdzie/Co/Jak/Dlaczego
+ trzeba, warto, wolno, można + 동사원형

* (dk) = 완료, (ndk) = 불완료

1. naprawiać 고치다. (dk) naprawić

   → Trzeba naprawiać swoje błędy.          자신의 잘못은 고쳐야만 해.

2. dyskutować 토론하다.

   → Warto dyskutować o tej sprawie z kolegami.

   이 문제에 대해 친구들과 토론할만한 가치가 있어.

3. dzwonić 전화하다. (dk) zadzwonić

   → Tutaj można dzwonić tylko do godziny 18.

   여기에서는 18시까지만 통화가 가능합니다.

4. interesować się ~에 관심이 있다. (dk) zainteresować się

   → Warto interesować się tym tematem.          이 주제는 관심 가질 만 해.

5. kontaktować się 연락하다. (dk) skontaktować się

→ Czy w niedzielę można kontaktować się z polskimi klientami?

일요일에 폴란드 고객과 연락할 수 있나요?

6. kosztować ~얼마이다.

→ Tutaj można sprawdzić ile kosztują produkty tej firmy.

여기에서 이 회사의 제품이 얼마인지 확인할 수 있습니다.

7. rozmawiać 대화하다. (dk) porozmawiać

→ Zamiast kłócić się, warto porozmawiać ze sobą szczerze.

다투는 대신, 서로 솔직하게 이야기할 필요가 있어.

8. ładować ~를 충전하다. (dk) naładować

→ Mam słabą baterię, gdzie można ładować telefon?

나 배터리가 얼마 없는데 어디에서 핸드폰 충전할 수 있어?

9. martwić się o ~를 걱정하다.

→ Nie trzeba martwić się o dziadka, on czuje się już lepiej.

이제 할아버지 건강이 좋아지셔서 걱정할 필요 없어.

10. mieszkać ~살다. (dk) zamieszkać

→ Czy w tej okolicy można bezpiecznie mieszkać?

이 동네에서는 안전하게 살 수 있나요?

## Part 2-07. 가장 유용한 일반동사/조동사 패턴7 Trzeba,Warto,Wolno,Można

 **패턴 활용:**
과거, 현재, 미래형 trzeba, warto, wolno, można

| 과거 | 현재 | 미래 |
|---|---|---|
| trzeba, warto, wolno, można + było | trzeba, warto, wolno, można | będzie + trzeba, warto, wolno, można |

▼ 추가 활용 표현

| kiedyś 언젠가 | Kiedyś warto było robić zakupy w tym sklepie. 예전에는 이 가게에서 쇼핑할 만 했어. |
|---|---|
| coś 뭔가 | Trzeba było coś zrobić żeby zarobić pieniądze. 돈을 벌려면 뭔 가라도 했어야 했어. |
| gdzieś 어디선가 | Może warto było gdzieś pojechać w wakacje? 방학 때 어딜 가볼만 했었어? |
| jakiś 어떤 것 | Będzie można zobaczyć tutaj jakiś koncert? 여기에서 콘서트 같은 걸 볼 수 있을까요? |

▼ 어울리는 전치사

| w ~에서 | w teatrze/w biblitotece/w autobusie (극장/도서관/버스)에서 |
|---|---|
| 시간부사 | miesiąc temu/w tym miesiącu/za miesiąc (한 달 전/이번 달/한 달 뒤)에 |

## 예문

1. Kiedyś warto było zobaczyć ten widok, ale teraz nie jest już tak piękny.

   예전에는 여기 경치가 볼만 했었는데, 지금은 그렇게 예쁘지는 않아.

2. W marcu warto było jechać do Polski na wycieczkę, bo bilet był tani.

   3월에는 표가 저렴해서 폴란드로 여행가기 좋았어.

3. Czy w teatrze będzie można pić piwo?

   극장에서 맥주를 마실 수 있을까요?

4. Kiedyś można było palić papierosy w autobusie.

   예전에는 버스에서도 담배를 피울 수 있었어.

5. Chyba będzie warto przeczytać tę książkę w bibliotece.

   이 책은 도서관에서 읽을 만할 것 같아.

### ⭐ OLIWIA'S TIP

trzeba, warto, wolno, można 표현의 경우, 바로 뒤에 동사 원형이 나오기 때문에 별도로 과거형과 미래형의 어미변형이 없습니다. 대신, 과거를 표현하기 위해서는 "było"를 trzeba/warto/wolno/można 뒤에 삽입하고, trzeba/warto/ wolno/można 앞에 "będzie"를 삽입하면 간단하게 표현할 수 있습니다.

# 핵심 패턴

## Part.2  unit 08

### 가장 유용한 일반동사/조동사 패턴

# 08

*** Prosić ~를 부탁하다.**

041. Proszę o + 목적격 : ~를 주세요.
042. Prosić + 동사원형 : ~해주세요.
043. Kto prosi o + 목적격? : 누가 ~를 부탁/요청 하나요?
044. Prosić 동사와 어울리는 동사 10개
045. Prosiłem + 동사원형 : 나는 ~를 요청했습니다.

Part 2-08. 가장 유용한 일반동사/조동사 패턴8 Prosić

## Proszę o + 목적격
~를 주세요.

▼ 활용 표현

Prosić o ~를 부탁하다,  Poprosić + 물건: ~를 주세요.

A: Proszę o pomoc.                 도와주세요.
B: Jak mogę pomóc?                 어떻게 도와드릴까요?
A: Proszę o informację, gdzie mogę kupić bilet do Krakowa.
   어디에서 크라쿠프행 표를 살 수 있는 지 안내해주세요.

▼ 목적격 단수

|         | 현재      |
|---------|-----------|
| 1인칭 단수 | proszę    |
| 2인칭 단수 | prosisz   |
| 3인칭 단수 | prosi     |
| 1인칭 복수 | prosimy   |
| 2인칭 복수 | prosicie  |
| 3인칭 복수 | proszą    |

+ O +

| 구분     | 형용사 단수 | 명사 단수 |
|---------|-----------|---------|
| 남성생물  | -ego      | -a      |
| 남성무생물 | =주격     | =주격   |
| 중성     | =주격     | =주격   |
| 여성     | -ą        | -ę      |

▼ 목적격 복수

|         | 현재      |
|---------|-----------|
| 1인칭 단수 | proszę    |
| 2인칭 단수 | prosisz   |
| 3인칭 단수 | prosi     |
| 1인칭 복수 | prosimy   |
| 2인칭 복수 | prosicie  |
| 3인칭 복수 | proszą    |

+ O +

| 구분       | 형용사 단수 | 명사 단수 |
|-----------|-----------|---------|
| 남자사람 외 | -e        | -y/-i   |
| 중성       | -e        | -a      |
| 여성       | -e        | -y/-i   |

## 예문

1. Proszę o ciepłą herbatę.

    따뜻한 차 한잔 주세요.

2. Czy mogę prosić o pożyczkę?

    제가 대출을 요청해도 될까요?

3. Kobiety proszą mężczyznę o pomoc.

    여자들은 남자에게 도움을 요청한다.

4. Moja córka prosi o drogi prezent.

    내 딸은 비싼 선물을 요구한다.

5. Proszę dwa bilety do Warszawy.

    바르샤바로 가는 표 2장 주세요.

## ⭐ Oliwia's Tip

prosić 동사의 경우, 활용도가 높은 표현입니다. 영어 please(~해주세요.) 와 동일한 의미 이외에도 "~를 부탁한다."의 뜻도 있습니다. "prosić o + 목적격~"을 넣으면 "~를 주세요." 라는 표현이 되며, 경우에 따라 완료형인 "poprosić + 목적격"으로도 바꿔 쓸 수 있습니다. prosić 뒤에 동사원형이 나오면 더욱 풍부하게 표현할 수 있습니다.

Part 2-08. 가장 유용한 일반동사/조동사 패턴8 Prosić

## 042   Prosić + 동사원형
~ 해주세요.

▼ 활용 표현

A: Panie Marku, proszę teraz zadzwonić do szefa.
마렉씨, 상사에게 지금 전화 좀 해주세요.

B: Dlaczego?
무슨 일이죠?

A: Szef prosi o pomoc w realizacji projektu.
상사께서 현재 진행중인 프로젝트에 대해 지원 요청을 하십니다.

▼ 동사원형

|  | 현재 |
|---|---|
| 1인칭 단수 | proszę |
| 2인칭 단수 | prosisz |
| 3인칭 단수 | prosi |
| 1인칭 복수 | prosimy |
| 2인칭 복수 | prosicie |
| 3인칭 복수 | proszą |

+ 동사 원형 + 동사원형이 취하는 격에 따라 어미 변형

## 예문

1. Proszę podać mi sól.　　　　　나에게 소금 좀 건네 주세요.

   → Proszę bardzo.　　　　　　여기에 있습니다.

2. Proszę przeczytać ten artykuł.　　이 기사 좀 읽어주세요.

3. Proszę powiedzieć jeszcze raz.　　한 번만 더 말해주세요.

4. Proszę mówić powoli.　　　　천천히 이야기 해주세요.

5. Proszę włączyć światło.　　　불 좀 켜주세요.

### ⭐ Oliwia's Tip

prosić 동사는 바로 뒤에 동사 원형을 쓸 수 있으며, 동사원형이 취하는 격에 따라 뒤에 나오는 명사의 어미가 변화를 합니다. 이때 "Poprosić+ 동사원형" 표현은 불가합니다. 이유는 poprosić는 미래 한 번의 완료형 동사를 의미하는데 동사원형이 완료 표현이 가능하기 때문에 중복으로 완료를 표현하는 것은 어색한 표현입니다.

## Part 2-08. 가장 유용한 일반동사/조동사 패턴8 Prosić

### 043 Kto prosi o + 목적격?
누가 ~를 부탁/요청 하나요?

▼ 6하원칙 의문사: Kto/Kiedy/Gdzie/Co/Jak/Dlaczego + prosić + 동사원형

A: O co prosi dziecko? 아이가 무엇을 부탁하는 거야?
B: Dziecko prosi o lody. 아이스크림을 (사달라고) 부탁해.
A: A kto prosił o ciasto? 누가 또 케이크를 부탁했어?
B: Koleżanka córki prosiła o ciasto. 딸의 친구가 케이크를 달라고 부탁했어.

▼ "6하원칙 의문사 + prosić" 패턴 예문

| | | |
|---|---|---|
| kto 누가 | Kto prosił o mleko? | 누가 우유를 부탁했어? |
| kiedy 언제 | Kiedy prosiłeś o paragon? | 너는 언제 영수증을 부탁했어? |
| gdzie 어디서 | Gdzie prosiłaś o skanowanie dokumentu? 어디에서 서류를 스캔해 달라고 요청했어? | |
| co 무엇을 | O co prosiłeś dziadka? 너는 할아버지께 무엇을 부탁했어? | |
| jak 어떻게 | Jak prosiłeś żonę o wybaczenie? 너는 아내에게 어떻게 용서를 구했어? | |
| dlaczego 왜 | Dlaczego prosiłeś żebym kupiła to ciasto? 너는 왜 이 케이크를 사달라고 부탁했어? | |

| | 누가 | | 남성/여성 (대상) |
|---|---|---|---|
| 1인칭 단수 | żebym | | ~ł/~ła |
| 2인칭 단수 | żebyś | | ~ł/~ła |
| 3인칭 단수 | żeby | + | ~ł/~ła |
| 1인칭 복수 | żebyśmy | | ~li/~ły |
| 2인칭 복수 | żebyście | | ~li/~ły |
| 3인칭 복수 | żeby | | ~li/~ły |

## 예문

1. Kto prosił żebym sprzątał?
   나한테 청소해달라고 누가 부탁한 거야?
   → Twoja matka prosiła żebyś sprzątał swój pokój częściej.
   네 어머니가 네 방 청소 좀 자주해달고 부탁하셨어.
2. Czy prosiłaś o paragon?
   영수증 요청했어?
   → Tak, prosiłam przed chwilą kelnera o paragon.
   응, 방금 웨이터에게 영수증 달라고 했어.
3. Gdzie można poprosić o bilety lotnicze?
   비행기표를 어디에서 구할 수 있어?
   → Można poprosić o bilety w biurze podróży.
   너희는 여행사에서 표를 구할 수 있어.
4. Dlaczego prosiłeś, żebym robiła zakupy?
   왜 나한테 장을 봐달라고 부탁한 거야?
   → Bo ja nie mam dzisiaj czasu na zakupy.
   오늘 내가 장볼 시간이 없어서 그래.
5. Mama prosi córkę, żeby była grzeczna.
   엄마는 딸에게 얌전히 좀 굴라고 부탁한다.

## ⭐ OLIWIA'S TIP

이 표현의 경우, (주어)는 "누가 ~하기를 ~부탁한다."의 의미가 되고 prosić 동사 이외에도 한 문장에 주어가 2개가 나올 경우 다른 동사를 써서 유용하게 쓸 수 있습니다.
np.) Mama chce, żeby córka była grzeczna. 엄마는 딸이 얌전하길 바란다.
이 경우 chcieć 동사를 넣고 mama는 3인칭 단수이므로 żeby, córka는 3인칭 단수 여성이므 ła로 쓸 수 있습니다. 다양한 동사로 활용해보세요.

Part 2-08. 가장 유용한 일반동사/조동사 패턴8 Prosić

## 044  Prosić 동사와 어울리는 동사 10개

* Prosić + 동사원형    ~ 해주세요.

*6하원칙 의문사:
Kto/Kiedy/Gdzie/Co/Jak/Dlaczego + (주어) + prosić + 동사원형

* (dk) = 완료, (ndk) = 불완료

1. chodzić  가다.

   → Proszę chodzić tą stroną chodnika.

   이 인도 방향으로 걸으세요.

2. odbierać ~를 받다. (dk) odebrać

   → Proszę odebrać telefon.

   전화 좀 받으세요.

3. odwoływać ~를 취소하다. (dk) odwołać

   → Proszę odwołać to spotkanie.

   이 미팅 좀 취소해 주세요.

4. opiekować się ~를 돌보다. (dk) zaopiekować się

   → Proszę opiekować się dziećmi.

   아이들을 돌봐주세요.

5. zajmować się ~를 돌보다. (dk) zająć się

   → Mama prosiła sąsiadkę, żeby zajęła się ogrodem w wakacje.

   엄마는 이웃에게 방학 동안 정원을 돌봐달라고 부탁했어.

6. patrzeć na ~를 보다. (dk) popatrzeć na

   → Proszę teraz patrzeć na ekran.

   지금 화면을 쳐다봐 주세요.

7. palić ~피다. (dk) zapalić

   → Proszę nie palić tutaj papierosów.

   여기에서는 담배를 피우지 말아주세요.

8. podawać ~를 건네다. (dk) podać

   → Proszę podać mi sok.

   나에게 주스 좀 건네주세요.

9. pamiętać ~를 기억하다. (dk) zapamiętać

   → Proszę pamiętaj o tym.

   이 점을 명심하세요.

10. pilnować ~를 주시하다. (dk) przypilnować

    → Kto prosił pracownika, żeby pilnował magazynu?

    누가 직원에게 창고를 주시해달라고 요청했나요?

Part 2-08. 가장 유용한 일반동사/조동사 패턴8 Prosić

## 045 Prosiłem + 동사원형
나는 ~ 를 요청했습니다.

▼ 미래형 활용

Poprosze + 동사원형　　　　　　나는 ~를 요청할 것이다.

▼ 패턴: 과거, 현재, 미래형 prosić 활용법

|  | 과거 (ndk) | 현재 | 미래 (dk) |
|---|---|---|---|
| 1인칭 단수 | prosiłem/prosiłam | proszę | poproszę |
| 2인칭 단수 | prosiłeś/prosiłaś | prosisz | poprosisz |
| 3인칭 단수 | prosił/prosiła | prosi | poprosi |
| 1인칭 복수 | prosiliśmy/prosiłyśmy | prosimy | poprosimy |
| 2인칭 복수 | prosiliście/prosiłyście | prosicie | poprosicie |
| 3인칭 복수 | prosili/prosiły | proszą | poproszą |

▼ 추가 활용 표현

| ktoś 누군가 | Ktoś prosił o kawę. 누군가 커피를 달라고 부탁했어. |
|---|---|
| kiedyś 언젠가 | Kiedyś prosiłem o pożyczkę w banku.<br>은행에 대출을 요청한 적이 있었어. |
| coś 뭔가 | Prosiłeś o coś? 뭐 부탁할 거 있었어? |
| gdzieś 어디선가 | Czy prosiłeś gdzieś o pomoc?<br>어딘 가에 도움을 요청했었어? |
| jakiś 어떤 것 | Prosiłaś o jakąś przekąskę? 간식거리 같은 거 부탁했어? |

▼ 어울리는 전치사

| w ~에서 | w szkole/w kościele/w centrum handlowym<br>(학교/성당/백화점)에서 |
|---|---|
| 시간부사 | rok temu/w tym roku/za rok<br>(일 년 전/이번 연도/일 년 뒤)에 |

## 예문

1. Prosiliście w centrum handlowym o fakturę?

   → 너희들은 백화점에 계산서 발행을 요청했었어?

2. Prosiłeś nauczyciela w szkole o pomoc?

   → 학교에서 선생님께 도움 요청을 했어?

3. Szef poprosi pracownika o wysłanie wiadomości w sobotę.

   → 토요일에 상사는 메시지를 전송해달라고 직원에게 요청할 거야.

4. Poprosimy o twoją pomoc.

   → 우리는 네 도움을 요청할거야.

5. Prosiłam o wysyłkę w środę, ale nadal nie dostałam paczki.

   → 수요일에 배송 신청을 했는데 아직까지 소포를 받지 못했어.

### ⭐ OLIWIA'S TIP

prosić 동사의 경우, 여러 전치사 및 육하원칙과 함께 부탁하는 내용을 넣어 활용할 수 있습니다.  Kto + prosi o + pomoc + w szkole + we wtorek?
장소격 전치사, 시간과 관련된 전치사 등 어울리는 표현 등을 다양하게 넣어 풍부하게 표현을 할 수 있습니다.

# 핵심 패턴

## Part.2   unit 09

### 가장 유용한 일반동사/조동사 패턴

# 09

* Wiedzieć ~ 알다.

**046.** Wiem + 접속사 + (주어) + 동사 : 나는 ~하는 것을 알고 있습니다.

**047.** Wiedziałem + 접속사 + (주어) + 동사 : 나는 ~하는 것을 알았습니다.

**048.** Wiedzieć의 다양한 활용

Part 2-09. 가장 유용한 일반동사/조동사 패턴9 Wiedzieć

## 046 Wiem + 접속사 + (주어) + 동사
나는 ~하는 것을 알고 있습니다.

▼ 의문문 활용

Wiesz 접속사 + (주어) + 동사?

• Tak, wiem                • Nie, nie wiem

|         | 현재     |
|---------|---------|
| 1인칭 단수 | wiem   |
| 2인칭 단수 | wiesz  |
| 3인칭 단수 | wie    |
| 1인칭 복수 | wiemy  |
| 2인칭 복수 | wiecie |
| 3인칭 복수 | wiedzą |

+

| |
|---|
| że |
| kto |
| kiedy |
| gdzie |
| co |
| jak |
| dlaczego |

+

(주어) + 동사

 OLIWIA'S TIP

* "알다." 동사의 정리

→ znać ~를 알다. (바로 뒤에 목적격 명사만이 올 수 있음)
→ umieć ~를 배워서 알다. (목적격 명사 및 동사 원형이 올 수 있음)
→ rozumieć ~를 이해하다. (바로 뒤에 절이 오거나, 뒤 문장 생략 가능함)
→ wiedzieć ~를 알다. (접속사 바로 뒤에 절 (주어+동사)가 오거나 생략이 가능함)

* Wiedzieć + 접속사 + (주어) + 동사
→ 두 문장을 하나의 문장으로 만들어주거나, 두 문장을 한 문장으로 이어 쓰고 싶을 경우, 접속사를 넣어 문장을 완성할 수 있습니다.

## 예문

1. Wiesz gdzie jest poczta?   우체국이 어디에 있는 지 알아?

   → Tak, wiem. Poczta jest niedaleko stąd.

   응, 알아. 우체국은 여기에서 멀지 않아.

2. Wiecie kto może uczyć mojego syna języka angielskiego?

   너희는 우리 아들에게 누가 영어를 가르쳐줄 수 있는 지 알아?

   → Nie wiemy, musimy kogoś poszukać.

   몰라요, 우리도 사람을 찾아야 해요.

3. Czy oni wiedzą kiedy jedziemy na wakacje?

   우리가 언제 휴가에 가는 지 그들이 알아?

   → Oni chyba nie wiedzą. Musimy im powiedzieć.

   아마도 모를 거야. 그들에게 말해야 해.

4. Kto wie, że mam chłopaka?

   내가 남자친구 있다는 건 누가 알아?

   → Wszyscy wiedzą, że masz chłopaka.

   너 남자친구 있는 건 모든 사람들이 알지.

5. Wiesz gdzie możemy pójść tańczyć?

   (우리가) 어디로 춤추러 갈 수 있는 지 알아?

   → Tak, wiem. Blisko mojego domu jest fajny klub.

   응 알아. 집 근처에 좋은 클럽이 있어.

### Part 2-09. 가장 유용한 일반동사/조동사 패턴9 Wiedzieć

## 047 Wiedziałem + 접속사 + (주어) + 동사
나는 ~하는 것을 알았습니다.

▼ 미래형 활용

Będę wiedział + 접속사 + (주어) +동사    나는 ~하는 것을 알게 될것입니다.

▼ 패턴: 과거, 현재, 미래형 wiedzieć 활용법

|  | 과거 | 현재 | 미래 |
| --- | --- | --- | --- |
| 1인칭 단수 | wiedziałem/wiedziałam | wiem | będę wiedział/wiedziała |
| 2인칭 단수 | wiedziałeś/wiedziałaś | wiesz | będziesz wiedział/wiedziała |
| 3인칭 단수 | wiedział/wiedziała | wie | będzie wiedział/wiedziała |
| 1인칭 복수 | wiedzieliśmy/wiedziałyśmy | wiemy | będziemy wiedzieli/wiedziały |
| 2인칭 복수 | wiedzieliście/wiedziałyście | wiecie | będziecie wiedzieli/wiedziały |
| 3인칭 복수 | wiedzieli/wiedziały | wiedzą | będą wiedzieli/wiedziały |

▼ 추가 활용 표현

| ktoś 누군가 | Ktoś wiedział, że idziesz na randkę.<br>네가 데이트 하러 가는 걸 누군가가 알았대. |
| --- | --- |
| kiedyś 언젠가 | Kiedyś będziecie wiedzieli, że mam rację.<br>언젠가는 내가 맞다는 걸 너희들도 알게 될 거야. |
| coś 뭔가 | Wiem, że musimy coś ugotować na kolację.<br>우리가 저녁 식사로 뭔가를 요리해야만 하는 건 알아. |
| gdzieś 어디선가 | Wiesz czy gdzieś mogę kupić ładne pamiątki?<br>어디에서 좋은 기념품을 살 수 있는 지 알아? |
| jakiś 어떤 것 | Wiecie czy jest tutaj jakiś sklep?<br>너희는 여기에 가게 같은 곳이 있는 거 알아? |

▼ 어울리는 전치사

| w ~에서 | w pociągu/w banku/w pokoju (기차/은행/방)에서 |
| --- | --- |
| z ~와 함께 | z rodzicami/z szefem/z klientami (부모님/상사/고객들)과 함께 |

## 예문

1. Zaraz będziemy wiedzieli gdzie usiąść w pociągu.

   기차에서 어디에 앉게 될건지는 곧 알게 될 거야.

2. Wiedziałeś, że on jedzie gdzieś z bratem na wakacje?

   방학 때 그가 남동생과 함께 어딘 가에 갈 거란 걸 알고 있었어?

3. W poniedziałek będę wiedział, czy zdam ten egzamin.

   월요일에 시험에 통과했는지 알게 될 거야.

4. Jutro będę wiedział, czy mam w banku jeszcze jakieś pieniądze.

   은행에 돈이 좀 있는 지 내일 알게 될 거야.

5. Wiedzieliśmy już wcześniej, że Kraków jest piękny.

   크라쿠프가 예쁘다는 건 예전부터 알고 있었어.

 **OLIWIA'S TIP**

wiedzieć 뒤에 나오는 접속사는 육하원칙으로 연결이 가능하지만, 아주 기본 적인 2 문장을 이어줄 때에는 대표적으로 영어의 that에 해당되는 że를 중간에 넣어 연결할 수 있습니다. 이때, że는 의미가 없이 연결의 역할만 하게 됩니다.

Part 2-09. 가장 유용한 일반동사/조동사 패턴9 Wiedzieć

## 048 Wiedzieć의 다양한 활용

 OLIWIA'S TIP

폴란드어의 경우, 어원을 알고 전치사에서 따온 접두사를 앞에 넣으면 의미가 약간은 비슷한, 아님 완전히 다른 의미의 단어가 됩니다.
예를 들어 wiedzieć는 "알다"라는 단어로, 그 기원은 wiedza (지식)에서 나온 동사입니다. 이어 po(~후에)의 의미를 갖는 전치사를 접두사로 넣으면 "알게 된 다음 내뱉는다."의 뜻으로 "말하다"라는 완료형태의 새로운 단어가 됩니다. 즉, 폴란드어를 공부할 때에는 어원을 잘 익혀두고 파생되는 동사 및 접두사(의미)를 이해하면 접근이 쉬워집니다.
이와 같은 맥락으로 본 동사 패턴에서는 각종 파생되는 동사를 어원, 명사, 접두사+동사, 분사, 명령법 등이 어떠한 규칙으로 만들어지는 지를 살펴본다면 어원 암기만을 통해 내용을 추론할 수 있게 됩니다.

| 구분 | 완성 | 의미 |
|---|---|---|
| po | powiedzieć | 말하다 (dk) |
| do | dowiedzieć się | 알게 되다 |
| 명사 | wiedza | 지식 |
| 명령법 | wiedz! | 알아라! |
| | powiedz! | 말해! |
| 현재분사 | wiedząc | 알면서 |

## 예문

1. Teraz nie wiem dokładnie, ile kosztuje ten samochód, ale powiem ci później, jak się dowiem.

   지금은 이 자동차가 얼마인지 잘 모르지만, 알게 되면 나중에 말해줄게.

2. Powiedz mi gdzie teraz jesteśmy.   지금 우리가 어디에 있는 지 말해줘.

3. Wiedząc o tym, że jest zimno, powinieneś się ubrać cieplej.

   춥다는 걸 알면, 옷을 따뜻하게 입게 될 거야.

4. Wiem, że warto odwiedzić to muzeum, ale przewodnik nie powiedział dlaczego.

   나는 이 박물관이 가볼만 하다는 건 알겠는데, 가이드는 그 이유를 말해주지 않았어.

5. Dowiedziałem się od kolegów, że miałaś poważny wypadek.

   심각한 사고가 있었다고 친구들을 통해 알게 되었어.

 **OLIWIA'S TIP**

기본적으로 형용사의 역할을 하는 분사는 서술적 역할 (부사적 분사)과 명사 수식 (형용사적 분사)으로 나뉩니다. 부사적 분사는 "부사적"인 성격이 있기 때문에 어미 변형이 이루어지지 않지만 형용사적 분사는 폴란드어 형용사 성격과 동일하게 어미 변형이 이루어집니다.

| 분사 (=형용사역할: 서술적, 명사 수식) | | | |
|---|---|---|---|
| 부사적 분사 (서술적 역할) | | 형용사적 분사 (명사 수식) | |
| 현재 분사 (-ąc) | 과거 분사 (-wszy) | 능동 분사 (-ący,-ące,-ąca) | 수동 분사 (-ony, -one,-ona) |

# 핵심 패턴

# Part.2  unit 10

## 가장 유용한 일반동사/조동사 패턴

# #10

* Umieć ~를 배워 알다.

**049.** Kto umie + 동사원형? : 누가 ~를 할 줄 아나요?
**050.** Umiałam + 동사원형 : 나는 ~를 배워 알았습니다.

Part 2-10. 가장 유용한 일반동사/조동사 패턴10 umieć

## 049 Kto umie + 동사원형?
누가 ~ 를 할 줄 아나요?

▼ 6하원칙 의문사 :

Kto/Kiedy/Gdzie/Co/Jak/Dlaczego + (주어) + umieć + 동사원형

A: Kto umie pływać? 누가 수영할 줄 알아?
B: Mój kolega Marek umie bardzo dobrze pływać.
내 친구 마렉이 수영을 아주 잘 할 줄 알아.

A: Co umiesz śpiewać? 어떤 노래를 부를 줄 알아?
B: Umiem śpiewać polskie piosenki, moja nauczycielka uczyła mnie śpiewać.
선생님께서 노래를 가르쳐주셔서 폴란드 노래를 부를 줄 알아.

▼ "6하원칙 의문사 + umieć + 동사원형" 패턴 예문

| | |
|---|---|
| kto 누가 | Kto umie mówić po koreańsku?<br>누가 한국말을 할 줄 알아? |
| kiedy 언제 | Od kiedy umiesz mówić biegle po angielsku?<br>언제부터 영어를 유창하게 할 줄 알게 됐어? |
| co 무엇을 | Co umiesz gotować?<br>무엇을 요리할 줄 알아? |
| jak 어떻게 | Sprawdź jak on umie malować.<br>그가 어떻게 그림을 그릴 줄 아는 지 확인 좀 해봐.<br>Jak prosiłeś żonę o wybaczenie?<br>너는 아내에게 어떻게 용서를 구했어? |
| dlaczego 왜 | Dlaczego prosiłeś żebym kupiła to ciasto?<br>너는 왜 이 케이크를 사달라고 부탁했어? |

## 예문

1. Kto umie prasować koszule?  누가 셔츠를 다릴 줄 알아?

   → Moja matka umie prasować.  내 어머니가 다림질을 하실 줄 알아.

2. Od kiedy umiesz mówić po angielsku?  언제부터 영어로 말할 줄 알게 되었어?

   → Umiem mówić po angielsku od dawna.  오래 전부터 영어로 말할 줄 알았어.

3. Co umiesz robić najlepiej?  가장 잘 만들 줄 아는 것이 뭐야?

   → Najlepiej umiem rysować portrety.  나는 초상화를 제일 잘 그릴 줄 알아.

4. Mamo, umiesz robić ciasto?  엄마, 케이크 만들 줄 알아요?

   → Niestety nie umiem robić ciasta.  아쉽지만 케이크는 못 만들어.

5. Kto umie grać w siatkówkę?  누가 배구를 할 줄 알아?

   → Moja dziewczyna umie dobrze grać w siatkówkę.

   내 여자친구는 배구를 아주 잘 할 줄 알아.

## Oliwia's Tip

umieć 동사의 경우, "~배워서 알다/~배워서 할 수 있다."의 의미로 "~할 줄 알다." 라는 단어로 해석할 수 있습니다. 단, "~할 수 있다." 라는 의미로도 해석이 되므로, 상황에 맞게 의미를 다각도로 해석할 수 있습니다.

Part 2-10. 가장 유용한 일반동사/조동사 패턴10 umieć

## 050　Umiałam + 동사원형
나는 ~ 를 배워 알았습니다.

▼ 미래형 활용

Będę umiał + 동사원형　　　나는 ~를 배워 알 것이다.

▼ 패턴: 과거, 현재, 미래형 umieć 활용법

|  | 과거 | 현재 | 미래 |
|---|---|---|---|
| 1인칭 단수 | umiałem/umiałam | umiem | będę umiał/umiała |
| 2인칭 단수 | umiałeś/umiałaś | umiesz | będziesz umiał/umiała |
| 3인칭 단수 | umiał/umiała | umie | będzie umiał/umiała |
| 1인칭 복수 | umieliśmy/umiałyśmy | umiemy | będziemy umieli/umiały |
| 2인칭 복수 | umieliście/umiałyście | umiecie | będziecie umieli/umiały |
| 3인칭 복수 | umieli/umiały | umieją | będą umieli/umiały |

▼ 추가 활용 표현

| ktoś<br>누군가 | Ktoś z moich kolegów umiał dobrze pływać.<br>수영을 잘 할 줄 아는 친구가 있었어. |
|---|---|
| kiedyś<br>언젠가 | Kiedyś umiałem mówić po angielsku, ale dużo apomniałem.<br>한때는 영어로 말할 줄 알았는데 지금은 많이 잊어버렸어. |
| coś<br>뭔가 | Podczas wycieczki będziesz umiał coś powiedzieć po niemiecku?<br>여행 중에 독일어로 뭔가 이야기할 수 있을 것 같아? |
| gdzieś<br>어디선가 | Będziemy umieli rozbić gdzieś namiot.<br>우리는 어딘 가에 텐트를 칠 수 있을 지 알게 될 거야 |

▼ 어울리는 전치사

| w ~에서 | w kantorze/w pubie/w samolocie　(환전소/술집/비행기)에서 |
|---|---|
| z ~와 함께 | z rodzicami/ze znajomymi/z ojcem<br>(부모님/지인들/아버지)와 함께 |

## 예문

1. Będziesz umiała poprosić o wymianę waluty w kantorze?

    환전소에서 환전을 요청할 수 있겠어?

2. Umiałeś dobrze tańczyć z żoną?    아내와 춤을 잘 추는 법을 배웠어?

    → Kiedyś nie umiałem tańczyć, ale długo ćwiczyłem z koleżankami w pubie.

    예전에는 춤을 못 췄는데 오랫동안 술집에서 친구들이랑 연습을 했어.

3. Kiedyś jeżeli czegoś nie umiałam zrobić sama, prosiłam o pomoc mamę.

    예전에는 혼자서 할 줄 모르는 게 있으면 엄마에게 도움을 요청했었어.

    → Tak? Ja zawsze umiałem wszystko zrobić sam.

    그래? 나는 늘 혼자서 모든걸 해냈는데.

4. Kiedy będziesz umiała mówić po polsku?

    언제쯤 폴란드어로 말할 수 있을 것 같아?

    → Myślę, że w przyszłym roku będę już umiała mówić po polsku.

    내년에는 폴란드어로 말할 수 있을 거라 생각해.

5. Czy rodzice będą umieli poprosić w samolocie o pomoc?

    비행기에서 부모님이 도움을 요청할 수 있을까?

    → Tak, oni uczyli się prosić o pomoc po angielsku.

    응, 부모님께서는 영어로 도움 요청하는 법을 배우셨어.

# 핵심 패턴

# Part.3

## 자주 등장하는 일반동사

#  01

* Robić ~를 하다.

**051.** Robię + 목적격 단수 : 나는 ~를 하고 있습니다.
**052.** Robię + 목적격 복수 : 나는 ~를 하고 있습니다.
**053.** Kto robi + 목적격 : 누가 ~를 하나요?
**054.** 유용한 일반/조동사 + robić
**055.** Zrobiłem + 목적격 : 나는 ~를 했습니다.
**056.** Robić의 다양한 활용

Part 3-01. 자주 등장하는 일반동사 패턴1. Robić

## 051 Robię + 목적격 단수
나는 ~를 하고 있습니다.

▼ 의문문 활용

Robisz + 목적격 단수?

- Tak, robię + 목적격 단수
- Nie, nie robię + 소유격 단수

A: Robisz zadanie domowe?  숙제하고 있어?
B: Nie robię zadania domowego.  숙제하고 있지 않아.
A: Zrobisz teraz pranie?  지금 빨래 할거야?
B: Nie mam teraz siły. Zrobię pranie później.
지금 기운이 없어. 빨래는 나중에 할게.

▼ 목적격 단수

|  | 현재 |
|---|---|
| 1인칭 단수 | robię |
| 2인칭 단수 | robisz |
| 3인칭 단수 | robi |
| 1인칭 복수 | robimy |
| 2인칭 복수 | robicie |
| 3인칭 복수 | robią |

+

| 구분 | 형용사 단수 | 명사 단수 |
|---|---|---|
| 남성생물 | -ego | -a |
| 남성무생물 | =주격 | =주격 |
| 중성 | =주격 | =주격 |
| 여성 | -ą | -ę |

▼ 소유격 단수

|  | 현재 |
|---|---|
| 1인칭 단수 | nie robię |
| 2인칭 단수 | nie robisz |
| 3인칭 단수 | nie robi |
| 1인칭 복수 | nie robimy |
| 2인칭 복수 | nie robicie |
| 3인칭 복수 | nie robią |

+

| 구분 | 형용사 단수 | 명사 단수 |
|---|---|---|
| 남성생물 | -ego | -a |
| 남성무생물 | -ego | -u |
| 중성 | -ego | -a |
| 여성 | -ej | -i/-y |

## 예문

1. Robicie pracę domową? — 너희들 숙제 해?
   → Nie robimy pracy domowej. — 우리는 숙제하고 있지 않아.

2. Zrobisz piknik dziś wieczorem? — 오늘 저녁에 소풍 갈 거야?
   → Nie zrobię pikniku dziś. — 오늘은 소풍 안갈거야.

3. Zrobicie po południu ciasto? — 너희 오후에 케이크 만들 거야?
   → Nie zrobimy ciasta, nie mamy mąki. — 밀가루가 없어서 케이크를 안 만들어.

4. Robicie prezentację? — 너희가 프레젠테이션 해?
   → Nie, nie robimy prezentacji. — 아니, 우리는 프레젠테이션 안 해.

5. Kto dzisiaj robi obiad? — 오늘 누가 점심을 만들어?
   → Dzisiaj tata robi obiad dla całej rodziny.
   오늘은 아빠가 모든 가족을 위한 점심을 만들 거야.

## OLIWIA'S TIP

### praca domowa (+집안일) vs zadanie domowe

robić 동사는 "~을 하다."의 의미로 일반적으로 육하원칙과 어울려 다양하게 활용할 수 있는 동사입니다. 이외에 "robić + 명사 = 숙어"인 표현들은 별도로 암기하는 것이 좋습니다. robić와 잘 어울리는 숙어 표현으로 "숙제를 하다."라는 단어는 praca domowa, zadanie domowe 모두 쓸 수 있으나, 집안일을 이야기할 때에는 prace domowe 로 복수 표현을 씁니다.

Part 3-01. 자주 등장하는 일반동사 패턴1. Robić

## 052 Robię + 목적격 복수
나는 ~를 하고 있습니다.

▼ 의문문 활용

Robisz + 목적격 복수?

- Tak, robię + 목적격 복수
- Nie, nie robię + 소유격 복수

A: Robicie dziś zakupy?
B: Nie robimy dziś zakupów.

너희 오늘 장봐?
오늘은 장 안봐.

A: Zrobisz pierogi na obiad?
B: Nie mam czasu, dlatego nie zrobię pierogów na obiad.
시간이 없어서 점심 식사로 피에로기를 만들지는 않을 거야.

점심으로 피에로기 만들 거야?

▼ 목적격 복수

| 목적격 복수 | 현재 |
|---|---|
| 1인칭 단수 | robię |
| 2인칭 단수 | robisz |
| 3인칭 단수 | robi |
| 1인칭 복수 | robimy |
| 2인칭 복수 | robicie |
| 3인칭 복수 | robią |

+

| 구분 | 형용사 복수 | 명사 복수 |
|---|---|---|
| 남성 명사 외 | -e | -y/-i |
| 중성 | -e | -a |
| 여성 | -e | -y/-i |

▼ 소유격 복수

| 소유격 복수 | 현재 |
|---|---|
| 1인칭 단수 | nie robię |
| 2인칭 단수 | nie robisz |
| 3인칭 단수 | nie robi |
| 1인칭 복수 | nie robimy |
| 2인칭 복수 | nie robicie |
| 3인칭 복수 | nie robią |

+

| 구분 | 형용사 단수 | 명사 단수 |
|---|---|---|
| 남성 | -ych / -ich | -ów |
| | | -i, -y (기능적연음) |
| 중성 | | 탈락 |
| 여성 | | -y (기능적연음) |
| | | -i (연음) |

## 예문

1. Robicie naleśniki na śniadanie?     너희는 아침 식사로 팬케이크 만들어?

   → Nie robimy naleśników.     우리는 팬케이크 안 만들어.

2. Robicie prezenty dla dzieci?     아이들을 위한 선물 만들어?

   → Nie robimy prezentów dla dzieci.     아이들을 위한 선물은 안 만들어.

3. Robicie już plany na weekend?     벌써 주말 계획을 세워?

   → Tak, robimy już plany. Chcemy pojechać na wycieczkę.

   응, 벌써 계획을 세우고 있어. 우리 여행 가고 싶어.

4. Robicie już porządki przed świętami?     너희는 휴일 전인데 벌써 정리를 해?

   → Tak, robimy dzisiaj porządki w domu.     응, 우리는 오늘 집에서 정리할거야.

5. Robisz na święta polskie potrawy?     명절에 폴란드 음식을 만들어?

   → Nie robię na święta polskich potraw.     명절에는 폴란드 음식을 만들지 않아.

## ⭐ OLIWIA'S TIP

"Święta 공휴일/명절"로 모두 쓸 수 있습니다.

- 가톨릭과 관련된 명절: Święta katolickie
(np. Boże Narodzenie 크리스마스, Wielkanoc 부활절, Wszystkich Świętych 만성 절)
- 국경일과 관련된 공휴일: Święta państwowe
(np. Święto Niepodległości 독립기념일)

Part 3-01. 자주 등장하는 일반동사 패턴1. Robić

## 053 Kto robi + 목적격
누가 ~를 하나요?

▼ 6하원칙 의문사: Kto/Kiedy/Gdzie/Co/Jak/Dlaczego + (주어) + robić

A: Co robisz? 너 뭐해?
B: Piszę raport. 나 보고서 만들어.
A: Gdzie zwykle robisz zakupy? 보통 어디에서 장을 봐?
B: Najczęściej robię zakupy w supermarkecie obok domu.
집 옆 마트에서 가장 자주 장을 보는 편이야.

▼ "6하원칙 의문사 + robić/zrobić" 패턴 예문

| | |
|---|---|
| kto 누가 | Kto robi dzisiaj kolację?<br>오늘 저녁은 누가 해? |
| kiedy 언제 | Kiedy zrobisz porządki w piwnicy?<br>언제 지하창고를 정리할거야? |
| gdzie 어디서 | Gdzie zwykle robicie piknik?<br>너희는 보통 어디로 소풍 가? |
| co 무엇을 | Co robisz w wolnym czasie?<br>여가시간에 뭐해? |
| jak 어떻게 | Jak robisz sok pomarańczowy?<br>오렌지주스는 어떻게 만들어? |
| dlaczego 왜 | Dlaczego robisz mi zdjęcia?<br>내 사진을 왜 찍는 거야? |

## 예문

1. Co robisz w wolnym czasie?     너희는 여가시간에 뭐해?

   → Zazwyczaj robię piknik z rodziną.     보통 가족과 함께 소풍을 가.

2. Kiedy robisz zakupy?     언제 장을 봐?

   → Robię zakupy co weekend.     주말마다 장을 봐.

3. Gdzie robisz pranie?     어디에서 빨래해?

   → Robię pranie w domu.     집에서 빨래를 해.

4. Dlaczego robisz naleśniki z córką tak często?

   왜 이렇게 자주 딸과 팬케이크를 만들어?

   → Bo moja córka bardzo lubi robić i jeść naleśniki.

   내 딸은 팬케이크를 만들어 먹는 걸 아주 좋아해.

5. Kto robi śniadanie?     누가 아침 식사를 만들어?

   → Moje córki robią śniadanie.     내 딸들이 아침 식사를 만들어.

## ⭐ OLIWIA'S TIP

robić 동사의 경우, "~를 하다, ~를 만들다."의 동사로 가장 자주 쓰는 일반동사입니다. 특히 "무언가를 하다."라는 의미를 표현할 때 대표적으로 쓸 수 있으며, "무엇을 하는 것을 좋아해?" 와 같이 동사 2개가 나올 경우 뒤에 대표적으로 질문할 수 있는 유용한 표현입니다.

np.) Co lubisz robić w weekend? (주말에는 무엇을 하는 것을 좋아해?)

Part 3-01. 자주 등장하는 일반동사 패턴1. Robić

## 054 유용한 일반/조동사 + robić

 Oliwia's Tip

이번 패턴에서는 part2의 유용한 일반/조동사 10개 패턴 바로 뒤에 일반동사의 원형이 오는 패턴을 학습하게 됩니다.

이번 패턴의 경우 자주 쓰면서도 어렵지 않게 배울 수 있으므로 굉장히 중요한 표현입니다. 특히 별다른 동사변형이 없이 쓸 수 있는 trzeba, warto, wolno, można의 경우 바로 뒤에 동사원형만 넣으면 되므로, 아주 쉽게 접근할 수 있습니다.

동사변형이 어렵다면 상기의 동사 4개를 이용해서 part3의 자주 쓰는 일반동사들만 공부를 해도 어느 정도의 회화가 가능하다고 말할 수도 있습니다. 또한 해당 패턴을 잘 이용하여 의문, 부정문, 동사변형을 연습하면 수십 개의 문장을 만들 수 있습니다.

| | | |
|---|---|---|
| lubić | | |
| chcieć | | |
| móc | | |
| musieć | | |
| woleć | + | robić (ndk) |
| prosić | | / zrobić (dk) |
| trzeba | | |
| warto | | |
| wolno | | |
| można | | |

## 예문

1. Lubię robić zakupy.

   나는 장보는 걸 좋아해.

2. Chcemy zrobić rezerwację na 14.

   우리는 14시로 예약하고 싶어.

3. Możemy tutaj zrobić dla was kawę.

   우리는 여기에서 너희를 위한 커피를 만들어 줄 수 있어.

4. Musimy robić teraz pranie.

   우리는 지금 빨래를 해야 해.

5. Wolę coś robić niż odpoczywać.

   나는 쉬는 것보다 뭔 가라도 하는 게 좋아.

7. Teraz trzeba robić zadanie domowe.

   지금 숙제를 해야만 해.

8. Warto robić zdjęcia w tym miejscu.

   이 장소에서는 사진을 찍을만한 가치가 있어.

9. Nie wolno tutaj robić grilla.

   여기에서는 바비큐를 하면 안됩니다.

10. Przepraszam, czy można tutaj robić piknik?

    실례합니다만, 여기에서 피크닉을 할 수 있나요?

## Part 3-01. 자주 등장하는 일반동사 패턴1. Robić

### 055 Zrobiłem + 목적격
나는 ~ 를 했습니다.

▼ **미래형 활용**

Zrobię + 목적격 나는 ~ 를 할 것입니다.

▼ **패턴: 과거, 현재, 미래형 robić 활용법**

|  | 과거 (ndk) | 현재 | 미래 (dk) |
|---|---|---|---|
| 1인칭 단수 | robiłem/robiłam | robię | zrobię |
| 2인칭 단수 | robiłeś/robiłaś | robisz | zrobisz |
| 3인칭 단수 | robił/robiła | robi | zrobi |
| 1인칭 복수 | robiliśmy/robiłyśmy | robimy | zrobimy |
| 2인칭 복수 | robiliście/robiłyście | robicie | zrobicie |
| 3인칭 복수 | robili/robiły | robią | zrobią |

▼ **추가 활용 표현**

| ktoś 누군가 | Ktoś wczoraj zrobił tu piknik.<br>어제 누군가 여기에서 소풍을 했어. |
|---|---|
| kiedyś 언젠가 | Kiedyś zrobimy plany na wakacje.<br>언젠가는 우리도 방학 계획을 세울 거야. |
| coś 뭔가 | Robicie coś w ten weekend?<br>너희는 이번 주말에 뭔가 계획이 있어? |
| gdzieś 어디선가 | Gdzie zrobicie zakupy wieczorem?<br>너희는 저녁에 어디에서 장을 볼 거야? |

▼ **어울리는 전치사**

| przed ~전에 | przed wakacjami/przed negocjacjami/przed egzaminem<br>(방학/협상/시험) 전에 |
|---|---|
| dla ~를 위해 | dla rodziców/dla szefa/dla znajomych<br>(부모님/상사/지인들)을 위해 |

## 예문

1. Czy ktoś z was robił dżem z owoców?

   너희들 중에 누군가 과일 잼을 만들었던 적 있어?

2. Kiedyś robiliśmy dużo zdjęć, ale ostatnio nie mamy czasu.

   우리 예전에는 사진 많이 찍었는데 요즘에는 사진 찍을 시간이 없어.

3. Gdzieś robiłem w Warszawie zakupy, ale nie pamiętam gdzie.

   바르샤바 어디선가 장을 봤었는데 어디였는 지 기억이 안나.

4. Zrobię dla ciebie zdjęcia na ślubie.

   내가 너를 위해 결혼식 사진을 찍을게.

5. Zrobisz mi coś smacznego do jedzenia?

   나에게 맛있는 음식을 만들어 줄래?

## OLIWIA'S TIP

robić 동사와 어울리는 전치사는 아주 다양합니다. 해당 패턴에 나와있는 전치사 외에도 부록에 있는 전치사 등을 이용하여 활용하면 회화에 많은 도움이 됩니다. 옆에 단어처럼 다양하게 활용연습 해주세요.

Part 3-01. 자주 등장하는 일반동사 패턴1. Robić

## 056　Robić의 다양한 활용

 **OLIWIA'S TIP**

폴란드어의 경우, 어원을 알고 전치사에서 따온 접두사를 앞에 넣으면 의미가 약간은 비슷한, 아님 완전히 다른 의미의 단어가 됩니다. 예를 들어 robić는 "~을 하다."라는 단어로, 이어 za(~댓가)의 의미를 갖는 전치사를 접두사로 넣으면 "~댓가에 대한 ~를 하다."의 뜻으로 "돈을 벌다."라는 완료형태의 새로운 단어가 됩니다. 이와 같은 맥락으로 본 동사 패턴에서는 각종 파생되는 동사를 어원, 명사, 접두사+동사, 분사, 명령법 등이 어떠한 규칙으로 만들어지는 지를 살펴본다면 어원 암기만을 통해 내용을 추론할 수 있게 됩니다.

| 구분 | | 완성 | 파생 불완료 | 의미 |
|---|---|---|---|---|
| z | | zrobić(dk) | | ~를 하다 |
| za | | zarobić | zarabiać | 돈을 벌다 |
| prze | | przerobić | przerabiać | (옷을) 수선하다<br>학습하다 |
| od | | odrobić | odrabiać | (숙제를) 하다 |
| 명령법 | | (z)rób | | ~해라 |
| | | | zarabiaj | 돈 벌어라 |
| 현재분사 | | robiąc | | ~하면서 |
| | | | zarabiając | 돈을 벌면서 |
| 수동분사 | | zrobiony | | 만들어진 |
| | | zarobiony | | 돈을 번 |

## 예문

1. Zarobiłeś w wakacje dużo pieniędzy?

    방학 때 돈 많이 벌었어?

2. Szef prosił, żebym przerobił ten projekt.

    상사는 이 프로젝트를 수정해달라고 내게 부탁했습니다.

3. Kiedy twój syn odrabia pracę domową?

    네 아들은 언제 숙제를 해?

4. Zróbcie tu porządek!

    너희 여기 정리해!

5. Lubisz robić obiad słuchając muzyki?

    음악을 들으면서 점심 만드는 것을 좋아해?

## OLIWIA'S TIP

"접두사+동사"로 인하여 기본 동사의 의미가 달라질 경우, 또 다른 완료-불완료 동사로 바뀌게 되는 데, 파생 완료-불완료로 구분하여 학습하기로 합니다. 예를 들어, robić(불완료)-zrobić(완료)로 나뉘며, 접두사 za를 robić 동사에 붙게 되면 다른 의미 zarobić(완료)(~를 벌다.)가 되면서 완료형이 되고, 이에 짝꿍은 불완료로 zarabiać (불완료)가 됩니다. 이에 대한 개념을 잘 이해하면 어원 분석만 하면 되기 때문에 쉽게 접근할 수 있습니다.

robić(불완료) - zrobić(완료) / zarobić(완료) - zarabiać(불완료)

# 핵심 패턴

# Part.3

## 자주 등장하는 일반동사

# #02

* Pić ~를 마시다.

**057.** Piję + 목적격 : 나는 ~를 마십니다.
**058.** Kto pije + 목적격? : 누가 ~를 마시나요?
**059.** 유용한 일반/조동사 + pić
**060.** Piłem + 목적격 : 나는 ~를 마셨습니다.
**061.** Pić의 다양한 활용

Part 3-02. 자주 등장하는 일반동사 패턴2. Pić

## 057 Pije + 목적격
나는 ~ 를 마십니다.

▼ 의문문 활용

Pijesz + 목적격 단수?

- Tak, piję + 목적격 단수
- Nie, nie piję + 소유격 단수

A: Pijesz kawę? 커피 마셔?
B: Nie piję kawy. 나는 커피 안마셔.
A: Pijecie wodę gazowaną? 너희는 탄산수 마셔?
B: Nie pijemy wody gazowanej. 우리는 탄산수 안마셔.

▼ 목적격 단수

| 목적격 복수 | 현재 |
|---|---|
| 1인칭 단수 | piję |
| 2인칭 단수 | pijesz |
| 3인칭 단수 | pije |
| 1인칭 복수 | pijemy |
| 2인칭 복수 | pijecie |
| 3인칭 복수 | piją |

+

| 구분 | 형용사 복수 | 명사 복수 |
|---|---|---|
| 남성 생물 | -ego | -a |
| 남성무생물 | =주격 | =주격 |
| 중성 | =주격 | =주격 |
| 여성 | -ą | -ę |

▼ 소유격 단수

| 목적격 복수 | 현재 |
|---|---|
| 1인칭 단수 | nie piję |
| 2인칭 단수 | nie pijesz |
| 3인칭 단수 | nie pije |
| 1인칭 복수 | nie pijemy |
| 2인칭 복수 | nie pijecie |
| 3인칭 복수 | nie piją |

+

| 구분 | 형용사 복수 | 명사 복수 |
|---|---|---|
| 남성 생물 | -ego | -a |
| 남성무생물 | -ego | -u |
| 중성 | -ego | -a |
| 여성 | -ą | -i/-y |

## 예문

1. Pijesz sok pomarańczowy?     오렌지 주스 마셔?
   → Nie piję soku, piję lemoniadę.     주스 안마시고 레몬에이드 마셔.
2. Pijecie polskie piwo?     너희는 폴란드 맥주 마셔?
   → Nie, pijemy czeskie piwo. Nie lubimy polskiego piwa.
   아니, 우리는 체코 맥주 마셔. 폴란드 맥주를 좋아하지 않아.
3. Pijesz czarną kawę?     아메리카노 마셔?
   → Nie piję czarnej kawy. Lubię kawę z mlekiem.
   아메리카노 마시지 않아. 나는 우유 넣은 커피를 좋아해.
4. Pijecie rosyjską wódkę?     너희는 러시아 보드카 마셔?
   → Nie, pijemy polską wódkę. Polska wódka jest lepsza.
   아니, 우리는 폴란드 보드카 마셔. 폴란드 보드카가 더 좋아.
5. Codziennie rano pijesz mleko?     매일 아침 우유 마셔?
   → Nie, tylko czasami piję mleko. Częściej piję kawę.
   아니, 가끔씩만 우유 마셔. 커피를 더 자주 마셔.

## OLIWIA'S TIP

pić 동사의 경우, "(액체를) 마시다."의 의미를 갖고 있기 때문에, 불가산 명사를 씁니다. 불가산 명사란 셀 수 없는 명사로 추상적, 액체, 관념적 대상을 이야기하며 모두 단수 취급합니다. 따라서, pić 동사에서는 별도로 복수를 다루지 않습니다. 불가산 명사는 영어-폴란드와 비슷한 개념이므로 영어에서 말하는 불가산 명사라면 폴란드어도 동일하게 적용됩니다.

Part 3-02. 자주 등장하는 일반동사 패턴2. Pić

## 058  Kto pije + 목적격?
누가 ~를 마시나요?

▼ 6하원칙 의문사: Kto/Kiedy/Gdzie/Co/Jak/Dlaczego + (주어) + pić

A: Co pijesz? 뭐 마셔?
B: Piję ciepłe mleko. 따뜻한 우유 마셔.

A: Kto pije kawę z lodem? 누가 아이스커피 마셔?
B: Moja żona w lecie zawsze pije kawę z lodem.
내 아내는 여름에 매일 아이스 커피를 마셔.

▼ "6하원칙 의문사 + pić" 패턴 예문

| | |
|---|---|
| kto 누가 | Kto pije sok pomarańczowy?<br>누가 오렌지 주스를 마셔? |
| kiedy 언제 | Kiedy pijesz kawę?<br>언제 커피 마셔? |
| gdzie 어디서 | Gdzie pijecie piwo?<br>너희 어디에서 맥주 마셔? |
| co 무엇을 | Co pijecie jak jesteście spragnieni?<br>목이 마르면 너희는 뭘 마셔? |
| jak 어떻게 | Jak pijecie wódkę w Polsce?<br>너희는 폴란드에서 보드카를 어떻게 마셔? |
| dlaczego 왜 | Dlaczego nie pijecie koreańskiego piwa?<br>너희는 왜 한국 맥주를 안마셔? |
| skąd ~로 부터 | Skąd masz to portugalskie wino, które piłeś wczoraj?<br>네가 어제 마셨던 포르투갈 와인은 어디에서 났어? |

## 예문

1. Kto pije mleko na śniadanie?   누가 아침 식사로 우유를 마셔?

   → Nasze córki piją mleko.   우리 딸들이 우유를 마셔.

2. Co pijecie na imprezie?   너희는 파티에서 뭘 마셔?

   → Na imprezie pijemy piwo i wino.   파티에서 맥주와 와인을 마셔.

3. Gdzie zazwyczaj pijecie kawę?   너희는 보통 어디에서 커피를 마셔?

   → Pijemy kawę w kawiarni obok mojego domu.

   집 옆에 있는 커피숍에서 커피를 마셔.

4. Jak pijesz wódkę?   어떻게 보드카를 마셔?

   → Zazwyczaj piję wódkę z sokiem.   보통은 주스를 섞어 보드카를 마셔.

5. Kiedy pijecie alkohol?   너희는 언제 술을 마셔?

   → Zwykle pijemy piwo po pracy z kolegami.

   보통 퇴근 후 친구들과 함께 맥주를 마셔.

 **OLIWIA'S TIP**

skąd는 "~로 부터"라는 의미로 기본적인 의미를 담은 문장에서 다양하게 쓸 수 있습니다. Skąd Pan jest? 라는 말은 "당신은 어디 출신입니까?" 라는 기본 뜻을 갖고 있으며, 상황에 따라 국적 및 고향 등을 나타내는 말로 쓰입니다.

Part 3-02. 자주 등장하는 일반동사 패턴2. Pić

## 059 유용한 일반/조동사 + pić

### ⭐ OLIWIA'S TIP

이번 패턴에서는 part2의 유용한 일반/조동사 10개 패턴 바로 뒤에 일반동사의 원형이 오는 패턴을 학습하게 됩니다. 이번 패턴의 경우 자주 쓰면서도 어렵지 않게 배울 수 있으므로 굉장히 중요한 표현입니다. 특히 별다른 동사변형이 없이 쓸 수 있는 trzeba, warto, wolno, można의 경우 바로 뒤에 동사원형만 넣으면 되므로, 아주 쉽게 접근할 수 있습니다. 동사변형이 어렵다면 상기의 동사 4개를 이용해서 part3의 자주 쓰는 일반동사들만 공부를 해도 어느 정도의 회화가 가능하다고 말할 수도 있습니다. 또한 해당 패턴을 잘 이용하여 의문문, 부정문, 동사변형을 연습하면 수십 개의 문장을 만들 수 있습니다.

| | | |
|---|---|---|
| lubić | | |
| chcieć | | |
| móc | | |
| musieć | | |
| woleć | + | pić (ndk) / wypić (dk) |
| prosić | | |
| trzeba | | |
| warto | | |
| wolno | | |
| można | | |

## 예문

1. Lubię pić kawę przed śniadaniem.

   아침 식사 전에 커피 마시는 것을 좋아해.

2. Chcemy pić sok pomarańczowy.

   우리 오렌지주스 마시고 싶어.

3. Możemy tutaj pić dobre wino.

   우리는 여기에서 좋은 와인을 마실 수 있어.

4. Mój syn jest chory, dlatego musi pić dużo wody.

   내 아들은 몸이 아파서 물을 많이 마셔야만 해.

5. Wolę pić sok niż kawę.

   나는 커피보다 주스 마시는 것을 더 좋아해.

6. Proszę wypij to lekarstwo do końca.

   이 약을 끝까지 마시세요.

7. Warto pić herbatę z miodem.

   꿀을 넣은 차는 마실만한 가치가 있어.

8. Nie wolno tutaj pić alkoholu.

   여기에서는 술을 마실 수 없습니다.

9. W tej restauracji można pić dobre wino.

   이 식당에서는 좋은 와인을 마실 수 있습니다.

10. Gdy boli gardło trzeba pić gorącą herbatę.

    목구멍이 아플 때에는 따뜻한 차를 마셔야 해.

Part 3-02. 자주 등장하는 일반동사 패턴2. Pić

## 060 Piłem + 목적격
나는 ~를 마셨습니다.

▼ 미래형 활용

Będę pił + 목적격    나는 ~를 마실 겁니다.

▼ 패턴: 과거, 현재, 미래형 pić 활용법

|        | 과거 | 현재 | 미래 |
|--------|------|------|------|
| 1인칭 단수 | piłem/piłam | piję | będę pił/piła |
| 2인칭 단수 | piłeś/piłaś | pijesz | będziesz pił/piła |
| 3인칭 단수 | pił/piła | pije | będzie pił/piła |
| 1인칭 복수 | piliśmy/piłyśmy | pijemy | będziemy pili/piły |
| 2인칭 복수 | piliście/piłyście | pijecie | będziecie pili/piły |
| 3인칭 복수 | pili/piły | piją | będą pili/piły |

▼ 추가 활용 표현

| ktoś 누군가 | Ktoś z was pił to piwo? 너희 중 누가 이 맥주를 마셨어? |
|---|---|
| kiedyś 언젠가 | Kiedyś lubiłam pić wódkę.<br>보드카 마시는 걸 좋아했던 적이 있었어. |
| coś 뭔가 | Masz coś do picia? 뭐 좀 마실 것 있어? |
| gdzieś 어디선가 | Pójdziemy wieczorem gdzieś pić piwo?<br>맥주 마시러 저녁에 어디라도 가볼까? |
| jakiś 어떤 것 | Dzisiaj chcę pić jakąś inną herbatę.<br>오늘은 다른 차 같은 걸 마시고 싶어. |

▼ 어울리는 전치사

| na ~에서 | na lotnisku/na piętrze/na spotkaniu (공항/층/미팅)에서 |
|---|---|
| po ~후에 | po spotkaniu/po pracy/po prezentacji<br>(미팅/일/프레젠테이션) 후에 |

## 예문

1. Ktoś wypił moje mleko.
   누군가가 내 우유를 마셨어.

2. Kiedyś bardzo lubiłam pić polską wódkę po pracy.
   예전에는 퇴근 후에 폴란드 보드카 마시는 걸 정말 좋아했어.

3. Dawno temu piłem gdzieś czeskie piwo.
   오래 전 어디선가 체코 맥주를 마셨어.

4. Od jutra nie będę pił tak dużo alkoholu.
   내일부터는 이렇게 많이 술 마시지 않을거야.

5. Od przyszłego tygodnia codziennie będę piła zdrowy sok.
   다음 주부터는 매일 건강 주스를 마실 거야.

 **Oliwia's Tip**

pić 동사의 경우, 어울리는 전치사 표현이 많습니다. 옆에 있는 전치사 표현 이외에도, z (~와 함께), w (~에서), o (몇 시에) 등과 같이 사람, 장소, 시간 등과 어울려 다양하게 표현할 수 있습니다. 추가적인 전치사 연습은 부록을 참조해주세요.

Part 3-02. 자주 등장하는 일반동사 패턴2. Pić

## 061 Pić의 다양한 활용

 OLIWIA'S TIP

폴란드어의 경우, 어원을 알고 전치사에서 따온 접두사를 앞에 넣으면 의미가 약간은 비슷한, 아님 완전히 다른 의미의 단어가 됩니다. 예를 들어 pić는 "마시다."라는 단어로, 이어 do(to)의 의미를 갖는 전치사를 접두사로 넣으면 "(~더 해서)를 끝까지 마시다."라는 완료형태의 새로운 단어가 됩니다.

즉, 폴란드어를 공부할 때에는 어원을 잘 익혀 두고 파생되는 동사 및 접두사(의미)를 이해하면 접근이 쉬워집니다. 이와 같은 맥락으로 본 동사 패턴에서는 각종 파생되는 동사를 어원, 명사, 접두사+동사, 분사, 명령법 등이 어떠한 규칙으로 만들어지는 지를 살펴본다면 어원 암기만을 통해 내용을 추론할 수 있게 됩니다.

| 구분 | 완성 | 의미 |
|---|---|---|
| wy | wypić | (전부) 마시다 |
| u | upić się | 취하다 |
| do | dopić | 끝까지 마시다 |
| po | popić | 조금씩 마시다 |
| 명사 | pijak | 술고래 |
| 동명사 | picie | 마시는 것 |
| 명령법 | pij! | 마셔라! |
| 현재분사 | pijąc | 마시면서 |
| 수동분사 | pijany/pijana | (술이) 취한 (남/여) |

## 예문

1. Jeszcze nie wypiłam soku do końca, wypiję zaraz.

   아직 주스를 전부 마시지 못했는데 곧 다 마실 거야.

2. Wczoraj upiliśmy się na imprezie.

   우리 어제 파티에서 취했었어.

3. Jestem już pełny, nie dopiję tego piwa.

   배불러서 이 맥주 더 못 마시겠어.

4. Wypij lekarstwo do końca, poczujesz się lepiej.

   물약을 다 마시면 괜찮아질 거야.

5. Lubię rozmawiać ze znajomymi pijąc ciepłą herbatę.

   나는 따뜻한 차를 마시면서 지인들과 이야기하는 것을 좋아해.

 Oliwia's Tip

동명사의 경우, "동사 + 명사 = 동명사" 입니다. 동명사는 동사의 형태에서 명사의 역할 (주어, 목적어, 보어 역할)을 할 수 있는 품사입니다. 동사의 의미가 들어 있는 주어라고 생각하면 조금 쉽게 접근이 가능 합니다.

[주어]          [동사]      [보어]
Częste picie alkoholu jest bardzo niebezpieczne.
술을 자주 마시는 것은 매우 위험하다.

# 핵심 패턴

## Part.3 unit 03

### 자주 등장하는 일반동사

# 03

* Jeść ~를 먹다.

**062.** Jem + 목적격 단수 : 나는 ~를 먹습니다.

**063.** Jem + 목적격 복수 : 나는 ~를 먹습니다.

**064.** Kto je + 목적격 : 누가 ~를 먹나요?

**065.** 유용한 일반/조동사 + jeść

**066.** Jadłem + 목적격 : 나는 ~를 먹었습니다.

**067.** Jeść 의 다양한 활용

Part 3-03. 자주 등장하는 일반동사 패턴3. Jeść

## 062 Jem + 목적격 단수
나는 ~ 를 먹습니다.

▼ 의문문 활용

Jesz + 목적격 단수?

- Tak, jem + 목적격 단수
- Nie, nie jem + 소유격 단수

A: Jesz jabłko? 사과 먹어?
B: Nie jem jabłka, jem gruszkę. 사과가 아니라 배를 먹고 있어.
A: Jecie czasami koreańskie jedzenie? 너희는 가끔 한국 음식을 먹어?
B: Nie jemy koreańskiego jedzenia, jest dla nas za ostre.
우리에게 한국 음식은 너무 매워서 안 먹어.

▼ 목적격 단수

|        | 현재    |
|--------|--------|
| 1인칭 단수 | jem    |
| 2인칭 단수 | jesz   |
| 3인칭 단수 | je     |
| 1인칭 복수 | jemy   |
| 2인칭 복수 | jecie  |
| 3인칭 복수 | jedzą  |

\+

| 구분 | 형용사 단수 | 명사 단수 |
|------|-----------|----------|
| 남성 생물 | -ego | -a |
| 남성무생물 | =주격 | =주격 |
| 중성 | =주격 | =주격 |
| 여성 | -ą | -ę |

▼ 소유격 단수

|        | 현재         |
|--------|-------------|
| 1인칭 단수 | nie jem     |
| 2인칭 단수 | nie jesz    |
| 3인칭 단수 | nie je      |
| 1인칭 복수 | nie jemy    |
| 2인칭 복수 | nie jecie   |
| 3인칭 복수 | nie jedzą   |

\+

| 구분 | 형용사 단수 | 명사 단수 |
|------|-----------|----------|
| 남성 생물 | -ego | -a |
| 남성무생물 | -ego | -u |
| 중성 | -ego | -a |
| 여성 | -ą | -i/-y |

## 예문

1. O której godzinie jesz śniadanie?   몇 시에 아침 먹어?

   → Zwykle jem śniadanie około 9.   보통 9시쯤 아침 먹어.

2. Ile razy dziennie jesz jogurt?   요거트는 매일 몇 개씩 먹어?

   → Jem jogurt raz dziennie.   하루에 한 번 요거트를 먹어.

3. Dlaczego oni nie jedzą kiełbasy?   그들은 왜 소시지를 먹지 않는 거야?

   → Oni nie jedzą mięsa.   고기를 먹지 않기 때문이야.

4. Gdzie zwykle jecie kolację po pracy?

   퇴근 후에는 보통 어디에서 저녁을 먹어?

   → Zwykle jemy kolację w centrum miasta.

   보통 우리는 시내에서 저녁을 먹어.

5. Moja mama lubi długo spać i nigdy nie je śniadania.

   엄마는 늦잠 자는 걸 좋아해서 절대 아침을 먹지 않아.

 **OLIWIA'S TIP**

폴란드어는 현재진행형, 과거진행형이 별도로 없습니다. 동사의 현재형이 현재진행형을 의미하고, 동사의 과거형이 과거진행형을 의미합니다. 따라서 상황에 따라, 과거/현재형 및 과거/현재진행형을 구분하여 쓸 수 있습니다.

Part 3-03. 자주 등장하는 일반동사 패턴3. Jeść

## 063 Jem + 목적격 복수
나는 ~ 를 먹습니다.

▼ 의문문 활용

Jesz + 목적격 복수?

- Tak, jem + 목적격 복수
- Nie, nie jem + 소유격 복수

A: Dlaczego nie jesz warzyw? 왜 야채를 안 먹어?
B: Nie jem warzyw, bo są niesmaczne. 맛이 없어서 야채는 안 먹어.
A: Mama nigdy nie je owoców na śniadanie?
  엄마는 아침으로 과일을 절대 먹지 않지?
B: Ona zawsze je owoce po obiedzie. 항상 점심 후에 과일을 드셔.

▼ 목적격 복수

|  | 현재 |
|---|---|
| 1인칭 단수 | jem |
| 2인칭 단수 | jesz |
| 3인칭 단수 | je |
| 1인칭 복수 | jemy |
| 2인칭 복수 | jecie |
| 3인칭 복수 | jedzą |

\+

| 구분 | 형용사 복수 | 명사 복수 |
|---|---|---|
| 남자명사 외 | -e | -y/-i |
| 중성 | -e | -a |
| 여성 | -e | -y/-i |

▼ 소유격 복수

| 목적격 복수 | 현재 |
|---|---|
| 1인칭 단수 | nie jem |
| 2인칭 단수 | nie jesz |
| 3인칭 단수 | nie je |
| 1인칭 복수 | nie jemy |
| 2인칭 복수 | nie jecie |
| 3인칭 복수 | nie jedzą |

\+

| 구분 | 형용사 복수 | 명사 복수 |
|---|---|---|
| 남성 | -ych / -ich | -ów<br>-i, -y<br>(기능적연음) |
| 중성<br>여성 | -ych / -ich | 탈락<br>-y<br>(기능적연음)<br>-i (연음) |

## 예문

1. Co twoja żona je na śniadanie?

    네 와이프는 아침 식사로 무엇을 먹어?

    → Moja żona zwykle je na śniadanie kanapki.

    보통 내 아내는 아침 식사로 샌드위치를 먹어.

2. Dlaczego nie jesz hamburgerów?

    너는 왜 햄버거를 먹지 않아?

    → Nie jem hamburgerów, bo nie lubię mięsa.

    나는 고기를 좋아하지 않아서 햄버거를 먹지 않아.

3. Gdzie dzieci jedzą owoce?

    아이들은 어디에서 과일을 먹어?

    → Dzieci jedzą owoce przed telewizorem.

    아이들은 텔레비전 앞에서 과일을 먹어.

4. Ile razy dziennie jecie ciastka?

    너희는 하루에 몇 번이나 과자를 먹어?

    → Nigdy nie jemy ciastek. 과자는 절대 안 먹어.

5. Ostatnio jestem chory i dlatego jem zdrowe posiłki.

    최근에 아파서 건강식만 먹어.

## Part 3-03. 자주 등장하는 일반동사 패턴3. Jeść

### 064　Kto je + 목적격
누가 ~를 먹나요?

▼ 6하원칙 의문사:

Kto/Kiedy/Gdzie/Co/Jak/Dlaczego + (조동사) + jeść

> A: Co zwykle jesz na śniadanie?
> 보통 아침 식사로 뭘 먹어?
> B: Rano jem tylko jogurt. 아침에는 요거트만 먹어.
>
> A: Gdzie jesz dzisiaj obiad? 오늘 점심은 어디에서 먹어?
> B: Dzisiaj jem obiad w domu. 오늘 집에서 점심을 먹어.

▼ "6하원칙 의문사 + 동사 + jeść/zjeść" 패턴 예문

| | |
|---|---|
| kto 누가 | Kto chce zjeść czekoladę?<br>초콜릿 먹고 싶은 사람? |
| kiedy 언제 | Kiedy chcecie zjeść kolację?<br>너희는 언제 저녁을 먹고 싶어? |
| gdzie 어디서 | Gdzie możemy jeść śniadanie?<br>우리 어디에서 아침을 먹을 수 있어? |
| co 무엇을 | Co oni teraz jedzą?<br>그들은 지금 무엇을 먹어? |
| jak 어떻게 | Jak można jeść surowe mięso?<br>어떻게 생고기를 먹을 수 있어? |
| dlaczego 왜 | Dlaczego jesz tak mało?<br>왜 이렇게 적게 먹어? |

## 예문

1. Kto może jeść owoce morza?     누가 해산물을 먹을 수 있어?
   → Rodzice lubią jeść owoce morza.     부모님이 해산물 먹는 것을 좋아해.

2. Kiedy chcecie jeść obiad?     너희는 언제 점심을 먹고 싶어?
   → Chcemy jeść jak najszybciej, ale musimy najpierw skończyć ten raport.
   최대한 빨리 먹고는 싶은데 먼저 이 보고서를 끝마쳐야 해.

3. Co lubisz jeść na kolację?     저녁으로 뭘 먹는 걸 좋아해?
   → Zazwyczaj jem w domu bigos lub pierogi.
   보통은 집에서 비고스나 피에로기를 먹어.

4. Gdzie zwykle jesz śniadanie?     보통은 어디에서 아침을 먹어?
   → Zawsze jem śniadanie w domu.     늘 집에서 아침을 먹어.

5. Jak trzeba jeść sushi?     초밥은 어떻게 먹어야 해?
   → Sushi trzeba jeść pałeczkami.     초밥은 젓가락으로 먹어야 해.

 **OLIWIA'S TIP**

6하원칙 의문사 + (주어) + jeść 로도 다양하게 표현을 할 수 있지만,
6하원칙 의문사 + (주어) + 조동사/일반동사 + jeść 를 이용해서 더 자유롭게 구문을 만들 수 있습니다. 조동사 이외에도 동사 + 동사원형이 나올 수 있는 일반동사를 넣고 의문사를 넣어 구사하면 풍부하게 표현할 수 있습니다.

np.) Co + lubisz + jeść? 너는 무엇을 먹는 걸 좋아해?

Part 3-03. 자주 등장하는 일반동사 패턴3. Jeść

## 065 유용한 일반/조동사 + jeść

###  Oliwia's Tip

이번 패턴에서는 part2의 유용한 일반/조동사 10개 패턴 바로 뒤에 일반동사의 원형이 오는 패턴을 학습하게 됩니다. 이번 패턴의 경우 자주 쓰면서도 어렵지 않게 배울 수 있으므로 굉장히 중요한 표현입니다. 특히 별다른 동사변형이 없이 쓸 수 있는 trzeba, warto, wolno, można의 경우 바로 뒤에 동사원형만 넣으면 되므로, 아주 쉽게 접근할 수 있습니다. 동사변형이 어렵다면 상기의 동사 4개를 이용해서 part3, 4의 자주 쓰는 일반동사들만 공부를 해도 어느 정도의 회화가 가능하다고 말할 수도 있습니다. 또한 해당 패턴을 잘 이용하여 의문문, 부정문, 동사변형을 연습하면 수십 개의 문장을 만들 수 있습니다.

| lubić / chcieć / móc / musieć / woleć / prosić / trzeba / warto / wolno / można | + | jeść (ndk) / zjeść (dk) |
|---|---|---|

## 예문

1. Lubię jeść chińskie jedzenie.

   나는 중식 먹는 걸 좋아해.

2. Chcemy jeść polskie jedzenie.

   우리는 폴란드 음식을 먹고 싶어.

3. Gdzie w Warszawie można zjeść dobre pączki?

   바르샤바 어디에서 맛 좋은 도넛을 먹을 수 있어?

4. Wolę jeść japońskie niż chińskie jedzenie.

   나는 중식보다 일식 먹는 걸 더 좋아해.

5. Proszę zjedz obiad do końca.

   점심 식사를 끝까지 해주세요.

6. Trzeba jeść owoce, bo mają dużo witamin.

   과일에는 비타민이 많이 함유되어 있어서 과일은 먹어야 해.

7. W Korei warto jeść kimchi, jest bardzo zdrowe.

   김치는 건강식이라, 한국에서는 김치를 먹어볼 가치가 있어.

8. Nie wolno jeść w klasie.

   교실에서는 먹을 수 없습니다.

9. Czy w tej kawiarni można zjeść coś smacznego?

   여기 커피숍에서 뭔가 맛있는 걸 먹을 수 있나요?

10. Musimy częściej jeść zdrowe owoce.

    우리는 건강한 과일을 더 자주 먹어야 해.

## Part 3-03. 자주 등장하는 일반동사 패턴3. Jeść

### 066　Jadłem + 목적격
나는 ~를 먹었습니다.

▼ 미래형 활용

Zjem + 목적격　나는 ~를 먹을 것입니다.

▼ 패턴: 과거, 현재, 미래형 jeść 활용법

|  | 과거 (ndk) | 현재 | 미래 (dk) |
| --- | --- | --- | --- |
| 1인칭 단수 | jadłem/jadłam | jem | zjem |
| 2인칭 단수 | jadłeś/ jadłaś | jesz | zjesz |
| 3인칭 단수 | jadł/ jadła | je | zje |
| 1인칭 복수 | jedliśmy/ jadłyśmy | jemy | zjemy |
| 2인칭 복수 | jedliście/ jadłyście | jecie | zjecie |
| 3인칭 복수 | jedli/ jadły | jedzą | zjedzą |

▼ 추가 활용 표현

| ktoś 누군가 | Ktoś jadł z mojego talerza.<br>누군가 내 접시에 있는 걸 먹었어. |
| --- | --- |
| kiedyś 언젠가 | Kiedyś jedliśmy koreańskie tradycyjne potrawy.<br>우리는 한국 전통 음식을 먹었던 적이 있었어. |
| coś 뭔가 | Chcesz zjeść coś ciepłego?　따뜻한 뭔가를 먹고 싶어? |
| gdzieś 어디선가 | Rok temu gdzieś w Seulu jedliśmy polskie jedzenie.<br>일 년 전, 우리는 서울 어디에선가 폴란드 음식을 먹었어. |
| jakiś 어떤 것 | Zjemy w nocy jakąś przekąskę?<br>우리 밤에 간식 같은 걸 먹을 까? |

▼ 어울리는 전치사

| w ~에서 | w barze/w parku/w domu　(술집/공원/집)에서 |
| --- | --- |
|  | w Korei/w Wietnamie/w Polsce (한국/베트남/폴란드)에서 |

## 예문

1. Ktoś z was jadł już obiad?

   너희 중 벌써 점심 먹은 사람 있어?

2. Kiedyś jedliśmy już bibimpap w Korei.

   우리는 이미 한국에서 비빔밥을 먹어봤어.

3. W weekend zjem śniadanie gdzieś w parku.

   주말에는 공원 어딘가에서 아침 식사를 할거야.

4. Podczas wycieczki będę jadł codziennie coś nowego.

   여행하는 동안에는 뭔가 새로운 걸 매일 먹어 볼 거야.

5. W Wietnamie będziemy jedli jakieś ciekawe owoce.

   베트남에서는 흥미로운 과일 같은 걸 먹을 거야.

 Oliwia's Tip

폴란드어 대문자 표기법 규칙
1. 국가      2. 이름/성      3. Pan/Pani (편지 쓸 때)
4. 도시명    5. 대륙  6. 도로 명
7. 명절 (np.Boże Narodzenie)    8. 국적 (np.Koreańczyk)

Part 3-03. 자주 등장하는 일반동사 패턴3. Jeść

## 067 Jeść 의 다양한 활용

###  OLIWIA'S TIP

폴란드어의 경우, 어원을 알고 전치사에서 따온 접두사를 앞에 넣으면 의미가 약간은 비슷한, 아님 완전히 다른 의미의 단어가 됩니다. 예를 들어 jeść는 "먹다."라는 단어로, 이어 do(to)의 의미를 갖는 전치사를 접두사로 넣으면 "(남은 음식을) 전부 먹다."는 의미의 약간은 뉘앙스가 다른 단어가 됩니다.

즉, 폴란드어를 공부할 때에는 어원을 잘 익혀 두고 파생되는 동사 및 접두사(의미)를 이해하면 접근이 쉬워집니다. 이와 같은 맥락으로 본 동사 패턴에서는 각종 파생되는 동사를 어원, 명사, 접두사+동사, 분사, 명령법 등이 어떠한 규칙으로 만들어지는 지를 살펴본다면 어원 암기만을 통해 내용을 추론할 수 있게 됩니다.

| 구분 | 완성 | 의미 |
|---|---|---|
| do | do**jeść** | 끝까지 먹다 |
| na | na**jeść** się | 배불리 먹다 |
| prze | prze**jeść się** | 과식하다 |
| 명령법 | **jedz**! | 먹어! |
| 현재분사 | **jedz**ąc | 먹으면서 |
| 수동분사 | na**jedz**ony/na**jedz**ona | 배부른 (남/여) |
| 명사 | **jedz**enie | 음식 |

## 예문

1. Dojedz chociaż mięso, ziemniaki możesz zostawić.

   감자는 남기더라도 고기는 다 먹어.

2. Wczoraj na imprezie przejadłem się i boli mnie brzuch.

   어제 파티에서 너무 많이 먹어서 배탈이 났어.

3. Jeśli jesteś już najedzona, pójdziemy na spacer?

   너무 배부르면 우리 산책하러 갈래?

4. Jedz szybko, nie mamy czasu!

   시간 없으니깐 빨리 먹어!

5. Moje dzieci zawsze oglądają telewizję jedząc obiad.

   우리 애들은 밥 먹으면서 항상 텔레비전을 봐.

## Oliwia's Tip

| 분사 (=형용사역할: 서술적, 명사 수식) | | | |
|---|---|---|---|
| 부사적 분사 (서술적 역할) | | 형용사적 분사 (명사 수식) | |
| 현재 분사 (-ąc) | 과거 분사 (-wszy) | 능동 분사 (-ący, -ące, -ąca) | 수동 분사 (-ony, -one, -ona) |

서술적 역할을 하는 부사적 분사는 동시 동작을 의미하는 현재분사(~하면서)와 순차적인 의미를 나타내는 과거분사 (~후에)로 나눠집니다. 이때 중요한 것은 부사적 분사는 어미 변형이 없이 3인칭 현재동사 어미에 -ąc와 -wszy를 각각 넣어 만들 수 있습니다.

# 핵심 패턴

# Part.3 unit 04

## 자주 등장하는 일반동사

#  04

* Spać 자다.

**068 .** Kto śpi + 부사? : 누가 ~에 자나요?
**069 .** 유용한 일반/조동사 + spać
**070 .** Spałem + 부사 : 나는 ~에 잤습니다.
**071 .** Spać의 다양한 활용

Part 3-04. 자주 등장하는 일반동사 패턴4. Spać

## 068 Kto śpi + 부사?
누가 ~ 에 자나요?

▼ 6하원칙 의문사:

Kto/Kiedy/Gdzie/Co/Jak/Dlaczego + (주어) + spać

A: Twój syn już śpi? 네 아들은 벌써 자?
B: Tak, był bardzo zmęczony i już śpi. 응, 너무 피곤했는지 벌써 자.

A: Kiedy zazwyczaj chodzisz spać? 보통 잠은 언제 자?
B: Zwykle chodzę spać po jedenastej. 보통 11시 이후에 자러 가.

▼ "6하원칙 의문사 + spać" 패턴 예문

| kto 누가 | Kto śpi w tym pokoju? 이 방에서 누가 자? |
|---|---|
| kiedy 언제 | Zamykasz okno kiedy śpisz? 잠잘 때에는 창문을 닫아? |
| gdzie 어디서 | Gdzie śpisz dzisiaj wieczorem?<br>오늘 저녁에는 어디에서 자? |
| dlaczego 왜 | Dlaczego jeszcze nie śpisz? 왜 아직 안자? |

## 예문

1. Kto śpi w tym pokoju?   누가 이 방에서 자?

   → Tutaj śpią nasze dzieci.   우리 아이들이 여기에서 자.

2. Kiedy jesteś najbardziej śpiący?   언제 제일 졸려?

   → Zawsze chce mi się spać po obiedzie. Jestem wtedy bardzo śpiący.

   점심 먹은 후에는 항상 자고 싶어. 그때 엄청 졸려.

3. Gdzie lubicie spać na wycieczce?   여행 중에는 어디에서 자는 걸 좋아해?

   → Lubimy spać w dobrym hotelu.   우리는 좋은 호텔에서 자는 걸 좋아해.

4. Dlaczego śpisz tak krótko?   왜 이렇게 조금 자?

   → Mam dużo pracy, dlatego śpię tylko 4 godziny.

   일이 너무 많아서 4시간만 자.

5. Zwykle o której godzinie twoja żona chodzi spać?

   네 와이프는 보통 몇시에 자러가?

   → Zazwyczaj ona chodzi spać po 22.   보통 22시 넘어서 자러 가.

 ## OLIWIA'S TIP

"6하원칙 의문사 + (주어) + spać" 로도 다양하게 표현을 할 수 있지만, "6하원칙 의문사 + (주어) + 조동사/일반동사 + spać"를 이용해서 더 자유롭게 구문을 만들 수 있습니다. 조동사이외에도 동사+동사원형이 나올 수 있는 일반동사를 넣고 의문사를 넣어 구사하면 풍부하게 표현할 수 있습니다.

np.) Kto + lubi + spać? 누가 자는 걸 좋아해?

Part 3-04. 자주 등장하는 일반동사 패턴4. Spać

## 069 유용한 일반/조동사 + spać

###  Oliwia's Tip

이번 패턴에서는 part2의 유용한 일반/조동사 10개 패턴 바로 뒤에 일반동사의 원형이 오는 패턴을 학습하게 됩니다. 이번 패턴의 경우 자주 쓰면서도 어렵지 않게 배울 수 있으므로 굉장히 중요한 표현입니다. 특히 별다른 동사변형이 없이 쓸 수 있는 trzeba, warto, wolno, można의 경우 바로 뒤에 동사원형만 넣으면 되므로, 아주 쉽게 접근할 수 있습니다. 동사변형이 어렵다면 상기의 동사 4개를 이용해서 part3의 자주 쓰는 일반동사들만 공부를 해도 어느 정도의 회화가 가능하다고 말할 수도 있습니다. 또한 해당 패턴을 잘 이용하여 의문문, 부정문, 동사변형을 연습하면 수십 개의 문장을 만들 수 있습니다.

| | | |
|---|---|---|
| lubić | | |
| chcieć | | |
| móc | | |
| musieć | | |
| woleć | + | **spać** |
| prosić | | |
| trzeba | | |
| warto | | |
| wolno | | |
| można | | |

## 예 문

1. W weekend lubię spać dłużej.

   주말에는 오래 자는 걸 좋아해.

2. Jestem zmęczony i chcę już spać.

   피곤해서 벌써 자고 싶어.

3. Możemy jutro spać do południa?

   내일은 정오까지 잘 수 있어?

4. Moja żona woli spać w hotelu niż w pensjonacie.

   내 와이프는 팬션보다 호텔에서 자는 걸 더 좋아해.

5. Proszę śpij już!

   얼른 주무세요!

6. Trzeba spać przynajmniej 8 godzin dziennie.

   적어도 매일 8시간은 자야 해.

7. Gdy jesteś chory, warto spać dłużej niż zwykle.

   아플 때에는 평소보다 좀 더 오래 잘 필요가 있어.

8. W tym hotelu można spać na pięknym tarasie.

   이 호텔에서는 예쁜 테라스에서 잘 수 있어.

9. Na łóżku śpi pies, musisz dzisiaj spać na sofie.

   침대에서 개가 자고 있어서, 너는 오늘 소파에서 자야 해.

10. Nie wolno spać w czasie lekcji!

    수업 중에 졸면 안됩니다!

Part 3-04. 자주 등장하는 일반동사 패턴4. Spać

## 070 Spałem + 부사
### 나는 ~에 잤습니다.

▼ 미래형 활용

Będę spał + 부사?     나는 ~에 잘 것입니다.

▼ 패턴: 과거, 현재, 미래형 spać 활용법

|        | 과거 | 현재 | 미래 |
|---|---|---|---|
| 1인칭 단수 | spałem/spałam | śpię | będę spał/spała |
| 2인칭 단수 | spałeś/spałaś | śpisz | będziesz spał/spała |
| 3인칭 단수 | spał/spała | śpi | będzie spał/spała |
| 1인칭 복수 | spaliśmy/spałyśmy | śpimy | będziemy spali/spały |
| 2인칭 복수 | spaliście/spałyście | śpicie | będziecie spali/spały |
| 3인칭 복수 | spali/spały | śpią | będą spali/spały |

▼ 추가 활용 표현

| ktoś 누군가 | Ktoś spał w moim pokoju. <br> 누군가가 내 방에서 잤어. |
|---|---|
| kiedyś 언젠가 | Kiedyś spałem długo, ale ostatnio śpię tylko 5 godzin. <br> 오랫동안 잔 적도 있었지만 최근에는 5시간밖에 못 자. |
| gdzieś 어디선가 | Możemy spać gdzieś u ciebie w domu? <br> 네 집 어디에서 (우리가) 잘 수 있어? |

▼ 어울리는 전치사

| w ~에서 | w hotelu/w wakacje/w pensjonacie <br> (호텔/방학/팬션)에서 |
|---|---|
| po ~후에 | po śniadaniu/po obiedzie/po kolacji <br> (아침/점심/저녁)식사 후에 |

## 예문

1. Przedwczoraj nie mogłem spać, bo miałem dużo pracy.
   그제는 일이 너무 많아서 잘 수가 없었어.

2. Kiedyś często spałem w tym hotelu.
   이 호텔에서 자주 숙박했던 적이 있었어.

3. Gdzieś spałeś wczoraj?
   어제 어디서 잤어?

4. W niedzielę dzieci będą spać do późna.
   일요일에 아이들은 늦게까지 잘 거야.

5. W wakacje w końcu będę mógł dłużej spać.
   방학때에는 드디어 오랫동안 잘 수 있을 거야.

6. O której godzinie będziesz dziś spał?
   오늘 몇 시에 잘 거야?

### ⭐ Oliwia's Tip

spać 동사의 경우, 현재형의 동사 변형 형태가 다르므로 불규칙으로 외워야 합니다.
미래형 표현은 미래형 "być동사 + 동사원형"으로도 표현이 가능합니다.

Będę spać = Będę spał/spała

Part 3-04. 자주 등장하는 일반동사 패턴4. Spać

## 071 Spać의 다양한 활용

 Oliwia's Tip

폴란드어의 경우, 어원을 알고 전치사에서 따온 접두사를 앞에 넣으면 의미가 약간은 비슷한, 아님 완전히 다른 의미의 단어가 됩니다. 예를 들어 spać는 "자다."라는 단어로, 이어 za(too much)의 의미를 갖는 전치사를 접두사로 넣으면 "<u>늦잠 자다.</u>"의미의 약간은 뉘앙스가 다른 단어가 됩니다.

즉, 폴란드어를 공부할 때에는 어원을 잘 익혀 두고 파생되는 동사 및 접두사(의미)를 이해하면 접근이 쉬워집니다. 이와 같은 맥락으로 본 동사 패턴에서는 각종 파생되는 동사를 어원, 명사, 접두사+동사, 분사, 명령법 등이 어떠한 규칙으로 만들어지는 지를 살펴본다면 어원 암기만을 통해 내용을 추론할 수 있게 됩니다.

| 접두사 | 완성 | 의미 |
|---|---|---|
| wy | wy**spać** się | 푹 자다 |
| za | za**spać** | 늦잠 자다 |
| ode | ode**spać** | 잠을 보충하다 |
| przy | przy**sn**ąć | 잠깐 자다 |
| 명사 | sen | 잠/꿈 |
| 명령법 | **śpij**! | 자라! |
|  | wy**śpij** się! | 푹 자! |
| 현재분사 | **śpi**ąc | 자면서 |
| 능동분사 | **śpi**ący/**śpi**ąca | 졸린(남/여) |
| 수동분사 | wy**spa**ny, wy**spa**na | 잘 잔(남/여) |

## 예문

1. Szef jest zły, bo zaspałem dzisiaj do pracy.

   오늘 늦잠자서 회사에 늦었더니 상사가 화났어.

2. W weekend w końcu będziemy mogli się wyspać.

   드디어 주말에는 푹 잘 수 있을 거야.

3. Dzisiaj wstałem wcześnie rano, dlatego jestem bardzo śpiący.

   오늘 아침 일찍 일어나서인지 너무 졸려.

4. Śpiąc w ciągu dnia godzinę, będziesz czuła się lepiej.

   일과 중에 한 시간 정도 자면 기운이 생길 거야.

5. Dzisiaj spałem dłużej, dlatego jestem wyspany.

   오늘은 좀 오래 자서, 푹 잔 거 같아.

 Oliwia's Tip

| 분사 (=형용사역할: 서술적, 명사 수식) | | | |
|---|---|---|---|
| 부사적 분사 (서술적 역할) | | 형용사적 분사 (명사 수식) | |
| 현재 분사 (-ąc) | 과거 분사 (-wszy) | 능동 분사 (-ący, -ące, -ąca) | 수동 분사 (-ony, -one, -ona) |

명사를 수식하는 역할의 형용사적 분사의 경우, 명사를 수식하는 기능을 하기 때문에 명사가 남성이면 남성 형태로, 여성이면 여성 형태로 다음과 같이 변형이 이루어집니다.

śpiący chłopak (남성) śpiące dziecko (중성) śpiąca dziewczyna (여성)

# 핵심 패턴

# Part.3 unit 05

## 자주 등장하는 일반동사

# #05

* Chodzić 가다.

**072.** Kto chodzi + 부사? : 누가 ~에 가나요?
**073.** 유용한 일반/조동사 + chodzić
**074.** Chodziłem + 부사 : 나는 ~에 갔었습니다.
**075.** Chodzić의 다양한 활용

Part 3-05. 자주 등장하는 일반동사 패턴5. Chodzić

## 072  Kto chodzi + 부사?
누가 ~에 가나요?

▼ 6하원칙 의문사:

Kto/Kiedy/Gdzie/Co/Jak/Dlaczego + (주어) + chodzić

> A: Gdzie chodzisz codziennie rano?
> 매일 아침에 어디 가?
> B: Chodzę do sklepu kupić chleb.
> 빵을 사러 가게에 가.
> A: Kiedy zwykle chodzisz na spacer?
> 보통 언제 산책하러 가?
> B: Zwykle chodzę na spacer wieczorem.
> 보통 저녁에 산책하러 가.

▼ "6하원칙 의문사 + chodzić " 패턴 예문

| | |
|---|---|
| kto 누가 | Kto w twojej rodzinie zazwyczaj chodzi na zakupy?<br>네 가족 중에 보통 누가 장을 보러 가? |
| kiedy 언제 | Kiedy zazwyczaj chodzicie na piwo?<br>너희는 보통 언제 맥주 마시러 가? |
| gdzie 어디서 | Gdzie zazwyczaj chodzisz na kawę?<br>보통 어디로 커피마시러 가? |
| dlaczego 왜 | Dlaczego nie chodzisz już na siłownię?<br>왜 이제 헬스클럽에 안 다녀? |

## 예문

1. Gdzie chodzisz w niedzielę?  일요일에는 어디에 가?

   → W niedzielę zawsze chodzę do kościoła.  일요일에는 항상 성당에 가.

2. Kto często chodzi na spacer?  누가 자주 산책하러 가?

   → Moja żona i córka codziennie chodzą razem na spacer.

   내 와이프와 딸은 매일 함께 산책하러 가.

3. Kiedy chodzicie na piwo z kolegami?  언제 친구들과 맥주 마시러 가?

   → Chodzimy do pubu co sobotę.  토요일마다 술집에 가.

4. Dlaczego nie chodzicie do szkoły?  너희는 왜 학교에 안가?

   → Nie chodzimy do szkoły, bo zaczęły się wakacje.

   방학이 시작돼서 우리는 학교에 안가.

5. Twój tata nie chodzi już do pracy?  네 아빠는 이제 직장에 안 나가?

   → Mój tata nie chodzi już do pracy, jest na emeryturze.

   아빠는 정년 퇴임하셔서 이제 직장에 안 나가.

 **OLIWIA'S TIP**

chodzić 동사의 경우 "~에 가다."라는 불완료 동사로, 과거/현재/미래에 습관적, 반복적으로 하는 행위를 표현할 때 씁니다.

Part 3-05. 자주 등장하는 일반동사 패턴5. Chodzić

## 073 유용한 일반/조동사 + chodzić

 OLIWIA'S TIP

이번 패턴에서는 part2의 유용한 일반/조동사 10개 패턴 바로 뒤에 일반동사의 원형이 오는 패턴을 학습하게 됩니다. 이번 패턴의 경우 자주 쓰면서도 어렵지 않게 배울 수 있으므로 굉장히 중요한 표현입니다. 특히 별다른 동사변형이 없이 쓸 수 있는 trzeba, warto, wolno, można의 경우 바로 뒤에 동사원형만 넣으면 되므로, 아주 쉽게 접근할 수 있습니다. 동사변형이 어렵다면 상기의 동사 4개를 이용해서 part3,4의 자주 쓰는 일반동사들만 공부를 해도 어느 정도의 회화가 가능하다고 말할 수도 있습니다. 또한 해당 패턴을 잘 이용하여 의문문, 부정문, 동사변형을 연습하면 수십 개의 문장을 만들 수 있습니다.

| | | |
|---|---|---|
| lubić | | |
| chcieć | | |
| móc | | |
| musieć | | |
| woleć | **+** | **chodzić** |
| prosić | | |
| trzeba | | |
| warto | | |
| wolno | | |
| można | | |

196

## 예문

1. W niedzielę rano lubimy chodzić do parku na spacer.

   우리는 일요일 아침에 산책하러 공원에 가는 걸 좋아해.

2. Nie chcę już chodzić na basen.

   수영장에 더 이상 수영하러 다니고 싶지 않아.

3. Czujesz się lepiej i możesz już chodzić do pracy?

   몸이 좀 나아져서 이제 직장에 나갈 수 있어?

4. Musimy chodzić do szkoły od poniedziałku do piątku.

   우리는 월요일에서 금요일까지는 학교에 가야 해.

5. Wolę nie chodzić do pracy gdy źle się czuję.

   몸이 안 좋으면 직장에 안 나가는 편이 좋아.

6. Proszę chodź tutaj i pomóż mi.

   여기에 와서 나 좀 도와줘.

7. Gdy jest ślisko trzeba chodzić powoli.

   미끄러울 때는 천천히 걸어야 해.

8. Warto chodzić do muzeum w soboty, bo bilety są tańsze.

   표가 싼 편이라 토요일에는 박물관에 가볼만한 가치가 있어.

9. Nie wolno chodzić po ulicy.

   길가를 따라 걸으면 안됩니다.

10. Czy można chodzić w góry w zimie?

    겨울에는 산에 갈 수 있나요?

Part 3-05. 자주 등장하는 일반동사 패턴5. Chodzić

## 074 Chodziłem + 부사
나는 ~에 갔었습니다.

▼ 미래형 활용

Będę chodził + 부사        나는 ~에 갈 것입니다.

▼ 패턴: 과거, 현재, 미래형 chodzić 활용법

|  | 과거 | 현재 | 미래 |
|---|---|---|---|
| 1인칭 단수 | chodziłem/chodziłam | chodzę | będę chodził/chodziła |
| 2인칭 단수 | chodziłeś/chodziłaś | chodzisz | będziesz chodził/chodziła |
| 3인칭 단수 | chodził/chodziła | chodzi | będzie chodził/chodziła |
| 1인칭 복수 | chodziliśmy/chodziłyśmy | chodzimy | będziemy chodzili/chodziły |
| 2인칭 복수 | chodziliście/chodziłyście | chodzicie | będziecie chodzili/chodziły |
| 3인칭 복수 | chodzili/chodziły | chodzą | będą chodzili/chodziły |

▼ 추가 활용 표현

| ktoś<br>누군가 | Ktoś z was chodził do pracy pieszo?<br>너희 중에 누군가가 회사까지 걸어갔지? |
|---|---|
| kiedyś<br>언젠가 | Chodziłeś kiedyś na siłownię?<br>헬스클럽 다닌 적 있어? |
| gdzieś<br>어디선가 | W wakacje często chodziliśmy gdzieś na spacer.<br>(우리는) 자주 방학때 어딘가로 산책하러 갔어. |

▼ 어울리는 전치사

| do ~으로 | do domu/do pracy/do kina (집/직장/영화관)으로 |
|---|---|
| na ~하러 | na obiad/na spacer/na zakupy (점심 식사/산책/쇼핑)하러 |

## 예문

1. Kiedyś chodziliśmy do tej szkoły.

   우리는 이 학교에 다녔던 적이 있어.

2. W wakacje będę codziennie chodził na siłownię.

   방학에는 매일 헬스클럽에 다닐 거야.

3. Od jutra będę chodziła do pracy na 7.

   내일부터는 7시에 출근할 거야.

4. Gdy byłem dzieckiem często chodziłem na plac zabaw.

   내가 어렸을 때에는 놀이터에 자주 갔었어.

5. Czy ktoś z was chodził do szkoły w sobotę?

   너희 중 누군가 토요일에 학교에 갔었어?

 **OLIWIA'S TIP**

chodzić 동사는 ~로 가는 방향(소유격), ~를 하러(목적격)의 의미에 따라 뒤에 여러 전치사가 함께 어울려 나옵니다. 이외에도 시간을 나타내는 부사 표현을 함께 덧붙여 쓰면 풍부한 회화가 가능합니다.

Part 3-05. 자주 등장하는 일반동사 패턴5. Chodzić

## 075 *Chodzić의 다양한 활용

### Oliwia's Tip

폴란드어의 경우, 어원을 알고 전치사에서 따온 접두사를 앞에 넣으면 의미가 약간은 비슷한, 아님 완전히 다른 의미의 단어가 됩니다. 예를 들어 chodzić는 "가다."라는 단어로, 이어 wy(out)의 의미를 갖는 전치사를 접두사로 넣으면 "나가다."의미의 약간은 뉘앙스가 다른 단어가 됩니다.

특히 "가다." 동사의 경우 타고 갈 경우, 걸어갈 경우(일반적) 단어가 달라지며, 교통수단을 타고 갈 때 사용하는 단어도 자주 가느냐(불완료) 한 번 가느냐(완료) 빈도에 따라 단어가 달라지므로 주의 깊게 공부해야 합니다.

| 구분 | 완성 | 의미 | 파생 명사 |
|---|---|---|---|
| w | wchodzić | 들어가다 | chód - 가는 것 |
| wy | wychodzić | 나가다 | chodnik (인도) |
| przy | przychodzić | 오다 | przychody (수입) |
| prze | przechodzić | 지나가다 | przechodzień (보행자) |
| s | schodzić | 내려가다 | schody (계단) |
| pod | podchodzić | 다가가다 | = dochodzić |
| od | odchodzić | 떠나가다 | |
| 명령법 | chodź! | 이리와! | |
| 현재분사 | chodząc | 걸어 가면서 | |
| | przechodząc | 지나가면서 | |

## 예문

1. Od jutra proszę przychodzić do pracy o godzinę wcześniej.

   내일부터 1시간 일찍 회사에 오세요.

2. O której godzinie można wchodzić do centrum handlowego?

   몇 시에 쇼핑센터에 들어갈 수 있나요?

3. Przechodzisz czasami obok poczty?

   가끔 우체국 옆을 지나가?

4. Chodząc na spacer wieczorem ubieraj się ciepło.

   저녁에 산책하려면 따뜻하게 입어.

5. Chodź szybko, autobus zaraz odjedzie!

   빨리 와, 곧 버스 떠나.

 **OLIWIA'S TIP**

"접두사 + 동사"형태의 명령법을 만들 경우, 어미 chodź 형태에서 앞에 접두사만 넣어주면 같은 형태의 명령법으로 표현이 가능합니다.
예를 들어 "wy + chodź = 나가!" 라는 의미가 됩니다.

현재분사를 만들 경우에도 앞에 접두사만 넣어서
"s + chodząc = schodząc (내려가면서)"로 만들 수 있습니다.

# 핵심 패턴

## Part.3

### 자주 등장하는 일반동사

#06

* Iść 가다.

076. Kto idzie + 부사? : 누가 ~에 가고 있나요?
077. 유용한 일반/조동사 + iść
078. Poszłam + 부사 : 나는 ~에 다녀왔습니다.
079. Iść의 다양한 활용

Part 3-06. 자주 등장하는 일반동사 패턴6. Iść

## 076 Kto idzie + 부사?
### 누가 ~에 가고 있나요?

▼ 6하원칙 의문사:

Kto/Kiedy/Gdzie/Co/Jak/Dlaczego + (주어) + iść

> A: Gdzie idziecie tak szybko?
> 너희는 어디를 그렇게 서둘러 가?
> B: Idę po dzieci, one czekają na mnie.
> 아이들이 기다리고 있어서 데리러 가고 있어.
>
> A: Kiedy idziecie na zakupy?
> 언제 장보러 가?
> B: Idziemy na zakupy teraz.
> 우리는 지금 장보러 가.

▼ "6하원칙 의문사 + iść" 패턴 예문

| | |
|---|---|
| kto 누가 | Kto idzie na piwo? 누가 맥주 마시러 가? |
| kiedy 언제 | Kiedy idziemy na imprezę? 우리 언제 파티에 가? |
| gdzie 어디서 | Gdzie teraz idziecie? 너희 지금 어디가? |
| dlaczego 왜 | Dlaczego nie idziesz dziś do pracy? 오늘 왜 회사에 안가? |

## 예문

1. Kto przyjdzie po nas? — 누가 우리를 데리러 오는 거지?

   → Mój tata przyjdzie po nas. — 아빠가 우리를 데리러 올 거야.

2. Kiedy idziemy na piwo? — 우리 맥주 마시러 언제 가?

   → Jeśli chcesz, możemy teraz iść na piwo.

   원하면 지금 맥주 마시러 갈 수 있어.

3. Gdzie idzie twoja żona? — 네 와이프는 어디에 가?

   → Moja żona idzie na zakupy. — 내 와이프는 장을 보러 가.

4. Dlaczego nie idziemy na imprezę? — 우리는 왜 파티에 안가?

   → Bo nie mam ochoty iść. — 갈 생각이 없어.

5. Kiedy pójdziemy na basen? — 우리 언제 수영장에 가?

   → Ja dziś nie mam siły, idź sam. — 오늘은 기운이 없어서 너 혼자 다녀와.

 OLIWIA'S TIP

iść동사는 앞서 나온 chodzić동사와 구분할 필요가 있습니다. iść 동사는 완료형 동사라기보다는 chodzić와 구분하여 봤을 때 지금 현재 진행하고 있을 때 쓸 수 있는 표현입니다.

Part 3-06. 자주 등장하는 일반동사 패턴6. Iść

## 077 유용한 일반/조동사 + iść

 OLIWIA'S TIP

이번 패턴에서는 part2의 유용한 일반/조동사 10개 패턴 바로 뒤에 일반동사의 원형이 오는 패턴을 학습하게 됩니다. 이번 패턴의 경우 자주 쓰면서도 어렵지 않게 배울 수 있으므로 굉장히 중요한 표현입니다. 특히 별다른 동사변형이 없이 쓸 수 있는 trzeba, warto, wolno, można의 경우 바로 뒤에 동사원형만 넣으면 되므로, 아주 쉽게 접근할 수 있습니다. 동사변형이 어렵다면 상기의 동사 4개를 이용해서 part3,4의 자주 쓰는 일반동사들만 공부를 해도 어느 정도의 회화가 가능하다고 말할 수도 있습니다. 또한 해당 패턴을 잘 이용하여 의문문, 부정문, 동사변형을 연습하면 수십 개의 문장을 만들 수 있습니다.

| lubić |   |   |
|---|---|---|
| chcieć |   |   |
| móc |   |   |
| musieć |   |   |
| woleć | + | iść (ndk) / pójść (dk) |
| prosić |   |   |
| trzeba |   |   |
| warto |   |   |
| wolno |   |   |
| można |   |   |

## 예문

1. Chcę pójść do klubu w tę sobotę.
   이번 주 토요일에 클럽에 가고 싶어.
2. Mogę z wami iść do kina na film dziś wieczorem.
   오늘 저녁에 너희랑 영화 보러 극장에 갈 수 있어.
3. Musimy iść w prawo żeby dojść do parku.
   공원에 가려면 우리는 오른쪽으로 가야 해.
4. Wolę iść na zakupy dzisiaj, jutro będę zajęta.
   내일은 바빠서 오늘 장보러 가는 편이 더 좋아.
5. Proszę idź powoli, tu jest ślisko.
   여기 미끄러우니 천천히 가세요.
6. Proszę idź za głosem serca.
   마음이 시키는 대로 하세요.
7. Wieczorem warto iść na spacer do tego parku.
   저녁에는 이 공원에 산책하러 갈만해.
8. Nie wolno iść na kompromis.
   타협해서는 안됩니다.
9. Czy tym szlakiem można iść na szczyt góry?
   이 길을 따라 산 정상에 오를 수 있나요?

### ⭐ OLIWIA'S TIP

lubić의 경우 좋아하는 일반적인 상황을 표현하는 경우가 많기 때문에 불완료 동사인 chodzić가 더 잘 어울립니다.

Part 3-06. 자주 등장하는 일반동사 패턴6. Iść

## Poszłam + 부사
### 나는 ~에 다녀왔습니다.

▼ 미래형 활용

Pójdę + 부사  나는 ~에 갈 것입니다.

▼ 패턴: 과거, 현재, 미래형 iść 활용법

|  | 과거 (dk) | 현재 | 미래 (dk) |
|---|---|---|---|
| 1인칭 단수 | poszedłem/poszłam | idę | pójdę |
| 2인칭 단수 | poszedłeś/poszłaś | idziesz | pójdziesz |
| 3인칭 단수 | poszedł/poszła | idzie | pójdzie |
| 1인칭 복수 | poszliśmy/poszłyśmy | idziemy | pójdziemy |
| 2인칭 복수 | poszliście/poszłyście | idziecie | pójdziecie |
| 3인칭 복수 | poszli/poszły | idą | pójdą |

▼ 어울리는 전치사

| do ~으로 | do szkoły/do kościoła/do parku (학교/성당/공원) 으로 |
|---|---|
| na ~하러 | na film/na imprezę/na kawę (영화/파티/커피) 하러 |

## 예문

1. Mój brat przed chwilą poszedł do sklepu.

   내 오빠가 방금 전에 가게에 갔어.

2. Moja mama poszła spać godzinę temu.

   한 시간 전에 엄마는 자러 들어갔어.

3. Jutro pójdziemy do kina na koreański film.

   우리 내일 한국 영화 보러 극장에 가자.

4. Poszliśmy do parku na spacer na godzinę.

   우리는 한 시간 동안 공원에 산책 다녀왔어.

5. Pójdziemy do kawiarni na czarną kawę.

   우리는 아메리카노 마시러 커피숍에 갈 거야.

### ⭐ Oliwia's Tip

iść의 완료형은 pójść이며 być형 미래형 + iść의 기본적인 불완료형 미래형은 어색한 표현이므로 쓰지 않습니다. 대체로 iść는 현재 진행형, 과거 진행형을 표현할 때 쓸 수 있습니다.

Part 3-06. 자주 등장하는 일반동사 패턴6. Iść

## 079 *Iść의 다양한 활용

###  OLIWIA'S TIP

폴란드어의 경우, 어원을 알고 전치사에서 따온 접두사를 앞에 넣으면 의미가 약간은 비슷한, 아님 완전히 다른 의미의 단어가 됩니다. 예를 들어 iść는 "가다."라는 단어로, 이어 we(in)의 의미를 갖는 전치사를 접두사로 넣으면 "들어가다." 의미의 약간은 뉘앙스가 다른 단어가 됩니다.

특히 "가다." 동사의 경우 타고 갈 경우, 걸어갈 경우(일반적) 단어가 달라지며, 교통수단을 타고 갈 때 사용하는 단어도 자주 가느냐(불완료) 한 번 가느냐(완료) 빈도에 따라 단어가 달라지므로 주의 깊게 공부해야 합니다.

| 구분 | 완성 | 의미 | 파생 명사 |
|---|---|---|---|
| we | wejść | 들어가다 | wejście 입구 |
| wy | wyjść | 나가다 | wyjście 출구 |
| przy | przyjść | 오다 | przyjście 도착 |
| prze | przejść | 지나가다 | przejście 통과 |
| ze | zejść | 내려가다 | zejście 하강 |
| pod | podejść | 다가가다 | podejście 접근 |
| od | odejść | 떠나다 | odejście 출발 |
| do | dojść | 도달하다 | dojście 접근 |
| 현재분사 | idąc | 가면서 | |
| 명령법 | idź! | 가! | |

210

## 예문

1. Proszę wejdź do środka.  안으로 들어오세요.

2. Tu jest wyjście z tego budynku.  여기가 이 건물의 출구야.

3. Przyjdź do nas na chwilę.  잠시 우리에게 와.

4. Odejdź stąd.  여기에서 떠나.

5. Zejdę do piwnicy i posprzątam tam trochę.

    지하실에 내려가서 그곳 청소를 조금 할거야.

## ⭐ OLIWIA'S TIP

### 접두사에 따라 또 다른 완료-불완료가 되며 의미도 변함

| 불완료 | 완료 | |
|---|---|---|
| iść | pójść | |
| | 파생 완료 | 파생 불완료 |
| | przyjść | przychodzić |
| | wyjść | wychodzić |

기본적으로 동사는 "불완료-완료" 동사로 짝을 이루지만 의미가 있는 전치사를 접두사 앞에 넣으면 새로운 의미의 "파생 완료-파생 불완료"가 됩니다. 여기에서 iść의 완료는 pójść이지만, przy (come)의 의미인 전치사를 앞에 두면 의미가 살짝 달라진 "오다"의 의미가 되면서 파생 완료가 되고, 이때 짝궁은 przychodzić가 되면서 파생 불완료가 됩니다.

# 핵심 패턴

# Part.3　unit 07

## 자주 등장하는 일반동사

# #07

**\* Jechać 타고 가다.**

080. Kto pojedzie + 부사? : 누가 ~에 갈 것인가요?
081. 유용한 일반/조동사 + jechać
082. Pojechałam + 부사 : 나는 ~에 갔습니다.
083. Jechać의 다양한 활용

Part 3-07. 자주 등장하는 일반동사 패턴7. Jechać

## 080 Kto pojedzie + 부사?
누가 ~에 갈 것인가요?

▼ 6하원칙 의문사:

Kto/Kiedy/Gdzie/Co/Jak/Dlaczego + (주어) + jechać

A: Gdzie jedziesz?
어디 가?
B: Jadę do domu, już skończyłam pracę.
벌써 일이 끝나서 집에 가는 길이야.

A: Pojedziemy w weekend nad morze?
우리 주말에 바닷가에 갈 거야?
B: W ten weekend będzie zimno, może pojedziemy za tydzień?
이번 주말은 춥대, 일주일 후에 갈까?

▼ "6하원칙 의문사 + jechać" 패턴 예문

| kto 누가 | Kto jedzie do Polski? 누가 폴란드에 가? |
| --- | --- |
| kiedy 언제 | Kiedy jedziesz na zakupy? 장보러 언제 가? |
| gdzie 어디서 | Gdzie jedziecie w wakacje? 너희는 방학 때 어디 갈 거야? |
| dlaczego 왜 | Dlaczego nie jedziecie do rodziców na święta? 너희는 왜 명절에 부모님 댁에 안가? |

## 예문

1. Kto jedzie do Wrocławia?

    누가 브로추아프에 가?

    → Moja siostra jedzie do Wrocławia w ten weekend.

    내 여동생이 이번 주에 브로추아프에 가.

2. Kiedy jedziecie na wakacje?

    너희 언제 휴가 가?

    → Już jutro jedziemy na wakacje.

    우리 내일이면 휴가에 가.

3. Gdzie jedziemy na wycieczkę?

    우리 여행 어디로 갈 거야?

    → Tym razem jedziemy na wycieczkę do Chorwacji.

    우리는 이번에 크로아티아로 여행을 갈거야.

4. Dlaczego nie jedziemy w góry?

    우리 왜 산에는 안 올라가?

    → Nie lubię jeździć w góry, może pojedziemy nad morze?

    등산을 좋아하지 않아서, 우리 바닷가에 갈까?

5. Twoja mama jedzie samochodem do centrum?

    네 엄마는 시내까지 차 타고 가셔?

    → Mama dzisiaj jedzie do centrum autobusem.

    엄마는 오늘 버스 타고 시내에 가신대.

Part 3-07. 자주 등장하는 일반동사 패턴7. Jechać

## 081 유용한 일반/조동사 + jechać

 OLIWIA'S TIP

이번 패턴에서는 part2의 유용한 일반/조동사 10개 패턴 바로 뒤에 일반동사의 원형이 오는 패턴을 학습하게 됩니다. 이번 패턴의 경우 자주 쓰면서도 어렵지 않게 배울 수 있으므로 굉장히 중요한 표현입니다. 특히 별다른 동사변형이 없이 쓸 수 있는 trzeba, warto, wolno, można의 경우 바로 뒤에 동사원형만 넣으면 되므로, 아주 쉽게 접근할 수 있습니다. 동사변형이 어렵다면 상기의 동사 4개를 이용해서 part3,4의 자주 쓰는 일반동사들만 공부를 해도 어느 정도의 회화가 가능하다고 말할 수도 있습니다. 또한 해당 패턴을 잘 이용하여 의문문, 부정문, 동사변형을 연습하면 수십 개의 문장을 만들 수 있습니다.

| lubić / chcieć / móc / musieć / woleć / prosić / trzeba / warto / wolno / można | + | jechać (ndk) / pojechać (dk) |
|---|---|---|

## 예문

1. W wakacje chcę pojechać do Chorwacji.

   이번 휴가 때 크로아티아에 가고 싶어.

2. Pojadę z tobą do Azji na wakacje.

   휴가로 너와 함께 아시아에 갈 거야.

3. Muszę jechać do pracy metrem, bo mój samochód jest zepsuty.

   내 차가 고장이 나서 지하철을 타고 회사에 가야만 해.

4. Wolimy jechać tramwajem niż samochodem.

   자동차보다 트램 타는 걸 더 선호해.

5. Proszę przyjedź do nas w tym roku na święta.

   이번 해 명절 때 우리한테 와줘.

6. Lubię jeździć rowerem po mieście.

   자전거를 타고 시내 여기저기를 다니는 걸 좋아해.

7. Warto jechać do Korei, bo można tam zobaczyć wiele pięknych miejsc.

   예쁜 장소들을 많이 볼 수 있어서 한국은 참 가볼 만한 가치가 있어.

8. W mieście nie wolno jechać szybciej niż 50km/h.

   도심에서는 시속 50km 이상 주행하면 안됩니다.

9. Czy do Gdańska można jechać pociągiem?

   그다인스크까지 기차로 갈 수 있나요?

Part 3-07. 자주 등장하는 일반동사 패턴7. Jechać

## 082 Pojechałam + 부사
나는 ~에 갔습니다.

▼ 미래형 활용

Pojadę + 부사    나는 ~에 갈 것입니다.

▼ 패턴: 과거, 현재, 미래형 jechać 활용법

|  | 과거 (dk) | 현재 | 미래 (dk) |
| --- | --- | --- | --- |
| 1인칭 단수 | pojechałem/pojechałam | jadę | pojadę |
| 2인칭 단수 | pojechałeś/pojechałaś | jedziesz | pojedziesz |
| 3인칭 단수 | pojechał/pojechała | jedzie | pojedzie |
| 1인칭 복수 | pojechaliśmy/pojechałyśmy | jedziemy | pojedziemy |
| 2인칭 복수 | pojechaliście/pojechałyście | jedziecie | pojedziecie |
| 3인칭 복수 | pojechali/pojechały | jadą | pojadą |

▼ 어울리는 전치사

| do ~로 | do Chorwacji/do centrum/do Azji (크로아티아/시내/아시아)로 |
| --- | --- |
| na ~하러 | na koncert/na wycieczkę/na pielgrzymkę (콘서트/여행/순례)하러 |

##  Oliwia's Tip 쇼핑 관련 표현

백화점, 쇼핑몰: galeria handlowa/centrum handlowe : np.) Złote Tarasy
대형마트: hipermarket : np.) Tesco
일반마트: supermarket : np.) Biedronka
가게: sklep : np.) żabka

## 예문

1. W zeszłym roku pojechałem na pielgrzymkę do Chorwacji.

   나는 작년에 크로아티아로 순례를 다녀왔어.

2. Wieczorem jedziemy do centrum miasta na koncert.

   우리는 저녁에 콘서트를 보러 시내에 갈 거야.

3. Pojedziesz w tym roku do Azji?

   올해에 아시아에 갈 거야?

4. Gdy jechaliśmy na wycieczkę, autobus zepsuł się.

   우리가 여행 갔을 때 버스가 고장 났어.

5. Za rok pojedziemy gdzieś na długie wakacje.

   일 년 뒤에 우리는 어디든 긴 휴가를 떠날 거야.

## OLIWIA'S TIP

"가다." 동사의 경우, "뭔가를 타고 간다."를 의미할 때 동사가 다르며, 그 뒤에 교통수단은 동사 뒤에 바로 기구격 -em(남성), -ą (여성)이 나옵니다.
 Jadę tramwajem/taksówką (트램/택시)를 타고 갑니다.

Part 3-07. 자주 등장하는 일반동사 패턴7. Jechać

## 083  *Jechać의 다양한 활용

 Oliwia's Tip

폴란드어의 경우, 어원을 알고 전치사에서 따온 접두사를 앞에 넣으면 의미가 약간은 비슷한, 아님 완전히 다른 의미의 단어가 됩니다. 예를 들어 jechać는 "타고 가다."라는 단어로, 이어 przy(come)의 의미를 갖는 전치사를 접두사로 넣으면 "(타고)들어오다."는 의미의 약간은 뉘앙스가 다른 단어가 됩니다.

특히 교통수단을 타고 갈 때 사용하는 단어도 자주 가느냐(불완료) 한 번 가느냐(완료) 빈도에 따라 단어가 달라지므로 주의 깊게 공부해야 합니다.

| 구분 | 완성 | 의미 | 파생 명사 |
|---|---|---|---|
| we | w jechać | 들어가다 | w jazd 입차 |
| wy | wy jechać | 나가다 | wy jazd 여행/출차 |
| przy | przy jechać | 오다 | przy jazd 도착 |
| prze | prze jechać | 지나가다 | prze jazd 경유 |
| z | z jechać | 내려가다 | z jazd 내리막 |
| pod | pod jechać | 다가가다 | pod jazd 오르막 |
| od | od jechać | 떠나다 | od jazd 출발 |
| do | do jechać | 도착하다 | do jazd 접근 |
| 현재분사 | jadąc | (타고) 가면서 | |
| 명령법 | jedź! | 가! | |

* odejście vs odjazd의 경우 걸어서 출발을 할 경우 odejście, 교통수단을 이용하여 출발할 경우 odjazd로 구분을 할 수 있습니다.

## 예문

1. Pociąg przyjechał planowo.

   기차는 예정대로 왔다.

2. Jak dojechać do galerii handlowej?

   백화점에 어떻게 가나요?

3. Przyjedź do domu babci w ten weekend.

   이번 주말에 할머니댁으로 와!

4. Trzeba popatrzeć na tablicę odjazdów.

   출발 정보를 봐야만 해.

5. Wczoraj wjechałem samochodem do garażu.

   어제 자동차를 타고 차고에 들어왔어.

 OLIWIA'S TIP

접두사에 따라 또 다른 완료-불완료가 되며 의미도 변함

| 불완료 | 완료 | | |
|---|---|---|---|
| jechać | pojechać | | |
| | | 파생 완료 | 파생 불완료 |
| | | przyjechać | przyjeżdżać |
| | | wyjechać | wyjeżdżać |

# 핵심 패턴

# Part.3

## 자주 등장하는 일반동사

# 08

* "씻다." 동사

084. Kto myje + 목적격? : 누가 ~를 씻기나요?
085. 유용한 일반/조동사 + 동사원형
086. Wykąpałem się + 부사 : 나는 ~에 목욕을 했습니다.
087. "씻다" 동사의 다양한 활용

Part 3-08. 자주 등장하는 일반동사 패턴8. "씻다"동사

## 084 Kto myje + 목적격?
누가 ~를 씻기나요?

▼ 6하원칙 의문사:

Kto/Kiedy/Gdzie/Co/Jak/Dlaczego + (주어) + myć vs myć się

A: Kto teraz się myje?  
B: Moja córka teraz myje się w łazience.  
지금 누가 씻어?  
내 딸이 지금 욕실에서 씻고 있어.

A: Kiedy zwykle się myjesz?  
B: Myję się przed śniadaniem.  
보통 언제 씻어?  
나는 아침 식사 하기 전에 씻어.

▼ "6하원칙 의문사 + myć vs myć się" 패턴 예문

| | |
|---|---|
| kto 누가 | Kto teraz myje się? 누가 지금 씻어? |
| kiedy 언제 | Kiedy myjesz samochód? 언제 세차해? |
| gdzie 어디서 | Gdzie zwykle myjesz samochód? 보통 어디에서 세차를 해? |
| co 무엇을 | Co myjesz tą gąbką? 이 스펀지로 뭘 씻어? |
| jak 어떻게 | Jak często myjesz zęby? 얼마나 자주 이를 닦아? |
| dlaczego 왜 | Dlaczego nie myjesz włosów? 왜 머리를 안감아? |

## 예문

1. Kto myje twój samochód? 누가 네 차를 세차해?
   → Moja sekretarka myje mój samochód raz na tydzień.
   내 비서는 일주일에 한 번 내 차를 세차해.

2. Kiedy myjesz się rano? 아침에 언제 씻어?
   → Najpierw jem śniadanie, a potem się myję.
   먼저 아침 식사를 한 후에 씻어.

3. Gdzie myjesz samochód? 어디에서 세차를 해?
   → Zwykle myję samochód w garażu. 보통 차고에서 세차를 해.

4. Dlaczego twój syn nie chce się myć? 네 아들은 왜 씻고 싶어하지 않아?
   → On nie chce się myć, bo wtedy trzeba iść spać.
   씻으면 자러 가야 해서 씻고 싶지 않아해.

5. Kto najpierw pójdzie się myć? 누가 먼저 씻으러 가?
   → Ja teraz oglądam film, niech on myje się pierwszy.
   나는 지금 영화 보고 있어서 그가 먼저 씻는 게 좋겠어.

 **OLIWIA'S TIP**

się 은 재귀대명사로 분류 되며, 동사 + się을 넣을 경우 자동사의 의미를 갖는 경우가 많습니다. "myć ~를 씻다." 라는 의미인 반면에 myć 동사에 się 을 넣으면 "(스스로) 씻다."라는 의미가 됩니다.

Part 3-08. 자주 등장하는 일반동사 패턴8. "씻다"동사

## 085 유용한 일반/조동사 + 동사원형

| | | |
|---|---|---|
| lubić | | |
| chcieć | | |
| móc | | |
| musieć | | brać prysznic |
| woleć | + | / kąpać się |
| prosić | | / myć się |
| trzeba | | |
| warto | | |
| wolno | | |
| można | | |

▼ "6하원칙 의문사 + 씻다" 동사의 패턴 예문

| kto 누가 | Kto kąpał się wczoraj w tej wannie?<br>누가 어제 이 욕조에서 목욕을 했어? |
|---|---|
| kiedy 언제 | Kiedy bierzesz prysznic?<br>언제 샤워를 해? |
| gdzie 어디서 | Gdzie bierzesz prysznic gdy jedziesz rowerem do pracy?<br>자전거를 타고 회사에 가면 어디에서 샤워를 해? |
| dlaczego 왜 | Dlaczego wolisz kąpać się niż brać prysznic?<br>왜 샤워하는 것보다 목욕하는 것을 더 좋아해? |

## 예문

1. Lubię brać prysznic po pracy.
   나는 퇴근 후 샤워하는 것을 좋아해.
2. Chcę wykąpać się wieczorem, żeby odpocząć po ciężkim dniu.
   힘든 하루 후에 쉴 수 있도록 저녁에는 목욕하고 싶어.
3. Możesz myć się tutaj.
   여기에서 씻을 수 있어.
4. Wolę kąpać się niż brać prysznic.
   나는 샤워하는 것보다 목욕하는 것을 더 좋아해.
5. Proszę weź gorący prysznic, bo jesteś przeziębiony.
   감기에 걸렸으면 뜨거운 물로 샤워하세요.
6. Trzeba wykąpać się po pływaniu na basenie.
   수영장에서는 수영 후 목욕해야 해.
7. Dobrze jest brać prysznic wieczorem, żeby spać w czystym łóżku.
   깨끗한 침대에서 자려면 저녁에 샤워를 하는 게 좋아.
8. Przepraszam, czy tu można kąpać się w morzu?
   실례합니다만, 여기 바닷가에서 목욕이 가능한가요?
9. Nie wolno tutaj się kąpać.
   여기에서 목욕하면 안됩니다.
10. Trzeba myć zęby przed snem.
    잠자기 전에는 이를 닦아야 한다.

## Oliwia's Tip

"씻다."라는 단어로 쓰이는 폴란드어는 총 3가지로 나뉩니다. brać prysznic는 "샤워하다." 의미, kąpać się은 "욕조 같은 곳에서 목욕하다."의 의미, myć się 은 "일반적으로 씻다."의 의미입니다. się을 제외하면 "~를 씻겨주다, ~를 씻다."의 의미로 타동사가 됩니다.

Part 3-08. 자주 등장하는 일반동사 패턴8. "씻다"동사

## 086 Wykąpałem się + 부사
나는 ~에 목욕을 했습니다.

▼ 미래형 활용

Wykąpię się + 부사    나는 ~에 목욕을 할 것입니다.

▼ 패턴: 과거, 현재, 미래형 kąpać się 활용법

| + się | 과거 (dk) | 현재 | 미래 (dk) |
|---|---|---|---|
| 1인칭 단수 | wykąpałem/wykąpałam | kąpię | wykąpię |
| 2인칭 단수 | wykąpałeś/wykąpałaś | kąpiesz | wykąpiesz |
| 3인칭 단수 | wykąpał/wykąpała | kąpie | wykąpie |
| 1인칭 복수 | wykąpaliśmy/wykąpałyśmy | kąpiemy | wykąpiemy |
| 2인칭 복수 | wykąpaliście/wykąpałyście | kąpiecie | wykąpiecie |
| 3인칭 복수 | wykąpali/wykąpały | kąpią | wykąpią |

▼ 패턴: 과거, 현재, 미래형 brać prysznic 활용법

|  | 과거 (dk) | 현재 | 미래 (dk) |
|---|---|---|---|
| 1인칭 단수 | wziąłem/wzięłam | biorę | wezmę |
| 2인칭 단수 | wziąłeś/wzięłaś | bierzesz | weźmiesz |
| 3인칭 단수 | wziął/wzięła | bierze | weźmie |
| 1인칭 복수 | wzięliśmy/wzięłyśmy | bierzemy | weźmiemy |
| 2인칭 복수 | wzięliście/wzięłyście | bierzecie | weźmiecie |
| 3인칭 복수 | wzięli/wzięły | biorą | wezmą |

▼ 패턴: 과거, 현재, 미래형 myć (+się)

| + (się) | 과거 (dk) | 현재 | 미래 (dk) |
|---|---|---|---|
| 1인칭 단수 | umyłem/umyłam | myję | umyję |
| 2인칭 단수 | umyłeś/umyłaś | myjesz | umyjesz |
| 3인칭 단수 | umył/umyła | myje | umyje |
| 1인칭 복수 | umyliśmy/umyłyśmy | myjemy | umyjemy |
| 2인칭 복수 | umyliście/umyłyście | myjecie | umyjecie |
| 3인칭 복수 | umyli/umyły | myją | umyją |

## 예문

1. Kiedyś lubiłam kąpać się w wannie u mnie w domu.

    우리 집 욕조에서 목욕하는 것을 좋아했던 적이 있었어.

2. Bardzo lubię kąpać się w jeziorze.

    호수에서 몸을 담그는 걸 매우 좋아해.

3. Ktoś chciał wziąć prysznic w zimnej wodzie?

    누군가 차가운 물로 샤워하고 싶어했어?

4. Będę kąpała się po pracy w domu.

    나는 퇴근 후에 집에서 목욕할거야.

5. Wezmę szybko prysznic, poczekaj chwilę.

    빨리 샤워할 테니 조금만 기다려.

 Oliwia's Tip

"myć (się) vs kąpać się vs brać prysznic + 전치사" 패턴과 어울리는 명사

| w ~에서 | w saunie/w wannie/w garażu (사우나/욕조/차고)에서 |
| --- | --- |
| po ~후에 | po pracy/po spacerze/po spotkaniu (퇴근/산책/미팅)후에 |

상기의 전치사 이외에도 어울리는 다양한 전치사 및 시간 부사 등을 이용하여 여러 가지 형태로 표현하여 회화 연습을 하는 것이 좋습니다.

## Part 3-08. 자주 등장하는 일반동사 패턴8. "씻다"동사

## 087 "씻다" 동사의 다양한 활용

| 구분 | 완성 | 완성 | 의미 |
|---|---|---|---|
| u | myć się | umyć (dk) | ~를 씻길 것이다 |
| u | myć się | umyć się (dk) | 씻을 것이다 |
| z | myć się | zmywać (+naczynia) | 설거지하다 |
| 동명사 | myć się | mycie się | 씻는 것 |
| 파생명사 | myć się | umywalka | 세면대 |
| 파생명사 | myć się | zmywarka | 식기세척기 |
| 명령법 | myć się | umyj się! | 씻어! (완료형) |
| 현재분사 | myć się | myjąc się | 씻으면서 |
| 수동분사 | myć się | umyty | 씻긴, 세차된 |
| wy | kąpać się | wykąpać się (dk) | 목욕하다 |
| 명사 | kąpać się | kąpiel | 목욕 |
| 명령법 | kąpać się | wykąp się! | 목욕해! (완료형) |
| 현재분사 | kąpać się | kąpiąc się | 목욕하면서 |
| 완료 | brać prysznic | wziąć prysznic (dk) | 샤워하다 |
| 명령법 | brać prysznic | weź prysznic! | 샤워해! (완료형) |

## 예문

1. Kąpiąc się w wannie lubisz czytać książkę?

   욕조에서 목욕하면서 책 읽는 것을 좋아해?

2. Ile czasu zajmuje ci się mycie?

   씻는데 얼마나 걸려?

3. Czy możesz wykąpać się później, bo chcę teraz sprzątać łazienkę.

   지금 욕실 청소하고 싶은데 나중에 목욕할래?

4. Dzieci nie lubią brać prysznica, wolą kąpać się.

   아이들은 샤워하는 것을 좋아하지 않고 목욕하는 것을 더 좋아해.

5. Jakiego używasz żelu do mycia się?

   씻을 때 어떤 바디워시를 사용해?

## OLIWIA'S TIP

### 접두사에 따라 또 다른 완료-불완료가 되며 의미도 변함

| 불완료 | 완료 | |
|---|---|---|
| myć | umyć | |
| | 파생 완료 | 파생 불완료 |
| | zmyć | zmywać |

myć 동사 앞에 접두사 z를 붙이면 "설거지하다."라는 새로운 의미의 동사가 되며, 이때 zmyć(파생 완료)-zmywać(파생 불완료)의 구조가 이루어집니다. zmywać와 비슷한 zmywarka는 "식기세척기" 라는 단어가 됩니다.

# 핵심 패턴

# Part.3 unit 09

## 자주 등장하는 일반동사

# 09

* **Mieszkać 살다.**

**088.** Kto mieszka + 부사? : 누가 ~에서 사나요?
**089.** 유용한 일반/조동사 + mieszkać
**090.** Mieszkałem + 부사 : 나는 ~에서 살았습니다.
**091.** Mieszkać의 다양한 활용

Part 3-09. 자주 등장하는 일반동사 패턴9. Mieszkać

## 088 Kto mieszka + 부사?
누가 ~에서 사나요?

▼ 6하원칙 의문사:

Kto/Kiedy/Gdzie/Co/Jak/Dlaczego + (주어) + mieszkać

| | |
|---|---|
| A: Kto mieszka w tym domu? | 이 집에는 누가 살아? |
| B: Moja koleżanka tutaj mieszka. | 내 친구가 여기에서 살아. |
| A: W jakim mieście mieszkacie? | 너희는 어느 도시에 살아? |
| B: Mieszkamy w Warszawie. | 우리는 바르샤바에서 살아. |

▼ "6하원칙 의문사 + mieszkać" 패턴 예문

| | |
|---|---|
| kto 누가 | Kto mieszka na wsi?<br>누가 시골에서 살아? |
| kiedy 언제 | Od kiedy mieszkacie tutaj?<br>너희는 언제부터 여기에서 살고 있어? |
| gdzie 어디서 | Gdzie mieszkają twoi rodzice?<br>너희 부모님은 어디에서 살아? |
| co 무엇을 | Co muszę zrobić, żebym mógł mieszkać w Chinach?<br>중국에서 살려면 어떻게 해야 해? |
| jak 어떻게 | Jak ci się mieszka w Korei?<br>한국에서 사는 건 어때? |
| dlaczego 왜 | Dlaczego mieszkacie w takim małym mieszkaniu?<br>너희는 왜 이렇게 작은 집에서 살아? |
| skąd ~로 부터 | Skąd wiesz, że mieszkam w Krakowie?<br>내가 크라쿠프에서 사는 건 어떻게 알아? |

## 예문

1. Kto mieszka w tym mieszkaniu? 누가 이 집에서 살아?

   → Moi dziadkowie mieszkają w tym mieszkaniu.

   내 조부모님께서 여기 집에서 사셔.

2. Gdzie mieszkasz? 너는 어디에서 살아?

   → Mieszkam w Seulu. 나는 서울에서 살아.

3. Od kiedy mieszkacie w Warszawie? 너희는 언제부터 바르샤바에서 살고 있어?

   → Mieszkamy tam od 10 lat. 우리는 10년 전부터 그곳에서 살고 있어.

4. Dlaczego mieszkacie w dużym mieście? 너희는 왜 큰 도시에 살아?

   → Wygodnie jest mieszkać w dużym mieście. 큰 도시에서는 살기 편해.

5. Mieszkacie w bloku? 너희는 아파트에서 살아?

   → Nie, mieszkamy w domu. 아니, 우리는 주택에서 살아.

 Oliwia's Tip

mieszkać는 "~살다."라는 동사로 앞 뒤로 어울리는 전치사를 넣어 풍부하게 활용하는 연습이 필요합니다. 특히 "살다."와 어울리는 장소격 전치사와 시간부사 및 6하원칙 의문사를 넣어 활용하는 것이 좋습니다.

Part 3-09. 자주 등장하는 일반동사 패턴9. Mieszkać

## 089 유용한 일반/조동사 + mieszkać

 **OLIWIA'S TIP**

이번 패턴에서는 part2의 유용한 일반/조동사 10개 패턴 바로 뒤에 일반동사의 원형이 오는 패턴을 학습하게 됩니다. 이번 패턴의 경우 자주 쓰면서도 어렵지 않게 배울 수 있으므로 굉장히 중요한 표현입니다. 특히 별다른 동사변형이 없이 쓸 수 있는 trzeba, warto, wolno, można의 경우 바로 뒤에 동사원형만 넣으면 되므로, 아주 쉽게 접근할 수 있습니다. 동사변형이 어렵다면 상기의 동사 4개를 이용해서 part3,4의 자주 쓰는 일반동사들만 공부를 해도 어느 정도의 회화가 가능하다고 말할 수도 있습니다. 또한 해당 패턴을 잘 이용하여 의문문, 부정문, 동사변형을 연습하면 수십 개의 문장을 만들 수 있습니다.

| | | |
|---|---|---|
| lubić | | |
| chcieć | | |
| móc | | |
| musieć | | |
| woleć | + | **mieszkać (ndk) / zamieszkać (dk)** |
| prosić | | |
| trzeba | | |
| warto | | |
| wolno | | |
| można | | |

## 예문

1. Lubię mieszkać w Krakowie, to piękne miasto.
   나는 예쁜 도시인 크라쿠프에서 사는 것을 좋아해.
2. Chciałabym kiedyś mieszkać w Polsce.
   언젠가는 폴란드에서 살고 싶어.
3. Możemy mieszkać u ciebie przez miesiąc?
   우리가 한 달 정도 너희 집에서 살아도 돼?
4. Wolę mieszkać w domu niż w bloku.
   나는 아파트보다 주택에서 사는 것을 더 좋아해.
5. Trzeba mieszkać w Warszawie kilka lat, żeby dobrze poznać miasto.
   도시를 알아가려면 몇 년 동안은 바르샤바에서 살아야 해.
6. Warto mieszkać blisko gór, bo powietrze jest czyste.
   공기가 깨끗해서 산 근처에서는 살만해.
7. Nie wolno tutaj mieszkać dłużej niż przez rok.
   이곳에서 일 년 넘게 살 수는 없어.
8. Można tutaj mieszkać z małym dzieckiem?
   어린 아이와 함께 여기에서 살 수 있나요?
9. Jeśli chcesz oszczędzić pieniądze musisz mieszkać z rodzicami.
   네가 돈을 아끼려면 부모님과 살아야 해.
10. Proszę zamieszkaj ze mną.
    나와 함께 살자.

Part 3-09. 자주 등장하는 일반동사 패턴9. Mieszkać

## 090 Mieszkałem + 부사
나는 ~에서 살았습니다.

▼ 미래형 활용

Będę mieszkał + 부사    나는 ~에서 살 것입니다.

▼ 패턴: 과거, 현재, 미래형 mieszkać 활용법

|  | 과거 | 현재 | 미래 |
|---|---|---|---|
| 1인칭 단수 | mieszkałem/ mieszkałam | mieszkam | będę mieszkał/ mieszkała |
| 2인칭 단수 | mieszkałeś/ mieszkałaś | mieszkasz | będziesz mieszkał/ mieszkała |
| 3인칭 단수 | mieszkał/ mieszkała | mieszka | będzie mieszkał/ mieszkała |
| 1인칭 복수 | mieszkaliśmy/ mieszkałyśmy | mieszkamy | będziemy mieszkali/ mieszkały |
| 2인칭 복수 | mieszkaliście/ mieszkałyście | mieszkacie | będziecie mieszkali/ mieszkały |
| 3인칭 복수 | mieszkali/ mieszkały | mieszkają | będą mieszkali/ mieszkały |

▼ 추가 활용 표현

| ktoś 누군가 | Ktoś chciał tu mieszkać.<br>누군가가 여기에서 살고 싶어했어. |
|---|---|
| kiedyś 언젠가 | Kiedyś mieszkaliśmy w Warszawie.<br>우리는 바르샤바에서 살았던 적이 있었어. |
| gdzieś 어디선가 | W przyszłym roku chcemy zamieszkać gdzieś w Polsce.<br>내년에 우리는 폴란드 어딘가에서 살고 싶어. |
| jakiś 어떤 | Możemy tu mieszkać przez jakiś czas?<br>우리가 얼마 동안 여기에서 살 수 있나요? |

▼ 어울리는 전치사

| w ~에서 | w Warszawie/w Polsce/w Seulu (바르샤바/폴란드/서울)에서 |
|---|---|
| na ~에서 | na wsi/na parterze/na 1 piętrze (시골/0층/1층)에서 |
| z ~와 함께 | z rodzicami/z dziewczyną/z chłopakiem<br>(부모님/여자친구/남자친구)와 함께 |

## 예문

1. Kiedyś mieszkaliśmy w Gdańsku.

   우리는 그다인스크에서 살았던 적이 있었어.

2. Ktoś mieszkał tu przed nami?

   우리 이전에 여기에 누군가가 살았어?

3. Moja koleżanka mieszkała u rodziców na wsi w czasie wakacji.

   내 친구는 방학 동안 시골 부모님 댁에서 살았어.

4. Od nowego roku będę mieszkała w nowym apartamencie na 1 piętrze.

   신년부터는 새로운 아파트 일층에서 살 거야.

5. W czasie urlopu będę mieszkał u kolegi.

   휴가 중에는 친구 집에서 살 거야.

## OLIWIA'S TIP

mieszkać 동사는 완료형 동사가 있으나 자주 쓰지는 않습니다. 의미 자체가 "한 번 살 거다."라는 의미보다는 "계속해서 쭉 살 거다."의 의미가 더 자연스럽기 때문입니다. 따라서 미래형의 경우 być 동사의 미래형 + mieszkać를 넣어 사용합니다.

[집과 관련된 표현]
1. 집 유형을 이야기할 경우:
   → apartament (고급스러운 아파트), blok (일반 빌라 같은 아파트 형)
2. 일반적으로 사는 집을 이야기할 경우:
   → mieszkanie (아파트 단지), dom (집)

Part 3-09. 자주 등장하는 일반동사 패턴9. Mieszkać

## 091 Mieszkać의 다양한 활용

 OLIWIA'S TIP

폴란드어의 경우, 어원을 알고 전치사에서 따온 접두사를 앞에 넣으면 의미가 약간은 비슷한, 아님 완전히 다른 의미의 단어가 됩니다.
즉, 폴란드어를 공부할 때에는 어원을 잘 익혀 두고 파생되는 동사 및 접두사(의미)를 이해하면 접근이 쉬워집니다. 이와 같은 맥락으로 본 동사 패턴에서는 각종 파생되는 동사를 어원, 명사, 접두사+동사, 분사, 명령법 등이 어떠한 규칙으로 만들어지는 지를 살펴본다면 어원 암기만을 통해 내용을 추론할 수 있게 됩니다. mieszkać와 의미가 비슷한 zameldować + się, wymeldować + się도 함께 학습하면 좋습니다.

| 구분 | | 완성 | 의미 |
|---|---|---|---|
| za | | zamieszkać (dk) | 살 것이다 |
| 명사 | mieszkać | mieszkanie | 거주지/아파트 |
| | | mieszkaniec (단수) | 주민 |
| | | mieszkańcy (복수) | 주민들 |
| 명령법 | | mieszkaj! | 살아라! |
| 현재분사 | | mieszkając | 살면서 |
| za | meldować | zameldować się | 체크인 하다 |
| wy | | wymeldować się | 체크아웃 하다 |
| 명사 | | zameldowanie | 체크인 |
| | | wymeldowanie | 체크아웃 |

## 예문

1. W jakim mieście chcesz mieszkać gdy pojedziesz do Polski?

   폴란드에 가면 어느 도시에서 살고 싶어?

2. Moi rodzice zamieszkali w Gdańsku gdy byli jeszcze studentami.

   아직 학생일 때에 내 부모님은 그다인스크에서 살게 되었어.

3. Jak duże jest twoje mieszkanie?

   너의 집은 얼마나 커?

4. Mieszkając w Korei często chodziłeś w góry?

   한국에서 살면서 자주 산에 갔었어?

5. Chciałabym zameldować się w hotelu o godzinie 15.

   15시에 호텔 체크인을 하고 싶습니다.

## OLIWIA'S TIP

zameldować się/wymeldować się 이해
meldować 동사는 "meldunek(거주신청)" 라는 명사에서 따온 동사로, "za(about) + meldować: 체크인을 하다. wy(out) + meldować: 체크아웃을 하다." 의 뜻이 됩니다. 다만 여기에서는 반드시 się 재귀 대명사를 붙여야 함을 명심해야 합니다.

*ać 형 동사 명사 만드는 법; 동사의 ć를 제외하고 nie를 붙이면 쉽게 명사를 만들 수 있습니다. mieszka + nie = mieszkanie

# 핵심 패턴

# Part.3

## 자주 등장하는 일반동사

#  **10**

* **Gotować 요리하다.**

**092 .** Gotuję + 목적격 단수 : 나는 ~ 를 요리합니다.
**093 .** Gotuję + 목적격 복수 : 나는 ~ 를 요리합니다.
**094 .** Kto gotuje + 목적격? : 누가 ~를 요리하나요?
**095 .** 유용한 일반/조동사 + gotować
**096 .** Ugotowałem + 목적격 : 나는 ~를 요리했습니다.
**097 .** Gotować의 다양한 활용

## Part 3-10. 자주 등장하는 일반동사 패턴10. Gotować

### 092　Gotuję + 목적격 단수
나는 ~ 를 요리합니다.

▼ 의문문 활용

Gotujesz + 목적격 단수?

- Tak, gotuję + 목적격 단수
- Nie, nie gotuję + 소유격 단수

A: Gotujesz zupę dla dzieci?
B: Tak, gotuję smaczną zupę.
아이들을 위해 수프를 요리해?
응, 맛있는 수프를 요리하는 중이야.

A: Co gotujecie na kolację?
B: Dzisiaj gotujemy na kolację mięso i ryż.
　　오늘 우리는 저녁 식사로 고기와 밥을 요리해.
너희는 저녁 식사로 무엇을 요리해?

▼ 목적격 단수

|  | 현재 |
|---|---|
| 1인칭 단수 | gotuję |
| 2인칭 단수 | gotujesz |
| 3인칭 단수 | gotuje |
| 1인칭 복수 | gotujemy |
| 2인칭 복수 | gotujecie |
| 3인칭 복수 | gotują |

\+

| 구분 | 형용사 단수 | 명사 단수 |
|---|---|---|
| 남성생물 | -ego | -a |
| 남성무생물 | =주격 | =주격 |
| 중성 | =주격 | =주격 |
| 여성 | -ą | -ę |

▼ 소유격 단수

|  | 현재 |
|---|---|
| 1인칭 단수 | nie gotuję |
| 2인칭 단수 | nie gotujesz |
| 3인칭 단수 | nie gotuje |
| 1인칭 복수 | nie gotujemy |
| 2인칭 복수 | nie gotujecie |
| 3인칭 복수 | nie gotują |

\+

| 구분 | 형용사 단수 | 명사 단수 |
|---|---|---|
| 남성생물 | -ego | -a |
| 남성무생물 | -ego | -u |
| 중성 | -ego | -a |
| 여성 | -ej | -i/-y |

## 예문

1. Gotujesz kurczaka na obiad?

    점심 식사로 닭고기를 요리해?

    → Nie gotuję kurczaka, dzisiaj nie jemy mięsa.

    오늘 우리는 고기를 안 먹을거라서 닭고기 요리를 하지 않아.

2. Ugotujecie coś smacznego na święta?

    너희는 명절에 무슨 맛있는 음식을 요리할거야?

    → Tak, ugotujemy tradycyjną polską potrawę.

    응, 우리는 폴란드 전통음식을 요리할거야.

3. Gotujesz czasami koreańskie jedzenie?    가끔 한국 음식도 요리해?

    → Nie gotuję koreańskiego jedzenia.    나는 한국 음식을 요리하지 않아.

4. Gotujecie dzisiaj wasze ulubione danie?

    오늘 너희가 좋아하는 음식을 요리해?

    → Tak, dzisiaj cały dzień gotujemy, żeby zjeść smaczną kolację.

    응, 오늘 맛있는 저녁을 먹으려고 하루 종일 요리하는 중이야.

5. Gotujecie bulgogi na kolację?    너희는 저녁 식사로 불고기를 요리해?

    → Tak, gotujemy dziś bulgogi.    응, 우리는 오늘 불고기를 요리해.

## ⭐ OLIWIA'S TIP

gotować는 ować로 외래어에서 대부분 유래된 동사 변형 형태로 대부분 영어 혹은 라틴어와 비슷한 단어가 많습니다. 이때, 동사는 -uję, -ujesz 형태로 어미 변형을 합니다.

## Part 3-10. 자주 등장하는 일반동사 패턴10. Gotować

### 093. Gotuję + 목적격 복수
나는 ~ 를 요리합니다.

▼ 의문문 활용

Gotujesz + 목적격 복수?

- Tak, gotuję + 목적격 복수
- Nie, nie gotuję + 소유격 복수

A: Gotujecie dzisiaj pierogi?  너희 오늘 피에로기를 요리해?
B: Nie, dzisiaj gotujemy golonkę.  아니, 오늘은 골론카를 요리해.
A: Dlaczego nie gotujesz nigdy warzyw?
왜 채소 요리는 전혀 하지 않아?
B: Nie gotuję warzyw, bo wolę jeść surowe warzywa.
나는 날것으로 채소 먹는 것을 더 좋아해서 채소를 따로 요리하지 않아.

▼ 목적격 복수

|  | 현재 |
|---|---|
| 1인칭 단수 | gotuję |
| 2인칭 단수 | gotujesz |
| 3인칭 단수 | gotuje |
| 1인칭 복수 | gotujemy |
| 2인칭 복수 | gotujecie |
| 3인칭 복수 | gotują |

+

| 구분 | 형용사 복수 | 명사 복수 |
|---|---|---|
| 남자명사 외 | -e | -y/-i |
| 중성 | -e | -a |
| 여성 | -e | -y/-i |

▼ 소유격 복수

|  | 현재 |
|---|---|
| 1인칭 단수 | nie gotuję |
| 2인칭 단수 | nie gotujesz |
| 3인칭 단수 | nie gotuje |
| 1인칭 복수 | nie gotujemy |
| 2인칭 복수 | nie gotujecie |
| 3인칭 복수 | nie gotują |

+

| 구분 | 형용사 복수 | 명사 복수 |
|---|---|---|
| 남성 | -ych/ -ich | -ów<br>-i, -y<br>(기능적연음) |
| 중성<br>여성 | -ych/ -ich | 탈락<br>-y (기능적연음)<br>-i (연음) |

## 예문

1. Dlaczego gotujesz tylko ziemniaki?

    너는 왜 감자만 요리해?

    → Pozostałe potrawy gotuje moja żona.

    나머지 음식은 내 와이프가 요리를 해.

2. Co oni gotują?

    그들은 무엇을 요리해?

    → Oni gotują grzyby, które zebrali w lesie.

    숲에서 채취해온 버섯을 요리해.

3. Nie gotujesz dzisiaj warzyw?

    오늘 채소를 요리하지 않아?

    → Dzisiaj nie gotuję warzyw, będę jadł makaron z mięsem.

    오늘은 고기를 곁들인 면 요리를 먹을 거라, 채소는 요리하지 않아.

4. Gotujesz czasami pierogi z serem?

    가끔 치즈 들어간 피에로기를 요리해?

    → Nie, gotuję zawsze pierogi z kapustą.

    아니, 나는 항상 양배추를 넣은 피에로기를 요리해.

5. Często jem obiad w restauracji, ale czasem gotuję proste posiłki.

    나는 자주 식당에서 점심을 먹는 편이지만 간단한 요리를 가끔 하기도 해.

Part 3-10. 자주 등장하는 일반동사 패턴10. Gotować

## 094 Kto gotuje + 목적격?
누가 ~를 요리하나요?

▼ 6하원칙 의문사:

Kto/Kiedy/Gdzie/Co/Jak/Dlaczego + (주어) + gotować

A: Kto dziś gotuje obiad?
   오늘 누가 점심 식사를 요리해?
B: Moja żona gotuje obiad dla całej rodziny.
   내 아내가 모든 가족을 위해 점심 식사를 요리해.

A: Kiedy zwykle gotujecie kolację?
   너희는 보통 언제 저녁 식사를 요리해?
B: Zwykle gotujemy kolację po pracy.
   우리는 보통 퇴근 후에 저녁 식사를 요리해.

▼ "6하원칙 의문사 + gotować" 패턴 예문

| kto 누가 | Kto gotuje obiad? 누가 점심 식사를 요리해? |
|---|---|
| kiedy 언제 | Kiedy zazwyczaj gotujecie? 너희는 보통 언제 요리해? |
| gdzie 어디서 | Gdzie gotujesz obiady gdy podróżujesz?<br>여행을 가면 어디에서 점심을 요리해? |
| co 무엇을 | Co gotujemy dziś na kolację?<br>우리 오늘 저녁으로 무엇을 요리할까? |
| jak 어떻게 | Jak gotujecie bulgogi? 너희는 어떻게 불고기를 요리해? |
| dlaczego 왜 | Dlaczego nigdy nie gotujesz już dla mnie?<br>왜 이제 나를 위해 요리를 하지 않아? |
| skąd ~로 부터 | Skąd wiesz, jak gotować tą zupę?<br>이 수프를 요리하는 방법을 어떻게 알게 되었어? |

## 예문

1. Kto dziś gotuje kolację?  누가 오늘 저녁 식사를 요리해?
   → Moja żona gotuje bulgogi na kolację.
     내 와이프가 저녁 식사로 불고기를 요리해.
2. Kiedy gotujecie tradycyjne polskie potrawy?
    너희는 언제 폴란드 전통음식을 요리해?
   → Gotujemy polskie potrawy na święta.
     우리는 명절에 폴란드 음식을 요리해.
3. Gdzie gotujecie dziś obiad?  너희는 오늘 어디에서 점심 식사를 요리해?
   → Dziś gotujemy obiad w domu rodziców.
     우리는 오늘 부모님 댁에서 점심 식사를 요리해.
4. Co gotujesz?  무엇을 요리해?
   → Gotuję koreańskie jedzenie.  나는 한국 음식을 요리해.
5. Dlaczego gotujesz dzisiaj chińskie potrawy?
    왜 오늘 중국음식을 요리해?
   → Zawsze gotuję coś innego, bo lubię próbować nowych potraw.
     나는 새로운 음식을 먹어보는 걸 좋아해서 항상 뭔가 다른 요리를 해.

##  OLIWIA'S TIP [음식에 관한 단어 정리]

jedzenie: 단수로만 사용, potrawa: 단수/복수로 사용 가능
np.) Jakie są typowe polskie potrawy? 전형적인 폴란드 음식은 무엇인가요?

danie: 단수/복수로 사용 가능
np.) Jakie mięsne dania przygotujesz na wesele? 결혼식에 어떤 고기 음식을 준비해?

Part 3-10. 자주 등장하는 일반동사 패턴10. Gotować

## 095 유용한 일반/조동사 + gotować

### ⭐ OLIWIA'S TIP

이번 패턴에서는 part2의 유용한 일반/조동사 10개 패턴 바로 뒤에 일반동사의 원형이 오는 패턴을 학습하게 됩니다. 이번 패턴의 경우 자주 쓰면서도 어렵지 않게 배울 수 있으므로 굉장히 중요한 표현입니다. 특히 별다른 동사변형이 없이 쓸 수 있는 trzeba, warto, wolno, można의 경우 바로 뒤에 동사원형만 넣으면 되므로, 아주 쉽게 접근할 수 있습니다. 동사변형이 어렵다면 상기의 동사 4개를 이용해서 part3,4의 자주 쓰는 일반동사들만 공부를 해도 어느 정도의 회화가 가능하다고 말할 수도 있습니다. 또한 해당 패턴을 잘 이용하여 의문문, 부정문, 동사변형을 연습하면 수십 개의 문장을 만들 수 있습니다.

| | | |
|---|---|---|
| lubić | | |
| chcieć | | |
| móc | | |
| musieć | | |
| woleć | + | **gotować (ndk)** |
| prosić | | **/ ugotować (dk)** |
| trzeba | | |
| warto | | |
| wolno | | |
| można | | |

## 예문

1. Lubimy gotować koreańskie jedzenie.

    우리는 한국 음식을 요리하는 것을 좋아해.

2. Chcecie dzisiaj gotować zupę?

    너희는 오늘 수프를 요리하고 싶어?

3. Mamo, możesz dzisiaj gotować obiad sama?

    엄마, 오늘은 혼자서 점심 식사를 요리해줄 수 있어요?

4. Musimy dzisiaj ugotować obiad dla gości.

    오늘 우리는 손님들을 위해 점심 식사를 요리해야 해.

5. Wolę gotować niż sprzątać.

    나는 청소하는 것보다 요리하는 것을 더 선호해.

6. Proszę ugotuj obiad dla całej rodziny.

    오늘은 모든 가족을 위해 점심 식사를 요리해주세요.

7. Trzeba umyć warzywa przed gotowaniem.

    요리하기 전에는 채소를 씻어야 합니다.

8. Warto gotować warzywa na parze.

    채소는 찜으로 요리하는 것이 더 좋습니다.

9. Tutaj nie wolno gotować.

    여기에서는 요리를 할 수 없습니다.

10. Przepraszam, czy w tym hotelu można gotować w pokoju?

    실례합니다만, 이 호텔 방에서 취사가 가능한가요?

Part 3-10. 자주 등장하는 일반동사 패턴10. Gotować

## 096 Ugotowałem + 목적격
나는 ~를 요리했습니다.

▼ 미래형 활용

Ugotuję + 목적격    나는 ~를 요리할 것입니다.

▼ 패턴: 과거, 현재, 미래형 gotować 활용법

|  | 과거 (dk) | 현재 | 미래 (dk) |
|---|---|---|---|
| 1인칭 단수 | ugotowałam/ugotowałem | gotuję | ugotuję |
| 2인칭 단수 | ugotowałeś/ugotowałaś | gotujesz | ugotujesz |
| 3인칭 단수 | ugotował/ugotował | gotuje | ugotuje |
| 1인칭 복수 | ugotowaliśmy/ugotowałyśmy | gotujemy | ugotujemy |
| 2인칭 복수 | ugotowaliście/ugotowałyście | gotujecie | ugotujecie |
| 3인칭 복수 | ugotowali/ugotowały | gotują | ugotują |

▼ 추가 활용 표현

| ktoś 누군가 | Ktoś z was gotował już koreańskie potrawy? 너희 중에 누군가가 벌써 한국 음식을 요리했어? |
|---|---|
| kiedyś 언젠가 | Gotowałeś kiedyś obiad bez pomocy żony? 아내 도움 없이 점심 식사를 요리해본 적이 있어? |
| coś 뭔가 | Ugotowałyście coś w weekend? 너희는 주말에 뭔가를 요리했어? |
| gdzieś 어딘가 | Na wakacjach też będziemy gdzieś gotowali nasze ulubione dania. 휴가 때에도 어딘가에서 우리가 좋아하는 음식들을 요리 할거야. |
| jakiś 어떤 거 | Będę gotował warzywa przez 45 minut. 나는 45분 동안 채소를 요리할거야. |

## 예문

1. Wczoraj mąż gotował coś aż przez 3 godziny.

   어제는 남편이 3시간 동안 뭔가를 요리했어.

2. Ktoś z was gotował już we wrześniu grzyby?

   9월에 너희 중 누군가가 버섯 요리를 했어?

3. Kiedyś ugotuję coś dla swojej dziewczyny.

   언젠가는 여자친구를 위해 뭔가 요리를 할거야.

4. Kiedyś gotowałem często, ale ostatnio codziennie pracuję do późna.

   전에는 요리를 자주 했는데, 요즘에는 매일 늦게까지 일해.

5. Mój mąż ugotuje w czwartek jakąś zupę.

   내 남편은 목요일에 어떤 수프를 요리할거야.

 **OLIWIA'S TIP**

*어울리는 전치사

| w ~에서 | w Warszawie/w Polsce/w Seulu (바르샤바/폴란드/서울)에서 |
|---|---|
| na ~에서 | na wsi/na parterze/na 1 piętrze (시골/0층/1층)에서 |
| z ~와 함께 | z rodzicami/z dziewczyną/z chłopakiem (부모님/여자친구/남자친구)와 함께 |

상기의 전치사 이외에도 기타 전치사 및 시간부사를 함께 쓰면 더욱 풍부한 표현을 할 수 있습니다. 부록을 참조하여 시간 표현 및 "~를 위해"(dla)와 같은 전치사를 넣어 다양하게 표현해보세요!

Part 3-10. 자주 등장하는 일반동사 패턴10. Gotować

## 097 Gotować의 다양한 활용

### OLIWIA'S TIP

폴란드어의 경우, 어원을 알고 전치사에서 따온 접두사를 앞에 넣으면 의미가 약간은 비슷한, 아님 완전히 다른 의미의 단어가 됩니다

즉, 폴란드어를 공부할 때에는 어원을 잘 익혀 두고 파생되는 동사 및 접두사(의미)를 이해하면 접근이 쉬워집니다. 이와 같은 맥락으로 본 동사 패턴에서는 각종 파생되는 동사를 어원, 명사, 접두사+동사, 분사, 명령법 등이 어떠한 규칙으로 만들어지는 지를 살펴본다면 어원 암기만을 통해 내용을 추론할 수 있게 됩니다.

| 구분 | 완성 | 의미 |
| --- | --- | --- |
| u | ugotować (dk) | 요리할 것이다 |
| za | zagotować | 끊이다 |
| 명사 | gotowanie | 요리 |
| 명령법 | ugotuj! | 요리해! |
| 현재분사 | gotując | 요리하면서 |
| 수동분사 | ugotowany | 요리된 |

## 예문

1. Warzywa w garnku już się zagotowały.

    냄비 안에 채소를 벌써 끓였어.

2. Gotując obiad w mikrofali bawiłam się z córką.

    전자레인지에 점심 식사를 돌려 두고 딸과 놀아줬어.

3. Ugotuj proszę dzisiaj obiad, ja źle się czuję.

    내가 몸이 안 좋아서, 나 대신 오늘 점심 식사를 요리해줘.

4. Gotowanie w kuchni w lecie jest bardzo męczące.

    여름에 부엌에서 요리하는 것은 정말 지쳐.

5. Jak długo można przechowywać ugotowane jajka?

    삶은 달걀은 얼마나 보관이 가능한가요?

 **OLIWIA'S TIP**

*ować 형 동사 명사 만드는 법 : ować 형의 경우, **축약으로 명사형을** 만들 수 있습니다.
interesować → interes, studiować → studia, opiekować → opieka
예외적으로 동사의 ć를 제외하고 nie를 붙이면 쉽게 명사를 만들 수 있습니다. gotowa + nie = gotowanie

*ować 형 동사 명령법 만드는 법 : 3인칭 단수 어간+어미
gotuj + my = Gotujmy polskie potrawy! (우리 폴란드 음식 만들자!)

# 핵심 패턴

## Part.3 unit 11

### 자주 등장하는 일반동사

#11

* Czekać na ~를 기다리다.

**098.** Czekam na + 목적격 : 나는 ~를 기다리고 있습니다.
**099.** Kto czeka na + 목적격? : 누가 ~를 기다리나요?
**100.** 유용한 일반/조동사 + czekać
**101.** Czekałem na + 목적격 : 나는 ~를 기다렸습니다.
**102.** Czekać의 다양한 활용

Part 3-11. 자주 등장하는 일반동사 패턴11. Czekać

## 098　Czekam na + 목적격
나는 ~를 기다리고 있습니다.

▼ 의문문 활용

Czekasz na + 목적격?

• Tak, czekam na + 목적격　　　　• Nie, nie czekam na + 목적격

A: Na kogo czekasz?　　　　누구 기다려?
B: Czekam na kolegę. Idziemy razem do kina.
　　친구 기다리는 중이야. 우리는 함께 극장에 가.

A: Na co czekasz?　　　　뭐를 기다리고 있어?
B: Czekam na obiad. Jestem już bardzo głodna.
　　점심 식사 기다리고 있어. 벌써 엄청 배고파.

▼ 목적격 단수

|  | 현재 |
|---|---|
| 1인칭 단수 | czekam |
| 2인칭 단수 | czekasz |
| 3인칭 단수 | czeka |
| 1인칭 복수 | czekamy |
| 2인칭 복수 | czekacie |
| 3인칭 복수 | czekają |

+ na

| 구분 | 형용사 단수 | 명사 단수 |
|---|---|---|
| 남성생물 | -ego | -a |
| 남성무생물 | =주격 | =주격 |
| 중성 | =주격 | =주격 |
| 여성 | -ą | -ę |

▼ 목적격 복수

|  | 현재 |
|---|---|
| 1인칭 단수 | czekam |
| 2인칭 단수 | czekasz |
| 3인칭 단수 | czeka |
| 1인칭 복수 | czekamy |
| 2인칭 복수 | czekacie |
| 3인칭 복수 | czekają |

+ na

| 구분 | 형용사 단수 | 명사 단수 |
|---|---|---|
| 남자사람 | -y, -i | -owie<br>-y-i-e |
| 남자사람 외 | -e | -y/-i |
| 중성 | -e | -a |
| 여성 | -e | -y/-i |

## 예문

1. Czekasz na nowy album tej piosenkarki?

   너는 이 가수의 신규 앨범을 기다리고 있어?

   → Tak, czekam na ten album od dawna.

   응, 오래 전부터 그 앨범을 기다리는 중이야.

2. Na co czekasz?   무엇을 기다리고 있어?

   → Czekam na przesyłkę od dziadka.

   할아버지가 보낸 소포를 기다리는 중이야.

3. Na kogo czekasz?   누구를 기다리고 있어?

   → Czekam na moich kolegów.   내 친구들을 기다리는 중이야.

4. Nie czekasz na mamę?   엄마 안 기다려?

   → Nie czekam na mamę, sam mogę zrobić zakupy.

   혼자서 장을 볼 수 있어서 엄마를 기다리지는 않아.

5. Czekacie na lato?   너희는 여름이 기다려져?

   → Tak, czekamy na lato, bo chcemy jechać nad morze.

   응, 우리는 바닷가에 가고 싶어서 여름을 기다리고 있어.

 OLIWIA'S TIP

czekać 동사의 경우, na라는 전치사와 함께 붙어 숙어처럼 익히는 것이 중요합니다.

Part 3-11. 자주 등장하는 일반동사 패턴11. Czekać

## 099 Kto czeka na + 목적격?
누가 ~를 기다리나요?

▼ 6하원칙 의문사:

Kto/Kiedy/Gdzie/Co/Jak/Dlaczego + (주어) + czekać na

> A: Kto czeka na wyniki egzaminu? 누가 시험 결과를 기다려?
> B: Mój brat miał wczoraj egzamin i teraz czeka na wyniki.
> 내 동생이 어제 시험을 봐서 지금 결과를 기다리는 중이야.
> A: Gdzie zwykle czekasz na dziewczynę?
> 보통 어디에서 여자친구를 기다려?
> B: Zwykle czekam na dziewczynę na przystanku.
> 보통 정류장에서 여자친구를 기다리는 편이야.

▼ "6하원칙 의문사 + czekać na" 패턴 예문

| | |
|---|---|
| kto 누가 | Kto czeka na autobus? 누가 버스를 기다려? |
| kiedy 언제 | Denerwuję się zawsze, kiedy muszę na coś czekać. 뭔가를 기다려야만 할 때는 항상 짜증이나. |
| gdzie 어디서 | Gdzie czekacie na taksówkę? 너희는 어디에서 택시를 기다려? |
| co 무엇을 | Na co czekacie? 너희는 뭐를 기다려? |
| jak 어떻게 | Jak długo czekałeś na mnie? 얼마나 나를 기다렸어? |
| dlaczego 왜 | Dlaczego nie czekacie na obiad i już wychodzicie? 왜 점심 식사를 기다리지 않고 벌써 나가는 거야? |

## 예문

1. Czekasz na moją koleżankę?  내 친구를 기다리고 있어?

   → Tak, czekam na nią.  응, 나는 그녀를 기다리고 있어.

2. Czekacie na moje paczki?  너희는 내 소포를 기다리고 있어?

   → Tak, czekamy na nie.  응, 우리는 그것들을 기다리고 있어.

3. Czekasz na ojca?  너는 아빠를 기다려?

   → Tak, czekam na niego.  응, 나는 그를 기다려.

4. Czekasz na dzieci?  너희는 아이들을 기다리고 있어?

   → Nie, nie czekam na dzieci. One poszły po szkole do kina z nauczycielką.

   아니, 아이들을 기다리고 있지 않아. 아이들은 하교 후 선생님과 함께 극장에 갔어.

5. Czekasz jeszcze na kolegów?  너는 아직까지 친구들을 기다리는 중이야?

   → Nie, oni powiedzieli, że nie przyjdą.  아니, 친구들이 오지 않는다고 말했어.

 OLIWIA'S TIP  [czekać 와 잘 어울리는 인칭대명사]

|  | 현재 |  | 인칭대명사 |
|---|---|---|---|
| 1인칭 단수 | czekam |  | mnie |
| 2인칭 단수 | czekasz |  | ciebie |
| 3인칭 단수 | czeka | + na + | niego/nie/nią |
| 1인칭 복수 | czekamy |  | nas |
| 2인칭 복수 | czekacie |  | was |
| 3인칭 복수 | czekają |  | nich/nie |

Part 3-11. 자주 등장하는 일반동사 패턴11. Czekać

## 100 유용한 일반/조동사 + czekać

 Oliwia's Tip

이번 패턴에서는 part2의 유용한 일반/조동사 10개 패턴 바로 뒤에 일반동사의 원형이 오는 패턴을 학습하게 됩니다. 이번 패턴의 경우 자주 쓰면서도 어렵지 않게 배울 수 있으므로 굉장히 중요한 표현입니다. 특히 별다른 동사변형이 없이 쓸 수 있는 trzeba, warto, wolno, można의 경우 바로 뒤에 동사원형만 넣으면 되므로, 아주 쉽게 접근할 수 있습니다. 동사변형이 어렵다면 상기의 동사 4개를 이용해서 part3,4의 자주 쓰는 일반동사들만 공부를 해도 어느 정도의 회화가 가능하다고 말할 수도 있습니다. 또한 해당 패턴을 잘 이용하여 의문문, 부정문, 동사변형을 연습하면 수십 개의 문장을 만들 수 있습니다.

| lubić / chcieć / móc / musieć / woleć / prosić / trzeba / warto / wolno / można | + | czekać na (ndk) / poczekać na (dk) |
|---|---|---|

## 예문

1. Lubię czekać na dziewczynę przed randką.

   나는 데이트 전 여자친구를 기다리는 걸 좋아해.

2. Jak długo muszę czekać na zmiany?

   변경하는데 얼마나 기다려야 하나요?

3. Mogę czekać na ciebie tylko do 15.

   15시까지만 너를 기다릴 수 있어.

4. Jak długo muszę poczekać na odpowiedź?

   회신까지 얼마나 기다려야 하나요?

5. Wolę czekać spokojnie niż narzekać.

   불평하기보다 조용히 기다리는 것을 더 선호해.

6. Proszę czekać!

   기다려 주세요!

7. Jak długo trzeba czekać na nowy paszport?

   신규 여권을 받는데 얼마나 기다려야만 하나요?

8. Warto czekać na prawdziwą miłość.

   진실한 사랑은 기다릴만한 가치가 있어.

9. Nie wolno czekać, aż będzie za późno.

   너무 늦게까지 기다리면 안돼.

10. Czy tutaj można czekać na taksówkę?

    여기에서 택시를 기다릴 수 있나요?

## Part 3-11. 자주 등장하는 일반동사 패턴11. Czekać

### 101 Czekałem na + 목적격
나는 ~를 기다렸습니다.

▼ 미래형 활용

Będę czekał na + 목적격          나는 ~를 기다릴 것입니다.

▼ 패턴: 과거, 현재, 미래형 czekać 활용법

|         | 과거 | 현재 | 미래 |
|---------|------|------|------|
| 1인칭 단수 | czekałem/czekałam | czekam | będę czekał/czekała |
| 2인칭 단수 | czekałeś/czekałaś | czekasz | będziesz czekał/czekała |
| 3인칭 단수 | czekał/czekała | czeka | będzie czekał/czekała |
| 1인칭 복수 | czekaliśmy/czekałyśmy | czekamy | będziemy czekali/czekały |
| 2인칭 복수 | czekaliście/czekałyście | czekacie | będziecie czekali/czekały |
| 3인칭 복수 | czekali/czekały | czekają | będą czekali/czekały |

▼ 추가 활용 표현

| ktoś 누군가 | Ktoś będzie tam na ciebie czekał?<br>누군가 저기에서 너를 기다리는 거야? |
|---|---|
| kiedyś 언젠가 | Czekałeś kiedyś na wyniki egzaminu dłużej niż tydzień?<br>일주일 넘게 시험 결과를 기다렸던 적이 있었어? |
| coś 뭔가 | Dlaczego tu jesteś, czekasz na coś?<br>왜 여기에 있어, 뭔가를 기다리고 있어? |
| gdzieś 어디선가 | Poczekaj gdzieś tutaj. 여기 어딘 가에 기다려봐. |
| jakiś 어떤 | Będziemy czekali na jakieś nowe wieści od ciebie.<br>우리는 너로부터 새로운 소식을 기다리는 중이야. |

▼ 어울리는 전치사

| przy ~에 | przy stole/przy skrzyżowaniu/przy moście<br>(테이블/사거리/다리)옆에서 |
|---|---|
| na ~를 | na telefon/na wiadomości/na wyniki (핸드폰/뉴스/결과)를 |

## 예문

1. Będę czekał na ciebie przy moście.

    다리 옆에서 너를 기다릴게.

2. Będziemy czekali na obiad przy stole.

    우리는 테이블 옆에서 점심 식사를 기다릴 거야.

3. Czekałam na ciebie przy skrzyżowaniu, ale nie przyszedłeś.

    사거리 옆에서 너를 기다렸는데 네가 오지 않았어.

4. Będę czekał na telefon od pana.

    나는 당신의 연락을 기다릴 것입니다.

5. Czekaliśmy na wiadomości od ciebie, dlaczego nie napisałeś?

    우리는 네 소식을 기다렸는데, 왜 문자 하지 않았어?

 Oliwia's Tip

"czekać na + 목적격"은 인칭대명사 뿐만 아니라, 사물 및 사람에도 어울리는 표현입니다. 기다리는 장소 및 시간 등의 전치사, 부사와 함께 다양하게 쓸 수 있습니다.

np.) Czekasz na + mnie + w kawiarni? 커피숍에서 나를 기다리고 있어?

Part 3-11. 자주 등장하는 일반동사 패턴11. Czekać

## 102 Czekać의 다양한 활용

### OLIWIA'S TIP

폴란드어의 경우, 어원을 알고 전치사에서 따온 접두사를 앞에 넣으면 의미가 약간은 비슷한, 아님 완전히 다른 의미의 단어가 됩니다.

즉, 폴란드어를 공부할 때에는 어원을 잘 익혀 두고 파생되는 동사 및 접두사(의미)를 이해하면 접근이 쉬워집니다. 이와 같은 맥락으로 본 동사 패턴에서는 각종 파생되는 동사를 어원 명사, 접두사+동사, 분사, 명령법 등이 어떠한 규칙으로 만들어지는 지를 살펴본다면 어원 암기만을 통해 내용을 추론할 수 있게 됩니다.

| 구분 | | 완성 | 의미 |
|---|---|---|---|
| po | | poczekać (dk) | 기다릴 거야 |
| za | | zaczekać | =동의어 |
| 명사 | | czekanie | 기다리는 것 |
| | | poczekalnia | 대합실 |
| 명령법 | | czekaj! | 기다려! |
| | | zaczekaj! | 기다려! |
| 현재분사 | | czekając | 기다리면서 |

## 예문

1. Możesz na mnie poczekać?

    나를 좀 기다려 줄 수 있어?

2. Co robisz czekając na przystanku na autobus?

    정류장에서 버스를 기다리면서 뭐해?

3. Poczekaj chwilę, już idę!

    이제 가니깐 잠깐만 기다려줘!

4. Czekanie na wyniki egzaminu jest stresujące.

    시험 결과를 기다리는 건 스트레스야.

5. Nie czekaj na mnie, wrócę do domu bardzo późno.

    집에 많이 늦으니깐 나 기다리지 마.

 OLIWIA'S TIP

*ać 형 동사 현재분사 만드는 법: 3인칭 복수 동사 변형에 c를 붙여주면 됩니다.
czekają + c = czekając

*ać 형 동사 명령법 만드는 법: 3인칭 단수 어간에 j 를 붙이면 쉽게 명사를 만들 수 있습니다.
czeka + j = czekaj, 앞에 접두사를 넣어도 동사 변형이 같다면 동일하게 만들 수 있습니다.

# 핵심 패턴

## Part.3 unit 12

### 자주 등장하는 일반동사

# 12

* Czytać ~를 읽다.

**103 .** Czytam + 목적격 단수 : 나는 ~를 읽습니다.

**104 .** Czytam + 목적격 복수 : 나는 ~를 읽습니다.

**105 .** Kto czyta + 목적격? : 누가 ~를 읽나요?

**106 .** 유용한 일반/조동사 + czytać

**107 .** Czytałem + 목적격 : 나는 ~를 읽었습니다.

**108 .** Czytać의 다양한 활용

Part 3-12. 자주 등장하는 일반동사 패턴12. Czytać

## 103 Czytam + 목적격 단수
나는 ~를 읽습니다.

▼ 의문문 활용

Czytasz + 목적격 단수?

- Tak, czytam + 목적격 단수
- Nie, nie czytam + 소유격 단수

A: Czytasz książkę?
B: Nie, nie czytam książki.

책 읽고 있어?
아니, 나는 책을 읽고 있지 않아.

A: Czytasz nowe czasopismo?
B: Nie czytam nowego czasopisma.

새로운 잡지를 읽고 있어?
나는 새로운 잡지를 읽고 있지 않아.

▼ 목적격 단수

|  | 현재 |
|---|---|
| 1인칭 단수 | czytam |
| 2인칭 단수 | czytasz |
| 3인칭 단수 | czyta |
| 1인칭 복수 | czytamy |
| 2인칭 복수 | czytacie |
| 3인칭 복수 | czytają |

+

| 구분 | 형용사 단수 | 명사 단수 |
|---|---|---|
| 남성생물 | -ego | -a |
| 남성무생물 | =주격 | =주격 |
| 중성 | =주격 | =주격 |
| 여성 | -ą | -ę |

▼ 소유격 단수

|  | 현재 |
|---|---|
| 1인칭 단수 | nie czytam |
| 2인칭 단수 | nie czytasz |
| 3인칭 단수 | nie czyta |
| 1인칭 복수 | nie czytamy |
| 2인칭 복수 | nie czytacie |
| 3인칭 복수 | nie czekają |

+

| 구분 | 형용사 단수 | 명사 단수 |
|---|---|---|
| 남성생물 | -ego | -a |
| 남성무생물 | -ego | -u |
| 중성 | -ego | -a |
| 여성 | -ej | -i/-y |

## 예문

1. Codziennie rano czytasz gazetę?   매일 아침에 신문을 읽어?

   → Tylko czasami czytam gazetę.   나는 아주 가끔씩만 신문을 읽어.

2. Czytasz ciekawą książkę?   재미있는 책을 읽고 있어?

   → Czytam książkę, ale nie jest ciekawa.   책을 읽고 있긴 한데 재미있지는 않아.

3. Czytasz interesujący artykuł naukowy?   흥미로운 과학 기사를 읽고 있어?

   → Nie, czytam aktualne wiadomości.   아니, 나는 최신 뉴스를 읽고 있어.

4. Czytasz dzieciom bajkę wieczorem?   저녁에 아이들에게 동화책을 읽어줘?

   → Tak, przed snem zawsze czytam dzieciom bajkę.

   응, 자기 전에는 항상 아이들에게 동화책을 읽어줘.

5. Czytacie w domu podręcznik?   너희는 집에서 교재를 읽고 있어?

   → Nie czytamy w domu podręcznika.   아니, 우리는 집에서 교재를 읽지 않아.

### ⭐ OLIWIA'S TIP

czytać 동사의 경우, "~를 읽다."라는 뜻이며, 상황에 따라 현재 진행형으로 "~를 읽고 있다"로 의미 해석이 가능합니다.

Part 3-12. 자주 등장하는 일반동사 패턴12. Czytać

## 104 | Czytam + 목적격 복수
나는 ~를 읽습니다.

▼ 의문문 활용

Czytasz + 목적격 복수?

- Tak, czytam + 목적격 복수
- Nie, nie czytam + 소유격 복수

A: Czytasz ulotki, które dostajesz?  받은 전단지를 읽고 있어?
B: Nie czytam nigdy ulotek.  나는 절대 전단지를 읽지 않아.

A: Czytacie wiadomości sportowe?  너희는 스포츠 뉴스를 읽고 있어?
B: Tak, codziennie czytamy wiadomości sportowe.
  응, 우리는 매일 스포츠 뉴스를 읽고 있어.

▼ 목적격 복수

|  | 현재 |
|---|---|
| 1인칭 단수 | czytam |
| 2인칭 단수 | czytasz |
| 3인칭 단수 | czyta |
| 1인칭 복수 | czytamy |
| 2인칭 복수 | czytacie |
| 3인칭 복수 | czytają |

+

| 구분 | 형용사 복수 | 명사 복수 |
|---|---|---|
| 남자명사 외 | -e | -y/-i |
| 중성 | -e | -a |
| 여성 | -e | -y/-i |

▼ 소유격 복수

|  | 현재 |
|---|---|
| 1인칭 단수 | nie czytam |
| 2인칭 단수 | nie czytasz |
| 3인칭 단수 | nie czyta |
| 1인칭 복수 | nie czytamy |
| 2인칭 복수 | nie czytacie |
| 3인칭 복수 | nie czytają |

+

| 구분 | 형용사 복수 | 명사 복수 |
|---|---|---|
| 남성 | -ych/ -ich | -ów<br>-i, -y<br>(기능적연음) |
| 중성<br>여성 | -ych/ -ich | 탈락<br>-y(기능적연음)<br>-i(연음) |

## 예문

1. Czytasz moje raporty?      내 보고서를 읽고 있어?

   → Tak, czytam w pracy twoje raporty.

       응, 나는 회사에서 네 보고서를 읽는 중이야.

2. Czytacie polskie gazety?      너희는 폴란드 신문을 읽고 있어?

   → Nie czytamy polskich gazet.      우리는 폴란드 신문을 읽지 않아.

3. Czytasz koreańskie powieści?      한국 소설을 읽고 있어?

   → Nie czytam koreańskich powieści.      나는 한국 소설을 읽고 있지 않아.

4. Czytacie dużo artykułów w internecie?      너희는 인터넷에서 기사를 많이 읽어?

   → Nie, rzadko czytamy artykuły w internecie.

       아니, 인터넷에서 기사를 거의 읽지 않아.

5. Czytasz biografie znanych ludzi?      유명한 사람들의 자서전을 읽어?

   → Nie czytam biografii, lubię czytać powieści.

       나는 자서전을 읽지 않고, 소설 읽는 것을 좋아해.

 **OLIWIA'S TIP**

앞서 언급하였듯이, 폴란드어는 별도로 현재/과거 진행형이 없기 때문에 상황에 맞게 현재/과거와 현재/과거 진행형을 구분하여 해석하는 것이 좋습니다.

Part 3-12. 자주 등장하는 일반동사 패턴12. Czytać

## 105　Kto czyta + 목적격?
누가 ~를 읽나요?

▼ 6하원칙 의문사:

Kto/Kiedy/Gdzie/Co/Jak/Dlaczego + (주어) + czytać

A: Co czytasz?
B: Czytam nowy komiks.
A: Gdzie zwykle czytasz książki?
B: Czytam książki w łóżku.

뭐 읽고 있어?
새로운 만화책을 읽는 중이야.
너는 보통 어디에서 책을 읽어?
나는 침대에서 책을 읽어.

▼ "6하원칙 의문사 + czytać" 패턴 예문

| | |
|---|---|
| kto 누가 | Kto czyta tę książkę? 누가 이 책을 읽어? |
| kiedy 언제 | Kiedy czytasz podręcznik szkolny?<br>너는 언제 학교 교재를 읽어? |
| gdzie 어디서 | Gdzie czytasz wiadomości?<br>너는 어디에서 뉴스를 읽어? |
| co 무엇을 | Co czytasz? 뭐 읽어? |
| jak 어떻게 | Jak często czytasz gazety?<br>얼마나 자주 신문을 읽어? |
| dlaczego 왜 | Dlaczego czytasz książkę w języku polskim?<br>왜 폴란드어로 책을 읽어? |

## 예문

1. Kto czyta tę trudną gazetę?     누가 이 어려운 신문을 읽어?

   → Moje dziecko ją czyta.     내 아이가 이것을 읽어.

2. Kiedy czytasz powieści?     너는 언제 소설을 읽어?

   → Czytam powieści na wakacjach.     나는 휴가 때 소설을 읽어.

3. Gdzie zwykle czytasz książki?     너는 보통 어디에서 책을 읽어?

   → Czytam książki w bibliotece.     나는 도서관에서 책을 읽어.

4. Co czytasz?     너는 뭐를 읽어?

   → Czytam artykuł mojego profesora.     내 교수님의 기사를 읽는 중이야.

5. Jak możesz czytać książkę po polsku?

   어떻게 폴란드어로 된 책을 읽을 수 있어?

   → Długo uczyłem się języka polskiego.     오랫동안 폴란드어를 공부했어.

## OLIWIA'S TIP

일반적인 상황에서 어떠한 서적류를 읽을 때에는 복수 표현을 쓰는 것이 자연스럽습니다.

Part 3-12. 자주 등장하는 일반동사 패턴12. Czytać

## 106 유용한 일반/조동사 + czytać

###  OLIWIA'S TIP

이번 패턴에서는 part2의 유용한 일반/조동사 10개 패턴 바로 뒤에 일반동사의 원형이 오는 패턴을 학습하게 됩니다. 이번 패턴의 경우 자주 쓰면서도 어렵지 않게 배울 수 있으므로 굉장히 중요한 표현입니다. 특히 별다른 동사변형이 없이 쓸 수 있는 trzeba, warto, wolno, można의 경우 바로 뒤에 동사원형만 넣으면 되므로, 아주 쉽게 접근할 수 있습니다. 동사변형이 어렵다면 상기의 동사 4개를 이용해서 part3,4의 자주 쓰는 일반동사들만 공부를 해도 어느 정도의 회화가 가능하다고 말할 수도 있습니다. 또한 해당 패턴을 잘 이용하여 의문문, 부정문, 동사변형을 연습하면 수십 개의 문장을 만들 수 있습니다.

| | | |
|---|---|---|
| lubić | | |
| chcieć | | |
| móc | | |
| musieć | | |
| woleć | + | **czytać (ndk) /** |
| prosić | | **przeczytać (dk)** |
| trzeba | | |
| warto | | |
| wolno | | |
| można | | |

## 예문

1. Lubię czytać książki podróżnicze.

   나는 여행과 관련된 책을 읽는 것을 좋아해.

2. Chcesz czytać jedną książkę tygodniowo?

   너는 일주일에 한 권의 책을 읽고 싶어?

3. Mogę czytać artykuł w języku koreańskim.

   나는 한국어로 된 기사를 읽을 수 있어.

4. Muszę czytać książki, bo uczę się do egzaminu.

   시험 공부를 해야 해서 책을 읽어야 해.

5. Wolę czytać książki niż oglądać telewizję.

   TV 보는 것보다 책 읽는 것을 더 좋아해.

6. Proszę przeczytaj mi bajkę.

   동화책 좀 읽어주세요.

7. Trzeba czytać książki, żeby poznawać świat.

   세계를 알려면 책을 읽어야 해.

8. Warto czytać wiadomości ze świata.

   세계와 관련된 뉴스는 읽을 만한 가치가 있어.

9. Nie wolno czytać gazet w trakcie lekcji!

   수업 중에 신문을 읽어서는 안됩니다!

10. Czy w Polsce można czytać książki w bibliotece?

    폴란드에서는 도서관에서 책을 읽을 수 있나요?

Part 3-12. 자주 등장하는 일반동사 패턴12. Czytać

## 107 Czytałem + 목적격
나는 ~를 읽었습니다.

▼ 미래형 활용

Będę czytał + 목적격　　　나는 ~를 읽을 것입니다.

▼ 패턴: 과거, 현재, 미래형 czytać 활용법

|  | 과거 | 현재 | 미래 |
|---|---|---|---|
| 1인칭 단수 | czytałem/czytałam | czytam | będę czytał/czytała |
| 2인칭 단수 | czytałeś/czytałaś | czytasz | będziesz czytał/czytała |
| 3인칭 단수 | czytał/czytała | czyta | będzie czytał/czytała |
| 1인칭 복수 | czytaliśmy/czytałyśmy | czytamy | będziemy czytali/czytały |
| 2인칭 복수 | czytaliście/czytałyście | czytacie | będziecie czytali/czytały |
| 3인칭 복수 | czytali/czytały | czytają | będą czytali/czytały |

▼ 추가 활용 표현

| ktoś 누군가 | Ktoś z was czytał już nową książkę Stephena Kinga? 너희 중 스티븐 킹 신작을 벌써 읽은 사람? |
| kiedyś 언젠가 | Kiedyś czytałem dużo książek, ale ostatnio nie mam czasu. 책을 많이 읽었던 적이 있었는데 최근에는 시간이 없어. |
| coś 뭔가 | Czytasz coś ciekawego? 뭔가 재미있는 거 읽어? |
| gdzieś 어디선가 | Czytałem gdzieś informację, że w czerwcu pogoda będzie piękna. 6월 날씨가 예쁠 거라는 정보를 어딘가에서 읽었어. |
| jakiś 어떤 | Czytasz czasami jakąś gazetę? 가끔 신문 같은 것도 읽어? |

▼ 어울리는 전치사

| w ~에서 | w bibliotece/w księgarni/w szkole (도서관/서점/학교)에서 |
| o ~에 대해 | o pogodzie/o świecie/o polityce (날씨/세계/정치)에 대해 |

## 예문

1. Czy ktoś z was czytał nowe wiadomości o polityce?

   너희 중 정치에 관한 새로운 뉴스를 읽은 사람?

2. W wakacje będę czytał różne książki o świecie.

   방학 때는 세계에 관한 다양한 책들을 읽을 거야.

3. Czytasz rano wiadomości o pogodzie?

   아침에 날씨에 관한 뉴스 봤어?

4. Gdzie będziecie czytali nowe książki?

   너희는 어디에서 신작을 읽을 거야?

5. W styczniu mam urlop i będę czytał ciekawe książki.

   1월에는 휴가라서, 재미있는 책을 읽을 거야.

 OLIWIA'S TIP

이번 패턴에서 제시한 장소격 전치사의 경우, 앞서도 여러 차례 다뤘지만 어미변형이 규칙적인 경우가 드물어, 자주 등장하거나 자주 나오는 단어들을 위주로 자연스럽게 익힐 수 있도록 연습하는 것이 중요합니다.

## 108. Czytać의 다양한 활용

 **OLIWIA'S TIP**

폴란드어의 경우, 어원을 알고 전치사에서 따온 접두사를 앞에 넣으면 의미가 약간은 비슷한, 아님 완전히 다른 의미의 단어가 됩니다. 예를 들어 czytać는 "읽다."라는 단어로, od(~로 부터)의 의미를 갖는 전치사를 접두사로 넣으면 "<u>찬찬히 읽어보다.</u>"의 뜻으로 "<u>판독하다.</u>"라는 완료형태의 새로운 단어가 됩니다.

즉, 폴란드어를 공부할 때에는 어원을 잘 익혀 두고 파생되는 동사 및 접두사(의미)를 이해하면 접근이 쉬워집니다. 이와 같은 맥락으로 본 동사 패턴에서는 각종 파생되는 동사를 어원 명사, 접두사+동사, 분사, 명령법 등이 어떠한 규칙으로 만들어지는 지를 살펴본다면 어원 암기만을 통해 내용을 추론할 수 있게 됩니다.

| 구분 | | 완성 | 의미 |
|---|---|---|---|
| prze | | przeczytać (dk) | 통독하다 |
| od | | odczytać | 판독/해석하다 |
| 명사 | czytać | czytanie | 읽는 것 |
| | | czytelnia | 독서실 |
| | | czytelnik/czytelniczka | 독자 (남/여) |
| 명령법 | | czytaj! | 읽어! |
| 현재분사 | | czytając | 읽으면서 |
| 수동분사 | | przeczytany | 읽힌 |
| 연상단어 | książka (책) | księgarnia (서점) | księgowość (회계/경리) |

## 예문

1. Do której godziny jest otwarta czytelnia?

   독서실은 몇 시까지 열어?

2. Przeczytaj proszę, co tu jest napisane.

   여기에 쓰여진 문구를 읽어 주세요.

3. Słuchasz muzyki czytając książki?

   책을 읽으면서 음악을 듣나요?

4. Umiesz odczytać ten tekst w języku chińskim?

   중국어로 된 이 문서를 해석할 줄 알아?

5. Przeczytałeś tę książkę do końca?

   끝까지 이 책을 다 읽었어?

##  OLIWIA'S TIP

| 분사 (=형용사역할; 서술적, 명사 수식) | | | |
|---|---|---|---|
| 부사적 분사 (서술적 역할) | | 형용사적 분사 (명사 수식) | |
| 현재 분사 (-ąc) | 과거 분사 (-wszy) | 능동 분사 (-ący, -ące, -ąca) | 수동 분사 (-ony, -one, -ona) |

형용사적 분사 일부인 수동분사는 수동태를 만들 때 쓰입니다.

*수동분사 만드는 법: być/zostać + 수동분사 어미 (-ony, -one, -ona)

Ta książka została przeczytana przez mnie. (이 책은 나로 인해 읽혀졌다)

이때 przez(~를 통해)로 목적격 전치사이므로 뒤에는 목적격으로 변형되고, książka는 여성명사이므로 수동분사는 여성형으로 변화합니다.

# 핵심 패턴

## Part.3   unit 13

### 자주 등장하는 일반동사

# 13

* Oglądać ~를 보다.

**109.** Oglądam + 목적격 단수 : 나는 ~를 보고 있습니다.
**110.** Oglądam + 목적격 복수 : 나는 ~를 보고 있습니다.
**111.** Kto ogląda + 목적격? : 누가 ~를 보고 있나요?
**112.** 유용한 일반/조동사 + oglądać
**113.** Obejrzałem + 목적격 : 나는 ~를 봤습니다.
**114.** Oglądać의 다양한 활용

## Part 3-13. 자주 등장하는 일반동사 패턴13. Oglądać

## 109 Oglądam + 목적격 단수
나는 ~를 보고 있습니다.

▼ 의문문 활용

Oglądasz + 목적격 단수?

- Tak, oglądam + 목적격 단수
- Nie, nie oglądam + 소유격 단수

A: Oglądasz telewizję? 텔레비전 보고 있어?
B: Tak, oglądam. To jest mój ulubiony program.
응, 보고 있어. 내가 가장 좋아하는 프로그램이야.

A: Oglądasz film? 영화 보는 중이야?
B: Nie oglądam filmu. 나는 영화를 보고 있지 않아.

▼ 목적격 단수

| | 현재 |
|---|---|
| 1인칭 단수 | oglądam |
| 2인칭 단수 | oglądasz |
| 3인칭 단수 | ogląda |
| 1인칭 복수 | oglądamy |
| 2인칭 복수 | oglądacie |
| 3인칭 복수 | oglądają |

\+

| 구분 | 형용사 단수 | 명사 단수 |
|---|---|---|
| 남성생물 | -ego | -a |
| 남성무생물 | =주격 | =주격 |
| 중성 | =주격 | =주격 |
| 여성 | -ą | -ę |

▼ 소유격 단수

| | 현재 |
|---|---|
| 1인칭 단수 | nie oglądam |
| 2인칭 단수 | nie oglądasz |
| 3인칭 단수 | nie ogląda |
| 1인칭 복수 | nie oglądamy |
| 2인칭 복수 | nie oglądacie |
| 3인칭 복수 | nie oglądają |

\+

| 구분 | 형용사 단수 | 명사 단수 |
|---|---|---|
| 남성생물 | -ego | -a |
| 남성무생물 | -ego | -u |
| 중성 | -ego | -a |
| 여성 | -ej | -i/-y |

## 예문

1. Oglądasz telewizję?  텔레비전 보고 있어?
   → Nie oglądam telewizji.  나는 텔레비전 보고 있지 않아.
2. Oglądacie ciekawy film?  너희는 재미있는 영화를 보고 있어?
   → Nie, oglądamy program dokumentalny.
   아니, 우리는 다큐 프로를 보고 있어.
3. Oglądasz trasę przed rozpoczęciem podróży?
   여행 시작 전에 경로를 봐?
   → Tak, oglądam trasę, bo lubię dokładnie planować podróż.
   응. 정확하게 계획해서 여행하는 것을 좋아해서 경로를 살펴 보고 있어.
4. Gdzie oglądacie mecz?  너희는 어디에서 경기를 봐?
   → Nie mamy telewizora, dlatego oglądamy mecz w internecie.
   텔레비전이 없어서 인터넷으로 경기를 보고 있어.
5. Oglądasz prognozę pogody w telewizji?  텔레비전에서 일기예보를 봐?
   → Tak, oglądam prognozę pogody w telewizji, bo nie lubię sprawdzać w internecie.
   응, 인터넷으로 확인하는 것을 좋아하지 않아서 텔레비전에서 일기예보를 시청해.

## ⭐ OLIWIA'S TIP

oglądać의 경우, 영어의 watch와 동일하게 쓰는 단어로, "어떠한 영상 등을 시청하다."라는 의미가 있습니다. 이외에도 상황에 따라 "~보다." 라는 의미로도 쓸 수 있습니다.

Part 3-13. 자주 등장하는 일반동사 패턴13. Oglądać

## 110　Oglądam + 목적격 복수
나는 ~를 보고 있습니다.

▼ 의문문 활용

Oglądasz + 목적격 복수?

- Tak, oglądam + 목적격 복수
- Nie, nie oglądam + 소유격 복수

> A: Oglądacie ładne widoki? 너희는 아름다운 경치를 보고 있어?
> B: Tak, oglądamy ładne widoki. 응, 아름다운 경치를 보는 중이야.
> A: Oglądacie czasami filmy? 너희는 가끔 영화를 봐?
> B: Nie oglądamy filmów. Nie mamy czasu.
> 　우리는 영화 안 봐. 시간이 없어.

▼ 목적격 복수

| | 현재 |
|---|---|
| 1인칭 단수 | oglądam |
| 2인칭 단수 | oglądasz |
| 3인칭 단수 | ogląda |
| 1인칭 복수 | oglądamy |
| 2인칭 복수 | oglądacie |
| 3인칭 복수 | oglądają |

+

| 구분 | 형용사 복수 | 명사 복수 |
|---|---|---|
| 남자명사 외 | -e | -y/-i |
| 중성 | -e | -a |
| 여성 | -e | -y/-i |

▼ 소유격 복수

| | 현재 |
|---|---|
| 1인칭 단수 | nie oglądam |
| 2인칭 단수 | nie oglądasz |
| 3인칭 단수 | nie ogląda |
| 1인칭 복수 | nie oglądamy |
| 2인칭 복수 | nie oglądacie |
| 3인칭 복수 | nie oglądają |

+

| 구분 | 형용사 복수 | 명사 복수 |
|---|---|---|
| 남자명사 외 | -ych / -ich | -ów<br>-i, -y<br>(기능적연음) |
| 중성<br>여성 | | 탈락<br>-y (기능적연음)<br>-i (연음) |

## 예 문

1. Oglądasz wiadomości w telewizji?

   너는 텔레비전에서 뉴스를 봐?

   → Nie oglądam wiadomości w telewizji, czytam tylko internet.

   텔레비전에서 뉴스를 보지는 않고, 인터넷에서만 기사를 읽어.

2. Oglądacie projekty budowy domu?

   너희는 집 건설 도면을 보는 중이야?

   → Nie oglądamy projektów domu, to są mapy okolicy.

   우리는 건설 도면을 보고 있지 않아, 이것은 주변 지도야.

3. Oglądasz sprzęty komputerowe?

   컴퓨터 장비를 보는 중이야?

   → Nie oglądam sprzętów komputerowych.

   컴퓨터 장비를 보고 있지 않아.

4. Oglądacie wieczorem filmy dokumentalne?

   저녁에 너희는 다큐 영화를 봐?

   → Nie, wieczorem oglądamy zwykle programy rozrywkowe.

   아니, 보통 저녁에는 예능을 보는 편이야.

5. Oglądasz obrazy na wystawie?

   전시회에서 그림을 감상해?

   → Tak, oglądam obrazy na wystawie w muzeum.

   응, 박물관 전시회에서 그림을 감상하는 중이야.

Part 3-13. 자주 등장하는 일반동사 패턴13. Oglądać

## 111 Kto ogląda + 목적격?
누가 ~를 보고 있나요?

▼ 6하원칙 의문사:

Kto/Kiedy/Gdzie/Co/Jak/Dlaczego + (주어) + oglądać

A: Co oglądasz? 무엇을 보고 있어?
B: Oglądam ciekawy film. 나는 재미있는 영화를 보고 있어.

A: Kto ogląda teraz zdjęcia? 누가 지금 사진을 보고 있어?
B: Mój kolega ogląda moje zdjęcia. 내 친구가 내 사진을 보고 있어.

▼ "6하원칙 의문사 + oglądać " 패턴 예문

| | | |
|---|---|---|
| kto 누가 | Kto ogląda telewizję? | 누가 텔레비전을 봐? |
| kiedy 언제 | Kiedy oglądasz filmy? | 언제 영화를 봐? |
| gdzie 어디서 | Gdzie oglądasz mecz? | 어디에서 경기를 봐? |
| co 무엇을 | Co oglądasz w telewizji? | 텔레비전에서 무엇을 시청해? |
| jak 어떻게 | Jak oglądasz polskie filmy? | 폴란드 영화를 어떻게 시청해? |
| dlaczego 왜 | Dlaczego oglądasz film bez napisów? 왜 자막 없이 영화를 봐? | |

## 예문

1. Kto ogląda mecze piłki nożnej?   누가 축구 경기를 봐?

   → Mój brat często ogląda mecze piłki nożnej.

   오빠가 자주 축구 경기를 봐.

2. Jaki program oglądacie w telewizji?

   너희는 텔레비전에서 어떤 프로그램을 시청해?

   → Oglądamy program podróżniczy.   우리는 여행 프로를 봐.

3. Co oglądasz w telewizji?   텔레비전에서 무엇을 시청해?

   → Oglądam z dziećmi Pororo.   아이들과 함께 뽀로로를 봐.

4. Kiedy oglądasz telewizję?   너는 언제 텔레비전을 봐?

   → Czasami oglądam telewizję po pracy w domu.

   퇴근 후에 가끔 집에서 텔레비전을 봐.

5. Jak oglądasz polskie filmy?   폴란드 영화를 어떻게 시청해?

   → Oglądam filmy z napisami w internecie.   인터넷에서 자막과 함께 영화를 봐.

 **OLIWIA'S TIP**

oglądać도 czytać 단어와 마찬가지로 특정 행위가 아닌 일반적인 상황 및 사실을 묻고 답할 때 복수를 씁니다.

Part 3-13. 자주 등장하는 일반동사 패턴13. Oglądać

## 112 유용한 일반/조동사 + oglądać

 **OLIWIA'S TIP**

이번 패턴에서는 part2의 유용한 일반/조동사 10개 패턴 바로 뒤에 일반동사의 원형이 오는 패턴을 학습하게 됩니다. 이번 패턴의 경우 자주 쓰면서도 어렵지 않게 배울 수 있으므로 굉장히 중요한 표현입니다. 특히 별다른 동사변형이 없이 쓸 수 있는 trzeba, warto, wolno, można의 경우 바로 뒤에 동사원형만 넣으면 되므로, 아주 쉽게 접근할 수 있습니다. 동사변형이 어렵다면 상기의 동사 4개를 이용해서 part3,4의 자주 쓰는 일반동사들만 공부를 해도 어느 정도의 회화가 가능하다고 말할 수도 있습니다. 또한 해당 패턴을 잘 이용하여 의문문, 부정문, 동사변형을 연습하면 수십 개의 문장을 만들 수 있습니다.

| | | |
|---|---|---|
| lubić | | |
| chcieć | | |
| móc | | |
| musieć | | |
| woleć | + | **oglądać (ndk)** |
| prosić | | **/ obejrzeć (dk)** |
| trzeba | | |
| warto | | |
| wolno | | |
| można | | |

## 예문

1. Lubię oglądać ciekawe filmy.

   나는 재미있는 영화 보는 것을 좋아해.

2. Chcę obejrzeć jakiś nowy serial.

   새로운 드라마를 좀 보고 싶어.

3. Możesz oglądać filmy na tym telefonie?

   이 핸드폰으로 영화를 볼 수 있어?

4. Musisz obejrzeć Avangers, ten film jest świetny!

   어벤저스는 꼭 봐야 돼. 이 영화는 정말 최고야!

5. Wolę oglądać filmy dokumentalne niż sensacyjne.

   나는 감성적인 영화보다는 다큐 영화 보는 것을 더 좋아해.

6. Proszę obejrzyj dzisiaj wiadomości, powiesz mi co się wydarzyło.

   오늘 뉴스 보고 무슨 일이 일어났는 지 나에게 말 좀 해줘.

7. Czy trzeba płacić, żeby oglądać te kanały?

   이 채널을 시청하려면 돈을 지불해야 하나요?

8. Warto oglądać filmy z angielskimi napisami, żeby uczyć się języka angielskiego.

   영어 공부를 하려면 영어 자막과 함께 영화 보는 것을 추천해.

9. Dzieciom nie wolno oglądać tego filmu.

   아이들은 이 영화를 시청할 수 없습니다.

10. Czy w samolocie można oglądać jakieś filmy?

    비행기에서 영화 같은 걸 볼 수 있나요?

Part 3-13. 자주 등장하는 일반동사 패턴13. Oglądać

## 113　Obejrzałem + 목적격
나는 ~를 봤습니다.

▼ 미래형 활용

Obejrzę + 목적격　　　나는 ~를 볼 것입니다.

▼ 패턴: 과거, 현재, 미래형 oglądać 활용법

|  | 과거 (dk) | 현재 | 미래 (dk) |
|---|---|---|---|
| 1인칭 단수 | obejrzałem/obejrzałam | oglądam | obejrzę |
| 2인칭 단수 | obejrzałeś/obejrzałaś | oglądasz | obejrzysz |
| 3인칭 단수 | obejrzał/obejrzała | ogląda | obejrzy |
| 1인칭 복수 | obejrzeliśmy/obejrzałyśmy | oglądamy | obejrzymy |
| 2인칭 복수 | obejrzeliście/obejrzałyście | oglądacie | obejrzycie |
| 3인칭 복수 | obejrzeli/obejrzały | oglądają | obejrzą |

▼ 추가 활용 표현

| ktoś 누군가 | Ktoś z was obejrzał już te zdjęcia? 너희 중 누가 벌써 이 사진을 봤어? |
|---|---|
| kiedyś 언젠가 | Kiedyś oglądałam amerykańskie filmy. 미국 영화를 본 적이 있었어. |
| coś 뭔가 | Obejrzycie dzisiaj coś w telewizji? 너희는 오늘 텔레비전에서 뭔가를 볼 거야? |
| gdzieś 어디선가 | W wakacje oglądałem gdzieś nad morzem zachód słońca z dziewczyną. 방학 때 여자친구와 함께 바닷가 어딘가에서 일몰을 보았어. |
| jakiś 어떤 | Obejrzałeś ostatnio jakiś film na komputerze? 최근에 컴퓨터로 영화 본 거 있었어? |

▼ 어울리는 전치사

| nad ~에서 | nad morzem/nad rzeką/nad jeziorem　(바닷가/강/호수)에서 |
|---|---|
| na ~에서 | na komputerze/na telefonie/na dvd　(컴퓨터/핸드폰/dvd)에서 |

## 예문

1. Obejrzysz dzisiaj jakiś film na dvd?

   오늘 dvd로 어떤 영화를 볼 거야?

   → Tak, pożyczyłem od kolegi dvd i wieczorem obejrzę stary film.

   응, 저녁에 옛날 영화를 보려고 친구한테 dvd를 빌렸어.

2. Oglądałeś kiedyś wschód słońca nad jeziorem?

   호숫가에서 일출을 본적이 있어?

   → Tak, ostatnio w wakacje oglądałem wschód słońca nad jeziorem.

   응, 최근 방학 때 호숫가에서 일출을 봤어.

3. Czy ktoś z was obejrzał prognozę pogody na jutro?

   너희 중 누군가 내일 일기예보를 봤어?

4. Ktoś chyba oglądał mój pamiętnik.

   아마 누군가 내 일기장을 봤을 거야.

5. Jutro wieczorem obejrzymy na telefonie filmy na Youtube.

   우리는 내일 저녁에 핸드폰으로 유투브에 있는 영화를 볼 거야.

### OLIWIA'S TIP

nad (~위에)는 바로 뒤에 기구격을 취하는 전치사입니다. 장소의 개념에서 "~위에"의 의미도 있지만, 물과 관련된 장소 (바닷가/호수/강)를 표현할 경우 전치사 na 대신 사용하여 "~에서"의 의미가 됩니다.

Part 3-13. 자주 등장하는 일반동사 패턴13. Oglądać

## 114 Oglądać의 다양한 활용

 OLIWIA'S TIP

폴란드어의 경우, 어원을 알고 전치사에서 따온 접두사를 앞에 넣으면 의미가 약간은 비슷한, 아님 완전히 다른 의미의 단어가 됩니다. 예를 들어, gląd(개요)라는 어원에 접두사 "o(about)를 붙이면 ~를 보다."라는 단어가 되지만, wy(out)를 붙이면 "~보이다." 라는 의미가 됩니다.

즉, 폴란드어를 공부할 때에는 어원을 잘 익혀 두고 파생되는 동사 및 접두사(의미)를 이해하면 접근이 쉬워집니다. 이와 같은 맥락으로 본 동사 패턴에서는 각종 파생되는 동사를 어원 명사, 접두사+동사, 분사, 명령법 등이 어떠한 규칙으로 만들어지는 지를 살펴본다면 어원 암기만을 통해 내용을 추론할 수 있게 됩니다.

| 구분 | 완성 | 의미 | 파생명사 |
|---|---|---|---|
| o | oglądać | ~를 보다/시청하다 | pogląd (견해) |
| 완료 | obejrzeć(dk) | ~를 보다 (dk) | |
| wy | wyglądać | ~처럼 보이다 | wygląd (외모) |
| za | zaglądać | 들여다 보다 | |
| prze | przeglądać | ~통해 보다 | przegląd (리뷰) |
| | przeglądać się w lustrze | 거울 속을 들여다 보다 | |
| 동명사 | oglądanie | 보는 것 | |
| 명령법 | oglądaj! | 봐라! | |
| 현재분사 | oglądając | 보면서 | |
| 수동분사 | obejrzany (dk) | 봤던 | |

## 예문

1. Zaglądasz do notatek przed egzaminem?

    시험 전에 노트를 들여다 보나요?

2. Oglądaj dzisiaj o 20.00 film w telewizji, jest bardzo ciekawy!

    오늘 텔레비전에서 하는 20시 영화 봐, 정말 재미있어!

3. Czy oglądanie bajek ma pozytywny wpływ na dzieci?

    동화를 보는 것은 아이들에게 긍정적인 영향을 주나요?

4. Przeglądałaś już raport za kwiecień?

    4월용 보고서를 벌써 살펴 보았나요?

5. Przeglądałaś się dzisiaj w lustrze? Masz rozmazany makijaż!

    오늘 거울 봤어? 너 화장 번졌어!

 OLIWIA'S TIP

폴란드에서는 "~를 보다." 라는 의미로, patrzeć na ~를 쳐다보다, zobaczyć ~를 볼 것이다, "widzieć (사람, 사물)~을 보다."와 함께 "oglądać ~를 시청하다."가 있습니다.
또한 수동분사는 완료형 동사를 쓰기 때문에 "obejrzany" 수동 분사형을 쓰며, 형용사적 역할을 하기 때문에 뒤에 나오는 명사의 성에 따라 남성/중성/여성으로 어미 변형을 합니다.

# 핵심 패턴

## Part.3　unit 14

### 자주 등장하는 일반동사

# 14

* Znać ~를 알다.

**115.** Znam + 목적격 단수 : 나는 ~를 알고 있습니다.

**116.** Znam + 목적격 복수 : 나는 ~를 알고 있습니다.

**117.** Kto zna + 목적격? : 누가 ~를 알고 있나요?

**118.** 유용한 일반/조동사 + znać

**119.** Znałem + 목적격 : 나는 ~를 알았습니다.

**120.** Znać의 다양한 활용

Part 3-14. 자주 등장하는 일반동사 패턴14. Znać

## 115 Znam + 목적격 단수
나는 ~를 알고 있습니다.

▼ 의문문 활용

Znasz + 목적격 단수?

- Tak, znam + 목적격 단수
- Nie, nie znam + 소유격 단수

A: Znasz mojego kolegę?  내 친구 알아?
B: Nie znam twojego kolegi.  나는 네 친구를 몰라.

A: Znacie mojego szefa?  너희는 내 상사를 알고 있어?
B: Jeszcze nie poznaliśmy twojego szefa.
　우리는 아직 네 상사를 알 기회가 없었어.

▼ 목적격 단수

| | 현재 |
|---|---|
| 1인칭 단수 | znam |
| 2인칭 단수 | znasz |
| 3인칭 단수 | zna |
| 1인칭 복수 | znamy |
| 2인칭 복수 | znacie |
| 3인칭 복수 | znają |

+

| 구분 | 형용사 단수 | 명사 단수 |
|---|---|---|
| 남성생물 | -ego | -a |
| 남성무생물 | =주격 | =주격 |
| 중성 | =주격 | =주격 |
| 여성 | -ą | -ę |

▼ 소유격 단수

| | 현재 |
|---|---|
| 1인칭 단수 | nie znam |
| 2인칭 단수 | nie znasz |
| 3인칭 단수 | nie zna |
| 1인칭 복수 | nie znamy |
| 2인칭 복수 | nie znacie |
| 3인칭 복수 | nie znają |

+

| 구분 | 형용사 단수 | 명사 단수 |
|---|---|---|
| 남성생물 | -ego | -a |
| 남성무생물 | -ego | -u |
| 중성 | -ego | -a |
| 여성 | -ej | -i/-y |

## 예문

1. Znasz tę grę planszową?     이 보드 게임 알고 있어?

   → Nie znam jeszcze tej gry.     나는 아직 이 게임을 몰라.

2. Znacie moją dziewczynę?     너희는 내 여자친구를 알아?

   → Nie znamy twojej dziewczyny.     우리는 네 여자친구를 몰라.

3. Znacie się?     너희들 서로 아는 사이야?

   → Tak, znamy się. Spotkaliśmy się kiedyś na imprezie.

   응, 우리는 서로 아는 사이야. 우리는 파티에서 만난적이 있어.

4. Znasz jakieś ciekawe przysłowie?     너는 재미있는 속담 같은 걸 알고 있어?

   → Nie znam żadnego ciekawego przysłowia.     재미있는 속담 하나도 몰라.

5. Znacie tę książkę?     너희는 이 책을 알아?

   → Nie znamy tej książki.     우리는 이 책을 몰라.

## ⭐ OLIWIA'S TIP

znać에 재귀대명사 się을 붙이면 "서로를 알다."라는 단어가 되어, 별도로 목적격이 나오지 않습니다.

### Part 3-14. 자주 등장하는 일반동사 패턴14. Znać

## 116  Znam + 목적격 복수
나는 ~를 알고 있습니다.

▼ 의문문 활용

Znasz + 목적격 복수?

- Tak, znam + 목적격 복수
- Nie, nie znam + 소유격 복수

A: Znacie moje dzieci? 너희는 내 아이들을 알아?
B: Jeszcze nie znamy twoich dzieci. 네 아이들을 아직 몰라.
A: Znasz moich kolegów z pracy? 내 직장 동료들을 알고 있어?
B: Nie znam twoich kolegów. 나는 너의 동료들을 몰라.

▼ 목적격 복수

|  | 현재 |
|---|---|
| 1인칭 단수 | znam |
| 2인칭 단수 | znasz |
| 3인칭 단수 | zna |
| 1인칭 복수 | znamy |
| 2인칭 복수 | znacie |
| 3인칭 복수 | znają |

+

| 구분 | 형용사 복수 | 명사 복수 |
|---|---|---|
| 남자사람 | -ych / -ich | -ów<br>-y-i (기능적연음) |
| 남자명사 외 | -e | -y/-i |
| 중성 | -e | -a |
| 여성 | -e | -y/-i |

▼ 소유격 복수

|  | 현재 |
|---|---|
| 1인칭 단수 | nie znam |
| 2인칭 단수 | nie znasz |
| 3인칭 단수 | nie zna |
| 1인칭 복수 | nie znamy |
| 2인칭 복수 | nie znacie |
| 3인칭 복수 | nie znają |

+

| 구분 | 형용사 복수 | 명사 복수 |
|---|---|---|
| 남성 | -ych / -ich | -ów<br>-i, -y<br>(기능적연음) |
| 중성<br>여성 |  | 탈락<br>-y (기능적연음)<br>-i (연음) |

## 예문

1. Znacie moje koleżanki z uczelni?  너희는 내 학교 여자친구들을 알고 있어?

   → Nie znamy twoich koleżanek.  우리는 네 친구들을 몰라.

2. Znacie jakieś polskie filmy?  너희는 폴란드 영화 아는 게 있어?

   → Nie znamy polskich filmów.  우리는 폴란드 영화를 몰라.

3. Znasz odpowiedzi na te pytania?  이 질문에 대한 답을 알아?

   → Tak, znam wszystkie odpowiedzi.  응, 모든 답을 알아.

4. Ile znasz języków obcych?  몇 개의 외국어를 알아?

   → Znam 4 języki obce.  4개의 외국어를 알아.

5. Znasz moje siostry?  내 언니들을 알고 있어?

   → Nie znam twoich sióstr.  네 언니들을 몰라.

### ⭐ OLIWIA'S TIP

znać 단어는 "~를 알다."라는 뜻으로, 바로 뒤에 명사만 올 수 있습니다. 목적격으로 오는 대상은 사물, 사람 모두 자연스럽게 쓸 수 있습니다.

Part 3-14. 자주 등장하는 일반동사 패턴14. Znać

## 117 Kto zna + 목적격?
누가 ~를 알고 있나요?

▼ 6하원칙 의문사:

Kto/Kiedy/Gdzie/Co/Jak/Dlaczego + (주어) + znać

A: Kto zna mojego syna?     누가 내 아들을 알아?
B: Moja córka zna twojego syna.     내 딸이 네 아들을 알아.

A: Kto zna już wyniki egzaminu?     누가 벌써 시험 결과를 알아?
B: Ja już znam wyniki! Sprawdziłem przed chwilą w internecie.
내가 결과를 알아! 방금 인터넷에서 확인했어.

▼ "6하원칙 의문사 + znać " 패턴 예문

| | |
|---|---|
| kto 누가 | Kto zna dobrą restaurację w tej okolicy?<br>누가 이 지역의 좋은 식당을 알아? |
| kiedy 언제 | Kiedy poznałeś swoją żonę? 너는 와이프를 언제 알게 되었어? |
| gdzie 어디서 | Gdzie poznaliście się? 너희는 어디에서 서로 알게 되었어? |
| jak 어떻게 | Jak poznaliście się? 너희는 어떻게 서로를 알게 되었어? |
| dlaczego 왜 | Dlaczego nie znasz mojego adresu? 왜 내 주소를 몰라? |
| skąd ~로 부터 | Skąd się znacie? 어떻게 서로 알게 되었어? |

## 예문

1. Kto zna dobre podręczniki do nauki języka polskiego?
   폴란드어 공부하기에 좋은 교재를 아는 사람?
   → Moi koledzy znają dobre podręczniki.
   내 친구들이 좋은 폴란드 교재들을 알고 있어.
2. Co znacie spośród polskich produktów?
   너희는 폴란드 제품들 중에 아는 제품이 있어?
   → Znamy dobre polskie kosmetyki.
   우리는 좋은 폴란드 화장품을 알고 있어.
3. Kiedy się poznaliście?   너희는 언제 서로를 알게 되었어?
   → Znamy się od dawna, już 10 lat.
   우리는 오래 전부터 아는 사이야, 벌써 10년째야.
4. Jakie marki samochodów znacie?   너희는 어떤 자동차 브랜드를 알고 있어?
   → Znamy koreańskie samochody, np. hyundai.
   예를 들어 현대와 같은 한국 자동차를 알고 있어.
5. Obsługę którego komputera znasz dobrze?
   어떤 컴퓨터의 사용법을 잘 알아?
   → Znam dobrze tylko Mackbook'a.   맥북에 대해서만 아주 잘 알고 있어.

## ⭐ Oliwia's Tip

znać: 를 알다. / poznać się: (서로)를 알게 되다.
po라는 접두사를 넣으면 미래의 의미인 완료형이 되며, 처음 만나서 서로를 알게 된 것은 한 번에 그치기 때문에 과거 완료형이 자연스러운 표현입니다.

Part 3-14. 자주 등장하는 일반동사 패턴14. Znać

## 118 유용한 일반/조동사 + znać

 OLIWIA'S TIP

이번 패턴에서는 part2의 유용한 일반/조동사 10개 패턴 바로 뒤에 일반동사의 원형이 오는 패턴을 학습하게 됩니다. 이번 패턴의 경우 자주 쓰면서도 어렵지 않게 배울 수 있으므로 굉장히 중요한 표현입니다. 특히 별다른 동사변형이 없이 쓸 수 있는 trzeba, warto, wolno, można의 경우 바로 뒤에 동사원형만 넣으면 되므로, 아주 쉽게 접근할 수 있습니다. 동사변형이 어렵다면 상기의 동사 4개를 이용해서 part3,4의 자주 쓰는 일반동사들만 공부를 해도 어느 정도의 회화가 가능하다고 말할 수도 있습니다. 또한 해당 패턴을 잘 이용하여 의문문, 부정문, 동사변형을 연습하면 수십 개의 문장을 만들 수 있습니다.

| | | |
|---|---|---|
| lubić | | |
| chcieć | | |
| móc | | |
| musieć | | |
| woleć | + | znać (ndk) / poznać (dk) |
| prosić | | |
| trzeba | | |
| warto | | |
| wolno | | |
| można | | |

304

## 예문

1. Lubię poznawać nowych ludzi.

   나는 새로운 사람들을 알아 가는 것을 좋아해.

2. Chcę poznać różne polskie potrawy.

   다양한 폴란드 음식에 대해 알고 싶어.

3. Mogę poznać twoich rodziców?

   너희 부모님을 (처음) 만나 뵐 수 있을까?

4. Muszę dokładnie poznać treść tych dokumentów.

   이 서류 내용에 대해 정확하게 알아야 해.

5. Wolę lepiej poznać polską kulturę niż podróżować po Europie.

   유럽을 여행하는 것보다 폴란드 문화에 대해 알아가는 것이 더 좋아.

6. Proszę poznajcie się!

   서로들 인사해!

7. Przed ślubem trzeba dobrze poznać charakter drugiej osoby.

   결혼 전에, 서로의 성격을 잘 알아볼 필요가 있어.

8. Warto lepiej poznać Polskę.

   폴란드에 대해 알아갈 만한 가치가 있어.

9. W tym muzeum można poznać historię Polski.

   이 박물관에서는 폴란드 역사를 알아볼 수 있어.

## Part 3-14. 자주 등장하는 일반동사 패턴14. Znać

### 119 Znałem + 목적격
나는 ~를 알았습니다.

▼ 미래형 활용

Poznam + 목적격    나는 ~를 알 것입니다.

▼ 패턴: 과거, 현재, 미래형 znać 활용법

|  | 과거 (ndk) | 현재 | 미래 (dk) |
|---|---|---|---|
| 1인칭 단수 | znałem/znałam | znam | poznam |
| 2인칭 단수 | znałeś/znałaś | znasz | poznasz |
| 3인칭 단수 | znał/znała | zna | pozna |
| 1인칭 복수 | znaliśmy/znałyśmy | znamy | poznamy |
| 2인칭 복수 | znaliście/znałyście | znacie | poznacie |
| 3인칭 복수 | znali/znały | znają | poznają |

▼ 추가 활용 표현

| ktoś 누군가 | Ktoś z was zna mojego ojca?<br>너희 중 누가 내 아버지를 알아? |
|---|---|
| kiedyś 언젠가 | Kiedyś poznałem tego studenta.<br>이 학생을 알게 된 적이 있어. |
| coś<br>뭔가 | Poznałeś tutaj coś nowego?<br>여기에서 뭔가 새로운 걸 알아냈어? |
| gdzieś<br>어디선가 | Gdzieś poznałeś koreańską kulturę?<br>한국 문화는 어디에서 알게 되었어? |
| jakiś 어떤 | Znaliście jakieś osoby, które pracowały za granicą?<br>너희는 해외에서 근무하는 사람 중 아는 사람 있어? |

▼ 어울리는 전치사

| przed<br>~전에 | przed egzaminem/przed wyjazdem/przed spotkaniem<br>(시험/출발/미팅)전에 |
|---|---|
| w ~에서 | w warsztacie/w okolicy/w Polsce (정비소/근처/폴란드)에서 |

## 예문

1. Poznaliśmy się 3 lata temu gdzieś nad morzem.

   우리는 3년전 해변가 어딘가에서 알게 됐어.

2. Będziecie znali pytania przed egzaminem?

   너희는 시험 전에 질문을 할거야?

3. Będziecie znali program wycieczki przed wyjazdem?

   너희는 출발 전에 여행 프로그램을 알아볼 거야?

4. Kiedyś znałem kolegę, który pracował w warsztacie i pomagał mi naprawić samochód.

   자동차 정비소에서 근무했던 친구를 알게 되었는데, 그때 차 수리를 도와줬어.

5. W poniedziałek przed spotkaniem poznamy nowego szefa.

   우리는 미팅 전 월요일에 새로운 상사를 맞이할거야.

 **OLIWIA'S TIP**

znać의 경우, 불완료형 미래 동사로 być 동사의 미래형 + znać 동사를 넣어 계속적으로 반복적으로 알게 되는 행위를 표현할 때 쓸 수 있습니다. 문법적으로 어색한 표현은 아니나, znać동사는 반복적인 미래형보다 poznać 처럼 미래 완료형이 더 자연스러운 표현입니다.

Part 3-14. 자주 등장하는 일반동사 패턴14. Znać

# 120 Znać의 다양한 활용

 OLIWIA'S TIP

폴란드어의 경우, 어원을 알고 전치사에서 따온 접두사를 앞에 넣으면 의미가 약간은 비슷한, 아님 완전히 다른 의미의 단어가 됩니다. znać 동사에 wy(out)의 전치사를 넣으면 "아는 것을 내뱉다."는 의미로 "고백/자백하다."라는 새로운 단어가 됩니다. 즉, 폴란드어를 공부할 때에는 어원을 잘 익혀 두고 파생되는 동사 및 접두사(의미)를 이해하면 접근이 쉬워집니다. 이와 같은 맥락으로 본 동사 패턴에서는 각종 파생되는 동사를 어원 명사, 접두사+동사, 분사, 명령법 등이 어떠한 규칙으로 만들어지는 지를 살펴본다면 어원 암기만을 통해 내용을 추론할 수 있게 됩니다.

| 구분 | 파생 완료 | 파생 불완료 | 의미 |
| --- | --- | --- | --- |
| po | poznać | poznawać | 알게 되다 |
| wy | wyznać | wyznawać | 고백/자백하다 |
| przy | przyznać | przyznawać | 인정하다 |
| 명사 | znawca | | 전문가 |
| | znajomy/znajoma | | 지인 (남/여) |
| 동명사 | poznanie | | 알게 되는 것 |
| 명령법 | poznaj! | poznawaj! | 알아라! |
| 현재분사 | znając | | 알면서 |
| 수동분사 | znany | | 알려진/유명한 |

## 예문

1. Znasz na pamięć numer telefonu do dziadka?

   할아버지 핸드폰 번호를 암기하고 있어?

2. Jak ma na imię twój znajomy z pracy?

   네 회사 동료 이름이 뭐야?

3. Masz jakieś znane piosenki na telefonie?

   핸드폰에 유명한 노래가 들어 있어?

4. Mój ojciec jest znawcą serów, wie o nich wszystko!

   치즈에 대해 모든 걸 알고 있는 걸 보면 내 아버지는 치즈 전문가야.

5. Tato, poznaj moją dziewczynę, ma na imię Anna.

   아빠, 내 여자친구 소개할게요, 이름은 안나 예요.

 OLIWIA'S TIP

### 접두사에 따라 또 다른 완료-불완료가 되며 의미도 변함

| 불완료 | 완료 |  |
|---|---|---|
| znać | poznać |  |
|  | 파생 완료 | 파생 불완료 |
|  | wyznać | wyznawać |
|  | przyznać | przyznawać |

기본적으로 완료형을 만드는 방법은 "1. 접두사를 붙인 단어 2. 단어수가 상대적으로 적은 것"으로 구분이 가능합니다. wyznać가 상대적으로 wyznawać보다 단어수가 적으므로 완료로 볼 수 있습니다.

# 핵심 패턴

# Part.3 unit 15

## 자주 등장하는 일반동사

# 15

## * Grać ~를 (경기/연주)하다.

**121.** Gram w + 목적격 : 나는 ~를 경기하고 있습니다.
**122.** Gram na + 장소격 : 나는 ~를 연주하고 있습니다.
**123.** Kto gra w + 목적격? : 누가 ~를 경기하나요.
**124.** 유용한 일반/조동사 + grać
**125.** Grałem w + 목적격 / na + 장소격
**126.** Grać의 다양한 활용

Part 3-15. 자주 등장하는 일반동사 패턴15. Grać

## 121 Gram w + 목적격
나는 ~를 경기하고 있습니다.

▼ 의문문 활용

Grasz w + 목적격?

- Tak, gram w + 목적격
- Nie, nie gram w + 목적격

A: Grasz czasami w golfa? 가끔 골프를 쳐?
B: Rzadko gram w golfa. 골프는 거의 치지 않아.

A: Grasz w gry komputerowe? 컴퓨터 게임을 해?
B: Nie gram w gry komputerowe. 나는 컴퓨터 게임을 하지 않아.

▼ 목적격 단수

|  | 현재 |
|---|---|
| 1인칭 단수 | gram |
| 2인칭 단수 | grasz |
| 3인칭 단수 | gra |
| 1인칭 복수 | gramy |
| 2인칭 복수 | gracie |
| 3인칭 복수 | grają |

+ w +

| 구분 | 형용사 단수 | 명사 단수 |
|---|---|---|
| 남성생물 | -ego | -a |
| 남성무생물 | =주격 | =주격 |
| 중성 | =주격 | =주격 |
| 여성 | -ą | -ę |

▼ 목적격 복수

|  | 현재 |
|---|---|
| 1인칭 단수 | nie gram |
| 2인칭 단수 | nie grasz |
| 3인칭 단수 | nie gra |
| 1인칭 복수 | nie gramy |
| 2인칭 복수 | nie gracie |
| 3인칭 복수 | nie grają |

+ w +

| 구분 | 형용사 복수 | 명사 복수 |
|---|---|---|
| 남자명사 외 | -e | -y/-i |
| 중성 | -e | -a |
| 여성 | -e | -y/-i |
| 남자명사 외 | -e | -y/-i |

## 예문

1. Grasz w tenisa?   테니스 쳐?

   → Nie gram w tenisa.   나는 테니스를 치지 않아.

2. Gracie w siatkówkę?   너희 배구 경기 해?

   → Nie gramy w siatkówkę.   우리는 배구 경기를 하지 않아.

3. Grasz w sobotę z kolegami w koszykówkę?

   토요일에 친구들과 함께 농구를 해?

   → Tak, w każdą sobotę gramy razem w koszykówkę.

   매주 토요일마다 함께 농구를 해.

4. Gracie czasami w gry komputerowe?   너희는 가끔 컴퓨터 게임을 해?

   → Nie gramy w gry komputerowe, bo nie mamy czasu.

   우리는 시간이 없어서 컴퓨터 게임을 하지 않아.

5. Grasz w gry planszowe z dziećmi?   아이들과 함께 보드 게임을 해?

   → Tak, w weekend gram często z dziećmi w gry planszowe.

   응, 주말에는 자주 아이들과 함께 보드 게임을 해.

 OLIWIA'S TIP

grać 동사의 경우, 단독으로 쓰이지 않고 w (전치사)와 동반하여 쓰는 숙어이므로 함께 학습해야 하며, 이때 "전치사 〉 동사"의 순서에 따라, nie 부정어를 붙여도 뒤에 나오는 명사는 w(목적격)에 영향을 받아 목적격 어미로 변화하게 됩니다.

Part 3-15. 자주 등장하는 일반동사 패턴15. Grać

## 122 Gram na + 장소격
**나는 ~를 연주하고 있습니다.**

▼ 의문문 활용

Grasz na + 장소격?

- Tak, gram na + 장소격
- Nie, nie gram na + 장소격

A: Grasz na pianinie?  너는 피아노를 쳐?
B: Nie gram na pianinie.  나는 피아노를 치지 않아.

A: Gracie na jakimś instrumencie?  너희는 어떤 악기를 연주해?
B: Tak, gramy na gitarze.  응, 우리는 기타를 쳐.

▼ 장소격 단수

| | 현재 | | 구분 | 형용사 단수 | 명사 단수 |
|---|---|---|---|---|---|
| 1인칭 단수 | gram | | 남성 중성 | -im -ym | 경음 → 연음화+e |
| 2인칭 단수 | grasz | | | | k,g,ch,연음, 기능적연음 + u |
| 3인칭 단수 | gra | + na + | | | |
| 1인칭 복수 | gramy | | | | 경음 → 연음화+e |
| 2인칭 복수 | gracie | | 여성 | -ej | 연음, 기능적연음,l,j+i |
| 3인칭 복수 | grają | | | | 기능적연음+y |

▼ 장소격 복수

| | 현재 | | 구분 | 형용사 단수 | 명사 단수 |
|---|---|---|---|---|---|
| 1인칭 단수 | nie gram | | | | |
| 2인칭 단수 | nie grasz | | 남성 중성 여성 | -ich -ych | -ach |
| 3인칭 단수 | nie gra | + na + | | | |
| 1인칭 복수 | nie gramy | | | | |
| 2인칭 복수 | nie gracie | | | | |
| 3인칭 복수 | nie grają | | | | |

## 예문

1. Grasz czasami na konsoli? 가끔 콘솔 게임을 해?

   → Tak, gram w domu z bratem na Playstation.

   응, 집에서 남동생과 함께 플레이스테이션으로 게임을 해.

2. Na jakim instrumencie gra twój brat? 네 남동생은 어떤 악기를 연주해?

   → Mój brat gra na skrzypcach. 내 남동생은 바이올린을 연주해.

3. Gracie na komputerze? 너희는 컴퓨터로 게임을 해?

   → Nie gramy na komputerze, nie mamy czasu.

   우리는 시간이 없어서 컴퓨터로 게임 하지 않아.

4. Grasz na trąbce? 너는 트럼펫을 연주해?

   → Nie gram na trąbce. 나는 트럼펫을 연주하지 않아.

5. Gracie na flecie? 너희는 플룻을 연주해?

   → Nie gramy na flecie. 우리는 플룻을 연주하지 않아.

## ⭐ Oliwia's Tip

grać + w (목적격) = (게임)~을 하다.

grać + na (장소격) = (악기) 연주를 하다.

위의 의미에 따라 명사의 어미변형이 달라지므로 구분하여 학습하여야 합니다.

Part 3-15. 자주 등장하는 일반동사 패턴15. Grać

## 123  Kto gra w + 목적격?
누가 ~를 경기하나요?

▼ 의문문 활용

Kto gra na + 장소격?　　　　누가 ~를 연주하나요?

▼ 6하원칙 의문사:

Kto/Kiedy/Gdzie/Co/Jak/Dlaczego + (주어) + grać

> A: Dlaczego grasz na gitarze?　　　왜 기타 연주를 해?
> B: Gram na gitarze, bo lubię taką muzykę.
> 　 이런 음악을 좋아하기 때문에 기타를 연주해.
>
> A: Kiedy grasz w piłkę nożną?　　　너는 언제 축구 해?
> B: Gram w piłkę nożną wieczorem po pracy.
> 　 퇴근 후 저녁시간에 축구 해.

▼ "6하원칙 의문사 + grać" 패턴 예문

| | |
|---|---|
| kto 누가 | Kto z was gra w koszykówkę?  너희 중 누가 농구를 해? |
| kiedy 언제 | Kiedy gracie na flecie? 너희는 언제 플룻 연주를 해? |
| gdzie 어디서 | Gdzie grasz na gitarze?  어디에서 기타를 쳐? |
| co 무엇을 | W co grasz na komputerze?  컴퓨터로 무슨 게임을 해? |
| jak 어떻게 | Wiesz jak grać w golfa? 골프 치는 법을 알고 있어? |
| dlaczego 왜 | Dlaczego nie grasz już w piłkę nożną? 왜 벌써 축구를 하지 않아? |

## 예문

1. Kto gra w siatkówkę?   누가 배구를 해?

   → Moi koledzy grają w siatkówkę.   내 친구들이 배구를 해.

2. Kiedy gracie na gitarze?   너희는 언제 기타를 쳐?

   → Gramy na gitarze ze znajomymi po pracy.

   퇴근 후 지인들과 기타를 쳐.

3. Gdzie gracie w tenisa?   너희는 어디에서 테니스를 쳐?

   → Gramy w tenisa w parku.   우리는 공원에서 테니스를 쳐.

4. W co gracie w wolnym czasie?   너희는 여가시간에 무엇을 경기해?

   → W wolnym czasie gramy w golfa.   여가시간에 골프 경기를 해.

5. W co grasz na telefonie?   핸드폰으로 무슨 게임을 해?

   → Gram na telefonie w szachy.   핸드폰으로 체스를 해.

 OLIWIA'S TIP

**W co grasz? Vs Na czym grasz?**

grać 동사의 경우, 뒤에 나오는 전치사가 w/na 에 따라서, 의미와 대상이 달라지기 때문에 의문문에서도 구분하여야 합니다.
W co는 (게임)등에 대한 물음이므로 w + 목적격
Na czym은 (악기)등에 대한 물음이므로 na + 장소격으로 각각 co의 형태도 변형됩니다.

Part 3-15. 자주 등장하는 일반동사 패턴15. Grać

## 124  유용한 일반/조동사 + grać

 Oliwia's Tip

이번 패턴에서는 part2의 유용한 일반/조동사 10개 패턴 바로 뒤에 일반동사의 원형이 오는 패턴을 학습하게 됩니다. 이번 패턴의 경우 자주 쓰면서도 어렵지 않게 배울 수 있으므로 굉장히 중요한 표현입니다. 특히 별다른 동사변형이 없이 쓸 수 있는 trzeba, warto, wolno, można의 경우 바로 뒤에 동사원형만 넣으면 되므로, 아주 쉽게 접근할 수 있습니다. 동사변형이 어렵다면 상기의 동사 4개를 이용해서 part3,4의 자주 쓰는 일반동사들만 공부를 해도 어느 정도의 회화가 가능하다고 말할 수도 있습니다. 또한 해당 패턴을 잘 이용하여 의문문, 부정문, 동사변형을 연습하면 수십 개의 문장을 만들 수 있습니다.

| | | |
|---|---|---|
| lubić | | |
| chcieć | | |
| móc | | |
| musieć | | |
| woleć | + | grać w |
| prosić | | / grać na |
| trzeba | | |
| warto | | |
| wolno | | |
| można | | |

## 예문

1. Lubię grać w gry komputerowe.

   나는 컴퓨터 게임 하는 것을 좋아해.

2. Chcę umieć grać na flecie.

   나는 플룻을 배우고 싶어.

3. Można grać w gry planszowe w kawiarni?

   카페에서 보드게임을 할 수 있나요?

4. Musisz grać naprawdę dobrze, jeśli chcesz wygrać ten konkurs.

   이 시합에서 이기고 싶으면 경기를 정말 잘 해야 해.

5. Wolę grać w golfa niż w tenisa.

   나는 테니스보다 골프 치는 것을 더 좋아해.

6. Proszę nie graj tak długo na komputerze.

   이렇게 오랫동안 컴퓨터 게임을 하지 마세요.

7. Żeby wygrać mecz trzeba grać agresywnie.

   경기에 이기기 위해서는 공격적으로 경기해야 한다.

8. Warto grać na pianinie, to interesujące hobby.

   흥미로운 취미로 피아노는 연주할만한 가치가 있어.

9. Tutaj nie wolno grać w piłkę nożną.

   여기에서는 축구를 하면 안됩니다.

10. Gdzie w Warszawie można grać w koszykówkę?

    바르샤바 어디에서 농구를 할 수 있나요?

## Part 3-15. 자주 등장하는 일반동사 패턴15. Grać

### 125 Grałem w + 목적격 / na + 장소격

▼ 미래형 활용

Będę grał w + 목적격 / na + 장소격

▼ 패턴: 과거, 현재, 미래형 grać 활용법

|  | 과거 | 현재 | 미래 |
|---|---|---|---|
| 1인칭 단수 | grałem/grałam | gram | będę grał/grała |
| 2인칭 단수 | grałeś/grałaś | grasz | będziesz grał/grała |
| 3인칭 단수 | grał/grała | gra | będzie grał/grała |
| 1인칭 복수 | graliśmy/grałyśmy | gramy | będziemy grali/grały |
| 2인칭 복수 | graliście/grałyście | gracie | będziecie grali/grały |
| 3인칭 복수 | grali/grały | grają | będą grali/grały |

▼ 추가 활용 표현 grać + w/na

| ktoś 누군가 | Ktoś z was grał w golfa? 너희 중 누군가가 골프를 쳤지? |
|---|---|
| kiedyś 언젠가 | Kiedyś grałam na perkusji. 드럼을 연주했던 적이 있었어. |
| coś 뭔가 | Grałeś wczoraj w coś na komputerze?<br>어제 컴퓨터로 무슨 게임을 했어? |
| gdzieś 어디선가 | Czy w pobliżu można gdzieś grać w koszykówkę?<br>근처 어딘 가에 농구를 할만한 곳이 있어? |
| jakiś 어떤 | Grałeś w dzieciństwie na jakimś instrumencie?<br>어린 시절에 연주했던 악기가 있어? |

▼ 어울리는 부사

| 요일 | w poniedziałek, we wtorek, w środę, w czwartek, w piątek, w sobotę, w niedzielę (월,화,수,목,금,토,일) 요일에 |
|---|---|
| 미래 | jutro, pojutrze, za (tydzień/miesiąc/rok)<br>내일, 모레, (일주일/한 달/일 년) 후에 |

## 예문

1. Wczoraj w parku ktoś grał na gitarze i śpiewał.

    어제 공원에서 누군가가 노래를 부르고 기타를 쳤어.

2. Kiedyś grałem na flecie, ale nie lubiłem tego.

    플룻을 연주했던 적이 있었는데, 좋아하지 않았어.

3. Będziecie grali w coś na komputerze wieczorem?

    너희는 저녁에 컴퓨터로 어떤 게임을 할거야?

4. Pamiętasz jak graliśmy w szachy gdzieś w parku?

    공원 어딘가에서 어떻게 체스를 했는 지 기억나?

5. Na imprezie będziemy grali ze znajomymi w jakąś grę planszową.

    우리는 지인들과 함께 보드게임 같은 걸 할 거야.

 **OLIWIA'S TIP**

옆 테이블 이외에도 빈도부사, 여러 전치사 등을 이용하여 다양하게 표현할 수 있습니다. 부록을 참고하여 다양한 표현을 연습해보세요.

Part 3-15. 자주 등장하는 일반동사 패턴15. Grać

## 126 Grać의 다양한 활용

 **OLIWIA'S TIP**

폴란드어의 경우, 어원을 알고 전치사에서 따온 접두사를 앞에 넣으면 의미가 약간은 비슷한, 아님 완전히 다른 의미의 단어가 됩니다. 예를 들어 grać는 "~(play)하다."라는 단어로, 이어 wy(out)의 의미를 갖는 전치사를 접두사로 넣으면 "이기다."의미의 약간은 뉘앙스가 다른 단어가 됩니다. 또한 의미가 달라졌기 때문에 이에 파생되는 비슷한 형태의 불완료 동사가 생기며 이때 짝꿍은 wygrać(완료) - wygrywać(불완료)입니다.

즉, 폴란드어를 공부할 때에는 어원을 잘 익혀 두고 파생되는 동사 및 접두사(의미)를 이해하면 접근이 쉬워집니다. 이와 같은 맥락으로 본 동사 패턴에서는 각종 파생되는 동사를 어원 명사, 접두사+동사, 분사, 명령법 등이 어떠한 규칙으로 만들어지는 지를 살펴본다면 어원 암기만을 통해 내용을 추론할 수 있게 됩니다.

| 구분 | 완성 | 파생 불완료 | 의미 |
|---|---|---|---|
| za | zagrać(dk) | | (게임)하다 |
| prze | przegrać | przegrywać | 지다 |
| wy | wygrać | wygrywać | 이기다 |
| na | nagrać | nagrywać | 녹음하다 |
| 명사 | gracz | | 게이머 |
| | gra | | 게임 |
| 동명사 | granie | | 게임 하는 것 |
| 명령법 | graj! | | 게임 해라! |
| 현재분사 | grając 게임 하면서 | wygrywając 이기면서 | |

## 예문

1. Relaksujesz się grając na pianinie?

    너는 피아노를 치면서 휴식을 취해?

2. Gra na komputerze ma negatywny wpływ na dzieci.

    컴퓨터 게임은 아이들에게 부정적인 영향을 끼친다.

3. Wygraliście wczorajszy mecz?

    너희들 어제 경기 이겼어?

4. Jeśli masz czas, możemy dzisiaj zagrać w jakąś grę razem.

    네가 시간이 되면, 오늘 게임 같은 걸 함께 할 수 있어.

5. Ile kosztuje ta gra planszowa?

    이 보드 게임은 얼마인가요?

##  OLIWIA'S TIP

### 접두사에 따라 또 다른 완료-불완료가 되며 의미도 변함

| 불완료 | 완료 | |
|---|---|---|
| grać | zagrać | |
| | 파생 완료 | 파생 불완료 |
| | przegrać | przegrywać |
| | nagrać | nagrywać |

의미가 달라질 경우, 약간은 뉘앙스가 다른 새로운 단어가 됩니다. 의미가 달라져서 또한 파생되는 비슷한 형태의 파생 불완료형 동사가 생긴다는 점! 명심해주세요!!

# 핵심 패턴

## Part.3 unit 16

### 자주 등장하는 일반동사

#  16

* Uczyć (+się) ~를 공부하다.

127. Uczę się + 소유격 : 나는~를 공부하고 있습니다.
128. Kto się uczy + 소유격 : 누가 ~ 를 배우나요?
129. 유용한 일반/조동사 + uczyć (+się)
130. Uczyłem się + 소유격 : 나는 ~를 배웠습니다.
131. Uczyć (+się)의 다양한 활용

Part 3-16. 자주 등장하는 일반동사 패턴16. Uczyć

## 127 Uczę się + 소유격
나는~를 공부하고 있습니다.

▼ 의문문 활용

Uczysz się + 소유격?

- Tak, uczę się + 소유격
- Nie, nie uczę się + 소유격

A: Uczysz się języka koreańskiego? — 너는 한국어를 공부해?
B: Tak, uczę się od 6 miesięcy. — 응, 6개월 전부터 공부하고 있어.
A: Dlaczego tak długo się uczysz? — 왜 이렇게 오랫동안 공부하는 거야?
B: Bo bardzo lubię koreańskie piosenki. — 한국 노래를 매우 좋아해서 그래.

▼ 소유격 단수 (*가르치다)

|  | 현재 |
|---|---|
| 1인칭 단수 | uczę |
| 2인칭 단수 | uczysz |
| 3인칭 단수 | uczy |
| 1인칭 복수 | uczymy |
| 2인칭 복수 | uczycie |
| 3인칭 복수 | uczą |

+

| 구분 | 형용사 단수 | 명사 단수 |
|---|---|---|
| 남성생물 | -ego | -a |
| 남성무생물 | -ego | -u |
| 중성 | -ego | -a |
| 여성 | -ej | -i/-y |

▼ 소유격 단수 (*배우다)

|  | 현재 |
|---|---|
| 1인칭 단수 | uczę się |
| 2인칭 단수 | uczysz się |
| 3인칭 단수 | uczy się |
| 1인칭 복수 | uczymy się |
| 2인칭 복수 | uczycie się |
| 3인칭 복수 | uczą się |

+

| 구분 | 형용사 단수 | 명사 단수 |
|---|---|---|
| 남성생물 | -ego | -a |
| 남성무생물 | -ego | -u |
| 중성 | -ego | -a |
| 여성 | -ej | -i/-y |

## 예문

1. Uczysz się języka polskiego?  폴란드어 공부해?

   → Nie uczę się języka polskiego. Studiuję język angielski.

   나는 폴란드어를 공부하지 않아. 영어를 전공하고 있어.

2. Uczysz się języka angielskiego?  영어 공부해?

   → Tak, uczę się języka angielskiego.  응, 영어 공부하고 있어.

3. Sam uczysz się ekonomii?  혼자서 경제를 공부하고 있어?

   → Nie, uczę się ekonomii w szkole.  아니, 학교에서 경제학을 배워.

4. Uczysz się w bibliotece?  도서관에서 공부해?

   → Nie, zwykle uczę się w domu.  아니, 보통은 집에서 공부해.

5. Uczysz języka francuskiego?  프랑스어를 가르쳐?

   → Tak, uczę języka francuskiego w liceum.

   응, 고등학교에서 프랑스어를 가르쳐.

 **OLIWIA'S TIP**

uczyć się vs uczyć

się은 재귀대명사로 스스로 ~를 하는 행위를 의미할 경우가 있습니다. się을 넣으면 "배우다", się을 제외하면 "가르치다"를 의미합니다.

Part 3-16. 자주 등장하는 일반동사 패턴16. Uczyć

## 128 Kto się uczy + 소유격
누가 ~ 를 배우나요?

▼ 6하원칙 의문사:

Kto/Kiedy/Gdzie/Co/Jak/Dlaczego + (주어) + uczyć się

A: Czego się uczysz?  무슨 공부해?
B: Uczę się języka koreańskiego.  한국어를 공부하고 있어.
A: Kto uczy języka koreańskiego na uniwersytecie?
   대학교에서 누가 한국어를 가르쳐?
B: Profesor Kim uczy języka koreańskiego.
   김교수님이 한국어를 가르쳐.

▼ "6하원칙 의문사 + uczyć się" 패턴 예문

| | |
|---|---|
| kto 누가 | Kto z was uczy się języka polskiego?<br>너희 중에 누가 폴란드어를 공부해? |
| kiedy 언제 | Kiedy zwykle się uczysz, rano czy wieczorem?<br>아침 혹은 저녁 중 보통 언제 공부하는 편이야? |
| gdzie 어디서 | Gdzie uczysz się języków obcych?<br>어디에서 외국어를 배워? |
| czego 무엇을 | Czego się uczycie? 너희는 무슨 공부해? |
| jak 어떻게 | Jak uczycie się języków obcych?<br>너희는 외국어를 어떻게 공부해? |
| dlaczego 왜 | Dlaczego nie uczysz się na egzamin?<br>너는 왜 시험 공부를 안 해? |

## 예문

1. Kto uczy cię języka polskiego?     누가 네게 폴란드어를 가르쳐줘?

   → Moja nauczycielka Oliwia uczy mnie języka polskiego.
   내 선생님인 올리비아가 나에게 폴란드어를 가르쳐 주셔.

2. Kiedy zazwyczaj się uczysz?     너는 보통 언제 공부해?

   → Uczę się wieczorem po kolacji.     저녁 식사 후에 공부해.

3. Gdzie się uczycie?     너희는 어디에서 공부해?

   → Uczymy się w kawiarni.     우리는 커피숍에서 공부해.

4. Czego się uczycie?     너희는 뭘 배워?

   → Uczymy się języka angielskiego.     우리는 영어를 배워.

5. Dlaczego nie uczysz się pilnie?     너는 왜 공부를 열심히 하지 않아?

   → Bo ten przedmiot mnie nie interesuje.     이 과목에 흥미가 없기 때문이야.

## ⭐ OLIWIA'S TIP

무엇에 해당하는 의문사는 "co"는 소유격 동사를 만나면 "무엇을"에 해당되어 co → czego 로 격변화를 합니다. 또한 주어로 "누가"라는 의문사를 쓸 경우 kto로 표현하지만 "누구를" 이라는 목적어로 쓸 경우, kto가 아닌 kogo로 바뀝니다.

np.) Kogo uczysz w szkole? 너는 학교에서 누구를 가르치니?
      Kto uczy mnie języka polskiego? 누가 나에게 폴란드어를 가르쳐줘?

Part 3-16. 자주 등장하는 일반동사 패턴16. Uczyć

## 129  유용한 일반/조동사 + uczyć (+się)

| | | |
|---|---|---|
| lubić | | |
| chcieć | | |
| móc | | |
| musieć | | uczyć się |
| woleć | + | / uczyć |
| prosić | | |
| trzeba | | |
| warto | | |
| wolno | | |
| można | | |

| | | 목적격<br>(가르치는 대상) |
|---|---|---|
| | | mnie (나를) |
| uczyć | | ciebie (너를) |
| (~를 가르치다) | + | go/ją (그를/그녀를) |
| | | nas (우리를) |
| | | was (너희를) |
| | | ich (그들을) |

## 예문

1. Lubię uczyć się języków obcych.

   나는 외국어 공부하는 것을 좋아해.

2. Chcemy uczyć się czegoś nowego.

   우리는 뭔가 새로운 걸 배우고 싶어.

3. Możesz dzisiaj uczyć się razem ze mną w bibliotece?

   오늘 도서관에서 나와 함께 공부할 수 있어?

4. Muszę uczyć się na ważny egzamin.

   나는 중요한 시험공부를 해야만 해.

5. Wolę uczyć się historii niż matematyki.

   나는 수학보다 역사 공부하는 게 더 좋아.

6. Proszę ucz się pilnie.

   열심히 공부해주세요.

7. Jak długo trzeba uczyć się, żeby dobrze mówić po polsku?

   폴란드어를 잘하려면 얼마나 오랫동안 공부해야 되나요?

8. Warto uczyć się języka chińskiego.

   중국어는 공부할만한 가치가 있어.

9. W Korei Północnej nie wolno uczyć się o demokracji.

   북한에서는 민주주의에 대하여 공부할 수가 없어.

## Part 3-16. 자주 등장하는 일반동사 패턴16. Uczyć

## 130 Uczyłem się + 소유격
나는 ~를 배웠습니다.

▼ 미래형 활용

Będę uczył się + 소유격     나는 ~를 배울 것입니다

▼ 패턴: 과거, 현재, 미래형 uczyć (+się) 활용법

| (+się) | 과거 | 현재 | 미래 |
|---|---|---|---|
| 1인칭단수 | uczyłem/uczyłam | uczę | będę uczył/uczyła |
| 2인칭단수 | uczyłeś/uczyłaś | uczysz | będziesz uczył/uczyła |
| 3인칭단수 | uczył/uczyła | uczy | będzie uczył/uczyła |
| 1인칭복수 | uczyliśmy/uczyłyśmy | uczymy | będziemy uczyli/uczyły |
| 2인칭복수 | uczyliście/uczyłyście | uczycie | będziecie uczyli/uczyły |
| 3인칭복수 | uczyli/uczyły | uczą | będą uczyli/uczyły |

▼ 추가 활용 표현

| ktoś<br>누군가 | Miły nauczyciel uczył mnie języka polskiego.<br>친절한 선생님이 내게 폴란드어를 가르쳐주셨어. |
|---|---|
| kiedyś<br>언젠가 | Kiedyś uczyłem się języka angielskiego.<br>영어를 공부했던 적이 있었어. |
| czegoś<br>뭔가 | Nauczyciel codziennie będzie uczył dzieci czegoś nowego.<br>선생님은 매일 아이들에게 새로운 뭔가를 가르치실 거야. |
| gdzieś<br>어디선가 | Uczyłeś się gdzieś o Polsce?<br>어디에서 폴란드에 대해서 배웠어? |
| jakiegoś<br>어떤 | Dzisiaj nauczyciel matematyki uczył jakiegoś trudnego zadania.<br>오늘 수학선생님이 어떤 어려운 과제를 가르쳐주셨어. |

▼ 어울리는 전치사

| w ~에서 | w domu/w bibliotece/w szkole (집/도서관/학교)에서 |
|---|---|
| po ~후에 | po śniadaniu/po obiedzie/po kolacji (아침/점심/저녁)식사 후에 |

## 예문

1. Od poniedziałku będę się pilnie uczyć.

   월요일부터는 열심히 공부할거야.

2. Czy ktoś z was będzie jutro uczyć się na egzamin z historii?

   너희 중 누가 내일 역사 시험 공부를 할거야?

3. Wczoraj uczyliśmy się przez 3 godziny.

   어제는 3시간 동안 공부를 했어.

4. Kiedyś uczyłem się trochę prawa.

   법에 대해 조금 공부했던 적이 있었어

5. Gdy będę w Polsce, będę codziennie uczył się czegoś nowego.

   내가 폴란드에 가면, 매일 새로운 무언가를 배울 거야.

## OLIWIA'S TIP

uczyć się 동사의 경우, 소유격을 취하는 동사이므로 바로 뒤에 나오는 형용사와 명사의 어미변형이 소유격으로 변화를 합니다. co, jaki와 같은 의문대명사도 형용사 취급을 하는 문법적 성질로 인하여 coś → czegoś, jakiś → jakiegoś로 변화를 합니다.

Part 3-16. 자주 등장하는 일반동사 패턴16. Uczyć

## 131 Uczyć (+się)의 다양한 활용

###  OLIWIA'S TIP

폴란드어의 경우, 어원을 알고 전치사에서 따온 접두사를 앞에 넣으면 의미가 약폴란드어의 경우, 어원을 알고 전치사에서 따온 접두사를 앞에 넣으면 의미가 약간은 비슷한, 아님 완전히 다른 의미의 단어가 됩니다. 예를 들어 uczyć się은 "공부하다."라는 단어로, 그 기원은 nauka(학문)에서 나온 동사입니다. 이어 na(완료)의 의미를 갖는 전치사를 접두사로 넣고 uczyć (가르치다)에 사람을 의미하는 접미사를 추가하면 공부를 가르치는 사람 "선생님"이란 새로운 단어가 됩니다. 즉, 폴란드어를 공부할 때에는 어원을 잘 익혀 두고 파생되는 동사 및 접두사(의미)를 이해하면 접근이 쉬워집니다. 이와 같은 맥락으로 본 동사 패턴에서는 각종 파생되는 동사를 어원 명사, 접두사+동사, 분사, 명령법 등이 어떠한 규칙으로 만들어지는 지를 살펴본다면 어원 암기만을 통해 내용을 추론할 수 있게 됩니다.

| 접두사 | 완성 | 의미 |
|---|---|---|
| na | nauczyć(dk) | 가르치다/ 배우다 (+się) |
| po | pouczyć się | (조금)공부하다 |
| 명사 | uczelnia | 대학교 |
| | nauka | 학문, 공부 |
| | nauczyciel / nauczycielka | 선생님 (남/여) |
| | uczeń / uczennica | 학생 (남/여) |
| 명령법 | ucz się! | 공부해라! |
| 현재분사 | ucząc się | 공부하면서 |

## 예문

1. Ucząc się lubisz słuchać muzyki?

   공부하면서 음악 듣는 것을 좋아해?

2. Idziesz dziś na uczelnię?

   오늘 대학교에 가?

3. Który uczeń w twojej klasie jest najlepszy?

   네 학급에서 가장 공부를 잘하는 학생이 누구야?

4. Naucz mnie jak działa ta aplikacja!

   이 어플을 어떻게 작동시키는 지 나에게 가르쳐죠!

5. Chcesz kiedyś zostać nauczycielem?

   언젠가는 선생님이 되고 싶어?

 ## OLIWIA'S TIP

uczyć się과 studiować의 경우 의미 차이가 있습니다. studiować의 경우, 대학교에서 학문을 전공할때의 의미로 좀 더 전문적인 학습을 의미하며, uczyć się은 일반적으로 무언가를 배울 때 쓸 수 있는 표현입니다.

# 핵심 패턴

## Part.3

### 자주 등장하는 일반동사

# 17

## * Rozmawiać ~이야기하다.

**132.** Kto rozmawia + 부사? : 누가 ~에 이야기를 하나요?
**133.** 유용한 일반/조동사 + rozmawiać
**134.** Rozmawiałem + 부사 : 나는 ~에 이야기를 했습니다.
**135.** Rozmawiać의 다양한 활용

Part 3-17. 자주 등장하는 일반동사 패턴17. Rozmawiać

## 132  Kto rozmawia + 부사?
누가 ~에 이야기를 하나요?

▼ 6하원칙 의문사:

Kto/Kiedy/Gdzie/Co/Jak/Dlaczego + (주어) + rozmawiać

A: Kto rozmawia z twoją córką?  누가 네 딸과 이야기를 해?
B: Jej nauczycielka rozmawia z nią.  선생님이 그녀와 이야기를 하고 있어.
A: Gdzie chcesz rozmawiać?  어디에서 이야기하고 싶어?
B: Możemy rozmawiać tutaj.  우리는 여기에서 이야기할 수 있어.

▼ "6하원칙 의문사 + rozmawiać " 패턴 예문

| | |
|---|---|
| kto 누가 | Kto z was rozmawia czasami o sporcie?<br>너희 중에 누가 스포츠에 대해 가끔 이야기를 해? |
| kiedy 언제 | Kiedy szef i pracownicy rozmawiają o projekcie?<br>언제 상사와 직원들이 프로젝트에 대해 이야기를 해? |
| gdzie 어디서 | Gdzie rozmawiasz z klientami?<br>고객들과 어디에서 이야기를 나눠? |
| czym 무엇을 | O czym rozmawiacie?<br>너희는 뭐에 대해 이야기를 해? |
| jak 어떻게 | Jak rozmawiacie z niegrzeczną córką?<br>너희는 예의 없는 딸과 어떻게 대화를 나눠? |
| dlaczego 왜 | Dlaczego nie rozmawiacie ze sobą?<br>너희는 왜 서로 대화를 안 해? |

## 예문

1. Kto rozmawia z twoim synem?  누가 너의 아들과 이야기를 해?

   → Jego nauczyciel z nim rozmawia.  선생님과 아들이 이야기를 나눠.

2. Rozmawiasz z rodzicami codziennie?  매일 부모님과 대화를 해?

   → Tak, rozmawiamy codziennie jedząc kolację.

   응, 우리는 저녁을 먹으면서 매일 대화를 나눠.

3. Gdzie rozmawiacie o projekcie?

   너희는 어디에서 프로젝트에 대해 이야기를 나눠?

   → Rozmawiamy o projekcie w sali konferencyjnej.

   우리는 회의실에서 프로젝트에 대해 이야기를 나눠.

4. O czym rozmawiacie?  너희는 무슨 이야기를 나누는 중이야?

   → Teraz rozmawiamy o pogodzie w Korei.

   지금 한국 날씨에 대해 이야기 중이야.

5. Dlaczego nie rozmawiacie ze sobą?  너희는 왜 서로 대화가 없어?

   → Bo pokłóciliśmy się.  우리 싸웠거든.

##  OLIWIA'S TIP

rozmawiać 동사의 경우, "~에 대하여 이야기하다."로 주로 쓰며, "~에 대하여"는 o라는 전치사와 함께 어울려 씁니다. 이때, 무엇에 대하여 이야기하는지 물어볼 때에는 장소격 전치사인 o에 영향을 받아 뒤에 나오는 co가 다음과 같이 변화됩니다.

"o + co → o czym"

Part 3-17. 자주 등장하는 일반동사 패턴17. Rozmawiać

## 133  유용한 일반/조동사 + rozmawiać

### OLIWIA'S TIP

part2의 유용한 일반/조동사 10개 패턴 바로 뒤에 일반동사의 원형이 오는 패턴을 학습하게 됩니다. 이외에도 육하원칙 의문사를 활용하여 여러 문장을 회화에 응용할 수 있습니다.

| lubić / chcieć / móc / musieć / woleć / prosić / trzeba / warto / wolno | + | rozmawiać (ndk) / porozmawiać (dk) |
|---|---|---|

▼ 6하원칙 활용 연습

| kto 누가 | Kto ma czas żeby porozmawiać o umowie z klientem? 계약에 대해 고객과 이야기할 시간이 있는 사람? |
|---|---|
| kiedy 언제 | Kiedy możesz ze mną porozmawiać?<br>언제 나랑 이야기할 수 있어? |
| gdzie 어디서 | Gdzie chcesz rozmawiać?<br>어디에서 이야기하고 싶어? |
| co 무엇을 | O czym chcesz rozmawiać ze mną?<br>뭐에 대해 나와 이야기하고 싶어? |
| dlaczego 왜 | Dlaczego nie możesz teraz rozmawiać?<br>왜 지금 이야기를 할 수 없어? |

## 예문

1. Lubię rozmawiać z żoną o pracy.

    나는 업무에 대해 와이프와 대화 나누는 것을 좋아해.

2. Chcę pilnie porozmawiać z tobą.

    긴급하게 너와 이야기를 나누고 싶어.

3. Możemy porozmawiać o tej sprawie.

    우리는 이 문제에 대해 이야기할 수 있어.

4. Wolę rozmawiać z koleżankami.

    친구들과 이야기하는 것을 더 좋아해.

5. Proszę porozmawiajmy powoli.

    우리 천천히 이야기 합시다.

6. Trzeba o tym porozmawiać.

    이것에 대해 이야기할 필요가 있어.

7. Warto rozmawiać o tym temacie.

    이 주제에 대해서는 이야기할만한 가치가 있어.

8. W pociągu nie wolno rozmawiać za głośno.

    기차에서는 큰소리로 이야기하면 안됩니다.

9. Nie można teraz rozmawiać.

    지금은 이야기할 수 없습니다.

Part 3-17. 자주 등장하는 일반동사 패턴17. Rozmawiać

## 134 Rozmawiałem + 부사
나는 ~에 이야기를 했습니다.

▼ 미래형 활용

Porozmawiam + 부사      나는 ~에 이야기를 할 것입니다.

▼ 패턴: 과거, 현재, 미래형 rozmawiać 활용법

|  | 과거 (dk) | 현재 | 미래 (dk) |
|---|---|---|---|
| 1인칭단수 | porozmawiałem/porozmawiałam | rozmawiam | porozmawiam |
| 2인칭단수 | porozmawiałeś/porozmawiałaś | rozmawiasz | porozmawiasz |
| 3인칭단수 | porozmawiał/porozmawiała | rozmawia | porozmawia |
| 1인칭복수 | porozmawialiśmy/porozmawiałyśmy | rozmawiamy | porozmawiamy |
| 2인칭복수 | porozmawialiście/porozmawiałyście | rozmawiacie | porozmawiacie |
| 3인칭복수 | porozmawiali/porozmawiały | rozmawiają | porozmawiają |

▼ 추가 활용 표현

| ktoś 누군가 | Ktoś rozmawiał o tobie.<br>누군가 너에 대해 이야기를 했어. |
|---|---|
| kiedyś 언젠가 | Kiedyś rozmawialiśmy czasami o polityce.<br>가끔은 정치에 대해 이야기를 나누곤 했어. |
| coś 뭔가 | Czy jest coś, o czym rozmawiałeś już z nowym klientem?<br>신규 고객과 이미 이야기 나눈 것이 있어? |
| gdzieś 어디선가 | Szef będzie dzisiaj rozmawiał gdzieś z prezesem innej firmy.<br>상사는 오늘 다른 회사의 사장님과 어디선가 이야기를 나누신대. |

▼ 어울리는 전치사

| o ~에 대해 | o problemie/o umowie/o planach (문제/계약/계획)에 대하여 |
|---|---|
| przez ~를 통해 | **przez** telefon/**przez** internet/**przez** skype<br>(핸드폰/인터넷/스카이프)를 통해 |

## 예문

1. 2 dni temu rozmawialiśmy z kolegami o wycieczce.

   이틀 전에 친구들과 여행에 대하여 이야기를 나눴어.

2. Dzisiaj będę rozmawiała z matką o pracy w Polsce.

   오늘 폴란드 업무에 대해 엄마와 이야기를 나눌거야

3. Ktoś z was rozmawiał już z nowym pracownikiem?

   너희 중 누가 신입사원과 이야기했어?

4. W niedzielę rozmawialiśmy o naszej pracy pijąc piwo.

   일요일에는 맥주 마시면서 우리 업무에 대해 이야기를 했어.

5. Wieczorem będę rozmawiał z rodzicami o przeprowadzce.

   저녁에는 부모님과 함께 이사에 대해 이야기를 할거야.

## OLIWIA'S TIP

rozmawiać동사는 반복적으로 쓰는 불완료동사입니다. 과거의 경우 완료가 되지 않은 상황을 묘사할 때 불완료동사의 과거형을 쓰지만, 대부분 이야기는 과거에 완료된 상황이므로 porozmawiać와 같이 완료형으로 과거 표현을 쓰는 경우가 대부분입니다. 또한 시간 부사, 장소 부사 등을 넣어 풍부하게 표현할 수 있습니다.

Part 3-17. 자주 등장하는 일반동사 패턴17. Rozmawiać

## 135  Rozmawiać의 다양한 활용

 Oliwia's Tip

폴란드어의 경우, 어원을 알고 전치사에서 따온 접두사를 앞에 넣으면 의미가 약간은 비슷한, 아님 완전히 다른 의미의 단어가 됩니다. 예를 들어 rozmawiać는 "이야기하다."라는 단어로, 그 기원은 <u>rozmowa (대화)</u>에서 나온 동사입니다. 이는 <u>roz(풀다)의 의미를 갖는 전치사와 mowa(말)</u>이 만나 이루어진 단어입니다. 즉, 폴란드어를 공부할 때에는 어원을 잘 익혀 두고 파생되는 동사 및 접두사(의미)를 이해하면 접근이 쉬워집니다. 이와 같은 맥락으로 본 동사 패턴에서는 각종 파생되는 동사를 어원 명사, 접두사+동사, 분사, 명령법 등이 어떠한 규칙으로 만들어지는 지를 살펴본다면 어원 암기만을 통해 내용을 추론할 수 있게 됩니다.

| 접두사 | 완성 | 의미 |
|---|---|---|
| po | po**rozmawia**ć (dk) | 대화를 할 것이다 |
| 명사 | **mowa** | 말 |
| | **rozmowa** | 대화 |
| | prze**mowa** | 연설 |
| | roz**mów**ca | 대화 상대방 |
| | **mów**ca | 연설자 |
| 형용사 | **rozmow**ny | 말이 많은 |
| 명령법 | po**rozmawia**j! | 이야기해라! |
| 현재분사 | **rozmawia**jąc | 이야기하면서 |

## 예문

1. Nasze rozmowy są zawsze ciekawe.

   우리의 대화는 늘 재미있어.

2. Mój chłopak jest rozmowny, zawsze dużo mówi.

   내 남친은 수다맨이라, 항상 말을 많이 해.

3. Bardzo lubię pić piwo rozmawiając z przyjaciółmi.

   나는 친구들과 이야기하면서 맥주 마시는 것을 매우 좋아해.

4. Teraz nie mam czasu rozmawiać o tym temacie, porozmawiajmy później.

   지금은 시간이 없어서 그 주제에 대해 이야기를 나눌 수는 없으니 나중에 이야기하자.

5. Prezydent wygłosi przemowę na temat polityki zagranicznej.

   대통령은 외교 정책과 관련한 연설을 할 예정입니다.

## OLIWIA'S TIP

rozmawiać "대화하다."는 의미에서 przez (~통해서)라는 의미의 전치사를 넣을 경우, "~를 통해서 대화하다."라는 의미가 되어 rozmawiać przez telefon: "통화하다."가 됩니다. 같은 단어로는 "dzwonić(전화하다), kontaktować się(연락하다)"가 있습니다.

# 핵심 패턴

# Part.3

## 자주 등장하는 일반동사

# 18

* Spacerować/Podróżować 산책하다/여행하다.

**136 .** Kto spaceruje + 부사? : 누가 ~에 산책을 하나요?
**137 .** 유용한 일반/조동사 + spacerować/podróżować
**138 .** Podróżowałem + 부사 : 나는 ~를 여행했습니다.
**139 .** Spacerowałem + 부사 : 나는 ~에 산책했습니다.
**140 .** Spacerować, Podróżować의 다양한 활용

Part 3-18. 자주 등장하는 일반동사 패턴18. Spacerować, Podróżować

## 136 Kto spaceruje + 부사?
누가 ~에 산책을 하나요?

▼ 6하원칙 의문사:

Kto/Kiedy/Gdzie/Co/Jak/Dlaczego + (주어) + spacerować, podróżować

A: Kto podróżuje po Europie? 누가 유럽을 여행해?
B: Mój kolega podróżuje po Europie od początku lipca.
7월 초부터 내 친구가 유럽 여행을 해.
A: Gdzie spacerujesz? 너는 어디에서 산책해?
B: Zazwyczaj spaceruję w parku blisko mojego domu.
보통은 집 근처 공원에서 산책을 해.

▼ "6하원칙 의문사 + spacerować " 패턴 예문

| kto 누가 | Kto spaceruje nad rzeką? 누가 강가에서 산책을 해? |
|---|---|
| kiedy 언제 | Kiedy matka spaceruje z dzieckiem?<br>어머니는 아이와 함께 언제 산책하나요? |
| gdzie 어디서 | Gdzie spacerujecie wieczorem?<br>너희는 저녁에 어디에서 산책을 해? |
| jak 어떻게 | Jak się czujesz gdy spacerujesz nad morzem?<br>바닷가를 산책하면 기분이 어때? |
| dlaczego 왜 | Dlaczego nie spacerujecie z psem?<br>너희는 왜 개와 함께 산책을 하지 않아? |

▼ "6하원칙 의문사 + podróżować " 패턴 예문

| kto 누가 | Kto podróżuje po Korei? 누가 한국을 여행해? |
|---|---|
| kiedy 언제 | Kiedy podróżujecie za granicę? 너희는 해외여행 언제 해? |
| gdzie 어디서 | Gdzie podróżujecie? 너희는 어디에서 여행해? |
| jak 어떻게 | Jak lubisz podróżować, sam czy z przyjaciółmi?<br>너는 혼자 아님 친구들과 함께 하는 여행 중 어떤 걸 좋아해? |
| dlaczego 왜 | Dlaczego podróżujecie tak często? 왜 이리 여행을 자주해? |

## 예문

1. Gdzie spacerujesz najczęściej?   가장 자주 산책하는 곳이 어디야?
   → Zazwyczaj spaceruję w parku obok mojego domu.
   집 옆에 있는 공원에서 산책을 하는 편이야.
2. Kto z twojej rodziny najbardziej lubi spacery?
   네 가족 중에 누가 산책을 가장 좋아해?
   → Moja żona lubi spacerować i codziennie chodzi na spacer.
   내 와이프는 산책하는 것을 좋아해서 매일 산책하러 가.
3. Kiedy spacerujesz?   너는 언제 산책해?
   → Zwykle spaceruję po kolacji.   보통 저녁 식사 후에 산책해.
4. Gdzie chcesz podróżować na emeryturze?
   은퇴 여행은 어디로 가고 싶어?
   → Na emeryturze chcę podróżować po Ameryce Południowej.
   남미로 은퇴여행을 가고 싶어.
5. Kto chce podróżować po Japoni?  누가 일본 여행을 가고 싶어?
   → Moja przyjaciółka chce w wakacje podróżować po Japonii.
   내 친구가 방학 때 일본 여행을 하고 싶어해.

## ⭐ OLIWIA'S TIP

spacerować, podróżować의 동사의 경우 모두 외래어에서 유래한 동사로 ować형태로 동사 어미변형이 이루어집니다. 외래어에서 유입된 단어들의 대부분은 ować 형태로 어미변형을 하며 이를 제외하면 명사가 됩니다.

spacer(산책) + ować(동사어미형) = 산책하다.
podróż(여행) + ować(동사어미형) = 여행하다.

Part 3-18. 자주 등장하는 일반동사 패턴18. Spacerować, Podróżować

## 137 유용한 일반/조동사 + spacerować/podróżować

 OLIWIA'S TIP

이번 패턴에서는 part2의 유용한 일반/조동사 10개 패턴 바로 뒤에 일반동사의 원형이 오는 패턴을 학습하게 됩니다. 이번 패턴의 경우 자주 쓰면서도 어렵지 않게 배울 수 있으므로 굉장히 중요한 표현입니다. 특히 별다른 동사변형이 없이 쓸 수 있는 trzeba, warto, wolno, można의 경우 바로 뒤에 동사원형만 넣으면 되므로, 아주 쉽게 접근할 수 있습니다. 동사변형이 어렵다면 상기의 동사 4개를 이용해서 part3,4의 자주 쓰는 일반동사들만 공부를 해도 어느 정도의 회화가 가능하다고 말할 수도 있습니다. 또한 해당 패턴을 잘 이용하여 의문문, 부정문, 동사변형을 연습하면 수십 개의 문장을 만들 수 있습니다.

| | |
|---|---|
| lubić | |
| chcieć | |
| móc | |
| musieć | |
| woleć | + spacerować |
| prosić | / podróżować |
| trzeba | |
| warto | |
| wolno | |
| można | |

## 예문

1. Lubimy spacerować codziennie po kolacji.

   우리는 매일 저녁 식사 후에 산책하는 것을 좋아해.

2. Chcemy podróżować po całej Polsce.

   우리는 폴란드 전역을 여행하고 싶어.

3. Możemy spacerować rozmawiając o tym.

   그 점에 대해 이야기하면서 산책할 수 있어.

4. Jeśli chcemy schudnąć, musimy dużo spacerować.

   우리가 살을 빼고 싶으면, 산책을 많이 해야해.

5. Wolimy podróżować gdzieś niż zostać tylko w domu.

   집에만 있는 것보다 어디로든 여행하는 것을 더 좋아해.

6. Proszę spaceruj przed śniadaniem.

   아침 식사 전에 산책을 하세요.

7. Trzeba spacerować regularnie dla zdrowia.

   건강을 위해 규칙적으로 산책할 필요가 있다.

8. Warto podróżować po Europie jesienią, wtedy jest tam pięknie.

   유럽의 가을 여행은 그곳 날씨가 좋아서 여행 할만한 가치가 있어.

9. Nie wolno tutaj spacerować.

   여기에서는 산책할 수가 없습니다.

10. Czy można podróżować bez paszportu?

    여권 없이 여행을 할 수 있나요?

## Part 3-18. 자주 등장하는 일반동사 패턴18. Spacerować, Podróżować

### 138. Podróżowałem + 부사
나는 ~를 여행했습니다.

▼ 미래형 활용

Będę podróżował + 부사     나는 ~를 여행할 것입니다.

▼ 패턴: 과거, 현재, 미래형 podróżować 활용법

|         | 과거 | 현재 | 미래 |
|---------|------|------|------|
| 1인칭 단수 | podróżowałem/podróżowałam | podróżuję | będę podróżował/podróżowała |
| 2인칭 단수 | podróżowałeś/podróżowałaś | podróżujesz | będziesz podróżował/podróżowała |
| 3인칭 단수 | podróżował/podróżowała | podróżuje | będzie podróżował/podróżowała |
| 1인칭 복수 | podróżowaliśmy/podróżowałyśmy | podróżujemy | będziemy podróżowali/podróżowały |
| 2인칭 복수 | podróżowaliście/podróżowałyście | podróżujecie | będziecie podróżowali/podróżowały |
| 3인칭 복수 | podróżowali/podróżowały | podróżują | będą podróżowali/podróżowały |

▼ 추가 활용 표현

| ktoś 누군가 | Ktoś podróżował po całej Polsce.<br>누군가가 폴란드 전역을 여행했어. |
|---|---|
| kiedyś 언젠가 | Kiedyś podróżowaliśmy po całej Korei.<br>우리는 한국 전역을 여행했었던 적이 있어. |
| coś 뭔가 | Kupiłeś coś ciekawego gdy podróżowaliście po Europie?<br>너희 유럽 여행을 갔을 때 뭔가 흥미로운 것을 샀었어? |
| gdzieś 어디선가 | Podróżowałyście gdzieś w czasie letniego urlopu?<br>너희는 여름 휴가때 어디 여행갔었어? |
| jakiś 어떤 | Będziecie podróżowali z jakimś biurem podróży?<br>너희는 여행사를 통해서 여행을 할거야? |

▼ 어울리는 전치사

| po<br>~여기저기에 | po Hiszpanii/po Wietnamie/po Anglii<br>(스페인/베트남/영국) 여기 저기에 |
|---|---|
| na ~로 | na Węgry/na Słowację/na Ukrainę<br>(헝가리/슬로바키아/우크라이나)로 |

## 예문

1. Podczas ostatniego urlopu podróżowałyśmy po Japonii.
   최근 휴가 중에 우리는 일본 여기저기를 여행했어.

2. Kiedyś dużo podróżowaliśmy podczas wakacji.
   방학 동안 우리는 여행을 많이 했었어.

3. Będziecie gdzieś podróżowali w czasie świąt?
   너희는 명절에 어디론가 여행을 갈 거야?

4. W przyszłym tygodniu będę podróżowała po Polsce.
   다음 주에는 폴란드 여기저기를 여행할 거야.

5. Od jutra będziemy podróżowali po Hiszpanii.
   내일부터 우리는 스페인 여기저기를 여행할 거야.

6. Będziemy gdzieś podróżować w czasie zimowego urlopu?
   우리는 이번 겨울 휴가 때 어디론가 여행할 거야.

## ⭐ OLIWIA'S TIP

이동 동사와 함께 "~로"라는 전치사와 함께 쓸 경우, 대부분은 do를 쓰지만, 옆 테이블의 "na + 국가"와 다음 단어의 경우 "na + 지역"와 함께 쓸 수 있습니다.
[na를 쓰는 명사]
na Śląsk: 실롱스크에 na Mazury: 마주리 지역에 na wyspę: 섬에

Part 3-18. 자주 등장하는 일반동사 패턴18. Spacerować, Podróżować

## 139 Spacerowałem + 부사
나는 ~에 산책했습니다.

▼ 미래형 활용

Będę spacerował + 부사          나는 ~에 산책할 것입니다.

▼ 패턴: 과거, 현재, 미래형 spacerować 활용법

|  | 과거 | 현재 | 미래 |
|---|---|---|---|
| 1인칭 단수 | spacerowałem/<br>spacerowałam | spaceruję | będę spacerował/<br>spacerowała |
| 2인칭 단수 | spacerowałeś/<br>spacerowałaś | spacerujesz | będziesz spacerował/<br>spacerowała |
| 3인칭 단수 | spacerował/<br>spacerowała | spaceruje | będzie spacerował/<br>spacerowała |
| 1인칭 복수 | spacerowaliśmy/<br>spacerowałyśmy | spacerujemy | będziemy spacerowali/<br>spacerowały |
| 2인칭 복수 | spacerowaliście/<br>spacerowałyście | spacerujecie | będziecie spacerowali/<br>spacerowały |
| 3인칭 복수 | spacerowali/<br>spacerowały | spacerują | będą spacerowali/<br>spacerowały |

▼ 추가 활용 표현

| ktoś 누군가 | Ktoś spacerował po śniegu. 누군가 눈길 위를 산책을 했어. |
|---|---|
| kiedyś<br>언젠가 | Kiedyś często spacerowaliśmy w tym parku.<br>우리는 이 공원에서 자주 산책을 했어. |
| gdzieś<br>어디선가 | Będziecie gdzieś spacerowali po obiedzie?<br>너희는 점심 식사 후에 어디에서 산책을 할거야? |
| jakiś<br>어떤 | Chcesz pić jakiś napój gdy będziemy spacerowali nad morzem?<br>바닷가로 산책을 할 때 음료수 같은 거 마시고 싶어? |

▼ 어울리는 시간부사

| 미래 | jutro/pojutrze/za tydzień/za miesiąc/za rok<br>(내일/모레/일주일 후에/한 달 후에/일 년 후에) |
|---|---|
| 과거 | wczoraj/przedwczoraj/rok temu/tydzień temu<br>(어제/그제/일 년 전에/일주일 전에) |

## 예문

1. Kiedyś często spacerowaliśmy z psem.
   우리는 개와 함께 자주 산책을 했던 적이 있었어.

2. Przynajmniej raz na tydzień staram się spacerować.
   적어도 일주일에 한 번은 산책을 하려고 해.

3. Od tego tygodniu będę spacerować z córką.
   이번 주부터 딸과 함께 산책을 할거야.

4. Będziemy spacerowali w tym pięknym parku.
   이 예쁜 공원에서 우리는 산책을 할거야.

5. W kwietniu codziennie spacerujemy gdzieś, bo jest ładna pogoda.
   날씨가 좋을 테니, 4월에는 매일 어디론가 산책을 나갈 거야.

## Oliwia's Tip

전치사뿐 아니라, 과거/현재/미래를 나타내는 시간부사와 함께 덧붙여 쓰게 되면 더 풍부한 회화를 구사할 수 있습니다.
특히 미래를 나타내는 "za + 시간 = ~ 후에, 시간 + temu = ~ 전에"와 같은 표현의 시간부사를 잘 익혀두면 쉽고 풍부하게 익힐 수 있습니다.

Part 3-18. 자주 등장하는 일반동사 패턴18. Spacerować, Podróżować

## 140 Spacerować, Podróżować의 다양한 활용

 **OLIWIA'S TIP**

폴란드어의 경우, 어원을 알고 전치사에서 따온 접두사를 앞에 넣으면 의미가 약간은 비슷한, 아님 완전히 다른 의미의 단어가 됩니다. 예를 들어 podróżować는 "여행하다."라는 단어로, 그 기원은 <u>podróż (여행)</u>에서 나온 동사입니다. 이어 <u>-nik(명사형)</u>을 넣으면 "<u>여행하는 사람이라는 여행객</u>"이란 단어가 됩니다. 즉, 폴란드어를 공부할 때에는 어원을 잘 익혀두고 파생되는 동사 및 접두사(의미)를 이해하면 접근이 쉬워집니다. 이와 같은 맥락으로 본 동사 패턴에서는 각종 파생되는 동사를 어원 명사, 접두사+동사, 분사, 명령법 등이 어떠한 규칙으로 만들어지는 지를 살펴본다면 어원 암기만을 통해 내용을 추론할 수 있게 됩니다.

| 접두사 | | 완성 | 의미 |
|---|---|---|---|
| po | | po**spacer**ować(dk) | 산책할 것이다 |
| 명사 | spacerować | **spacer** | 산책 |
| | | **spacer**owicz | 산책하는 사람 |
| 명령법 | | **spacer**uj! | 산책해! |
| 현재분사 | | **spacer**ując | 산책하면서 |
| 명사 | podróżować | **podróż** | 여행 |
| | | biuro **podróż**y | 여행사 |
| | | **podróż**nik | 여행객 |
| 명령법 | | **podróż**uj! | 여행해! |
| 현재분사 | | **podróż**ując | 여행하면서 |

## 예문

1. Gdy jest ciepło nad jeziorem jest dużo spacerowiczów.

    날이 따뜻하면, 호숫가에 산책하는 사람들이 많습니다.

2. Dziś poszłam do biura podróży, żeby zaplanować wycieczkę do Chin.

    오늘은 중국 여행을 계획하기 위해 여행사에 다녀왔어.

3. Lubię słuchać muzyki spacerując nad morzem.

    나는 바닷가를 거닐면서 음악 듣는 것을 좋아해.

4. Zawsze uczę się czegoś nowego gdy podróżuję po świecie.

    세계 여기 저기를 여행할때면 나는 항상 뭔가 새로운 것을 배워.

5. Spaceruj codziennie jeśli chcesz być zdrowy.

    건강해지고 싶으면 매일 산책을 해라!

6. Podróżując po świecie zwykle płacisz gotówką czy kartą?

    세계 여기 저기를 여행 다니면서 현금 혹은 카드 중 보통 어떻게 결제하는 편이야?

 **OLIWIA'S TIP**

현재분사의 경우, 동시 동작을 의미하기 때문에 두 문장을 하나로 만들 때 현재분사를 이용하여 "~하면서, 혹은 ~할 때"의미로 해석될 수 있습니다.

# 핵심 패턴

# Part.3

unit 19

## 자주 등장하는 일반동사

# 19

* Pomagać 돕다.

**141.** 유용한 일반/조동사 + pomagać

**142.** Pomagałem + 여격 + 동사원형 : 나는 ~에게 ~하는 것을 도와줬습니다.

**143.** Pomagać의 다양한 활용

Part 3-19. 자주 등장하는 일반동사 패턴19. Pomagać

## 141 유용한 일반/조동사 + pomagać

###  Oliwia's Tip

part2의 유용한 일반/조동사 10개 패턴 바로 뒤에 일반동사의 원형이 오는 패턴을 학습하게 됩니다. 이외에도 육하원칙 의문사를 활용하여 여러 문장을 회화에 응용할 수 있습니다.

| | | |
|---|---|---|
| lubić | | |
| chcieć | | |
| móc | | |
| musieć | | |
| woleć | + | pomagać (ndk) / pomóc (dk) |
| prosić | | |
| trzeba | | |
| warto | | |
| wolno | | |
| można | | |

▼ 6하원칙 활용 연습

| kto 누가 | Kto pomaga dziadkowi w ogrodzie?<br>누가 할아버지의 정원일을 돕나요? |
|---|---|
| kiedy 언제 | Kiedy możesz pomóc mojemu ojcu?<br>언제 나의 아버지를 도와줄 수 있어? |
| gdzie 어디서 | Gdzie można szukać pomocy dla obcokrajowców?<br>어디에서 외국인을 위한 지원을 찾을 수 있나요? |
| jak 어떻게 | Masz kłopoty? Jak mogę ci pomóc?<br>곤경에 빠졌어? 내가 너를 어떻게 도우면 될까? |
| dlaczego 왜 | Dlaczego nie chcesz mu pomagać?<br>너는 왜 그를 돕는 게 싫어? |

## 예문

1. Lubię pomagać żonie.

    나는 와이프를 도와주는 것을 좋아해.

2. Chcesz żebym pomógł ci zrobić zadanie domowe?

    네 숙제를 내가 도와주었음 좋겠어?

3. Możemy wam pomóc po pracy.

    우리는 퇴근 후에 너희들을 도와줄 수 있어.

4. Muszę pomóc mojemu ojcu, bo on jest chory.

    아버지께서 아프셔서 도와드려야 해.

5. Wolę komuś pomagać niż odpoczywać.

    나는 쉬는 것보다 누군가를 도와주는 것을 선호해.

6. Proszę pomagaj mi częściej sprzątać dom.

    집 청소 하는 걸 더 자주 도와주세요.

7. Trzeba pomagać współpracownikom, gdy mają jakieś problemy.

    동료들이 문제가 생기면 그들을 도와줄 필요가 있어.

8. Warto pomagać biednym ludziom.

    어려운 사람을 도와주는 건 가치가 있는 일이야.

Part 3-19. 자주 등장하는 일반동사 패턴19. Pomagać

## 142 Pomagałem + 여격 + 동사원형
나는 ~에게 ~하는 것을 도와줬습니다.

▼ 미래형 활용

Pomogę 여격 + 동사원형    나는 ~에게 ~하는 것을 도와줄 것입니다.

▼ 패턴: 과거, 현재, 미래형 pomagać/pomóc 활용법

|  | 과거 (ndk) | 현재 | 미래 (dk) |
|---|---|---|---|
| 1인칭 단수 | pomagałem/pomagałam | pomagam | pomogę |
| 2인칭 단수 | pomagałeś/pomagałaś | pomagasz | pomożesz |
| 3인칭 단수 | pomagał/pomagała | pomaga | pomoże |
| 1인칭 복수 | pomagaliśmy/pomagałyśmy | pomagamy | pomożemy |
| 2인칭 복수 | pomagaliście/pomagałyście | pomagacie | pomożecie |
| 3인칭 복수 | pomagali/pomagały | pomagają | pomogą |

▼ 추가 활용 표현

| ktoś<br>누군가 | Ktoś pomógł ci namalować ten obraz?<br>누가 이 그림 그리는 걸 도와줬어? |
|---|---|
| kiedyś<br>언젠가 | Kiedyś często pomagałem mojej matce.<br>어머니를 자주 도와줬던 적이 있었어. |
| coś<br>뭔가 | Pomożesz mi coś ugotować?<br>요리하는 걸 도와줄 수 있어? |
| gdzieś<br>어디선가 | Czy mogę gdzieś pomóc?<br>내가 어딘 가에 도움을 줄 수 있을까? |
| jakiś<br>어떤 | Potrzebujesz jakiejś pomocy?<br>어떤 도움이 필요해? |

## 예문

1. Musiałem pomagać mojej matce co weekend.

    주말마다 엄마를 도와야만 했어.

2. Dwa dni temu pomogłem mojej żonie gotować obiad.

    이틀 전에 나는 점심요리를 하는 와이프를 도와줬어.

3. Pomogę ci przygotować się do egzaminu.

    내가 시험 준비하는 걸 도와줄게.

4. Jutro będę pomagała moim dzieciom robić zadanie domowe.

    내일은 아이들 숙제를 도와줄 거야.

5. Kiedyś pomagaliśmy mojemu koledze robić remont domu.

    우리는 친구들의 집수리를 도와줬던 적이 있었어.

6. W czerwcu będziemy pomagali ci zbierać truskawki w ogrodzie.

    우리는 6월에 정원에서 너의 딸기 수확을 도와줄 거야.

 Oliwia's Tip

pomagać/pomóc는 불완료/완료 형태로 과거, 미래에 자연스럽게 쓸 수 있는 표현입니다. 특히 불완료 동사인 pomagać인 경우 과거에 주기적으로 한 일에 대해서 묘사를 할 때 czasami, zawsze, zazwyczaj, zwykle 등과 같은 빈도부사와 함께 쓰면 자연스럽고 풍부하게 표현할 수 있습니다.

Part 3-19. 자주 등장하는 일반동사 패턴19. Pomagać

## 143 Pomagać의 다양한 활용

 OLIWIA'S TIP

폴란드어의 경우, 어원을 알면 의미가 약간은 비슷한, 아님 완전히 다른 의미의 단어가 됩니다. 예를 들어 pomóc는 "도와주다."라는 단어로, 그 기원은 <u>móc (할 수 있다.)</u>에서 나온 동사입니다. "도움은 늘 할 수 있다."는 깊은 의미가 됩니다. <u>pomoc (도움)이라는 단어에 nik(명사)</u>를 넣으면 "도와주는 사람, 조력자"의 의미가 됩니다.

| 접두사 | 완성 | 의미 |
| --- | --- | --- |
| 명사 | **pomoc** | 도움 |
| | **pomoc**nik | 조력자 |
| | **pomoc**niczy | 보조 |
| 명령법 | **pomaga**j!(ndk)<br>**pomóż**!(dk) | 도와줘! |
| 현재분사 | **pomaga**jąc | 도와주면서 |

| | 여격 인칭대명사 |
| --- | --- |
| Pomagać (ndk)<br>/ Pomóc (dk) | mi |
| | ci |
| | mu/jej |
| | nam |
| | wam |
| | im |

## 예문

1. Jestem wdzięczna, bo wczoraj dużo mi pomogłeś.

    어제 (나를) 많이 도와줘서 고마워.

2. Będę pamiętała o twojej pomocy.

    나는 너의 도움을 기억할거야.

3. Potrzebujesz pomocników, czy dasz sobie radę sam?

    도와줄 사람이 필요해? 아님 혼자서 해결할 수 있어?

4. Piszę raport w domu pomagając dzieciom robić zadanie domowe.

    아이들의 숙제를 도와주면서 집에서 보고서를 쓰고 있어.

5. Dziękuję za pana pomoc.

    당신의 도움에 감사합니다.

6. Pomóż mi, to pudło jest bardzo ciężkie.

    상자가 매우 무거운데, 도와주세요.

## OLIWIA'S TIP

pomagać/pomóc는 "~를 도와주다."로 표현하지만 대표적인 여격 동사입니다. 따라서 뒤에 나오는 도와주는 대상을 목적격이 아닌 여격으로 바꿔 표현합니다. 옆의 여격 인칭대명사를 이용하여 다양하게 연습하면 좋습니다.

# 핵심 패턴

## Part.3  unit 20

### 자주 등장하는 일반동사

# 20

* Dać ~를 주다.

**144.** Dam + 여격 + 목적격 단수 : 나는 ~에게 ~를 줄 것입니다.
**145.** Dam + 여격 + 목적격 복수 : 나는 ~에게 ~를 줄 것입니다.
**146.** Kto da + 여격 + 목적격 : 누가 ~에게 ~를 줄 건가요?
**147.** 유용한 일반/조동사 + dać
**148.** Dałem + 여격 + 목적격 : 나는 ~에게 ~를 주었습니다.
**149.** Dać의 다양한 활용

## Part 3-20. 자주 등장하는 일반동사 패턴20. Dać

### 144  Dam + 여격 + 목적격 단수
나는 ~에게 ~를 줄 것입니다.

▼ 의문문 활용

Dasz + 목적격?

- Tak, dam + 목적격
- Nie, nie dam + 소유격

A: Dasz mi tę książkę? Też chcę ją przeczytać.
   나에게 이 책 좀 줄래? 나도 읽어보고 싶어.

B: Jeszcze nie skończyłem czytać tej książki, ale później dam ci ją.
   아직 책 다 못 읽었으니깐 나중에 줄게.

A: Chce mi się pić, dasz mi piwo?
   목이 좀 마른데, 맥주 좀 줄래?

B: Nie dam ci piwa, boli cię przecież gardło. Napij się herbaty.
   목이 아픈데 무슨 맥주를 줘. 차를 좀 마셔봐.

▼ 목적격 단수

| | 미래 |
|---|---|
| 1인칭 단수 | dam |
| 2인칭 단수 | dasz |
| 3인칭 단수 | da |
| 1인칭 복수 | damy |
| 2인칭 복수 | dacie |
| 3인칭 복수 | dadzą |

+ (여격)

| 구분 | 형용사 단수 | 명사 단수 |
|---|---|---|
| 남성생물 | -ego | -a |
| 남성무생물 | =주격 | =주격 |
| 중성 | =주격 | =주격 |
| 여성 | -ą | -ę |

▼ 소유격 단수

| | 미래 |
|---|---|
| 1인칭 단수 | nie dam |
| 2인칭 단수 | nie dasz |
| 3인칭 단수 | nie da |
| 1인칭 복수 | nie damy |
| 2인칭 복수 | nie dacie |
| 3인칭 복수 | nie dadzą |

+ (여격)

| 구분 | 형용사 단수 | 명사 단수 |
|---|---|---|
| 남성생물 | -ego | -a |
| 남성무생물 | -ego | -u |
| 중성 | -ego | -a |
| 여성 | -ej | -i/-y |

## 예문

1. Mamo, dasz mi ciasto?

    엄마, 케이크 좀 줄래요?

    → Dam ci ciasto, ale najpierw zjedz zupę.

    케이크 줄 테니, 수프 먼저 먹어.

2. Komu dasz ten piękny bukiet kwiatów?

    이 예쁜 꽃다발을 누구에게 줄 거야?

    → Dam ten bukiet mojej dziewczynie.

    내 여자친구한테 이 꽃다발을 줄 거야.

3. Dacie mi spróbować to wino?

    나에게 이 와인을 시음할 기회를 줄래?

    → Nie damy ci wina, za dużo już dzisiaj wypiłeś alkoholu.

    너는 벌써 오늘 술 많이 마셨잖아. 와인까지 주진 않을 거야.

4. Czy szef da nam w tym roku bonus?

    이번 연도에 상사가 우리에게 보너스를 준대?

    → Myślę, że szef nie da nam bonusu, bo firma ma ostatnio kłopoty finansowe.

    최근 회사에 재정난이 있어서, 보너스를 주지는 않을 것 같아.

5. Dasz synowi prezent z okazji urodzin?

    생일 기념으로 아들에게 선물을 줄 거야?

    → Tak, dam mu nowy rower.

    응, 새 자전거를 줄 거야.

## Part 3-20. 자주 등장하는 일반동사 패턴20. Dać

## 145 Dam + 여격 + 목적격 복수
나는 ~에게 ~를 줄 것입니다.

▼ **의문문 활용**

Dasz + 목적격?

- Tak, dam + 목적격
- Nie, nie dam + 소유격

A: Dasz mi swoje stare ubrania? 네 오래된 옷을 나에게 줄래?
B: Nie dam ci ich, nadal czasami je noszę. 가끔 그 옷을 입고 있어서 못 주겠어.

A: Jaki prezent damy nauczycielom? 선생님들께 어떤 선물을 드리지?
B: Damy nauczycielom kwiaty. 우리는 선생님들께 꽃 선물을 드릴 거야.

▼ **목적격 복수**

|  | 현재 |
|---|---|
| 1인칭 단수 | dam |
| 2인칭 단수 | dasz |
| 3인칭 단수 | da |
| 1인칭 복수 | damy |
| 2인칭 복수 | dacie |
| 3인칭 복수 | dadzą |

+ (여격)

| 구분 | 형용사 복수 | 명사 복수 |
|---|---|---|
| 남자사람 외 | -e | -y/-i |
| 중성 | -e | -a |
| 여성 | -e | -y/-i |

▼ **소유격 복수**

|  | 현재 |
|---|---|
| 1인칭 단수 | nie dam |
| 2인칭 단수 | nie dasz |
| 3인칭 단수 | nie da |
| 1인칭 복수 | nie damy |
| 2인칭 복수 | nie dacie |
| 3인칭 복수 | nie dadzą |

+ (여격)

| 구분 | 형용사 복수 | 명사 복수 |
|---|---|---|
| 남성 | -ych/ -ich | -ów<br>-i, -y<br>(기능적연음) |
| 중성<br>여성 | -ych/ -ich | 탈락<br>-y (기능적연음)<br>-i (연음) |

## 예문

1. Kiedy dasz mi raporty z ostatniego roku?

   최근 연도의 보고서를 언제 줄 거야?

   → Dam ci wszystkie raporty do południa.

   정오까지 모든 보고서를 줄게.

2. Dam wam moje stare płyty, ja ich już nie słucham.

   나는 이제 안 들으니깐 내 오래된 CD를 너희에게 줄게.

3. Dzieci były grzeczne, dlatego rodzice dadzą im teraz lody.

   아이들이 예의 바르게 있어서 부모님이 지금 아이스크림을 주는 거야.

4. Dasz mi jakieś fajne kolczyki? Mam dzisiaj randkę.

   좋은 귀걸이 같은 거 줄 수 있어? 오늘 데이트가 있어.

   → Nie dam ci moich kolczyków, ja chcę je dzisiaj założyć.

   오늘 내가 귀걸이를 하고 싶어서 네게 줄 수는 없어.

5. Co dasz dziewczynie z okazji świąt?

   명절 기념으로 여자친구에게 뭘 줄 거야?

   → Nie damy jej nic, ostatnio pokłóciliśmy się.

   아무것도 안 줄래, 최근에 싸웠어.

##  Oliwia's Tip

dać 동사는 "~을 줄 것이다."라는 미래형 동사이며, 일반적으로 "~에게 ~를 주다."라는 의미로 표현하므로, ~에게는 여격 변형, ~를 목적격으로 표현합니다.

## Part 3-20. 자주 등장하는 일반동사 패턴20. Dać

### 146. Kto da + 여격 + 목적격
누가 ~에게 ~를 줄 건가요?

▼ 6하원칙 의문사:

Kto/Kiedy/Gdzie/Co/Jak/Dlaczego + (주어) + dać

A: Kto da mi długopis?  누가 볼펜을 줄 거야?
B: Ja dam ci mój.  내꺼 줄게.

B: Dlaczego nie dasz mi gumy?  왜 껌을 안 줘?
A: Bo nie mam gumy przy sobie.  지금 가지고 있는 껌이 없어.

▼ 6하원칙 활용 연습

| kto 누가 | Kto da mi coś do jedzenia? 누가 나한테 먹을 걸 줄 거야? |
|---|---|
| kiedy 언제 | Kiedy dacie mi raport? 너희는 언제 보고서를 줄 거야? |
| gdzie 어디서 | Gdzie dać ci śniadanie? 어디에서 네게 아침을 줘? |
| co 무엇을 | Co dasz mi na urodziny? 생일에 내게 무엇을 줄 거야? |
| jak 어떻게 | Jak dasz mu pożyczkę? 어떻게 그에게 대출을 해줄 거야? |
| dlaczego 왜 | Dlaczego szef da mi ważną rolę?<br>왜 상사는 내게 중요한 역할을 주실까? |
| komu 누구에게 | Komu dasz te piękne kwiaty?<br>누구에게 이 예쁜 꽃을 줄 거야? |

▼ 여격 인칭대명사 활용

| | 여격 인칭대명사 |
|---|---|
| Dawać (ndk)<br>/ Dać (dk) | mi |
| | ci |
| | mu/jej |
| | nam |
| | wam |
| | im |

### 예문

1. Kto da mi książki?     누가 내게 책을 줄 거야?

   → Moja nauczycielka da ci książki dziś w klasie.

   선생님께서 오늘 교실에서 책들을 나눠주실 거야.

2. Kiedy dasz mi pieniądze?     언제 나에게 돈을 줄 거야?

   → Dam ci jutro.     내일 줄게.

3. Komu dasz te truskawki?     누구에게 이 딸기를 줄 거야?

   → Dam truskawki córce.     딸에게 딸기를 줄 거야.

4. Dlaczego dajecie mi podręczniki do nauki języka polskiego?

   너희는 왜 내게 폴란드어 교재를 주는 거야?

   → Bo musisz uczyć się języka polskiego.

   왜냐면 너는 폴란드어를 공부해야 하기 때문이야.

5. Czemu możesz mi dać ten telefon?     왜 내게 이 핸드폰을 줄 수 있어?

   → Bo ja kupiłem sobie nowy telefon.     새 핸드폰을 샀기 때문이야.

### ⭐ Oliwia's Tip

czemu는 co의 여격 표현이긴 하나, 기본적인 회화에서 "왜"라는 뜻을 갖은 단어가 됩니다. dać는 dawać 동사의 완료형 표현으로, dawać 보다 과거, 미래형으로 더 자주 쓰입니다.

Part 3-20. 자주 등장하는 일반동사 패턴20. Dać

## 147 유용한 일반/조동사 + dać

 OLIWIA'S TIP

이번 패턴에서는 part2의 유용한 일반/조동사 10개 패턴 바로 뒤에 일반동사의 원형이 오는 패턴을 학습하게 됩니다. 이번 패턴의 경우 자주 쓰면서도 어렵지 않게 배울 수 있으므로 굉장히 중요한 표현입니다. 특히 별다른 동사변형이 없이 쓸 수 있는 trzeba, warto, wolno, można의 경우 바로 뒤에 동사원형만 넣으면 되므로, 아주 쉽게 접근할 수 있습니다. 동사변형이 어렵다면 상기의 동사 4개를 이용해서 part3,4의 자주 쓰는 일반동사들만 공부를 해도 어느 정도의 회화가 가능하다고 말할 수도 있습니다. 또한 해당 패턴을 잘 이용하여 의문문, 부정문, 동사변형을 연습하면 수십 개의 문장을 만들 수 있습니다.

| | | |
|---|---|---|
| lubić | | |
| chcieć | | |
| móc | | |
| musieć | | dawać (ndk) |
| woleć | + | / dać (dk) |
| prosić | | |
| trzeba | | |
| warto | | |
| wolno | | |
| można | | |

## 예문

1. Lubię dawać prezenty rodzinie i przyjaciołom.
   나는 가족과 친구들에게 선물을 나눠주는 것을 좋아해.
2. Chcemy dać ci jakiś prezent gdy zdasz egzamin.
   네가 시험에 통과하면 우리는 선물 같은 걸 해주고 싶어.
3. Możemy dać ci dobrą kawę.
   우리는 좋은 커피를 너에게 줄 수 있어.
4. Wolę dać ci owoce niż chipsy.
   너에게 포테이토칩 보다는 과일을 주고 싶어.
5. Proszę daj mi trochę czasu.
   시간 좀 내어 주세요.
6. Trzeba dać mu jeszcze trochę czasu, żeby nauczył się języka polskiego.
   그에게 폴란드어를 공부할 시간을 줘야 할 필요가 있어.
7. Czy warto dać kolegom z Polski koreańskie pamiątki?
   폴란드 친구에게 한국 기념품을 줄만한 가치가 있어?
8. Nie wolno dawać alkoholu nieletnim.
   미성년자에게는 술을 줄 수 없습니다.

## ⭐ Oliwia's Tip

dać는 dawać 동사의 완료형으로, 정기적으로 좋아하는 행위인 lubić동사나, 일반적인 행위를 이야기하는 wolno의 경우 완료형보다 불완료 동사인 dawać가 어울립니다.

Part 3-20. 자주 등장하는 일반동사 패턴20. Dać

## 148 Dałem + 여격 + 목적격
나는 ~에게 ~를 주었습니다.

▼ 미래형 활용

Dam + 여격 + 목적격　　　나는 ~에게 ~를 줄 것입니다.

▼ 패턴: 과거, 현재, 미래형 dać 활용법

|  | 과거 (dk) | 현재 | 미래 (dk) |
|---|---|---|---|
| 1인칭 단수 | dałem/dałam | daję | dam |
| 2인칭 단수 | dałeś/dałaś | dajesz | dasz |
| 3인칭 단수 | dał/dała | daje | da |
| 1인칭 복수 | daliśmy/dałyśmy | dajemy | damy |
| 2인칭 복수 | daliście/dałyście | dajecie | dacie |
| 3인칭 복수 | dali/dały | dają | dadzą |

▼ 추가 활용 표현

| ktoś 누군가 | Czy ktoś w pracy dał ci prezent z okazji urodzin?<br>회사에서의 누군가가 네게 생일 선물을 줬어? |
|---|---|
| kiedyś 언젠가 | Kiedyś dałem ci kolczyki, nosisz je czasami?<br>전에 네게 귀걸이를 줬는데, 가끔 하고 다녀? |
| coś 뭔가 | Czy dziadek dał coś wnukowi na urodziny?<br>할아버지께서 손자 생일에 뭔가를 주셨어? |
| jakiś 어떤 | Dasz mi jakiś papier? 나에게 종이 좀 줄래? |

▼ 어울리는 시간부사

| 미래 | jutro/pojutrze/za tydzień/za miesiąc/za rok<br>(내일/모레/일주일 후에/한 달 후에/일 년 후에) |
|---|---|
| 과거 | wczoraj/przedwczoraj/rok temu/tydzień temu<br>(어제/그제/일 년 전에/일주일 전에) |

## 예문

1. Tydzień temu dałeś kwiaty dziewczynie?
   일주일 전에 여자친구에게 꽃을 줬어?

2. Przedwczoraj daliśmy ojcu drogi prezent.
   그제 우리는 아버지에게 비싼 선물을 줬어.

3. W poniedziałek dam ci moją torbę.
   월요일에는 내 가방을 너에게 줄게.

4. Jutro nauczyciel da ci nową pracę domową.
   선생님께서는 내일 너에게 새로운 숙제를 내주실 거야.

5. Miesiąc temu ciocia dała mi przepis na to danie.
   한 달 전에 고모가 이 음식에 대한 레시피를 나에게 줬어.

### ⭐ OLIWIA'S TIP

dać와 dawać는 시간부사와 잘 어울리는 동사입니다. 시간부사의 규칙은 주/월/연 단위로, 숫자 5이상부터는 다른 규칙(소유격복수)을 보입니다.

|  | 일 | 주 | 월 | 연 |
|---|---|---|---|---|
| jeden | dzień | tydzień | miesiąc | rok |
| dwa-cztery | dni | tygodnie | miesiące | lata |
|  | dni | tygodnie | miesiące | lata |
| pięć~ | dni | tygodni | miesięcy | lat |

Part 3-20. 자주 등장하는 일반동사 패턴20. Dać

## 149 Dać의 다양한 활용

 OLIWIA'S TIP

폴란드어의 경우, 어원을 알고 전치사에서 따온 접두사를 앞에 넣으면 의미가 약간은 비슷한, 아님 완전히 다른 의미의 단어가 됩니다. 예를 들어 dać는 "주다."라는 단어에 od(~로부터)의 의미를 갖는 전치사를 접두사로 넣으면 "~로부터 주다." 의 뜻으로 "돌려주다."라는 완료형태의 새로운 단어가 됩니다. 즉, 폴란드어를 공부할 때에는 어원을 잘 익혀 두고 파생되는 동사 및 접두사(의미)를 이해하면 접근이 쉬워집니다. 이와 같은 맥락으로 본 동사 패턴에서는 각종 파생되는 동사를 어원 명사, 접두사+동사, 분사, 명령법 등이 어떠한 규칙으로 만들어지는 지를 살펴본다면 어원 암기만을 통해 내용을 추론할 수 있게 됩니다.

| 접두사 | 완료형(dk) | 불완료형(ndk) | 의미 |
| --- | --- | --- | --- |
| po | podać | podawać | 건네주다 |
| wy | wydać | wydawać | 발행하다, 발급하다, (돈을)쓰다 |
| na | nadać | nadawać | (이름 등을) 지어주다 |
| prze | sprzedać | sprzedawać | 팔다 |
| z | zdać | zdawać | (시험) 통과하다 |
| od | oddać | oddawać | 돌려주다 |
| do | dodać | dodawać | 첨가하다 |
| za | zadać | zadawać | (질문 등을)하다 |
| 명사 | dawca | | 기증자 |
| 명령법 | daj! | dawaj! | 줘! |
| 현재분사 | dając | | 주면서 |

## 예문

1. Podasz mi chusteczkę?

    휴지 좀 건네줄래?

2. Dając psu jedzenie uważaj, żeby cię nie ugryzł.

    개에게 음식을 줄 때에는 물을 수 있으니 조심해.

3. Co możesz oddać w tym roku na aukcję charytatywną?

    올해 자선경매에서는 무엇을 기부할 수 있어?

4. Na co wydałeś wszystkie pieniądze?

    뭐 하는데 돈을 다 썼어?

5. Sprzedałeś już swój stary samochód?

    벌써 낡은 차를 팔았어?

 Oliwia's Tip

| 접두사에 따라 또 다른 완료-불완료가 되며 의미도 변함 ||
|:---:|:---:|
| 불완료 | 완료 |
| dawać | dać |
|  | 파생 완료 | 파생 불완료 |
|  | podać | podawać |
|  | oddać | oddawać |

(접두사) + dać의 경우, dać와 dawać의 과거/현재/미래 동사 어미변형과 동일하게 동사의 어미변형이 이루어지고, 명령법, 현재분사의 어미변형도 동일하게 변화합니다.

np.) daj-podaj-wydaj / dawaj-podawaj-wydawaj

# 핵심 패턴

## Part.3

### 자주 등장하는 일반동사

_# 21

**  Sprzedać ~를 팔다.**

**150.** Sprzedaję + 목적격 복수 : 나는 ~를 팝니다.
**151.** Kto sprzedaje + 목적격? : 누가 ~를 파나요?
**152.** 유용한 일반/조동사 + sprzedać
**153.** Sprzedałem + 목적격 : 나는 ~를 팔았습니다.
**154.** Sprzedać의 다양한 활용

Part 3-21. 자주 등장하는 일반동사 패턴21. Sprzedać

## 150 Sprzedaję + 목적격 복수
나는 ~를 팝니다.

▼ 의문문 활용

Sprzedajesz + 목적격 복수?

- Tak, sprzedaję + 목적격 복수
- Nie, nie sprzedaję + 소유격 복수

A: Jeśli nie masz pieniędzy, może sprzedasz samochód?
  돈이 없으면, 자동차를 파는 게 어때?
B: Nie sprzedam samochodu, potrzebuję go.
  차가 필요해서 팔지는 않을 거야.
A: Sprzedajesz swój stary komputer?
  낡은 컴퓨터를 파는 거야?
B: Tak, sprzedaję stary komputer koledze.
  응, 친구에게 낡은 컴퓨터를 팔아.

▼ 목적격 복수

|  | 현재 |
|---|---|
| 1인칭 단수 | sprzedaję |
| 2인칭 단수 | sprzedajesz |
| 3인칭 단수 | sprzedaje |
| 1인칭 복수 | sprzedajemy |
| 2인칭 복수 | sprzedajecie |
| 3인칭 복수 | sprzedają |

+

| 구분 | 형용사 복수 | 명사 복수 |
|---|---|---|
| 남자사람 외 | -e | -y/-i |
| 중성 | -e | -a |
| 여성 | -e | -y/-i |

▼ 소유격 복수

|  | 현재 |
|---|---|
| 1인칭 단수 | nie sprzedaję |
| 2인칭 단수 | nie sprzedajesz |
| 3인칭 단수 | nie sprzedaje |
| 1인칭 복수 | nie sprzedajemy |
| 2인칭 복수 | nie sprzedajecie |
| 3인칭 복수 | nie sprzedają |

+

| 구분 | 형용사 복수 | 명사 복수 |
|---|---|---|
| 남성 | -ych/ -ich | -ów<br>-i, -y<br>(기능적연음) |
| 중성<br>여성 | -ych/ -ich | 탈락<br>-y (기능적연음)<br>-i (연음) |

## 예문

1. Sprzedajesz amerykańskie produkty do Korei?

   미국 제품을 한국에 판매해?

   → Nie sprzedaję amerykańskich produktów.

   나는 미국 제품을 판매하지 않아.

2. Sprzedajemy polskie kosmetyki w Korei.

   우리는 폴란드 화장품을 한국에서 팔고 있어.

3. Sprzedajecie koreańskie pamiątki do Polski?

   너희는 한국 기념품을 폴란드에 판매해?

   → Tak, sprzedajemy pamiątki.

   응, 우리는 기념품을 팔고 있어.

4. Sprzedajesz japońskie samochody do Polski?

   일본 자동차를 폴란드에 판매해?

   → Nie sprzedaję japońskich samochodów.

   일본 자동차를 판매하지 않아.

5. W tym sklepie sprzedają używane książki.

   (그들은) 이 가게에서 중고책을 팔고 있어.

Part 3-21. 자주 등장하는 일반동사 패턴21. Sprzedać

## 151　Kto sprzedaje + 목적격?
누가 ~를 파나요?

▼ 6하원칙 의문사:

Kto/Kiedy/Gdzie/Co/Jak/Dlaczego + (주어) + sprzedać

A: Co sprzedajesz do Polski?
　 폴란드에 무엇을 팔고 있어?
B: Sprzedaję koreańskie produkty kosmetyczne do Polski.
　 나는 폴란드에 한국 화장품 제품들을 팔고 있어.
A: Dlaczego sprzedajesz swój komputer?
　 왜 컴퓨터를 파는 거야?
B: Sprzedaję swój komputer, bo chcę kupić nowy.
　 새로운 컴퓨터를 사고 싶어서 이걸 팔 거야.

▼ "6하원칙 의문사 + sprzedać" 패턴 예문

| | |
|---|---|
| kto 누가 | Kto sprzedaje koreańskie pamiątki?<br>누가 한국 기념품을 팔고 있어? |
| kiedy 언제 | Kiedy sprzedacie wasz samochód?<br>너희는 자동차를 언제 팔아? |
| gdzie 어디서 | Gdzie sprzedamy te produkty?<br>우리는 어디에서 이 제품을 팔 거야? |
| co 무엇을 | Co sprzedaje twój ojciec?<br>네 아버지는 무엇을 판매하셔? |
| jak 어떻게 | Jak można sprzedawać używane książki?<br>어떻게 중고 책을 팔 수 있나요? |
| dlaczego 왜 | Dlaczego sprzedajesz dom?<br>너는 왜 집을 팔아? |

## 예문

1. Kto sprzeda mój laptop? 누가 내 노트북을 팔 거야?
   → Mój mąż sprzeda twój laptop. 내 남편이 네 노트북을 팔 거야.
2. Kiedy sprzedasz nowy produkt klientowi?
   너는 언제 고객의 새 제품을 팔 거야?
   → Sprzedam klientowi ten produkt w piątek.
   금요일에 이 제품을 고객에게 판매할거야.
3. Gdzie sprzedajesz te produkty? 이 제품들을 어디에서 판매하고 있어?
   → Sprzedaję je w Chinach. 나는 중국에서 판매하고 있어.
4. Co sprzedajemy do Polski? 우리는 폴란드에 무엇을 판매해?
   → Sprzedajemy do Polski maszyny. 우리는 폴란드에 기계를 판매해.
5. Dlaczego sprzedaje się koreańskie kosmetyki do Polski?
   왜 한국 화장품을 폴란드에 판매해?
   → Ponieważ koreańskie kosmetyki są bardzo popularne w Polsce.
   폴란드에서 한국 화장품이 매우 인기 있기 때문이야.

##  OLIWIA'S TIP

sprzedać는 완료형 동사로 현재 동사변형으로 미래를 대신합니다. sprzedawać의 경우 불완료 동사이면서 현재 하고 있는 일들의 진행을 의미합니다. 또한 sprzedawać się의 경우, "주어가 불분명하고 일반적인 상황에서 판매하다." 를 의미할 때 쓸 수 있는 유용한 표현입니다.

Part 3-21. 자주 등장하는 일반동사 패턴21. Sprzedać

## 152 유용한 일반/조동사 + sprzedać

###  OLIWIA'S TIP

이번 패턴에서는 part2의 유용한 일반/조동사 10개 패턴 바로 뒤에 일반동사의 원형이 오는 패턴을 학습하게 됩니다. 이번 패턴의 경우 자주 쓰면서도 어렵지 않게 배울 수 있으므로 굉장히 중요한 표현입니다. 특히 별다른 동사변형이 없이 쓸 수 있는 trzeba, warto, wolno, można의 경우 바로 뒤에 동사원형만 넣으면 되므로, 아주 쉽게 접근할 수 있습니다. 동사변형이 어렵다면 상기의 동사 4개를 이용해서 part3,4의 자주 쓰는 일반동사들만 공부를 해도 어느 정도의 회화가 가능하다고 말할 수도 있습니다. 또한 해당 패턴을 잘 이용하여 의문문, 부정문, 동사변형을 연습하면 수십 개의 문장을 만들 수 있습니다.

| lubić / chcieć / móc / musieć / woleć / prosić / trzeba / warto / wolno / można | + | sprzedawać (ndk) / sprzedać (dk) |
|---|---|---|

## 예문

1. Lubię sprzedawać dobre produkty klientom.

   (나는) 고객에게 좋은 제품을 판매하는 것을 좋아해.

2. Chciałbym sprzedać mój laptop.

   제 노트북을 판매하고 싶습니다.

3. Moja agencja nieruchomości może sprzedać twój dom.

   부동산 중개업소에서 네 집을 팔 수 있을 거야.

4. Muszę sprzedać te maszyny do Japonii.

   나는 일본에 이 기계들을 판매해야 해.

5. Wolę sprzedać te urządzenie i kupić nowe.

   나는 새로운 장비를 구입하는 것보다 판매하는 것을 선호해.

6. Proszę sprzedaj moją torbę.

   내 가방을 팔아주세요.

7. Żeby sprzedać te produkty, trzeba obniżyć ich cenę.

   이 제품을 팔기 위해서는 단가를 인하할 필요가 있어.

8. Warto sprzedawać te kosmetyki w Europie. Będą bardzo popularne.

   유럽에 이 화장품을 판매할 가치가 있어. 인기가 많을 거야.

9. Nie wolno sprzedawać tych produktów w tym kraju.

   이 나라에서는 이 제품들을 판매할 수 없습니다.

10. Czy w Polsce można sprzedawać koreański alkohol?

    폴란드에서 한국 술을 판매할 수 있나요?

Part 3-21. 자주 등장하는 일반동사 패턴21. Sprzedać

## 153 Sprzedałem + 목적격
나는 ~를 팔았습니다.

▼ 미래형 활용

Sprzedam + 목적격　　　나는 ~를 팔 것입니다.

▼ 패턴: 과거, 현재, 미래형 sprzedać/sprzedawać 활용법

|  | 과거 (dk) | 현재 | 미래 (dk) |
|---|---|---|---|
| 1인칭 단수 | sprzedałem/sprzedałam | sprzedaję | sprzedam |
| 2인칭 단수 | sprzedałeś/sprzedałaś | sprzedajesz | sprzedasz |
| 3인칭 단수 | sprzedał/sprzedała | sprzedaje | sprzeda |
| 1인칭 복수 | sprzedaliśmy/sprzedałyśmy | sprzedajemy | sprzedamy |
| 2인칭 복수 | sprzedaliście/sprzedałyście | sprzedajecie | sprzedacie |
| 3인칭 복수 | sprzedali/sprzedały | sprzedają | sprzedadzą |

▼ 추가 활용 표현

| ktoś 누군가 | Ktoś sprzedał tę torbę. 누군가 이 가방을 팔았어. |
|---|---|
| kiedyś 언젠가 | Sprzedasz kiedyś ten drogi obraz?<br>언젠가는 이 비싼 그림을 팔 거야? |
| coś 뭔가 | Sprzedałeś coś przez internet? 인터넷으로 뭔가를 팔았어? |
| gdzieś 어디선가 | Wiesz, czy można gdzieś sprzedać stare monety?<br>어디에서 낡은 동전을 팔 수 있는 지 알아? |

▼ 어울리는 시간부사

| w<br>~에서 | w kawiarni/w kinie/w restauracji (커피숍/극장/식당)에서 |
|---|---|
|  | w firmie/w sklepie/w galerii handlowej (회사/가게/백화점)에서 |

## 예문

1. Ktoś sprzedał mi ten rower dawno temu.

   오래 전에 누군가 나에게 이 자전거를 팔았어.

2. Kiedyś sprzedaliśmy różne produkty w Polsce.

   우리는 폴란드에 다양한 제품들을 판매했던 적이 있었어.

3. Chcę coś sprzedać, żeby kupić nowy komputer.

   새로운 컴퓨터를 사려면 뭔 가라도 팔고 싶어.

4. Teraz sprzedaję koreańskie pamiątki w Niemczech.

   현재 한국 기념품을 독일에 판매하고 있어.

5. W przyszłym roku będę sprzedawać maszyny naszej firmy we Francji.

   내년에는 우리 회사의 기계들을 프랑스에서 판매할 거야.

6. Od nowego roku będziemy sprzedawali samochody w Europie.

   내년부터 우리는 유럽에서 자동차를 판매할 예정입니다.

 OLIWIA'S TIP

sprzedać/sprzedawać는 동사 어미변형이 dać/dawać 형과 동일하며, 비슷하게 활용할 수 있습니다. 과거형은 이미 판매를 완료하는 의미를 갖고 있기 때문에, 완료형 표현이 자연스러운 경우가 많습니다. 하지만 뉘앙스에 따라 쓰임이 다르므로 여러 가지로 활용이 가능합니다.

Part 3-21. 자주 등장하는 일반동사 패턴21. Sprzedać

## 154 Sprzedać의 다양한 활용

 OLIWIA'S TIP

폴란드어의 경우, 어원을 알고 전치사에서 따온 접두사를 앞에 넣으면 의미가 약간은 비슷한, 아님 완전히 다른 의미의 단어가 됩니다.

예를 들어 "sprzedawać 는 팔다."라는 단어로, 그 기원은 sprzedaż (판매)에서 나온 동사입니다. 이와 비슷하게 닮은 이하의 단어들도 의미를 유추해서 활용할 수 있습니다. 즉, 폴란드어를 공부할 때에는 어원을 잘 익혀 두고 파생되는 동사 및 접두사(의미)를 이해하면 접근이 쉬워집니다. 이와 같은 맥락으로 본 동사 패턴에서는 각종 파생되는 동사를 어원, 명사, 접두사+동사, 분사, 명령법 등이 어떠한 규칙으로 만들어지는 지를 살펴본다면 어원 암기만을 통해 내용을 추론할 수 있게 됩니다.

| 접두사 | 완성 | 의미 |
|---|---|---|
| 명사 | **sprzeda**ż | 판매 |
|  | **sprzeda**wca | 판매자 |
|  | wy**przedaż** | 할인 판매 |
| 명령법 | **sprzeda**j! (dk) | 판매해! |
|  | **sprzeda**waj! (ndk) | 판매해! |
| 현재분사 | **sprzeda**jąc (ndk) | 판매하면서 |
| 수동분사 | **sprzeda**ny (dk) | 팔린 |

## 예문

1. Pracuję w tej firmie jako menedżer w dziale sprzedaży.

   저는 이 회사 영업부의 매니저로 일하고 있습니다.

2. Mój kolega pracuje jako sprzedawca samochodów od trzech lat.

   내 친구는 3년 전부터 자동차 판매업자로 일을 하고 있어.

3. Sprzedaj szybko akcje tej firmy, ona zbankrutuje.

   이 회사 주식 빨리 팔아, 곧 망할 거야.

4. Sprzedając koreańskie kosmetyki w Polsce można zarobić dużo pieniędzy.

   한국 화장품을 폴란드에 판매하면 돈을 많이 벌 수 있어.

5. W centrum handlowym jest dziś wyprzedaż ubrań.

   백화점에서 오늘 의류 할인 판매를 해.

##  Oliwia's Tip

sprzedać-sprzedawać의 어원은 앞서 설명한 dać-dawać에 접두사 sprze (przez: 통해서)를 넣어 만든 동사입니다. 따라서, 옆에 나와있는 표 이외에도 dać형 패턴처럼 여러 방면으로 활용이 가능합니다.

# 핵심 패턴

# Part.3

## 자주 등장하는 일반동사

#22

\* Sprawdzać ~를 확인하다.

**155.** Sprawdzam + 목적격 단수 : 나는 ~를 확인하고 있습니다.
**156.** Sprawdzam + 목적격 복수 : 나는 ~를 확인하고 있습니다.
**157.** Kto sprawdza + 목적격? : 누가 ~를 확인하나요?
**158.** 유용한 일반/조동사 + sprawdzać
**159.** Sprawdziłem + 목적격 : 나는 ~를 확인했습니다.
**160.** Sprawdzać의 다양한 활용

## Part 3-22. 자주 등장하는 일반동사 패턴22. Sprawdzać

### 155 Sprawdzam + 목적격 단수
나는 ~를 확인하고 있습니다.

▼ 의문문 활용

Sprawdzasz + 목적격 단수?

- Tak, sprawdzam + 목적격 단수
- Nie, nie sprawdzam + 소유격 단수

> A: Sprawdzasz mój raport?  너는 내 보고서를 확인하고 있어?
> B: Nie sprawdzam twojego raportu, nie mam teraz wystarczająco dużo czasu.
> 지금 시간이 충분하지 않아서, 네 보고서를 확인하고 있지 않아.
> A: Sprawdzacie naszą umowę?  우리 계약서를 확인하는 중인가요?
> B: Tak, sprawdzamy teraz treść umowy.
> 네, 지금 계약서 내용을 확인하고 있습니다.

▼ 목적격 단수

| | 현재 |
|---|---|
| 1인칭 단수 | sprawdzam |
| 2인칭 단수 | sprawdzasz |
| 3인칭 단수 | sprawdza |
| 1인칭 복수 | sprawdzamy |
| 2인칭 복수 | sprawdzacie |
| 3인칭 복수 | sprawdzają |

\+

| 구분 | 형용사 단수 | 명사 단수 |
|---|---|---|
| 남성생물 | -ego | -a |
| 남성무생물 | =주격 | =주격 |
| 중성 | =주격 | =주격 |
| 여성 | -ą | -ę |

▼ 소유격 단수

| | 현재 |
|---|---|
| 1인칭 단수 | nie sprawdzam |
| 2인칭 단수 | nie sprawdzasz |
| 3인칭 단수 | nie sprawdza |
| 1인칭 복수 | nie sprawdzamy |
| 2인칭 복수 | nie sprawdzacie |
| 3인칭 복수 | nie sprawdzają |

\+

| 구분 | 형용사 단수 | 명사 단수 |
|---|---|---|
| 남성생물 | -ego | -a |
| 남성무생물 | -ego | -u |
| 중성 | -ego | -a |
| 여성 | -ej | -i/-y |

## 예문

1. Sprawdzasz bilet na pociąg? 기차 표를 확인하는 중이야?

   → Nie sprawdzam biletu, sprawdzam rozkład jazdy pociągów.

   나는 표를 확인하지 않고, 열차 시간표를 확인하는 중이야.

2. Sprawdzasz e-mail od naszego klienta?

   고객으로부터 온 이메일을 확인하는 중이야?

   → Tak, sprawdzam teraz e-mail od klienta.

   응, 나는 고객으로부터 온 이메일을 지금 확인하고 있어.

3. Sprawdzacie ubezpieczenie podróżne?

   너희는 여행보험을 확인하는 중이야?

   → Nie sprawdzamy ubezpieczenia podróżnego. Kupiliśmy

   ubezpieczenie miesiąc temu.

   우리는 여행보험을 확인하고 있지 않아. 한 달 전에 보험을 구입했어.

4. Sprawdzasz adres hotelu? 호텔 주소를 확인하고 있어?

   → Tak, sprawdzam gdzie jest hotel.

   응, 호텔이 어디에 있는 지 확인 중이야.

5. Sprawdzacie, ile kosztuje bilet?

   너희는 이 표가 얼마인지 확인하는 중이야?

   → Nie sprawdzamy, ile kosztuje bilet, znamy już cenę.

   가격을 이미 알고 있어서 표 가격을 확인하고 있지 않아.

Part 3-22. 자주 등장하는 일반동사 패턴22. Sprawdzać

## 156　Sprawdzam + 목적격 복수
나는 ~를 확인하고 있습니다.

▼ 의문문 활용

Sprawdzasz + 목적격 복수?

• Tak, sprawdzam + 목적격 복수　　• Nie, nie sprawdzam + 소유격 복수

> A: Sprawdzacie dzisiejsze wiadomości?　　너희 오늘 뉴스 확인하고 있어?
> B: Nie sprawdzamy wiadomości, nie mamy czasu.
> 　(우리는) 시간이 없어서, 뉴스를 확인하고 있지 않아.
> A: Sprawdzasz nasze walizki?　　우리 여행 가방을 확인하고 있어?
> B: Tak, sprawdzam, czy niczego nie zapomnieliśmy.
> 　응, 잊은 게 없는 지 확인 중이야.

▼ 목적격 복수

| | 현재 |
|---|---|
| 1인칭 단수 | sprawdzam |
| 2인칭 단수 | sprawdzasz |
| 3인칭 단수 | sprawdza |
| 1인칭 복수 | sprawdzamy |
| 2인칭 복수 | sprawdzacie |
| 3인칭 복수 | sprawdzają |

+

| 구분 | 형용사 복수 | 명사 복수 |
|---|---|---|
| 남자사람 외 | -e | -y/-i |
| 중성 | -e | -a |
| 여성 | -e | -y/-i |

▼ 소유격 복수

| | 현재 |
|---|---|
| 1인칭 단수 | nie sprawdzam |
| 2인칭 단수 | nie sprawdzasz |
| 3인칭 단수 | nie sprawdza |
| 1인칭 복수 | nie sprawdzamy |
| 2인칭 복수 | nie sprawdzacie |
| 3인칭 복수 | nie sprawdzają |

+

| 구분 | 형용사 복수 | 명사 복수 |
|---|---|---|
| 남성 | -ych/ -ich | -ów<br>-i, -y<br>(기능적연음) |
| 중성<br>여성 | -ych/ -ich | 탈락<br>-y (기능적연음)<br>-i (연음) |

## 예문

1. Sprawdzasz nasze wizy?    우리 비자를 확인하고 있어?
   → Nie sprawdzam waszych wiz.    너희 비자를 확인 하고 있지 않아.
2. Sprawdzacie ceny hoteli?    너희는 호텔 비용을 확인하고 있어?
   → Nie sprawdzamy cen, już zarezerwowaliśmy hotele.
   벌써 호텔 예약을 해서 비용 확인을 하지 않아.
3. Sprawdzacie drukarki? Są zepsute.
   너희 프린트기 확인 중이야? 고장이야.
   → Tak, sprawdzam, dlaczego nie działają.
   응, 왜 작동이 안 되는지 확인 중이야.
4. Sprawdzasz wizytówki naszych klientów?
   우리의 고객 명함을 확인하고 있어?
   → Nie sprawdzam ich wizytówek.
   나는 그들 명함을 확인하지 않아.
5. Sprawdzacie aplikacje kandydatów?
   너희는 후보자 신청서를 확인하고 있어?
   → Jeszcze nie sprawdzamy ich aplikacji.
   우리는 아직 신청서를 확인하고 있지 않아.

## OLIWIA'S TIP

sprawdzać (ndk)/sprawdzić (dk) 는 영어로는 check로 "~를 확인하다."라는 뜻입니다. 이와 유사한 단어로는 영어로 confirm에 해당되는 potwierdzać (ndk)/potwierdzić (dk) 가 있습니다. 좀 더 분명한 확인을 표현할 때 쓸 수 있습니다. 이외에도 영어로 approve에 해당되는 "승인하다."의 의미인 zatwierdzać (ndk)/zatwierdzić (dk)도 있습니다.

Part 3-22. 자주 등장하는 일반동사 패턴22. Sprawdzać

## 157 Kto sprawdza + 목적격?
누가 ~를 확인하나요?

▼ 6하원칙 의문사:

Kto/Kiedy/Gdzie/Co/Jak/Dlaczego + (주어) + sprawdzać

A: Co sprawdzasz? 뭐를 확인하고 있어?
B: Sprawdzam ważny e-mail. 중요한 이메일을 확인 중이야.

A: Kiedy sprawdzisz moje raporty? 내 보고서는 언제 확인할 거야?
B: Sprawdzę raporty po południu. 오후에 보고서를 확인할 거야.

▼ "6하원칙 의문사 + sprawdzać " 패턴 예문

| | |
|---|---|
| kto 누가 | Kto sprawdzi dzisiejszą pogodę?<br>오늘 일기예보를 누가 확인할 거야? |
| kiedy 언제 | Kiedy sprawdzisz rezultat egzaminu?<br>언제 시험 결과를 확인할 거야? |
| gdzie 어디서 | Gdzie sprawdzasz status zakupów w internecie?<br>인터넷 어디에서 쇼핑 배송 상태를 확인해? |
| co 무엇을 | Co sprawdzasz? 뭐를 확인하고 있어? |
| jak 어떻게 | Jak sprawdzasz godziny pracy?<br>근무 시간은 어떻게 확인해? |
| dlaczego 왜 | Dlaczego sprawdzasz nasze wynagrodzenie?<br>우리 급여를 왜 확인해? |

## 예문

1. Co sprawdzasz?　뭘 확인하고 있어?

   → Sprawdzam e-mail od naszych klientów.

   　우리 고객에게 받은 이메일을 확인 하는 중이야.

2. Kto sprawdza moją prezentację?

   　내 프레젠테이션을 누가 확인해?

   → Twój szef sprawdza twoją prezentację.

   　네 상사가 프레젠테이션을 확인하고 있어.

3. Gdzie sprawdzasz wyniki meczów?

   　너는 어디에서 경기 결과를 확인해?

   → Sprawdzam wyniki meczów w internecie.

   　인터넷에서 경기 결과를 확인하고 있어.

4. Kiedy sprawdzimy CV kandydatów?

   　언제 후보자 이력서를 확인할거야?

   → Sprawdzimy ich CV na koniec miesiąca.

   　우리는 월말에 그들의 이력서를 확인할거야.

5. Dlaczego sprawdzacie harmonogram szkolenia?

   　너희는 왜 교육일정을 확인하고 있어?

   → Bo niedługo zaczynamy nowe szkolenie.

   　곧 신규 교육이 시작되기 때문이야.

Part 3-22. 자주 등장하는 일반동사 패턴22. Sprawdzać

## 158 유용한 일반/조동사 + sprawdzać

 OLIWIA'S TIP

이번 패턴에서는 part2의 유용한 일반/조동사 10개 패턴 바로 뒤에 일반동사의 원형이 오는 패턴을 학습하게 됩니다. 이번 패턴의 경우 자주 쓰면서도 어렵지 않게 배울 수 있으므로 굉장히 중요한 표현입니다. 특히 별다른 동사변형이 없이 쓸 수 있는 trzeba, warto, wolno, można의 경우 바로 뒤에 동사원형만 넣으면 되므로, 아주 쉽게 접근할 수 있습니다. 동사변형이 어렵다면 상기의 동사 4개를 이용해서 part3,4의 자주 쓰는 일반동사들만 공부를 해도 어느 정도의 회화가 가능하다고 말할 수도 있습니다. 또한 해당 패턴을 잘 이용하여 의문문, 부정문, 동사변형을 연습하면 수십 개의 문장을 만들 수 있습니다.

| lubić | | |
|---|---|---|
| chcieć | | |
| móc | | |
| musieć | | |
| woleć | + | **sprawdzać (ndk)** |
| prosić | | **/ sprawdzić (dk)** |
| trzeba | | |
| warto | | |
| wolno | | |
| można | | |

## 예문

1. Lubię sprawdzać skrzynkę pocztową.

   나는 우편물 확인하는 걸 좋아해.

2. Chcę sprawdzić moją premię za ten rok.

   올해 보너스를 확인하고 싶어.

3. Możesz sprawdzić rozkład pociągów do Warszawy?

   바르샤바 행 기차 일정표를 확인할 수 있어?

4. Muszę sprawdzić harmonogram podróży służbowej.

   나는 출장 일정을 확인해야만 해.

5. Wolę sprawdzać niż pisać raporty.

   나는 보고서 쓰는 것보다 확인하는 걸 더 선호해.

6. Proszę sprawdź moją wiadomość.

   내 메시지를 확인해줘.

7. Trzeba sprawdzić, ile kosztują materiały.

   재료가 얼마인지 확인해야 해.

8. Warto sprawdzić umowę przed podpisaniem.

   서명 전에 계약서는 검토할만한 가치가 있어.

9. Nie wolno sprawdzać telefonów kolegów z pracy.

   회사 동료의 핸드폰을 확인하면 안됩니다.

10. Można sprawdzić cenę biletu przez internet.

    인터넷으로 표 가격 확인이 가능합니다.

Part 3-22. 자주 등장하는 일반동사 패턴22. Sprawdzać

## 159 Sprawdziłem + 목적격
나는 ~를 확인했습니다.

▼ 미래형 활용

Sprawdzę + 목적격      나는 ~를 확인할 것입니다.

▼ 패턴: 과거, 현재, 미래형 sprawdzać 활용법

|        | 과거 (dk) | 현재 | 미래 (dk) |
|---|---|---|---|
| 1인칭 단수 | sprawdziłem/sprawdziłam | sprawdzam | sprawdzę |
| 2인칭 단수 | sprawdziłeś/sprawdziłaś | sprawdzasz | sprawdzisz |
| 3인칭 단수 | sprawdził/sprawdziła | sprawdza | sprawdzi |
| 1인칭 복수 | sprawdziliśmy/sprawdziłyśmy | sprawdzamy | sprawdzimy |
| 2인칭 복수 | sprawdziliście/sprawdziłyście | sprawdzacie | sprawdzicie |
| 3인칭 복수 | sprawdzili/sprawdziły | sprawdzają | sprawdzą |

▼ 추가 활용 표현

| ktoś 누군가 | Ktoś sprawdził mój bagaż. 누군가 내 수화물을 확인했어. |
|---|---|
| kiedyś 언젠가 | Sprawdziłaś kiedyś ile kosztuje nowy samochód?<br>신차가 얼마인지 확인했었어? |
| coś 뭔가 | Sprawdziłeś czy jest coś ciekawego w telewizji?<br>TV에 흥미로운 뭔가가 있는 걸 확인했어? |
| gdzieś 어디선가 | Sprawdziłaś gdzieś ile kosztuje bilet?<br>표가 얼마인지 어디선가 확인했었어? |
| jakiś 어떤 | Sprawdziliście jakiś hotel w tej okolicy?<br>너희는 이 지역에 어떤 호텔이 있는지 확인했어? |

▼ 어울리는 시간부사

| po ~후에 | po spotkaniu/po pracy/po prezentacji<br>(미팅/업무/프레젠테이션)후에 |
|---|---|
| z ~와 함께 | z córką/z rodzicami/z klientami (딸/부모님/고객들)과 함께 |

## 예문

1. Ktoś sprawdził mój paszport.

   누군가 내 여권을 확인했어.

2. Kiedyś sprawdziłem twoje oficjalne pismo.

   네 공식 공문을 확인했었어.

3. Sprawdzałeś ostatnio coś na komputerze?

   최근에 컴퓨터에서 뭔가 확인했어?

4. Sprawdziłeś gdzieś jak dojechać z Krakowa do Warszawy?

   크라쿠프에서 바르샤바로 어떻게 가는 지 (어디선가) 확인했어?

5. Sprawdzisz jakieś ciekawe oferty nowych produktów?

   신제품에 대한 흥미로운 제안 같은 걸 확인할거야?

6. Sprawdzisz, czy ktoś chce sprzedać używany samochód?

   누가 중고차를 팔고 싶은 지 확인할거야?

 Oliwia's Tip

옆의 전치사뿐 아니라, 다양한 시간 부사, 장소 부사를 이용하여 다양하게 활용하는 연습이 필요합니다.

Part 3-22. 자주 등장하는 일반동사 패턴22. Sprawdzać

## 160 Sprawdzać의 다양한 활용

 OLIWIA'S TIP

폴란드어의 경우, 어원을 알고 전치사에서 따온 접두사를 앞에 넣으면 의미가 약간은 비슷한, 아님 완전히 다른 의미의 단어가 됩니다. 예를 들어 sprawdzić는 "확인하다."라는 단어로, 그 기원은 sprawa (사안)에서 나온 동사입니다.

즉, 폴란드어를 공부할 때에는 어원을 잘 익혀 두고 파생되는 동사 및 접두사(의미)를 이해하면 접근이 쉬워집니다. 이와 같은 맥락으로 본 동사 패턴에서는 각종 파생되는 동사를 어원 명사, 접두사+동사, 분사, 명령법 등이 어떠한 규칙으로 만들어지는 지를 살펴본다면 어원 암기만을 통해 내용을 추론할 수 있게 됩니다.

| 구분 | 완료(dk) | 불완료(ndk) | 의미 |
|---|---|---|---|
|  | sprawdzić | sprawdzać | ~를 확인하다 |
| 명사 | sprawdzenie | | 확인 |
|  | sprawa | | 사안, 문제, 이슈 |
|  | sprawdzian | | 쪽지시험 |
| 명령법 | sprawdź! | sprawdzaj! | 확인해! |
| 현재분사 | | sprawdzając | 확인하면서 |
| 수동분사 | sprawdzony | | 확인된 |

## 예문

1. Proszę sprawdź dla szefa, ile kosztuje wypożyczenie sprzętu.

   상사를 위해 장비 대여금이 얼마인지 확인 좀 해줘.

2. Sprawdzając wyniki egzaminu stresuję się.

   시험 결과를 확인하는 건 스트레스야.

3. Znasz jakiś sprawdzony sklep z komputerami?

   믿을 만한 컴퓨터 가게를 알고 있어?

4. Sprawdzenie dla znajomych tanich biletów lotniczych jest męczące.

   지인을 위해 저렴한 항공편을 확인하는 건 피곤해.

5. Sprawdź umowę, zanim ją podpiszesz!

   서명하기 전에 계약서 확인해!

## Oliwia's Tip

| 분사 (=형용사역할; 서술적, 명사 수식) | | | |
|---|---|---|---|
| 부사적 분사 (서술적 역할) | | 형용사적 분사 (명사 수식) | |
| 현재 분사 (-ąc) | 과거 분사 (-wszy) | 능동 분사 (-ący, -ące, -ąca) | 수동 분사 (-ony, -one, -ona) |

현재분사는 불완료만 가능하며, 수동분사는 완료형만 가능합니다.

# 핵심 패턴

# Part.3

## 자주 등장하는 일반동사

# #23

**\* Naprawiać ~를 수리하다.**

**161.** Naprawiam + 목적격 단수 : 나는 ~를 수리합니다.

**162.** Naprawiam + 목적격 복수 : 나는 ~를 수리합니다.

**163.** Kto naprawia + 목적격? : 누가 ~를 수리하나요?

**164.** 유용한 일반/조동사 + naprawiać

**165.** Naprawiłam + 목적격 : 나는 ~를 수리했습니다.

**166.** Naprawiać의 다양한 활용

## Part 3-23. 자주 등장하는 일반동사 패턴23. Naprawiać

### 161 Naprawiam + 목적격 단수
나는 ~를 수리합니다.

▼ 의문문 활용

Naprawiasz + 목적격 단수?

• Tak, naprawiam + 목적격 단수 • Nie, nie naprawiam + 소유격 단수

> A: Naprawiasz komputery?
> 너는 컴퓨터를 수리해?
>
> B: Nie umiem naprawiać komputerów. A co się stało?
> 나 컴퓨터 수리할 줄 몰라. 무슨 일이야?
>
> A: Mój laptop jest zepsuty.
> 내 노트북 고장이야.

▼ 목적격 단수

|  | 현재 |
|---|---|
| 1인칭 단수 | naprawiam |
| 2인칭 단수 | naprawiasz |
| 3인칭 단수 | naprawia |
| 1인칭 복수 | naprawiamy |
| 2인칭 복수 | naprawiacie |
| 3인칭 복수 | naprawiają |

+

| 구분 | 형용사 단수 | 명사 단수 |
|---|---|---|
| 남성생물 | -ego | -a |
| 남성무생물 | =주격 | =주격 |
| 중성 | =주격 | =주격 |
| 여성 | -ą | -ę |

▼ 소유격 단수

|  | 현재 |
|---|---|
| 1인칭 단수 | nie naprawiam |
| 2인칭 단수 | nie naprawiasz |
| 3인칭 단수 | nie naprawia |
| 1인칭 복수 | nie naprawiamy |
| 2인칭 복수 | nie naprawiacie |
| 3인칭 복수 | nie naprawiają |

+

| 구분 | 형용사 단수 | 명사 단수 |
|---|---|---|
| 남성생물 | -ego | -a |
| 남성무생물 | -ego | -u |
| 중성 | -ego | -a |
| 여성 | -ej | -i/-y |

## 예문

1. Naprawiasz mój komputer?   내 컴퓨터 수리해?

   → Nie naprawiam twojego komputera.   네 컴퓨터를 수리하지 않아.

2. Naprawiacie mój samochód?   너희는 내 자동차 수리해?

   → Niestety nie wiemy jak naprawić twój samochód.

   안타깝게도, 네 자동차를 어떻게 수리하는 지 (우리는) 몰라.

3. Kto naprawia zepsutą lodówkę u ciebie w domu?

   네 집에 있는 고장 난 냉장고를 누가 고쳐?

   → Mój ojciec sam naprawia zepsutą lodówkę.

   내 아버지가 고장 난 냉장고를 직접 수리하셔.

4. Co teraz naprawiasz?   너는 무엇을 고치고 있어?

   → Naprawiam stare radio.   낡은 라디오를 고치는 중이야.

5. Naprawiacie mój rower?   너희는 내 자전거를 수리하고 있어?

   → Tak, naprawiamy od rana twój rower.

   응, 아침부터 네 자전거를 수리하고 있어.

Part 3-23. 자주 등장하는 일반동사 패턴23. Naprawiać

## 162 Naprawiam + 목적격 복수
나는 ~를 수리합니다.

▼ 의문문 활용

Naprawiam + 목적격 복수?

- Tak, naprawiam + 목적격 복수
- Nie, nie naprawiam + 소유격 복수

A: Naprawiacie komputery? 너희는 컴퓨터를 수리해?
B: Nie naprawiamy komputerów. 컴퓨터를 수리하지 않아.
A: Naprawiacie te maszyny? 너희는 이 기계를 수리하고 있어?
B: Nie naprawiamy tych maszyn. 우리는 이 기계를 수리하고 있지 않아.

▼ 목적격 복수

| | 현재 |
|---|---|
| 1인칭 단수 | naprawiam |
| 2인칭 단수 | naprawiasz |
| 3인칭 단수 | naprawia |
| 1인칭 복수 | naprawiamy |
| 2인칭 복수 | naprawiacie |
| 3인칭 복수 | naprawiają |

+

| 구분 | 형용사 복수 | 명사 복수 |
|---|---|---|
| 남자사람 외 | -e | -y/-i |
| 중성 | -e | -a |
| 여성 | -e | -y/-i |

▼ 소유격 복수

| | 현재 |
|---|---|
| 1인칭 단수 | nie naprawiam |
| 2인칭 단수 | nie naprawiasz |
| 3인칭 단수 | nie naprawia |
| 1인칭 복수 | nie naprawiamy |
| 2인칭 복수 | nie naprawiacie |
| 3인칭 복수 | nie naprawiają |

+

| 구분 | 형용사 복수 | 명사 복수 |
|---|---|---|
| 남성 | -ych/ -ich | -ów<br>-i, -y<br>(기능적연음) |
| 중성<br>여성 | -ych/ -ich | 탈락<br>-y (기능적연음)<br>-i (연음) |

## 예문

1. Naprawiasz zabawki dla dzieci?　　아이들을 위해 장난감을 고치고 있어?

   → Nie naprawiam zabawek.　　나는 장난감을 고치고 있지 않아.

2. Jak często naprawiacie coś w domu?

   (너희는) 얼마나 자주 집에 있는 무언가를 수리해?

   → Raczej nie naprawiamy nic sami, prosimy o pomoc rodziców.

   우리끼리는 아무것도 수리하지 않고, 부모님의 도움을 요청해.

3. Czy w tym sklepie można naprawić instrumenty muzyczne?

   이 가게에서 악기를 고칠 수 있나요?

   → Tak, tutaj można naprawić wszystkie instrumenty muzyczne.

   네, 여기에서는 모든 악기를 수리할 수 있습니다.

4. Naprawiasz zniszczone meble?　　망가진 가구를 수리하고 있어?

   → Nie naprawiam mebli.　　나는 가구를 수리하지 않아.

5. Naprawiasz piekarniki?　　너는 오븐기를 수리해?

   → Niestety nie umiem naprawiać piekarników.

   안타깝게도, 오븐기를 수리할 줄 몰라.

Part 3-23. 자주 등장하는 일반동사 패턴23. Naprawiać

## 163 Kto naprawia + 목적격?
누가 ~를 수리하나요?

▼ 6하원칙 의문사:

Kto/Kiedy/Gdzie/Co/Jak/Dlaczego + (주어) + naprawiać

A: Co naprawiasz? 너는 무엇을 수리하고 있어?
B: Naprawiam komputer mojego dziecka. 내 아이의 컴퓨터를 수리하고 있어.
A: Dlaczego naprawiasz telefon? 너는 왜 핸드폰을 수리해?
B: Bo nagle się zepsuł. 갑자기 고장 났어.

▼ "6하원칙 의문사 + naprawiać/naprawić " 패턴 예문

| | |
|---|---|
| kto 누가 | Kto naprawia ten komputer?<br>이 컴퓨터 누가 고쳐? |
| kiedy 언제 | Kiedy naprawisz to urządzenie?<br>언제 이 장비를 수리해? |
| gdzie 어디서 | Gdzie naprawiasz laptopy?<br>어디에서 노트북을 수리해? |
| co 무엇을 | Co naprawiasz?<br>너는 뭘 수리하고 있어? |
| jak 어떻게 | Jak naprawiasz telewizor?<br>어떻게 TV를 수리해? |
| dlaczego 왜 | Dlaczego nie naprawiasz tego urządzenia?<br>왜 이 장비를 수리하지 않을 거야? |

## 예문

1. Kto naprawia kuchenkę?     누가 가스레인지를 수리해?

   → Mój mąż ją naprawia.     내 남편이 수리 중이야.

2. Gdzie naprawiasz te maszyny?     이 기계들을 어디에서 수리해?

   → Naprawiam je w garażu.     차고에서 수리하는 중이야.

3. Co naprawiasz?     무엇을 수리하고 있어?

   → Naprawiam stary laptop.     낡은 노트북을 수리하고 있어.

4. Dlaczego nie naprawiasz tego roweru?     왜 이 자전거를 수리하지 않아?

   → Bo nie mam dużo czasu.     시간이 많지 않아서 그래.

5. Kiedy naprawisz moje buty?     내 신발을 언제 수선할거야?

   → Naprawię twoje buty jutro.     내일 네 신발을 수선할거야.

Part 3-23. 자주 등장하는 일반동사 패턴23. Naprawiać

## 164 유용한 일반/조동사 + naprawiać

 OLIWIA'S TIP

이번 패턴에서는 part2의 유용한 일반/조동사 10개 패턴 바로 뒤에 일반동사의 원형이 오는 패턴을 학습하게 됩니다. 이번 패턴의 경우 자주 쓰면서도 어렵지 않게 배울 수 있으므로 굉장히 중요한 표현입니다. 특히 별다른 동사변형이 없이 쓸 수 있는 trzeba, warto, wolno, można의 경우 바로 뒤에 동사원형만 넣으면 되므로, 아주 쉽게 접근할 수 있습니다. 동사변형이 어렵다면 상기의 동사 4개를 이용해서 part3,4의 자주 쓰는 일반동사들만 공부를 해도 어느 정도의 회화가 가능하다고 말할 수도 있습니다. 또한 해당 패턴을 잘 이용하여 의문문, 부정문, 동사변형을 연습하면 수십 개의 문장을 만들 수 있습니다.

| | | |
|---|---|---|
| lubić | | |
| chcieć | | |
| móc | | |
| musieć | | |
| woleć | + | **naprawiać (ndk)** |
| prosić | | **/ naprawić (dk)** |
| trzeba | | |
| warto | | |
| wolno | | |
| można | | |

## 예문

1. Lubię naprawiać stare rzeczy.

   나는 오래된 물건들을 수선하는 것을 좋아해.

2. Chcę naprawić ten samochód.

   이 차를 수리하고 싶어.

3. Mogę naprawić to urządzenie.

   이 장비를 수리할 수 있어.

4. Muszę naprawić mój laptop jak najszybciej.

   최대한 빨리 내 노트북을 수리해야 해.

5. Wolę naprawiać niż wyrzucać sprzęty domowe.

   고장난 가전제품을 버리는 것 보다 수리하는 편이 더 좋아.

6. Proszę napraw mój telefon jak najszybciej.

   내 핸드폰을 최대한 빨리 수리해주세요.

7. Trzeba naprawiać te maszyny.

   이 기계를 수리해야만 해.

8. Warto naprawiać stare rowery, nowe są za drogie.

   새것은 너무 비싸서 오래된 자전거를 수리하는 편이 좋아.

9. Można tutaj naprawiać wszystkie urządzenia.

   모든 장비를 여기에서 수리할 수 있습니다.

Part 3-23. 자주 등장하는 일반동사 패턴23. Naprawić

## 165 Naprawiłam + 목적격
나는 ~를 수리했습니다.

▼ 의문문 활용

Naprawię + 목적격 　　　　나는 ~를 수리할 것입니다.

▼ 패턴: 과거, 현재, 미래형 naprawiać/naprawić 활용법

|  | 과거 (dk) | 현재 | 미래 (dk) |
| --- | --- | --- | --- |
| 1인칭 단수 | naprawiłem/naprawiłam | naprawiam | naprawię |
| 2인칭 단수 | naprawiłeś/naprawiłaś | naprawiasz | naprawisz |
| 3인칭 단수 | naprawił/naprawiła | naprawia | naprawi |
| 1인칭 복수 | naprawiliśmy/naprawiłyśmy | naprawiamy | naprawimy |
| 2인칭 복수 | naprawiliście/naprawiłyście | naprawiacie | naprawicie |
| 3인칭 복수 | naprawili/naprawiły | naprawiają | naprawią |

▼ 추가 활용 표현

| ktoś 누군가 | Ktoś naprawił ten komputer. 누군가 이 노트북을 고쳤어. |
| --- | --- |
| kiedyś 언젠가 | Naprawiłeś kiedyś jakieś zepsute urządzenie?<br>예전에는 고장 난 장비 같은 걸 수리했어? |
| coś 뭔가 | Masz coś do naprawy? 뭐 고칠 거 있어? |
| gdzieś 어디선가 | Na pewno gdzieś można naprawić ten komputer.<br>이 컴퓨터를 수리할 곳이 어딘 가에 분명히 있을 거야. |
| jakiś 어떤 | Ostatnio naprawiłem jakiś ekspres do kawy.<br>최근에 어떤 커피머신을 수리했어. |

▼ 어울리는 시간표현

| przez<br>(시간) 동안 | przez godzinę/przez trzy godziny/przez pięć godzin<br>(1시간 동안/ 3시간 동안/ 5시간 동안) |
| --- | --- |
| ~od ~ do<br>~부터~까지 | od trzynastej do czternastej/od jedenastej do dwunastej<br>(13시부터 14시까지/ 11시부터 12시까지) |

## 예문

1. Ktoś może naprawić ten stary samochód.

   누군가는 이 낡은 자동차 수리를 할 수 있을 거야.

2. Od dziewiątej do jedenastej naprawiałeś lodówkę?

   9시부터 11시까지 이 냉장고를 수리했어?

3. Za kilka dni naprawię ten ekspres do kawy.

   며칠 뒤에 이 커피머신을 수리할거야.

4. Macie coś do naprawy?　(너희는) 뭐 수리할 거 있어?

5. Gdzieś naprawiałem ten stary laptop.

   어디선가 이 낡은 노트북을 수리했었어.

6. Przez 5 godzin naprawiałem ten telewizor.

   5시간 동안 이 TV를 수리했어.

## Oliwia's Tip

시간을 표현할 때 유용하게 쓸 수 있는 전치사는 przez (~동안)이라는 전치사입니다. 기본적으로 przez 전치사 뒤에는 목적격이 나오지만, 숫자가 나올 경우, 1-4까지는 목적격, 5이상은 소유격 복수를 씁니다.

"przez pięć godzin 5시간 동안"은 5이상에 해당되어 "godzina → godzin"으로 어미 변형이 이루어집니다. 또한 od~do는 소유격 전치사이므로 시간이 나올 경우, 소유격으로 어미 변형이 이루어집니다.

Part 3-23. 자주 등장하는 일반동사 패턴23. Naprawiać

# 166 Naprawiać의 다양한 활용

 **OLIWIA'S TIP**

폴란드어의 경우, 어원을 알고 전치사에서 따온 접두사를 앞에 넣으면 의미가 약간은 비슷한, 아님 완전히 다른 의미의 단어가 됩니다. 예를 들어 naprawiać는 "수리하다."라는 단어로, 그 기원은 naprawa (수리)에서 나온 동사입니다. 이어 po(~후에)의 의미를 갖는 전치사를 접두사로 넣으면 완전히 새로운 단어인 "개선하다."의 의미가 됩니다.

| 구분 | 불완료(ndk) | 완료(dk) | | 의미 |
|---|---|---|---|---|
| na | naprawiać | naprawić | | 수리하다 |
| po | poprawiać | poprawić | | 개선하다 |
| u | uprawiać | uprawić | | 경작하다 |
| przy | przyprawiać | przyprawić | | 양념하다 |
| 명사 | naprawa | 수리 | naprawienie | 수리하는 것 |
| | poprawa | 개선 | poprawienie | 개선하는 것 |
| | uprawa | 경작 | uprawienie | 경작하는 것 |
| | przyprawa | 양념 | przyprawienie | 양념하는 것 |
| 명령법 | naprawiaj! | napraw! | | 고쳐라! |
| 현재분사 | naprawiając | | | 고치면서 |
| 수동분사 | | naprawiony | | 수리된 |

## 예문

1. Naprawa komputera dla klienta kosztuje przynajmniej sto złotych.

   고객용 컴퓨터 수리는 최소 100 즈워티가 듭니다.

2. Napraw ten błąd!

   이 실수를 정정해!

3. Słuchasz muzyki naprawiając urządzenie?

   장비를 수리하면서 음악을 들어?

4. Lubisz naprawianie maszyn?

   기계 수리를 좋아해?

5. To jest naprawiony telefon?

   이거 수리한 핸드폰이야?

6. Potrzebuję polskiej przyprawy, żeby gotować bigos.

   비고스를 요리하려면 폴란드 양념이 필요해.

 OLIWIA'S TIP

*remontować의 경우, 집을 인테리어 하거나 수리를 할 경우 쓸 수 있는 표현입니다. 집 내부의 장비를 수리할 경우 naprawiać를 씁니다.

np.) Remontujesz dom klienta? 고객의 집을 리모델링 하나요?
   Tak, dostałem nowe zlecenie i remontuję dom klienta.
   네, 새로운 의뢰를 받아 고객의 집을 리모델링 하고 있어요.

# 핵심 패턴

# Part.3

## 자주 등장하는 일반동사

# 24

* Interesować się ~에 관심이 있다.

167 . Kto się interesuje + 기구격? : 누가 ~에 관심이 있나요?
168 . Interesowałem się + 기구격 : 나는 ~에 관심이 있었습니다.

Part 3-24. 자주 등장하는 일반동사 패턴24. Interesować się

## 167 Kto się interesuje + 기구격?
누가 ~에 관심이 있나요?

▼ 6하원칙 의문사:

Kto/Kiedy/Gdzie/Co/Jak/Dlaczego + (주어) + interesować się

> A: Czym się interesujesz?　　　너는 뭐에 관심이 있어?
> B: Interesuję się historią.　　　나는 역사에 관심이 있어.
>
> A: Kto interesuje się polityką?　　누가 정치에 관심이 있어?
> B: Nikt nie interesuje się polityką.　아무도 정치에 관심이 없어.

▼ "6하원칙 의문사 + interesować się " 패턴 예문

| | |
|---|---|
| kto 누가 | Kto interesuje się muzyką?<br>누가 음악에 관심이 있어? |
| kiedy 언제 | Od kiedy interesujesz się książkami?<br>언제부터 책에 관심이 생겼어? |
| co 무엇을 | Czym się interesujesz?<br>너는 뭐에 관심이 있어? |
| dlaczego 왜 | Dlaczego nie interesujecie się fotografią?<br>너희는 왜 사진에 관심을 갖지 않아? |

## 예문

1. Kto interesuje się samochodami?

   누가 자동차에 관심이 있어?

   → Moi koledzy interesują się japońskimi samochodami.

   내 친구들이 일본 자동차에 관심이 있어.

2. Od kiedy interesujesz się historią?

   언제부터 역사에 관심이 생겼어?

   → Interesuję się historią od kiedy miałam 15 lat.

   15살때부터 역사에 관심이 있었어.

3. Czym się interesujesz?

   너는 무엇에 관심이 있어?

   → Interesuję się muzyką.

   나는 음악에 관심이 있어.

4. Dlaczego interesujesz się polityką?

   너는 왜 정치에 관심이 있어?

   → Bo dla mnie polityka jest bardzo ważna.

   나에게 정치는 매우 중요하기 때문이야.

5. Kto interesuje się polską kulturą?

   누가 폴란드 문화에 관심이 있어?

   → Mój kolega Sang-u od miesiąca interesuje się polską kulturą.

   내 친구 상우가 한 달 전부터 폴란드 문화에 관심이 생겼대.

Part 3-24. 자주 등장하는 일반동사 패턴24. Interesować się

## 168 Interesowałem się + 기구격
나는 ~에 관심이 있었습니다.

▼ 미래형 활용

będę interesował się +기구격    나는 ~에 관심이 생길 것입니다.

▼ 패턴: 과거, 현재, 미래형 interesować się 활용법

| + się | 과거 | 현재 | 미래 |
|---|---|---|---|
| 1인칭 단수 | interesowałem/interesowałam | interesuję | będę interesował/interesowała |
| 2인칭 단수 | interesowałeś/interesowałaś | interesujesz | będziesz interesował/interesowała |
| 3인칭 단수 | interesował/interesowała | interesuje | będzie interesował/interesowała |
| 1인칭 복수 | interesowaliśmy/interesowałyśmy | interesujemy | będziemy interesowali/interesowały |
| 2인칭 복수 | interesowaliście/interesowałyście | interesujecie | będziecie interesowali/interesowały |
| 3인칭 복수 | interesowali/interesowały | interesują | będą interesowali/interesowały |

▼ 추가 활용 표현

| ktoś 누군가 | Ktoś interesował się tą sprawą. 누군가 이 문제에 대해 관심이 있었어. |
|---|---|
| kiedyś 언젠가 | Kiedyś interesowałam się telefonami. 핸드폰에 관심이 있었던 적이 있어. |
| coś 뭔가 | Interesuje cię coś z tego sklepu? 이 가게에 있는 뭔가에 관심이 생겨? |
| jakiś 어떤 | Interesujesz się jakąś muzyką? 어떤 음악에 관심이 있어? |

| 구분 | 완성 | 의미 |
|---|---|---|
| za | zainteresować się (dk) | 관심이 생기다 |
| 명사 | interes | 이익 |
|  | zainteresowanie | 관심 |
| 현재분사 | interesując się | 관심이 가지면서 |
| 능동분사 | interesujący/a | 흥미로운(남/여) |
| 수동분사 | zainteresowany/a | 관심이 생긴(남/여) |

## 예문

1. Ktoś interesował się tą sprawą.

   누군가 이 문제에 대해 관심이 있었어.

2. Kiedyś interesowałem się fotografią.

   사진에 관심이 있었던 적이 있어.

3. Interesuję się matematyką i chciałabym studiować matematykę na uniwersytecie.

   수학에 관심이 있어서 대학에서 수학과를 전공하고 싶습니다.

4. Mam interesujące hobby.

   나는 흥미로운 취미가 있어.

5. Jestem zainteresowana podjęciem pracy w tej firmie.

   나는 이 회사의 취직에 관심이 있어.

6. Będę interesował się polską historią.

   폴란드 역사에 관심을 가질거야.

###  Oliwia's Tip

nikt는 kto에서 나온 표현으로 "아무도"라는 뜻을 가집니다. 폴란드어에서 앞부분에 ni- 의 의미가 있는 단어는 nothing의 의미가 되며, nikt는 사람에 대해서, nic는 사물에 대해서 "아무것도"라는 의미를 가집니다. 또한 능동분사의 경우 형용사 역할을 하므로 명사에 따라 남성/중성/여성으로 어미 변형을 합니다.

# 핵심 패턴

## Part.3

### 자주 등장하는 일반동사

# 25

* Spotykać się ~를 만나다.

**169.** Kto spotyka się + 부사 : 누가 ~에 만나요?
**170.** 유용한 일반/조동사 + spotykać się
**171.** Spotykałem się + 부사 : 나는 ~에 만났습니다.

Part 3-25. 자주 등장하는 일반동사 패턴25. Spotykać się

## 169 Kto spotyka się + 부사
누가 ~에 만나요?

▼ 6하원칙 의문사:

Kto/Kiedy/Gdzie/Co/Jak/Dlaczego + (주어) + spotykać się

A: Kto spotka się z twoim ojcem?
누가 네 아버지와 만나는 거야?

B: Moja nauczycielka spotka się z nim.
선생님이 그와 만나신대.

A: Kiedy się spotkają?
언제 만나시는데?

B: Oni spotkają się po obiedzie o 13.
점심 식사 후인 13시에 만나신대.

▼ "6하원칙 의문사 + spotykać się" 패턴 예문

| | |
|---|---|
| kto 누가 | Kto spotyka się z kolegami?<br>누가 친구들과 만나? |
| kiedy 언제 | Kiedy się spotkasz z rodziną?<br>언제 가족과 만나? |
| gdzie 어디서 | Gdzie się spotkacie?<br>너희는 어디에서 만나? |
| jak 어떻게 | Jak się spotkaliście?<br>너희는 어떻게 만났어? |
| dlaczego 왜 | Dlaczego nie spotkaliście się tak długo?<br>너희는 왜 오랫동안 만나지 않았어? |
| kogo 누구를 | Kogo spotkaliście na ulicy?<br>거리에서 누구를 마주쳤어? |

## 예문

1. Kto spotka się z szefem?  누가 상사와 만나?

   → Mój kolega z pracy spotka się z nim.  내 동료가 그와 만나.

2. Kiedy się spotkacie?  너희는 언제 만나?

   → Spotkamy się w ten piątek.  이번 주 금요일에 만나.

3. Gdzie się spotkacie?  너희는 어디에서 만나?

   → Spotkamy się na rynku.  우리는 시내에서 만나.

4. Dlaczego nie spotykasz się już z chłopakiem?

   왜 이제 남친과 만나지 않아?

   → Bo już go nie kocham.  이제 그를 사랑하지 않기 때문이야.

5. Spotkasz się dziś wieczorem ze znajomymi w barze?

   오늘 저녁에 지인들과 함께 술집에서 만나?

   → Tak, spotkam się z nimi.  응, 나는 그들과 만나.

 **OLIWIA'S TIP**

spotykać się(불완료)/spotkać się(완료) 표현으로 반복적이고 일상적이며 일반적인 상황을 표현할 때는 전자를, 일회성인 과거, 미래를 표현할 때에는 후자를 쓰는 것이 일반적입니다.

Part 3-25. 자주 등장하는 일반동사 패턴25. Spotykać się

## 170 유용한 일반/조동사 + spotykać się

###  OLIWIA'S TIP

part2의 유용한 일반/조동사 10개 패턴 바로 뒤에 일반동사의 원형이 오는 패턴을 학습하게 됩니다. 이외에도 육하원칙 의문사를 활용하여 여러 문장을 회화에 응용할 수 있습니다.

| | | |
|---|---|---|
| lubić | | |
| chcieć | | |
| móc | | |
| musieć | | |
| woleć | + | spotykać się (ndk) / spotkać się (dk) |
| prosić | | |
| trzeba | | |
| warto | | |
| wolno | | |
| można | | |

▼ "6하원칙 의문사 + spotykać się " 패턴 예문

| kto 누가 | Kto może się spotkać z moim szefem?<br>누가 내 상사와 만날 수 있어? |
|---|---|
| kiedy 언제 | Kiedy możemy się spotkać? 우리 언제 만날 수 있어? |
| gdzie 어디서 | Gdzie chcesz spotkać się ze mną?<br>어디에서 나와 만나고 싶어? |
| jak 어떻게 | Jak często spotykasz się z kolegami?<br>얼마나 자주 친구들과 만나? |
| dlaczego 왜 | Dlaczego nie chcesz się spotkać ze mną?<br>왜 나랑 만나는 게 싫어? |

## 예문

1. Lubię spotykać się z przyjaciółmi w wolnym czasie.

   나는 여가시간에 친구들과 만나는 것을 좋아해.

2. Chcę spotkać się z nauczycielką.

   나는 선생님과 만나고 싶어.

3. Możemy spotkać się dziś po pracy.

   우리는 오늘 퇴근 후에 만날 수 있어.

4. Musimy spotkać się, żeby porozmawiać.

   대화하려면 우리 만나야 해.

5. Warto spotykać się z Polakami, żeby uczyć się o polskiej kulturze.

   폴란드 문화에 대해 공부하려면 폴란드 사람들과 만나는 것이 좋아.

6. Czy można tutaj spotykać się z gośćmi?

   손님들과 여기에서 만날 수 있나요?

7. Proszę spotkajmy się po obiedzie.

   우리 점심 식사 후에 만나자.

8. Warto spotykać się czasami z przyjaciółmi, żeby się odstresować.

   스트레스를 풀려면 가끔 친구들과 만나는 편이 좋아.

9. Z kim musisz się jeszcze spotkać w Polsce zanim wrócisz do Korei?

   한국에 돌아가기 전에 폴란드에서 더 만나야 할 사람이 있어?

10. Żeby szybciej nauczyć się języka polskiego trzeba często rozmawiać z Polakami.

    폴란드어를 빨리 학습하려면 폴란드 사람들과 이야기를 자주 해야 해.

## Part 3-25. 자주 등장하는 일반동사 패턴25. Spotkać się

### 171 Spotkałem się + 부사
나는 ~에 만났습니다.

▼ 미래형 활용

Spotkam się + 부사    나는 ~에 만날 것입니다.

▼ 패턴: 과거, 현재, 미래형 spotkać się 활용법

| (+ się) | 과거 (dk) | 현재 | 미래 (dk) |
|---|---|---|---|
| 1인칭 단수 | spotkałem/spotkałam | spotykam | spotkam |
| 2인칭 단수 | spotkałeś/spotkałaś | spotykasz | spotkasz |
| 3인칭 단수 | spotkał/spotkała | spotyka | spotka |
| 1인칭 복수 | spotkaliśmy/spotkałyśmy | spotykamy | spotkamy |
| 2인칭 복수 | spotkaliście/spotkałyście | spotykacie | spotkacie |
| 3인칭 복수 | spotkali/spotkały | spotykają | spotkają |

▼ 추가 활용 표현

| ktoś 누군가 | Ktoś chciał ze mną się spotkać.<br>누군가 나와 만나길 원했어. |
|---|---|
| kiedyś 언젠가 | Kiedyś spotkałam się z kolegami w barze.<br>술집에서 친구와 만난적이 있었어. |
| gdzieś 어디선가 | Rok temu spotkaliśmy się gdzieś przypadkiem.<br>우리는 일 년 전에 어디선가 우연히 만났어. |
| jakiś 어떤 | Masz jutro jakieś spotkanie?<br>내일 미팅 같은 거 있어? |

▼ 어울리는 전치사

| w ~에서 | w kawiarni/w windzie/w miejscu<br>(커피숍/엘리베이터/장소)에서 |
|---|---|
| przed ~전에 | przed (kolacją/obiadem/śniadaniem)<br>(저녁/점심/아침)식사 전에 |

## 예문

1. 4 dni temu spotkałam moją nauczycielkę w windzie.

    4일 전에 엘리베이터에서 내 선생님을 우연히 만났어.

2. Będę spotykała się z tobą w każdy piątek.

    매주 금요일마다 너와 만날 거야.

3. Ktoś chciał ze mną się spotkać.

    누군가 나와 만나고 싶어했어.

4. Kiedyś spotykaliśmy się częściej niż teraz.

    우리는 지금보다 예전에 더 자주 만났어.

5. Za rok spotkajmy się w Polsce.

    우리 일 년 뒤에 폴란드에서 만나자.

6. Spotkajmy się w tę środę wieczorem na piwo przed kolacją.

    이번주 토요일 저녁 식사 전에 맥주 마실 겸 만나자.

 Oliwia's Tip

spotkać vs spotkać się

spotkać의 경우, 재귀대명사인 się을 제외하면 "우연히 만나다."라는 의미가 됩니다. 우연히 자주 만나는 것보다 일회성인 경우가 많기 때문에 완료형 표현이 자연스럽습니다. 옆의 전치사 이외에도 어울리는 전치사 표현이 많으므로 자유 자제로 연습하면 활용도가 높습니다.

# 핵심 패턴

# Part.3  unit 26

## 자주 등장하는 일반동사

# 26

* Wracać 돌아오다.

**172.** Kto wraca + 부사? : 누가 ~에 돌아가나요?
**173.** 유용한 일반/조동사 + wracać
**174.** Wracałem + 부사 : 나는 ~에 돌아왔습니다.
**175.** Wracać의 다양한 활용

Part 3-26. 자주 등장하는 일반동사 패턴26. Wracać

## 172 Kto wraca + 부사?
누가 ~에 돌아가나요?

▼ 6하원칙 의문사:

Kto/Kiedy/Gdzie/Co/Jak/Dlaczego + (주어) + wracać

A: Kiedy wracasz do domu?    언제 집에 가?
B: Zaraz wracam.              곧 갈 거야.
A: Kto wraca ze sklepu do domu?   누가 가게에서 집으로 가는 길이야?
B: Moja żona wraca niedługo.  내 와이프가 곧 돌아갈 거야.

▼ "6하원칙 의문사 + wracać" 패턴 예문

| | |
|---|---|
| kto 누가 | Kto wraca do domu?<br>누가 집으러 가? |
| kiedy 언제 | Kiedy wracacie do pracy?<br>너희는 언제 회사로 돌아가? |
| jak 어떻게 | Jak wracacie do Korei?<br>너희는 어떻게 한국에 돌아가? |
| dlaczego 왜 | Dlaczego nie wracacie tak długo?<br>너희는 왜 이리 오랫동안 돌아가지 않는 거야? |
| skąd ~로 부터 | Skąd wracacie?<br>너희는 어디에서 온 거야? |

## 예문

1. Kto wraca z pubu? — 누가 술집에서 돌아가는 중이야?

   → Moi znajomi już wracają, bo jest za późno.

   벌써 너무 늦어서 내 지인들이 돌아가는 중이야.

2. Kiedy wracacie do Polski? — 너희는 언제 폴란드에 돌아가?

   → Wracamy do Polski w lipcu. — 우리는 7월에 폴란드에 돌아가.

3. Dlaczego nie wracasz jeszcze do domu? 너는 왜 아직도 집에 돌아가지 않아?

   → Bo mam dużo pracy. — 일이 많기 때문이야.

4. Skąd wracasz? — 어디에서 온 거야?

   → Wracam właśnie z pracy. — 회사에서 바로 돌아가는 중이야.

5. Kto wraca do biura? — 누가 사무실로 돌아가고 있어?

   → Mój szef wraca do biura. — 내 상사가 사무실로 돌아가는 중이야.

 **OLIWIA'S TIP**

wracać 단어는 "~돌아가다/~돌아오다."라는 의미로 모두 표현할 수 있습니다. 예를 들어 "~로 부터"의 전치사인 "z"와 함께 쓸 경우 "~로부터 돌아가다."의 의미가 되며 "~에"의 전치사인 "do"와 함께 쓸 경우 "~에 돌아오다."라는 의미가 됩니다.

Part 3-26. 자주 등장하는 일반동사 패턴26. Wracać

## 173 유용한 일반/조동사 + wracać

###  OLIWIA'S TIP

part2의 유용한 일반/조동사 10개 패턴 바로 뒤에 일반동사의 원형이 오는 패턴을 학습하게 됩니다. 이외에도 육하원칙 의문사를 활용하여 여러 문장을 회화에 응용할 수 있습니다.

| | | |
|---|---|---|
| lubić | | |
| chcieć | | |
| móc | | |
| musieć | | |
| woleć | + | **wracać (ndk)** |
| prosić | | **/wrócić (dk)** |
| trzeba | | |
| warto | | |
| wolno | | |
| można | | |

▼ "6하원칙 의문사 + wracać/wrócić " 패턴 예문

| kto 누가 | Kto wróci do domu? 누가 집으로 돌아오는 거야? |
|---|---|
| kiedy 언제 | Kiedy chcecie wrócić do pracy?<br>너희는 언제 회사로 돌아가고 싶어? |
| gdzie 어디서 | Gdzie musisz wrócić? 너는 어디로 돌아가야 해? |
| jak 어떻게 | Jak możesz wrócić z Gdańska do Warszawy?<br>그다인스크에서 바르샤바로 어떻게 돌아갈 수 있어? |
| dlaczego 왜 | Dlaczego nie chcesz wracać do tego miasta?<br>너는 왜 이 도시로 돌아가기 싫어? |
| skąd ~로 부터 | Skąd wracacie samochodem?<br>너희는 차 타고 어디에서 돌아가는 길이야? |

## 예문

1. Lubię wracać do domu rodziców.　　나는 부모님집으로 (돌아)가는 걸 좋아해.

2. Chcę wrócić do czasów młodości.　　젊은 시절로 돌아가고 싶어.

3. Możesz wrócić jak najszybciej?　　최대한 빨리 돌아올 수 있어?

4. Muszę wkrótce wrócić do Polski.　　나는 폴란드로 곧 돌아가야 해.

5. Wolę wrócić do domu niż zostać tutaj.　여기에 머물기보다 집으로 돌아가는 편이 좋아.

6. Proszę wróć szybko.　　빨리 돌아와줘.

7. Trzeba wracać zanim będzie ciemno.　어두워지기 전에 돌아가야 할 필요가 있어.

8. Warto wracać do tego miejsca.　　이 장소는 다시 와볼 가치가 있어.

9. Nie wolno tutaj zawracać.　　여기에서는 유턴이 불가합니다.

10. Można wrócić po bagaż później?　　나중에 가방 찾으러 돌아올 수 있나요?

### Part 3-26. 자주 등장하는 일반동사 패턴26. Wracać

## 174 Wracałem + 부사
나는 ~에 돌아왔습니다.

▼ 미래형 활용

Wrócę + 부사    나는 ~에 돌아갈 것입니다.

▼ 패턴: 과거, 현재, 미래형 wracać 활용법

|          | 과거 (dk)             | 현재      | 미래 (dk) |
|----------|-----------------------|-----------|-----------|
| 1인칭 단수 | wróciłem/wróciłam     | wracam    | wrócę     |
| 2인칭 단수 | wróciłeś/wróciłaś     | wracasz   | wrócisz   |
| 3인칭 단수 | wrócił/wróciła        | wraca     | wróci     |
| 1인칭 복수 | wróciliśmy/wróciłyśmy | wracamy   | wrócimy   |
| 2인칭 복수 | wróciliście/wróciłyście | wracacie | wrócicie  |
| 3인칭 복수 | wrócili/wróciły       | wracają   | wrócą     |

▼ 추가 활용 표현

| ktoś<br>누군가 | Czy ktoś wróci do biura przed siedemnastą?<br>누가 17시 전에 사무실로 돌아와? |
|---|---|
| kiedyś<br>언젠가 | Kiedyś wracaliśmy z pracy wcześniej, ale ostatnio jesteśmy bardzo zajęci.<br>예전에는 일찍 회사에서 돌아왔는데, 최근에는 매우 바빠. |
| gdzieś<br>어디선가 | Wróciliśmy ze spaceru gdzieś w lesie.<br>숲 어딘가를 산책하다 돌아왔어. |

▼ 어울리는 전치사

| z ~로 부터 | z lotniska/z kuchni/z kościoła (공항/부엌/성당)으로 부터 |
|---|---|
| do ~로 | do sklepu/do szkoły/do domu (가게/학교/집)으로 |
| o (+시간) ~에 | o czwartej/o szesnastej/o jedenastej (네 시/열여섯 시/열한 시)에 |

## 예문

1. Wrócę we wtorek.

   나는 화요일에 돌아올 거야.

2. Kiedy wróciłaś z Japonii?

   일본에서 언제 돌아왔어?

3. Ktoś z was wróci w przyszłości do szkoły?

   너희 중 누가 나중에 학교로 돌아갈 거야?

4. Mama wróci z lotniska o szesnastej.

   엄마는 16시에 공항에서 돌아올 거야.

5. 3 dni temu wróciłam z Chin.

   3일 전에 중국에서 돌아왔어.

6. Przed chwilą wróciliśmy z kościoła.

   우리는 방금 전에 성당에서 돌아왔어.

### ⭐ Oliwia's Tip

wrócić는 wracać 동사의 완료형 표현으로 일반적으로 쓰는 미완료형 표현보다 일회성에 제한을 두는 완료형 표현으로 쓰는 경우가 많습니다. 완료형 형태와 비슷한 wrót의 어원은 "반환/전환/회전"의 의미가 있는 경우가 많습니다.

Part 3-26. 자주 등장하는 일반동사 패턴26. Wracać

# 175 Wracać의 다양한 활용

 OLIWIA'S TIP

폴란드어의 경우, 어원을 알고 전치사에서 따온 접두사를 앞에 넣으면 의미가 약간은 비슷한, 아님 완전히 다른 의미의 단어가 됩니다. 예를 들어 wracać는 "돌아오다."라는 단어로, 이어 przez(~를 통해)의 의미를 갖는 전치사를 접두사로 넣으면 "~를 통해 돌다."의 뜻으로 "뒤집다."라는 비슷한 의미의 불완료형태의 새로운 단어가 됩니다. 즉, 폴란드어를 공부할 때에는 어원을 잘 익혀 두고 파생되는 동사 및 접두사(의미)를 이해하면 접근이 쉬워집니다. 이와 같은 맥락으로 본 동사 패턴에서는 각종 파생되는 동사를 어원 명사, 접두사+동사, 분사, 명령법 등이 어떠한 규칙으로 만들어지는 지를 살펴본다면 어원 암기만을 통해 내용을 추론할 수 있게 됩니다.

| 구분 | 불완료(ndk) | 완료(dk) | 의미 |
|---|---|---|---|
| | wracać | wrócić | 돌아오다 |
| za | zawracać | zawrócić | 유턴하다 |
| od | odwracać | odwrócić | 반환하다 |
| prze | przewracać | przewrócić | 뒤집다, 넘기다 |
| 명사 | | powrót | 복귀 |
| | | odwrót | 후퇴 |
| | | zwrot | 반환/환불 |
| 명령법 | wracaj! | wróć! | 돌아와! |
| 현재분사 | wracając | | 돌아오면서 |

## 예문

1. W czwartek planowany jest powrót prezydenta do kraju.

    예정대로 대통령은 목요일에 조국으로 돌아온다.

2. Wracając wieczorem z pracy uważaj, będzie ślisko!

    저녁에 회사에서 돌아올 때 미끄러우니깐 조심해!

3. Możesz już przewrócić naleśniki na drugą stronę.

    이제 팬케이크를 반대편으로 뒤집어도 돼.

4. Wróć do domu przed 20, obejrzymy razem film.

    20시 전에 집으로 와, 같이 영화 볼 거야.

5. Gdy droga jest wąska, trudno jest zawrócić samochód.

    길이 좁으면, 유턴하기 힘들어.

6. Ojciec przegląda album, powoli przewracając kartki.

    아버지는 페이지를 천천히 넘기시면서 앨범을 보고 있어.

 **OLIWIA'S TIP**

wrócić는 ić형 동사로 분류되며, ić/yć 형태 동사를 명령법으로 만들 경우 마지막 어미를 생략하는 규칙이 있습니다.

np.) prowadzić-prowadź / chodzić-chodź / kończyć-kończ / płacić-płać

# 핵심 패턴

# Part.3

## 자주 등장하는 일반동사

# 27

* Słuchać ~를 듣다.

**176.** Słucham + 소유격 : 나는 ~를 듣고 있습니다.
**177.** Kto słucha + 소유격? : 누가 ~를 듣나요?
**178.** 유용한 일반/조동사 + słuchać
**179.** Słuchałem + 소유격 : 나는 ~를 들었습니다.
**180.** Słuchać의 다양한 활용

Part 3-27. 자주 등장하는 일반동사 패턴27. Słuchać

## 176 Słucham + 소유격
나는 ~를 듣고 있습니다.

▼ 의문문 활용

słuchasz + 소유격?

- Tak, słucham + 소유격
- Nie, nie słucham + 소유격

A: Słuchasz muzyki? 음악 듣고 있어?
B: Tak, słucham polskiej muzyki. 응, 폴란드 음악을 듣고 있어.

A: Słuchacie radia? 너희 라디오 듣고 있어?
B: Nie, słuchamy lekcji języka polskiego. 아니, 폴란드어 강의를 듣고 있어.

▼ 소유격 단수

| | 현재 |
|---|---|
| 1인칭 단수 | słucham |
| 2인칭 단수 | słuchasz |
| 3인칭 단수 | słucha |
| 1인칭 복수 | słuchamy |
| 2인칭 복수 | słuchacie |
| 3인칭 복수 | słuchają |

+

| 구분 | 형용사 단수 | 명사 단수 |
|---|---|---|
| 남성생물 | -ego | -a |
| 남성무생물 | -ego | -u |
| 중성 | -ego | -a |
| 여성 | -ej | -i/-y |

▼ 소유격 복수

| | 현재 |
|---|---|
| 1인칭 단수 | słucham |
| 2인칭 단수 | słuchasz |
| 3인칭 단수 | słucha |
| 1인칭 복수 | słuchamy |
| 2인칭 복수 | słuchacie |
| 3인칭 복수 | słuchają |

+

| 구분 | 형용사 단수 | 명사 단수 |
|---|---|---|
| 남성 | -ych / -ich | -ów<br>-i, -y<br>(기능적연음) |
| 중성<br>여성 | -ych / -ich | 탈락<br>-y(기능적연음)<br>-i (연음) |

## 예문

1. Słuchasz, co do ciebie mówię? 　　내가 말하는 소리 듣고 있는 거야?

   → Tak, słucham cię. 　　응, 듣고 있어.

2. Słuchacie koreańskiej muzyki? 　　너희는 한국 음악을 들어?

   → Tak, słuchamy czasami koreańskiej muzyki. 　응, 가끔 한국 음악을 들어.

3. Słuchasz nauczyciela w szkole? 　　학교에서 선생님 말씀을 잘 들어?

   → Często nie mogę się skoncentrować i nie słucham nauczyciela.

   　집중이 안돼서 자주 선생님 말씀을 못 들어.

4. Słuchasz twojej matki? 　　너는 엄마 말씀을 잘 들어?

   → Tak, słucham mojej matki. 　　응. 엄마 말을 잘 들어.

5. Słuchacie radia codziennie rano? 　　너희는 매일 아침에 라디오를 들어?

   → Nie, słuchamy radia tylko w samochodzie. 　아니, 차에서만 라디오를 들어.

Part 3-27. 자주 등장하는 일반동사 패턴27. Słuchać

## 177 Kto słucha + 소유격?
누가 ~를 듣나요?

▼ 6하원칙 의문사:

Kto/Kiedy/Gdzie/Co/Jak/Dlaczego + (주어) + słuchać

A: Czego teraz słuchasz?
너는 지금 뭐 듣고 있어?
B: Słucham muzyki klasycznej.
클래식 음악을 듣고 있어.
A: Twoje dzieci słuchają nauczycieli?
네 아이들은 선생님 말씀을 잘 들어?
B: Moje dzieci nie chcą słuchać nauczycieli.
내 아이들은 선생님 말씀을 듣고 싶지 않아해.

▼ "6하원칙 의문사 + słuchać" 패턴 예문

| | |
|---|---|
| kto 누가 | Kto słucha muzyki? 누가 음악을 들어? |
| kogo 누구를 | Kogo dzieci powinny słuchać?<br>아이들은 누구의 말을 잘 들어야 해? |
| kiedy 언제 | Kiedy słuchasz radia? 언제 라디오를 들어? |
| gdzie 어디서 | Gdzie słuchasz radia? 어디에서 라디오를 들어? |
| czego 무엇을 | Czego słuchacie? 너희는 뭘 들어? |
| jak 어떻게 | Jak słuchasz muzyki? 너는 어떻게 음악을 들어? |
| dlaczego 왜 | Dlaczego słuchasz smutnej muzyki?<br>너는 왜 슬픈 음악을 들어? |

## 예문

1. Kto słucha muzyki tak głośno?     누가 그렇게 시끄럽게 음악을 들어?

→ Mój sąsiad tak głośno słucha muzyki.     내 이웃이 음악을 시끄럽게 들어.

2. Kiedy słuchasz smutnej muzyki?     언제 슬픈 음악을 들어?

→ Kiedy pada deszcz.     비가 올 때.

3. Gdzie słuchacie radia?     너희는 라디오를 어디에서 들어?

→ Słuchamy radia w kuchni pijąc kawę.     커피 마시면서 부엌에서 라디오를 들어.

4. Dlaczego mnie nie słuchacie?     너희는 왜 내 말을 안 들어?

→ Bo tu jest za głośno.     여기 너무 시끄러워서.

5. Czego słuchacie?     너희는 무엇을 들어?

→ Słuchamy interesującego podcastu.     우리는 흥미 있는 팟캐스트를 들어.

Part 3-27. 자주 등장하는 일반동사 패턴27. Słuchać

## 178 유용한 일반/조동사 + słuchać

###  OLIWIA'S TIP

이번 패턴에서는 part2의 유용한 일반/조동사 10개 패턴 바로 뒤에 일반동사의 원형이 오는 패턴을 학습하게 됩니다. 이번 패턴의 경우 자주 쓰면서도 어렵지 않게 배울 수 있으므로 굉장히 중요한 표현입니다. 특히 별다른 동사변형이 없이 쓸 수 있는 trzeba, warto, wolno, można의 경우 바로 뒤에 동사원형만 넣으면 되므로, 아주 쉽게 접근할 수 있습니다. 동사변형이 어렵다면 상기의 동사 4개를 이용해서 part3,4의 자주 쓰는 일반동사들만 공부를 해도 어느 정도의 회화가 가능하다고 말할 수도 있습니다. 또한 해당 패턴을 잘 이용하여 의문문, 부정문, 동사변형을 연습하면 수십 개의 문장을 만들 수 있습니다.

| | | |
|---|---|---|
| lubić | | |
| chcieć | | |
| móc | | |
| musieć | | |
| woleć | + | słuchać (ndk) / posłuchać (dk) |
| prosić | | |
| trzeba | | |
| warto | | |
| wolno | | |
| można | | |

## 예문

1. Lubię słuchać smutnej muzyki gdy pada deszcz.

    비가 올 때면 슬픈 음악을 듣는 것을 좋아해.

2. Chcę słuchać w lesie śpiewu ptaków.

    나는 숲 속에서 새 노랫소리를 듣고 싶어.

3. Możesz mnie posłuchać przez chwilę?

    잠시 내 말 좀 들어줄 수 있어?

4. Muszę słuchać mojej nauczycielki.

    나는 선생님의 말씀을 잘 들어야 해.

5. Wolę słuchać muzyki niż czytać książki.

    책 읽는 것보다 음악 듣는 것을 더 좋아해.

6. Proszę posłuchaj tej piosenki, bardzo ją lubię.

    이 음악 들어봐, 나는 이 노래 매우 좋아해.

7. Trzeba słuchać rodziców.

    부모님 말씀을 잘 들어야 한다.

8. Warto słuchać muzyki w języku angielskim, to pomaga w nauce.

    공부하는 데 도움이 되니 영어로 음악을 듣는 것은 가치가 있어.

9. Nie wolno tutaj słuchać muzyki.

    여기에서는 음악을 들을 수 없습니다.

10. Czy możemy posłuchać muzyki w samochodzie?

    차에서 음악을 들을 수 있어?

Part 3-27. 자주 등장하는 일반동사 패턴27. Słuchać

## 179 Słuchałem + 소유격
나는 ~를 들었습니다.

▼ 미래형 활용

Będę słuchał + 소유격     나는 ~를 들을 것입니다.

▼ 패턴: 과거, 현재, 미래형 słuchać 활용법

|  | 과거 | 현재 | 미래 |
|---|---|---|---|
| 1인칭단수 | słuchałem/słuchałam | słucham | będę słuchał/słuchała |
| 2인칭단수 | słuchałeś/słuchałaś | słuchasz | będziesz słuchał/słuchała |
| 3인칭단수 | słuchał/słuchała | słucha | będzie słuchał/słuchała |
| 1인칭복수 | słuchaliśmy/słuchałyśmy | słuchamy | będziemy słuchali/słuchały |
| 2인칭복수 | słuchaliście/słuchałyście | słuchacie | będziecie słuchali/słuchały |
| 3인칭복수 | słuchali/słuchały | słuchają | będą słuchali/słuchały |

▼ 추가 활용 표현

| ktoś 누군가 | Ktoś z was słuchał dziś wiadomości?<br>너희 중 누가 오늘 뉴스를 들었어? |
|---|---|
| kiedyś 언젠가 | Kiedyś słuchałem tego radia. 이 라디오를 들었던 적이 있어. |
| czegoś 뭔가 | Słuchasz teraz czegoś na telefonie?<br>지금 핸드폰으로 뭔가를 듣고 있어? |
| gdzieś 어디선가 | Gdzieś słyszałem już tą piosenkę.<br>이 음악을 어디선가 들었어. |
| jakiś 어떤 | Słuchaliście na wycieczce jakiejś muzyki?<br>너희는 여행 중에 어떤 음악을 들었어? |

▼ 어울리는 전치사

| w ~에서 | w kawiarni/w parku/w samochodzie (커피숍/공원/차)에서 |
|---|---|
| po ~후에 | po spotkaniu/po pracy/po szkole (미팅/업무/학교) 후에 |

## 예문

1. Czy ktoś z was słuchał już najnowszego albumu tej piosenkarki?

    너희 중 이 가수의 최신 앨범을 벌써 들은 사람?

2. Kiedyś słuchałem smutnej muzyki, ale ostatnio lubię wesołe piosenki.

    예전에는 슬픈 음악만 들었었는데 최근에는 활기찬 음악이 좋아.

3. Słuchasz gdzieś czasami śpiewu ptaków?

    가끔 어디선가 새 노래 소리를 들어?

4. Będę słuchała mojej matki.

    엄마 말씀을 잘 들을 거야.

5. Słuchałyśmy tej muzyki w kawiarni.

    우리는 커피숍에서 이 음악을 들었어.

6. Słuchasz czasami czegoś na telefonie w autobusie?

    가끔 버스 안에서 핸드폰으로 뭔가를 들어?

 ## Oliwia's Tip

słuchać는 "~를 듣다."로 바로 뒤에 목적어가 나올 수 있는 타동사인 반면, słyszeć는 "~가 들리다."로 자동사 표현입니다. 목적어가 나올 수 없으며, 다양한 부사와 어울려 쓸 수 있습니다.

np.) Bardzo dobrze słyszę. 아주 잘 들려.

Part 3-27. 자주 등장하는 일반동사 패턴27. Słuchać

# 180 Słuchać의 다양한 활용

 OLIWIA'S TIP

폴란드어의 경우, 어원을 알고 전치사에서 따온 접두사를 앞에 넣으면 의미가 약간은 비슷한, 아님 완전히 다른 의미의 단어가 됩니다. 예를 들어 słuchać는 "듣다."라는 단어로, 그 기원은 ucho (귀)에서 나온 동사입니다.

słucha + wki : 청진기, 이어폰 등으로 쓸 수 있습니다.

| 구분 | 완성 | 의미 |
|---|---|---|
| po | posłuchać (dk) | 들을 것이다 |
| 명사 | słuch | 청각 |
| | słuchawki | 청진기, 이어폰, 해드셋 |
| | słuchacz | 청취자 |
| 명령법 | posłuchaj! | 들어봐! |
| 현재분사 | słuchając | 들으면서 |
| 파생동사 | słyszeć (ndk) | 들리다 |
| | usłyszeć (dk) | 들릴 것이다 |

| | 소유격 인칭대명사 |
|---|---|
| | mnie |
| | ciebie |
| Słuchać | go/jej |
| | nas |
| | was |
| | ich |

## 예문

1. Gdzie kupiłeś te słuchawki?

    이 이어폰 어디에서 샀어?

2. Słyszałeś, co wydarzyło się dziś we Francji?

    오늘 프랑스에서 무슨 일이 있었는 지 들었어?

3. Lubisz sprzątać słuchając muzyki?

    음악 들으면서 청소하는 것을 좋아해?

4. Posłuchaj, co o Polsce mówią w tym programie.

    이 프로그램에서 폴란드에 대해 뭐라고 이야기하는 지 들어봐!

5. Gdzie w okolicy można usłyszeć szum lasu?

    이 주변 어디에서 숲 소리를 들을 수 있나요?

6. Lubię słuchać twojego głosu.

    네 목소리 듣는 것을 좋아해.

## OLIWIA'S TIP

słuchać 동사의 경우, 소유격을 취하는 동사로 소유격으로 어미변형이 됩니다. 인칭대명사 역시 소유격 인칭대명사가 나옵니다. 인칭대명사는 목적격과 소유격이 거의 비슷하므로 주의하여 암기할 필요가 있습니다.

# 핵심 패턴

# Part.3

## 자주 등장하는 일반동사

# 28

**\* Szukać ~를 찾다.**

**181.** Szukam + 소유격 : 나는 ~를 찾고 있습니다.
**182.** Kto szuka + 소유격? : 누가 ~를 찾나요?
**183.** 유용한 일반/조동사 + szukać
**184.** Szukałem + 소유격 : 나는 ~를 찾았습니다.
**185.** Szukać의 다양한 활용

Part 3-28. 자주 등장하는 일반동사 패턴28. Szukać

## 181 Szukam + 소유격
나는 ~를 찾고 있습니다.

▼ 의문문 활용

Szukasz + 소유격?

- Tak, szukam + 소유격
- Nie, nie szukam + 소유격

A: Szukasz mieszkania?   살 집을 찾고 있어?
B: Tak, szukam mieszkania dla dwóch osób.
　응, 두 명이 살 집을 찾고 있어.
A: Szukacie dobrych książek?   너희는 좋은 책을 찾고 있어?
B: Tak, szukamy ciekawych książek.
　응, 우리는 재미있는 책들을 찾고 있어.

▼ 소유격 단수

|  | 현재 |
|---|---|
| 1인칭 단수 | szukam |
| 2인칭 단수 | szukasz |
| 3인칭 단수 | szuka |
| 1인칭 복수 | szukamy |
| 2인칭 복수 | szukacie |
| 3인칭 복수 | szukają |

+

| 구분 | 형용사 단수 | 명사 단수 |
|---|---|---|
| 남성생물 | -ego | -a |
| 남성무생물 | -ego | -u |
| 중성 | -ego | -a |
| 여성 | -ej | -i/-y |

▼ 소유격 복수

|  | 현재 |
|---|---|
| 1인칭 단수 | szukam |
| 2인칭 단수 | szukasz |
| 3인칭 단수 | szuka |
| 1인칭 복수 | szukamy |
| 2인칭 복수 | szukacie |
| 3인칭 복수 | szukają |

+

| 구분 | 형용사 복수 | 명사 복수 |
|---|---|---|
| 남성 | -ych / -ich | -ów<br>-i, -y<br>(기능적연음) |
| 중성<br>여성 | -ych / -ich | 탈락<br>-y(기능적연음)<br>-i (연음) |

## 예문

1. Szukasz przepisu na obiad?     너는 점심 식사용 레시피를 찾고 있어?

   → Tak, szukam przepisu na smaczny obiad.

   응, 우리는 맛있는 점심을 위해 레시피를 찾고 있어.

2. Szukacie dobrej pracy?     너희는 좋은 직장을 찾고 있어?

   → Tak, właśnie szukamy lepszej pracy.    응, 우리는 더 좋은 직장을 찾고 있어.

3. Szukacie nowego domu?     너희는 새로운 집을 찾고 있어?

   → Tak, szukamy nowego domu.    응, 우리는 새로운 집을 찾고 있어.

4. Szukasz interesującego filmu?     너는 흥미로운 영화를 찾고 있어?

   → Nie, szukam interesującego programu dokumentalnego.

   아니, 나는 흥미로운 다큐 프로를 찾는 중이야.

5. Szukacie starych zdjęć?     너희는 오래된 사진을 찾고 있어?

   → Nie, szukamy starych dokumentów.    아니, 우리는 오래된 서류를 찾고 있어.

##  Oliwia's Tip

szukać 동사는 대표적인 소유격 동사로, 뒤에 나오는 형용사와 명사는 소유격 어미변형이 이루어집니다. 그 외에도 형용사 취급하는 모든 의문대명사, 소유대명사도 소유격으로 변형이 이루어집니다.

Part 3-28. 자주 등장하는 일반동사 패턴28. Szukać

## 182 Kto szuka + 소유격?
누가 ~를 찾나요?

▼ 6하원칙 의문사:

Kto/Kiedy/Gdzie/Co/Jak/Dlaczego + (주어) + szukać

A: Czego szukasz?   너는 무엇을 찾고 있어?
B: Szukam dobrej polskiej herbaty.   좋은 폴란드 차를 찾고 있어.

A: Kogo szukasz?   누구를 찾고 있어?
B: Szukam mojej żony.   내 와이프를 찾고 있어.

▼ "6하원칙 의문사 + szukać " 패턴 예문

| | |
|---|---|
| kto 누가 | Kto mnie szukał? 누가 나를 찾았어? |
| kogo 누구를 | Kogo szukasz? 누구를 찾고 있어? |
| kiedy 언제 | Kiedy najlepiej jest szukać taniego mieszkania, latem czy zimą?<br>저렴한 집을 구하는 데 언제가 가장 좋아? 여름 아님 겨울? |
| gdzie 어디서 | Gdzie chcesz szukać pracy?<br>너는 어디에서 직장을 구하고 싶어? |
| co 무엇을 | Czego szukasz? 너는 무엇을 찾고 있어? |
| jak 어떻게 | Jak szukasz nowej muzyki? 새로운 음악을 어떻게 찾아? |
| dlaczego 왜 | Dlaczego szukasz starego raportu?<br>오래된 보고서를 왜 찾는 거야? |

## 예문

1. Czego szukacie?            너희는 뭐를 찾고 있어?

   → Szukamy dobrej restauracji.     좋은 식당을 찾고 있어.

2. Kogo szukasz?              누구를 찾고 있어?

   → Szukam mojego dziecka.       내 아이를 찾고 있어.

3. Kiedy będziesz szukał nowego mieszkania?

   새로운 집을 언제 구할 거야?

   → Będę szukał nowego mieszkania od grudnia.

   12월부터 새로운 집을 구할 거야.

4. Dlaczego szukasz nowej pracy?    왜 새로운 직장을 찾고 있어?

   → Bo mało zarabiam i chcę zmienić pracę.

   돈을 적게 벌고 있어서 이직하고 싶어.

5. Kto mnie szukał?            누가 나를 찾았어?

   → Twoja żona szukała cię i czeka na ciebie w lobby.

   네 와이프가 너를 찾았고 로비에서 너를 기다리는 중이야.

Part 3-28. 자주 등장하는 일반동사 패턴28. Szukać

## 183  유용한 일반/조동사 + szukać

 Oliwia's Tip

이번 패턴에서는 part2의 유용한 일반/조동사 10개 패턴 바로 뒤에 일반동사의 원형이 오는 패턴을 학습하게 됩니다. 이번 패턴의 경우 자주 쓰면서도 어렵지 않게 배울 수 있으므로 굉장히 중요한 표현입니다. 특히 별다른 동사변형이 없이 쓸 수 있는 trzeba, warto, wolno, można의 경우 바로 뒤에 동사원형만 넣으면 되므로, 아주 쉽게 접근할 수 있습니다. 동사변형이 어렵다면 상기의 동사 4개를 이용해서 part3,4의 자주 쓰는 일반동사들만 공부를 해도 어느 정도의 회화가 가능하다고 말할 수도 있습니다. 또한 해당 패턴을 잘 이용하여 의문문, 부정문, 동사변형을 연습하면 수십 개의 문장을 만들 수 있습니다.

| | | |
|---|---|---|
| lubić | | |
| chcieć | | |
| móc | | |
| musieć | | |
| woleć | + | **szukać (ndk)** |
| prosić | | **/ poszukać (dk)** |
| trzeba | | |
| warto | | |
| wolno | | |
| można | | |

## 예문

1. Lubię szukać promocji w sklepach.

   나는 가게에서 프로모션 찾는 것을 좋아해.

2. Chcę szukać nowej pracy.

   새로운 직장을 구하고 싶어.

3. Możesz poszukać czegoś dla mnie?

   나를 위해 뭔가를 찾아줄 수 있어?

4. Muszę poszukać nowego mieszkania.

   나는 새로운 집을 구해야만 해.

5. Wolę szukać ciekawych książek w antykwariacie niż w księgarni.

   나는 서점보다 골동품 가게에서 흥미로운 책을 찾는 것을 더 좋아해.

6. Żeby znaleźć tani bilet, trzeba poszukać promocji w internecie.

   저렴한 표를 찾으려면 인터넷에서 프로모션을 찾아야만 해.

7. Warto szukać prawdziwej miłości.

   진실한 사랑은 찾을 만한 가치가 있어.

8. Odpowiedzi na twoje pytanie można poszukać w internecie.

   네 질문에 대한 답변을 인터넷에서 찾을 수 있어.

Part 3-28. 자주 등장하는 일반동사 패턴28. Szukać

## 184 Szukałem + 소유격
나는 ~를 찾았습니다.

▼ 미래형 활용

Poszukam + 소유격　　　나는 ~를 찾을 것입니다.

▼ 패턴: 과거, 현재, 미래형 szukać 활용법

|  | 과거 (ndk) | 현재 | 미래 (dk) |
|---|---|---|---|
| 1인칭단수 | szukałem/szukałam | szukam | poszukam |
| 2인칭단수 | szukałeś/szukałaś | szukasz | poszukasz |
| 3인칭단수 | szukał/szukała | szuka | poszuka |
| 1인칭복수 | szukaliśmy/szukałyśmy | szukamy | poszukamy |
| 2인칭복수 | szukaliście/szukałyście | szukacie | poszukacie |
| 3인칭복수 | szukali/szukały | szukają | poszukają |

▼ 추가 활용 표현

| ktoś 누군가 | Ktoś mnie szukał? 누군가 나를 찾았어? |
|---|---|
| kiedyś 언젠가 | Kiedyś szukałem informacji w książkach, ale obecnie szukam wszystkiego w internecie.<br>책에서 정보를 찾았던 적이 있었는데 최근에는 인터넷에서 모든 것을 찾고 있어. |
| gdzieś 어디선가 | Możesz gdzieś poszukać ile w Polsce kosztują mieszkania?<br>폴란드 집값이 얼마인지 찾아봐 줄 수 있어? |

▼ 어울리는 전치사

| w ~에서 | w samochodzie/w autobusie/w miejscu<br>(자동차/버스/좌석)에서 |
|---|---|
| na ~에서 | na lotnisku/na piętrze/na parterze<br>(공항/층/0층)에서 |

## 예문

1. Ktoś szukał twojego raportu, gdzie on jest?

   누군가 네 보고서를 찾았는데 어디에 있어?

2. Kiedyś szukałem żony, ale nie chcę już brać ślubu.

   와이프감을 찾아 다녔던 적이 있었는데, 이제는 결혼하기 싫어.

3. Poszukasz czegoś ciekawego do obejrzenia?

   뭔가 재미있게 볼만한 걸 찾을 거야?

4. Możemy w weekend poszukać gdzieś prezentu dla dzieci?

   주말에 아이들을 위해 선물을 살만한 곳을 찾을 수 있을까?

5. Jutro będę szukała ciekawego miejsca na wycieczkę.

   내일 여행으로 갈만한 재미있는 장소를 찾을 거야.

6. Przedwczoraj szukałam w sklepie polskich kosmetyków, ale nic nie znalazłam.

   그제 가게에서 폴란드 화장품을 찾아다녔는데 어디에서도 발견할 수 없었어.

##  Oliwia's Tip

znaleźć vs szukać 차이점

znaleźć(find)는 "찾아서 뭔가를 발견하다."를 의미하고 szukać(look for)는 찾는 일련의 과정을 표현할 때 쓸 수 있습니다.

Part 3-28. 자주 등장하는 일반동사 패턴28. Szukać

## 185 Szukać의 다양한 활용

 OLIWIA'S TIP

폴란드어의 경우, 어원을 알고 전치사에서 따온 접두사를 앞에 넣으면 의미가 약간은 비슷한, 아님 완전히 다른 의미의 단어가 됩니다. 예를 들어 "szukać는 찾다."라는 단어에 "przez (~를 통해서)"라는 전치사를 넣으면 "~를 통해 찾다."의 의미로 "뒤지다."라는 새로운 뜻의 명사가 됩니다.

| 구분 | 파생 완료 | 파생 불완료 | 의미 |
|---|---|---|---|
| po | poszukać (dk) | | 찾다 |
| prze | przeszukać | przeszukiwać | 뒤지다 |
| wy | wyszukać | wyszukiwać | 검색하다 |
| 명사 | szukanie | | 탐색 |
| | | wyszukiwanie | 검색 |
| 명령법 | szukaj!<br>poszukaj! | przeszukuj! | 찾아라! |
| 현재분사 | szukając | | 찾으면서 |
| 수동분사 | | poszukiwany | 찾고 싶은 |

## 예문

1. Możesz poszukać w sklepie oleju?

   가게에서 오일을 찾아 줄 수 있어?

2. Na co trzeba zwracać uwagę szukając mieszkania?

   집을 구할 때 무엇을 주의 해야 하나요?

3. Szukanie pracy jest bardzo stresujące.

   직장을 구하는 일은 매우 스트레스입니다.

4. Widziałeś w wiadomościach zdjęcie poszukiwanego przestępcy?

   뉴스에서 범죄자를 찾는 사진을 봤어?

5. Nie szukaj nowej pracy, dam ci podwyżkę.

   새로운 직장을 구하지마, 월급 인상해줄게.

 **OLIWIA'S TIP** [동사 어미변형에 따른 명령법 만들기]

ać, -ować -iwać -ywać 형일 경우, 3인칭 단수 어간을 이용하여 만들 수 있습니다.
이때, -iwać로 끝나는 przeszukiwać도 동일하게 명령법을 만들 수 있습니다.

-iwać 형의 3인칭 단수 어간의 어미 삭제 : np.) [poszukiwać - poszukuj]

# 핵심 패턴

# Part.3

## 자주 등장하는 일반동사

# 29

* Kupować ~를 사다.

186. Kupuję + 목적격 단수 : 나는 ~를 삽니다.
187. Kupuję + 목적격 복수 : 나는 ~를 삽니다.
188. Kto kupuje + 목적격? : 누가 ~를 사나요?
189. 유용한 일반/조동사 + kupować
190. Kupiłem + 목적격 : 나는 ~를 샀습니다.
191. Kupować의 다양한 활용

Part 3-29. 자주 등장하는 일반동사 패턴29. Kupować

## 186　Kupuję + 목적격 단수
나는 ~ 를 삽니다.

▼ 의문문 활용

Kupujesz + 목적격 단수?

- Tak, kupuję + 목적격 단수
- Nie, nie kupuję + 소유격 단수

A: Kupujesz co rok nowy komputer?
　매년 새로운 컴퓨터를 사는 거야?
B: Tak, kupuję co rok nowy komputer.
　응, 나는 매년 새로운 컴퓨터를 사.
A: Kupujecie synowi nowy plecak do szkoły?
　너희는 아들에게 학교 가방을 새로 사주는 거야?
B: Nie kupujemy synowi plecaka, jego stary plecak jest jeszcze dobry.
　아들에게 가방을 사주지는 않을 거야, 지금 가방도 아직 괜찮아.

▼ 목적격 단수

|  | 현재 |
|---|---|
| 1인칭 단수 | kupuję |
| 2인칭 단수 | kupujesz |
| 3인칭 단수 | kupuje |
| 1인칭 복수 | kupujemy |
| 2인칭 복수 | kupujecie |
| 3인칭 복수 | kupują |

+

| 구분 | 형용사단수 | 명사 단수 |
|---|---|---|
| 남성생물 | -ego | -a |
| 남성무생물 | =주격 | =주격 |
| 중성 | =주격 | =주격 |
| 여성 | -ą | -ę |

▼ 소유격 단수

|  | 현재 |
|---|---|
| 1인칭 단수 | nie kupuję |
| 2인칭 단수 | nie kupujesz |
| 3인칭 단수 | nie kupuje |
| 1인칭 복수 | nie kupujemy |
| 2인칭 복수 | nie kupujecie |
| 3인칭 복수 | nie kupują |

+

| 구분 | 형용사단수 | 명사 단수 |
|---|---|---|
| 남성생물 | -ego | -a |
| 남성무생물 | -ego | -u |
| 중성 | -ego | -a |
| 여성 | -ej | -i/-y |

## 예문

1. Kupujesz z żoną nowe mieszkanie?

    와이프와 함께 새로운 집을 구매해?

    → Nie kupujemy mieszkania, nie mamy pieniędzy.

    우리는 돈이 없어서 집을 사지는 않아.

2. Czy twoi rodzice kupią ci nowy telefon?

    너희 부모님이 새로운 핸드폰을 네게 사주신대?

    → Tak, rodzice kupują mi nowy telefon.

    응, 부모님이 새로운 핸드폰을 내게 사주실거야.

3. Kupisz córce lalkę?

    딸에게 인형을 사줄 거야?

    → Tak, dzisiaj po pracy kupię córce lalkę.

    응, 오늘 퇴근 후에 딸에게 인형을 사줄 거야.

4. Co rok kupujesz nowy garnitur?

    매년 새로운 정장을 사는 거야?

    → Nie, kupuję nowy garnitur co kilka lat.

    아니, 몇 년에 한 번씩 새로운 정장을 사.

5. Co twoja żona kupuje codziennie?

    너의 와이프는 매일 뭐를 사?

    → Moja żona codziennie kupuje gazetę.

    내 와이프는 매일 신문을 사.

Part 3-29. 자주 등장하는 일반동사 패턴29. Kupować

## 187  Kupuję + 목적격 복수
나는 ~를 삽니다.

▼ 의문문 활용

Kupujesz + 목적격 복수?

- Tak, kupuję + 목적격 복수
- Nie, nie kupuję + 소유격 복수

A: Kupujesz świeże owoce w tym sklepie?
　이 가게에서 신선한 과일을 사?
B: Tak, zawsze kupuję tutaj jabłka i gruszki.
　응, 항상 여기에서 사과와 배를 사.
A: Gdzie kupujecie ubrania dla dzieci?
　너희는 아이들을 위한 옷을 어디에서 사?
B: Kupujemy ubrania dla dzieci w centrum handlowym.
　우리는 백화점에서 아이들을 위한 옷을 사.

▼ 목적격 복수

|  | 현재 |
|---|---|
| 1인칭 단수 | kupuję |
| 2인칭 단수 | kupujesz |
| 3인칭 단수 | kupuje |
| 1인칭 복수 | kupujemy |
| 2인칭 복수 | kupujecie |
| 3인칭 복수 | kupują |

\+

| 구분 | 형용사 복수 | 명사 복수 |
|---|---|---|
| 남자명사 외 | -e | -y/-i |
| 중성 | -e | -a |
| 여성 | -e | -y/-i |

▼ 소유격 복수

|  | 현재 |
|---|---|
| 1인칭 단수 | nie kupuję |
| 2인칭 단수 | nie kupujesz |
| 3인칭 단수 | nie kupuje |
| 1인칭 복수 | nie kupujemy |
| 2인칭 복수 | nie kupujecie |
| 3인칭 복수 | nie kupują |

\+

| 구분 | 형용사 복수 | 명사 복수 |
|---|---|---|
| 남성 | -ych / -ich | -ów<br>-i, -y<br>(기능적연음) |
| 중성<br>여성 | -ych / -ich | 탈락<br>-y(기능적연음)<br>-i (연음) |

## 예문

1. Kupujesz potrzebne składniki na obiad?

    점심 식사에 필요한 재료를 사?

    → Nie kupuję żadnych składników, zjemy obiad w restauracji.

    재료를 사지 않아, 우리는 식당에서 점심을 먹을 거야.

2. Kupujecie dzieciom zabawki?

    너희는 아이들에게 장난감을 사줘?

    → Tak, często kupujemy dzieciom nowe zabawki.

    응, 우리는 자주 아이들에게 새로운 장난감을 사줘.

3. Co zwykle kupujesz żonie na urodziny?

    보통 와이프 생일에 뭐를 사줘?

    → Często kupuję drogie perfumy.

    비싼 향수를 사주는 편이야.

4. Kupujecie prezenty dla rodziców na święta?

    너희는 명절에 부모님을 위해 선물을 사줘?

    → Nie kupujemy prezentów, dajemy rodzicom pieniądze.

    우리는 선물을 사주지 않고, 부모님께 돈을 드려.

5. Kupujecie nowe książki w księgarni?

    너희는 서점에서 새로운 책들을 사?

    → Nie, kupujemy używane książki w antykwariacie.

    아니, 우리는 골동품 가게에서 중고 책을 사.

Part 3-29. 자주 등장하는 일반동사 패턴29. Kupować

## 188 Kto kupuje + 목적격?
누가 ~를 사나요?

▼ 6하원칙 의문사:

Kto/Kiedy/Gdzie/Co/Jak/Dlaczego + (주어) + kupować

A: Co kupujesz dzieciom na urodziny?   너는 생일에 아이들에게 무엇을 사줘?
B: Kupuję dzieciom nowe zabawki.   나는 아이들에게 새로운 장난감을 사줘.

A: Jak kupujesz ubrania?   옷은 어떻게 사?
B: Kupuję ubrania przez internet.   인터넷으로 옷을 사.

▼ "6하원칙 의문사 + kupować " 패턴 예문

| | |
|---|---|
| kto 누가 | Kto kupuje ten komputer?<br>누가 이 컴퓨터를 사? |
| kiedy 언제 | Kiedy kupujesz prezenty dzieciom?<br>너는 언제 아이들에게 선물을 사줘? |
| gdzie 어디서 | Gdzie kupujecie świeże owoce?<br>너희는 어디에서 신선한 과일을 사? |
| co 무엇을 | Co kupujecie?<br>너희는 무엇을 사? |
| jak 어떻게 | Jak zwykle kupujesz nowe ubrania?<br>보통 새로운 옷들을 어떻게 사? |
| dlaczego 왜 | Dlaczego kupiłeś taki drogi dom?<br>이렇게 비싼 집을 왜 샀어? |

## 예문

1. Kto kupuje dla ciebie koszule?

   누가 너를 위해 셔츠를 사줘?

   → Moja żona kupuje dla mnie koszule.

   내 와이프가 나를 위해 셔츠를 사줘.

2. Kiedy kupujesz kosmetyki?

   언제 화장품을 구매해?

   → Kupuję kosmetyki gdy w sklepie jest promocja.

   나는 가게에서 할인행사를 하면 화장품을 구매해.

3. Gdzie kupujecie świeże owoce?

   너희는 신선한 과일을 어디에서 사?

   → Kupujemy owoce w dużym supermarkecie.

   우리는 큰 마트에서 과일을 사.

4. Dlaczego nie kupujecie mięsa?

   너희는 왜 고기를 사지 않아?

   → Bo mój mąż jest wegetarianinem.

   내 남편이 채식주의자이기 때문이야.

5. Jak kupujecie polskie produkty?

   너희는 어떻게 폴란드 제품을 사?

   → Mój kolega z Polski kupuje dla mnie polskie produkty.

   내 폴란드 친구가 나를 위해 폴란드 제품을 사다 줘.

Part 3-29. 자주 등장하는 일반동사 패턴29. Kupować

## 189 유용한 일반/조동사 + kupować

 OLIWIA'S TIP

이번 패턴에서는 part2의 유용한 일반/조동사 10개 패턴 바로 뒤에 일반동사의 원형이 오는 패턴을 학습하게 됩니다. 이번 패턴의 경우 자주 쓰면서도 어렵지 않게 배울 수 있으므로 굉장히 중요한 표현입니다. 특히 별다른 동사변형이 없이 쓸 수 있는 trzeba, warto, wolno, można의 경우 바로 뒤에 동사원형만 넣으면 되므로, 아주 쉽게 접근할 수 있습니다. 동사변형이 어렵다면 상기의 동사 4개를 이용해서 part3,4의 자주 쓰는 일반동사들만 공부를 해도 어느 정도의 회화가 가능하다고 말할 수도 있습니다. 또한 해당 패턴을 잘 이용하여 의문문, 부정문, 동사변형을 연습하면 수십 개의 문장을 만들 수 있습니다.

| | | |
|---|---|---|
| lubić | | |
| chcieć | | |
| móc | | |
| musieć | | |
| woleć | + | kupować (ndk) / kupić (dk) |
| prosić | | |
| trzeba | | |
| warto | | |
| wolno | | |
| można | | |

## 예문

1. Lubię kupować japońskie kosmetyki.

   나는 일본 화장품 사는 걸 좋아해.

2. Chcę kupić własny dom.

   나는 내 소유의 집을 사고 싶어.

3. Możemy kupić ten komputer.

   우리는 이 컴퓨터를 살 수 있어.

4. Musimy kupić coś do jedzenia dziś wieczorem.

   우리는 오늘 저녁에 먹을 걸 사야만 해.

5. Wolę kupować ubrania w weekend niż w tygodniu.

   주중보다 주말에 옷을 사는 걸 선호해.

6. Proszę kup dla mnie mleko.

   나를 위해 우유를 사주세요.

7. Co trzeba kupić dla dziecka do szkoły?

   아이들이 학교 갈 때 뭐를 사줘야 해?

8. Warto kupować używane urządzenia.

   중고 장비는 살만할 가치가 있어.

9. Nie wolno tutaj kupować alkoholu.

   여기에서는 주류를 구매할 수 없습니다.

10. Czy w tym sklepie można kupić papierosy?

    이 가게에서는 담배를 살 수 있나요?

Part 3-29. 자주 등장하는 일반동사 패턴29. Kupować

## 190 Kupiłem + 목적격
나는 ~를 샀습니다.

▼ 미래형 활용

Kupię + 목적격　　나는 ~를 살 것입니다.

▼ 패턴: 과거, 현재, 미래형 kupować/kupić 활용법

|  | 과거 (dk) | 현재 | 미래 (dk) |
|---|---|---|---|
| 1인칭단수 | kupiłem/kupiłam | kupuję | kupię |
| 2인칭단수 | kupiłeś/kupiłaś | kupujesz | kupisz |
| 3인칭단수 | kupił/kupiła | kupuje | kupi |
| 1인칭복수 | kupiliśmy/kupiłyśmy | kupujemy | kupimy |
| 2인칭복수 | kupiliście/kupiłyście | kupujecie | kupicie |
| 3인칭복수 | kupili/kupiły | kupują | kupią |

▼ 추가 활용 표현

| ktoś<br>누군가 | Ktoś kupił od ciebie starą lodówkę?<br>누군가 너에게서 낡은 냉장고를 샀어? |
|---|---|
| kiedyś<br>언젠가 | Kupisz kiedyś dom na wsi?<br>언젠가는 시골에 집을 살 거야? |
| coś<br>뭔가 | Kupisz mi coś do picia?<br>마실 거 뭐라도 좀 사줄래? |
| gdzieś<br>어디선가 | Czy można gdzieś w Warszawie kupić koreańskie produkty?<br>바르샤바 어디선가 한국 제품을 살 수 있어? |
| jakiś<br>어떤 | Kupicie dla mnie jakąś pamiątkę?<br>너희는 나를 위해 기념품 같은 걸 사다줄거야? |

▼ 어울리는 전치사

| w ~에서 | w sklepie/w galerii handlowej/w supermarkecie<br>(가게/백화점/마트)에서 |
|---|---|
| 시간부사 | wczoraj/dzisiaj/jutro　(어제/오늘/내일) |

## 예문

1. Czy ktoś z was kupił w Polsce dobre kosmetyki?

    너희 중 폴란드에서 좋은 화장품을 샀던 사람?

2. Kupicie kiedyś dzieciom komputer?

    너희는 언젠가 아이들에게 컴퓨터를 사줄 거야?

3. Kupiłeś coś w tym sklepie?

    이 가게에서 뭔가를 샀어?

4. Gdy będziesz na wakacjach, kupisz gdzieś dla mnie dobrą pamiątkę?

    여행을 가게 되면, 나를 위해 좋은 기념품을 사다줄 수 있어?

5. Kupiłeś dziewczynie jakieś kwiaty z okazji urodzin?

    생일기념으로 꽃 같은 걸 여자친구에게 사줬어?

6. Kupisz mi kiedyś drogi prezent?

    언젠가는 내게 비싼 선물을 사줄거야?

## Oliwia's Tip

kupować는 미완료형 동사로 일반적이고 반복적인 상황을 이야기할 때 쓸 수 있으며, 현재형과 현재 진행형의 의미로 표현이 가능합니다. 또한 kupować의 완료형태인 kupić는 과거, 미래에 한 번씩 구매하는 의미이므로 미완료형보다 완료형을 쓰는 것이 일반적입니다.

Part 3-29. 자주 등장하는 일반동사 패턴29. Kupować

## 191 Kupować의 다양한 활용

 OLIWIA'S TIP

폴란드어의 경우, 어원을 알고 전치사에서 따온 접두사를 앞에 넣으면 의미가 약간 비슷한, 아님 완전히 다른 의미의 단어가 됩니다. 예를 들어 kupić는 "사다."라는 단어로, 그 기원은 kupno (구매)에서 나온 동사입니다. 이어 wy(out)의 의미를 갖는 전치사를 접두사로 넣으면 "~에 대해 모두 사다."의 뜻으로 "사재기하다."라는 완료 형태의 새로운 단어가 됩니다.

| 구분 | | 불완료 | 완료 | 의미 |
|---|---|---|---|---|
| 동사 | | kupować | kupić (dk) | 구매할 것이다 |
| | | wykupować | wykupić | 사재기하다 |
| 명사 | | | kupiec | 구매자 |
| | | | kupno | 구매 |
| | | | zakupy | 장보기, 쇼핑 |
| 명령법 | | kupuj! | kup! (dk) | 사! |
| 현재분사 | | | kupując | 사면서 |

| | 여격 인칭대명사 |
|---|---|
| Kupować (ndk) / Kupić (dk) | mi |
| | ci |
| | mu/jej |
| | nam |
| | wam |
| | im |

## 예문

1. Lubisz robić zakupy?

   쇼핑하는 것을 좋아해?

2. Czy kupno mieszkania na kredyt to dobry pomysł?

   대출해서 집을 사는 게 좋은 생각인 것 같아?

3. Chcesz kupić żonie drogą torebkę?

   와이프에게 비싼 가방을 사주고 싶어?

4. Kupując pamiątki za granicą zawsze najpierw sprawdzaj ceny.

   해외에서 기념품을 살 때에는 항상 가격을 먼저 확인해!

5. Kup mi piwo w sklepie!

   가게에서 내게 맥주를 사줘!

 Oliwia's Tip

"~를 위해 사주다."라는 표현을 할 때에는 "전치사 dla + 소유격"으로 표현하거나, "~에게 사주다."의 의미로 "~에게"에 해당되는 여격으로 표현할 수 있습니다.

# 핵심 패턴

# Part.3

## 자주 등장하는 일반동사

# 30

* Pisać ~를 쓰다.

**192.** Kto pisze + 목적격? : 누가 ~를 쓰나요?
**193.** 유용한 일반/조동사 + pisać
**194.** Napisałem + 목적격 : 나는 ~를 썼습니다.
**195.** Pisać의 다양한 활용

Part 3-30. 자주 등장하는 일반동사 패턴30. Pisać

## 192 | Kto pisze + 목적격?
누가 ~를 쓰나요?

▼ 6하원칙 의문사:

Kto/Kiedy/Gdzie/Co/Jak/Dlaczego + (주어) + pisać

A: Kto pisze raport dla szefa?  누가 상사를 위한 보고서를 써?
B: Mój kolega Jan pisze raport.  내 친구 얀이 보고서를 써.

A: Co piszesz w listach do dziewczyny? 여자친구에게 무슨 내용의 편지를 쓰고 있어?
B: Piszę, że bardzo ją kocham.  그녀를 매우 사랑한다고 쓰고 있어.

▼ "6하원칙 의문사 + pisać" 패턴 예문

| | |
|---|---|
| kto 누가 | Kto pisze nową książkę? <br> 누가 새로운 책을 써? |
| kiedy 언제 | Kiedy piszesz pamiętnik? <br> 언제 일기를 써? |
| gdzie 어디서 | Gdzie na kopercie pisze się adres? <br> 봉투 어디에 주소를 쓰나요? |
| co 무엇을 | Co piszecie? <br> 너희는 무엇을 쓰고 있어? |
| jak 어떻게 | Jak trzeba pisać oficjalne pismo? <br> 공문은 어떻게 써야 하나요? |
| dlaczego 왜 | Dlaczego piszesz list do babci? <br> 할머니께 왜 편지를 써? |

## 예문

1. Kto pisze umowę dla klienta?
   누가 고객을 위한 계약서를 써?
   → Prezes pisze wszystkie umowy.
   사장님께서 모든 계약서를 작성하시는 중이야.
2. Kiedy piszesz artykuły do gazety?
   신문 기사는 언제 써?
   → Piszę artykuł w każdy poniedziałek.
   매주 월요일에 기사를 써.
3. Gdzie mogę napisać skargę na nieuczciwego sprzedawcę?
   부정직한 판매자에 대한 불만 사항은 어디에 쓸 수 있어?
   → Możesz napisać skargę na komisariacie policji.
   불만 사항은 경찰서에서 쓸 수 있어.
4. Co piszesz w tym zeszycie?
   이 노트에 무엇을 쓰고 있어?
   → Piszę wiersze.
   시를 쓰고 있어.
5. Dlaczego piszesz e-mail do szefa?
   왜 상사에게 이메일을 써?
   → Ponieważ muszę wysłać raport.
   보고서를 보내야 하기 때문이야.
6. Nauczysz mnie, jak napisać oficjalne pismo?
   공문을 어떻게 쓸 수 있는 지 알려줄래?
   → Tak, nie ma problemu.
   응, 문제없어.

Part 3-30. 자주 등장하는 일반동사 패턴30. Pisać

## 193  유용한 일반/조동사 + pisać

###  OLIWIA'S TIP

이번 패턴에서는 part2의 유용한 일반/조동사 10개 패턴 바로 뒤에 일반동사의 원형이 오는 패턴을 학습하게 됩니다. 이번 패턴의 경우 자주 쓰면서도 어렵지 않게 배울 수 있으므로 굉장히 중요한 표현입니다. 특히 별다른 동사변형이 없이 쓸 수 있는 trzeba, warto, wolno, można의 경우 바로 뒤에 동사원형만 넣으면 되므로, 아주 쉽게 접근할 수 있습니다. 동사변형이 어렵다면 상기의 동사 4개를 이용해서 part3,4의 자주 쓰는 일반동사들만 공부를 해도 어느 정도의 회화가 가능하다고 말할 수도 있습니다. 또한 해당 패턴을 잘 이용하여 의문문, 부정문, 동사변형을 연습하면 수십 개의 문장을 만들 수 있습니다.

| | | |
|---|---|---|
| lubić | | |
| chcieć | | |
| móc | | |
| musieć | | |
| woleć | + | pisać (ndk) / napisać (dk) |
| prosić | | |
| trzeba | | |
| warto | | |
| wolno | | |
| można | | |

## 예문

1. Lubię pisać pamiętnik kiedy jest mi smutno.

   나는 우울할 때 일기 쓰는 것을 좋아해.

2. Chcę napisać kiedyś książkę.

   언젠가는 책을 쓰고 싶어.

3. Możemy zapisać się na kurs języka angielskiego.

   우리는 영어 어학코스를 등록할 수 있어.

4. Wolę pisać pismo ręcznie niż na komputerze.

   컴퓨터로 쓰는 거보다 수기로 공문 쓰는 것을 더 좋아해.

5. Proszę pisz czytelnie.

   또박또박 작성하세요.

6. Umiem pisać po polsku.

   나는 폴란드어로 쓸 줄 알아.

7. Żeby złożyć aplikację do tej firmy, trzeba też napisać list motywacyjny.

   이 회사에 신청서를 제출하기 위해서는 자기소개서도 써야만 해.

8. Warto pisać listy do swoich dziadków.

   자신의 조부모님께 편지를 쓰는 건 가치 있는 일이야.

9. Nie wolno pisać na ścianie!

   벽에 낙서를 하면 안됩니다!

10. Czy w internecie można napisać skargę na urzędnika?

    인터넷에 공무원에 대한 불만제기를 쓸 수 있나요?

Part 3-30. 자주 등장하는 일반동사 패턴30. Pisać

## 194 Napisałem + 목적격
나는 ~를 썼습니다.

▼ 미래형 활용

Napiszę + 목적격          나는 ~를 쓸 것입니다.

▼ 패턴: 과거, 현재, 미래형 pisać 활용법

|  | 과거 (dk) | 현재 | 미래 (dk) |
|---|---|---|---|
| 1인칭단수 | napisałem/napisałam | piszę | napiszę |
| 2인칭단수 | napisałeś/napisałaś | piszesz | napiszesz |
| 3인칭단수 | napisał/napisała | pisze | napisze |
| 1인칭복수 | napisaliśmy/napisałyśmy | piszemy | napiszemy |
| 2인칭복수 | napisaliście/napisałyście | piszecie | napiszecie |
| 3인칭복수 | napisali/napisały | piszą | napiszą |

▼ 추가 활용 표현

| ktoś 누군가 | Ktoś napisał do mnie list. 누군가 내게 편지를 썼어. |
|---|---|
| kiedyś 언젠가 | Kiedyś napisałem wiersz. 언젠가 시를 썼던 적이 있어. |
| coś 뭔가 | Napiszesz mi coś miłego? 나한테 좋은 걸 써줄 거야? |
| gdzieś 어딘가 | Napisałeś gdzieś o swoim problemie? 자신의 문제에 대해서 어디엔가 썼던 적이 있어? |

▼ 어울리는 전치사

| 요일 | w poniedziałek/we wtorek/w środę/w czwartek/w piątek/ w sobotę/w niedzielę (월/화/수/목/금/토/일)요일에 |
|---|---|
| do ~에게 | do szefa/do klienta/do rodziców (상사/고객/부모님)에게 |

## 예문

1. Kiedyś napiszę dla ciebie wiersz miłosny.

   언젠가는 너를 위해 사랑에 관한 시를 쓸 거야.

2. Czy ktoś napisał już raport za styczeń?

   누군가 벌써 1월용 보고서를 썼어?

3. Napisałeś już list do rodziców?

   부모님께 벌써 편지를 썼어?

4. W niedzielę napiszę ci wiadomość.

   일요일에 네게 메시지를 쓸 거야.

5. Napisałem dziś w szkole coś głupiego i nauczyciel był zły.

   오늘 학교에서 바보 같은 걸 써서, 선생님이 화나셨어.

6. Do kogo chciałbyś napisać list?

   누구에게 편지를 쓰고 싶어?

 OLIWIA'S TIP

"~에게 쓰다."라는 표현을 할 때에는 "전치사 do + 소유격"으로 표현하거나,
"~에게"에 해당되는 여격으로 표현할 수 있습니다.

Part 3-30. 자주 등장하는 일반동사 패턴30. Pisać

## 195 Pisać의 다양한 활용

 Oliwia's Tip

폴란드어의 경우, 어원을 알고 전치사에서 따온 접두사를 앞에 넣으면 의미가 약간은 비슷한, 아님 완전히 다른 의미의 단어가 됩니다. 예를 들어 pisać는 "쓰다."라는 단어로, 이어 pod(~아래에)의 의미를 갖는 전치사를 접두사로 넣으면 "아래에 쓰다."의 뜻으로 "서명하다."라는 완료형태의 새로운 단어가 됩니다.

| 구분 | 파생 완료 | 파생 불완료 | 파생명사 |
|---|---|---|---|
| o | opisać (묘사하다) | opisywać | opis (묘사) |
| s | spisać (기입하다) | spisywać | spis (기입) |
| za | zapisać (기록하다) | zapisywać | zapis (기록) |
| | zapisać się (등록하다) | zapisywać się | |
| prze | przepisać (베끼다) | przepisywać | przepis (레시피) |
| pod | podpisać (서명하다) | podpisywać | podpis (서명) |
| od | odpisać (답장하다) | odpisywać | odpis (사본) |
| do | dopisać (덧붙여 쓰다) | dopisywać | dopisek (추신) |
| 명사 | pisarz (작가) | | |
| | pisanie (쓰는 것) | | |
| 명령법 | pisz! (써라!) | podpisuj!(서명해!) | |
| 현재분사 | pisząc (쓰면서) | | |
| 수동분사 | napisany (쓰여진) | | |

## 예문

1. Ten pisarz jest znany na całym świecie.

   이 작가는 전 세계적으로 유명합니다.

2. Czytałeś opis tego filmu?

   이 영화에 대한 줄거리를 읽었어?

3. Kiedy odpiszesz na wiadomość szefa?

   언제 상사 메시지에 대해 답장을 쓸 거야?

4. Przepisałeś treść dokumentu na komputerze?

   컴퓨터에 서류 내용을 베꼈어?

5. Podpisałeś nową umowę?

   새로운 계약서에 서명을 했어?

6. Pisząc na komputerze można oszczędzać dużo czasu.

   컴퓨터로 쓰면 시간을 많이 아낄 수 있어.

## Oliwia's Tip

|  | 여격 |  | 소유격 |
|---|---|---|---|
| Pisać (ndk) / Napisać (dk) | mi | Pisać (ndk) / Napisać (dk) | do mnie |
|  | ci |  | do ciebie |
|  | mu/jej |  | do niego/niej |
|  | nam |  | do nas |
|  | wam |  | do was |
|  | im |  | do nich |

# 핵심 패턴

# Part.3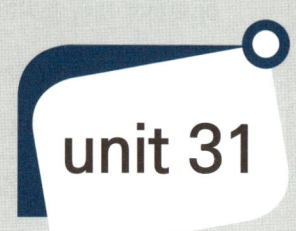

## 자주 등장하는 일반동사

#31

* Sprzątać ~를 청소하다.

**196.** Kto sprząta + 목적격? : 누가 ~를 청소하나요?
**197.** 유용한 일반/조동사 + sprzątać
**198.** Sprzątałem + 목적격 : 나는 ~를 청소했습니다.
**199.** Sprzątać의 다양한 활용

Part 3-31. 자주 등장하는 일반동사 패턴31. Sprzątać

##  Kto sprząta + 목적격?
누가 ~를 청소하나요?

▼ 6하원칙 의문사:

Kto/Kiedy/Gdzie/Co/Jak/Dlaczego + (주어) + sprzątać

| | |
|---|---|
| A: Kiedy sprzątasz cały dom? | 언제 집 전체를 청소해? |
| B: Sprzątam cały dom w weekend. | 주말에 대청소를 할거야. |
| A: Kto sprząta garaż? | 누가 차고를 청소해? |
| B: Ojciec sprząta garaż. | 아버지가 차고를 청소하셔. |

▼ "6하원칙 의문사 + sprzątać " 패턴 예문

| | |
|---|---|
| kto 누가 | Kto sprząta to miejsce? 누가 이 장소를 청소해? |
| kiedy 언제 | Kiedy sprzątasz swój pokój? 언제 자신의 방을 청소해? |
| gdzie 어디서 | Gdzie trzeba posprzątać? 어디를 청소해야만 해? |
| jak 어떻게 | Jak często sprzątasz mieszkanie?<br>얼마나 자주 자신의 집을 청소해? |
| dlaczego 왜 | Dlaczego nigdy nie sprzątasz swojego biurka?<br>왜 단 한 번도 자기 책상을 청소하지 않아? |

## 예문

1. Kto sprząta kuchnię?      누가 부엌을 청소해?

   → Matka sprząta kuchnię.      어머니가 부엌을 청소하셔.

2. Kiedy sprzątacie biuro?      너희는 언제 사무실을 청소해?

   → Sprzątamy biuro w piątek.      우리는 금요일에 사무실을 청소해.

3. Gdzie teraz sprząta twoja żona?      네 와이프는 지금 어디를 청소해?

   → Ona teraz sprząta brudną łazienkę.      지금 더러운 욕실을 청소해.

4. Gdzie sprzątasz?      어디를 청소해?

   → Sprzątam w garażu.      나는 차고에서 청소하고 있어.

5. Dlaczego nie sprzątasz w kuchni?      왜 부엌 청소를 하지 않아?

   → Bo w kuchni jest czysto.      부엌은 깨끗하기 때문이야.

6. Jak często twoja mama sprząta łazienkę?

   너의 엄마는 얼마나 자주 욕실 청소를 해?

   → Mama sprząta łazienkę co dwa dni.

   엄마는 이틀에 한 번씩 욕실 청소를 해.

Part 3-31. 자주 등장하는 일반동사 패턴31. Sprzątać

## 197 유용한 일반/조동사 + sprzątać

 OLIWIA'S TIP

이번 패턴에서는 part2의 유용한 일반/조동사 10개 패턴 바로 뒤에 일반동사의 원형이 오는 패턴을 학습하게 됩니다. 이번 패턴의 경우 자주 쓰면서도 어렵지 않게 배울 수 있으므로 굉장히 중요한 표현입니다. 특히 별다른 동사변형이 없이 쓸 수 있는 trzeba, warto, wolno, można의 경우 바로 뒤에 동사원형만 넣으면 되므로, 아주 쉽게 접근할 수 있습니다. 동사변형이 어렵다면 상기의 동사 4개를 이용해서 part3,4의 자주 쓰는 일반동사들만 공부를 해도 어느 정도의 회화가 가능하다고 말할 수도 있습니다. 또한 해당 패턴을 잘 이용하여 의문문, 부정문, 동사변형을 연습하면 수십 개의 문장을 만들 수 있습니다.

| | | |
|---|---|---|
| lubić | | |
| chcieć | | |
| móc | | |
| musieć | | |
| woleć | + | sprzątać (ndk) / posprzątać (dk) |
| prosić | | |
| trzeba | | |
| warto | | |
| wolno | | |

## 예문

1. Lubię sprzątać swój pokój.

   내 방 청소하는 걸 좋아해.

2. Nie chcę sprzątać całego domu.

   나는 집 전체를 청소하고 싶지 않아.

3. Mogę posprzątać kuchnię w tej chwili.

   지금 당장 부엌 청소를 할 수 있어.

4. Muszę posprzątać moje biurko.

   내 책상을 청소해야만 해.

5. Wolę sprzątać niż gotować.

   나는 요리하는 것보다 청소하는 게 더 좋아.

6. Proszę posprzątaj po sobie stół.

   사용 후 테이블을 정리해주세요.

7. Trzeba posprzątać przed wizytą gości.

   손님이 방문하기 전에 청소를 해야만 해.

8. Dlaczego warto sprzątać?

   왜 청소할만한 가치가 있어?

9. Nie wolno ci teraz sprzątać, jesteś chory i powinieneś odpoczywać.

   너는 아프니깐 지금 청소하지 말고 쉬어야 해.

## Part 3-31. 자주 등장하는 일반동사 패턴31. Sprzątać

### 198 Sprzątałem + 목적격
나는 ~를 청소했습니다.

▼ 미래형 활용

Posprzątam + 목적격　　　나는 ~를 청소할 것입니다.

▼ 패턴: 과거, 현재, 미래형 sprzątać 활용법

|  | 과거 (ndk) | 현재 | 미래 (dk) |
|---|---|---|---|
| 1인칭단수 | sprzątałem/sprzątałam | sprzątam | posprzątam |
| 2인칭단수 | sprzątałeś/sprzątałaś | sprzątasz | posprzątasz |
| 3인칭단수 | sprzątał/sprzątała | sprząta | posprząta |
| 1인칭복수 | sprzątaliśmy/sprzątałyśmy | sprzątamy | posprzątamy |
| 2인칭복수 | sprzątaliście/sprzątałyście | sprzątacie | posprzątacie |
| 3인칭복수 | sprzątali/sprzątały | sprzątają | posprzątają |

▼ 추가 활용 표현

| ktoś 누군가 | Ktoś posprzątał mój pokój. 누군가 내 방을 청소했어. |
|---|---|
| kiedyś 언젠가 | Kiedyś sprzątałem mieszkanie codziennie, ale ostatnio nie mam na to czasu.<br>매일 집을 청소했던 적이 있었는데 요즘은 그럴 시간이 없어. |
| gdzieś 어디선가 | Trzeba gdzieś posprzątać? 어디를 청소해야만 해? |

▼ 어울리는 시간부사

| 월 | w styczniu, w lutym, w marcu, w kwietniu, w maju, w czerwcu, w lipcu, w sierpniu, we wrześniu, w październiku, w listopadzie, w grudniu　(1월~12월)에 |
|---|---|
| 미래 | jutro, pojutrze, za (tydzień/miesiąc/rok)<br>내일, 모레, (일주일/한 달/일 년) 후에 |
| 과거 | wczoraj, przedwczoraj, (tydzień/miesiąc/rok) temu<br>어제, 그제, (일주일/한 달/일 년) 전에 |

## 예문

1. Ktoś sprzątał moje biuro.

   누군가 내 사무실을 청소했어.

2. Wczoraj posprzątałem w garażu.

   어제는 차고에서 청소를 했어.

3. Moja matka posprząta kuchnię po kolacji.

   내 어머니는 저녁 식사 후에 부엌을 청소하실거야.

4. W ten weekend posprzątamy dokładnie dom.

   (우리) 이번 주말에는 완벽히 집 청소를 할거야.

5. Mam dziś dużo czasu, trzeba gdzieś posprzątać?

   오늘 시간이 많은데, 어디 청소해야 될 곳이 있어?

6. Posprzątaliście już gdzieś, czy dopiero zaczynacie?

   너희는 벌써 어딘가를 청소했어, 아님 이제 시작하는 거야?

##  Oliwia's Tip

월을 표현할 때에는 구어체에서는 "몇 월에"라고 전치사 "w"와 함께 쓰이는 것이 대부분이기 때문에 원형을 외우기보다, "w + 장소격"으로 통으로 암기하는 것이 좋습니다.

Part 3-31. 자주 등장하는 일반동사 패턴31. Sprzątać

## 199 Sprzątać의 다양한 활용

 OLIWIA'S TIP

폴란드어의 경우, 어원을 알고 전치사에서 따온 접두사를 앞에 넣으면 의미가 약간은 비슷한, 아님 완전히 다른 의미의 단어가 됩니다. 예를 들어 sprzątać 는 "청소하다."라는 단어로, sprząta와 유사한 단어가 나올 경우 청소와 비슷한 의미로 유추하면 쉬운 풀이가 가능합니다. 즉, 폴란드어를 공부할 때에는 어원을 잘 익혀 두고 파생되는 동사 및 접두사(의미)를 이해하면 접근이 쉬워집니다. 이와 같은 맥락으로 본 동사 패턴에서는 각종 파생되는 동사를 어원, 명사, 접두사+동사, 분사, 명령법 등이 어떠한 규칙으로 만들어지는 지를 살펴본다면 어원 암기만을 통해 내용을 추론할 수 있게 됩니다.

| 구분 | 완성 | 의미 |
|---|---|---|
| 완료 | posprzątać (dk) | 청소할 것이다 |
| 명사 | sprzątacz | 청소부(남) |
| | sprzątaczka | 청소부(여) |
| | sprzątanie | 청소 |
| 명령법 | posprzątaj! | 청소해라! |
| 현재분사 | sprzątając | 청소하면서 |
| 수동분사 | posprzątany | 청소가 된 |
| 유사단어 | porządkować | 정리하다 |
| | porządek | 정리 |

## 예문

1. Posprzątaj swój pokój po zabawie.

   놀고 나서 네 방 청소해.

2. Sprzątając w pokoju uważaj, żeby niczego nie stłuc.

   방 청소할 때 아무것도 부서지지 않도록 주의해.

3. Pracuję jako sprzątaczka od 3 lat.

   3년 전부터 청소부로 일하고 있어.

4. Sprzątanie pomaga mi się odstresować.

   청소는 스트레스 해소에 도움이 돼.

5. Lubię, gdy w domu jest porządek.

   집이 정리되어 있는 걸 좋아해.

6. Trzeba uporządkować ubrania w szafie.

   옷장에 있는 옷들을 정리해야만 해.

 Oliwia's Tip

porządkować는 sprzątać와 어울리는 단어로 "~를 정리하다."로 표현할 수 있습니다. sprzątać처럼 바로 뒤에 목적격 명사를 표현할 수 있으며 제시한 예문을 porządkować로 바꿔 연습하면 좋습니다.

# 핵심 패턴

# Part.3

unit 32

## 자주 등장하는 일반동사

# 32

* Odpoczywać 쉬다.

200. Kto odpoczywa + 부사? : 누가 ~에 쉬나요?
201. 유용한 일반/조동사 + odpoczywać
202. Odpoczywałem + 부사 : 나는 ~에 쉬었습니다.
203. Odpoczywać의 다양한 활용

Part 3-32. 자주 등장하는 일반동사 패턴32. Odpoczywać

## 200 Kto odpoczywa + 부사?
누가 ~에 쉬나요?

▼ 6하원칙 의문사:

Kto/Kiedy/Gdzie/Co/Jak/Dlaczego + (주어) + odpoczywać

> A: Gdzie zwykle odpoczywacie w wakacje?
> 너희는 보통 방학에 어디에서 쉬어?
> B: W wakacje najczęściej odpoczywamy nad morzem.
> 방학에는 자주 해변가에서 쉬어.
> A: Kto odpoczywa teraz na basenie?
> 누가 지금 수영장에서 쉬고 있어?
> B: Moja dziewczyna odpoczywa na basenie.
> 내 여자친구가 수영장에서 쉬고 있어.

▼ "6하원칙 의문사 + odpoczywać " 패턴 예문

| | |
|---|---|
| kto 누가 | Kto odpoczywa w domu?<br>누가 집에서 쉬고 있어? |
| kiedy 언제 | Kiedy zazwyczaj odpoczywasz?<br>보통 언제 쉬어? |
| gdzie 어디서 | Gdzie możemy spokojnie odpocząć?<br>우리는 어디에서 조용히 쉴 수 있어? |
| jak 어떻게 | Jak lubisz odpoczywać?<br>어떻게 쉬는 걸 좋아해? |
| dlaczego 왜 | Dlaczego nie odpoczywacie po pracy?<br>너희는 왜 퇴근 후에도 쉬지를 않아? |

## 예문

1. Kto odpoczywa w biurze?  누가 사무실에서 쉬어?

   → Mój szef odpoczywa w biurze.  내 상사가 사무실에서 쉬고 계셔.

2. Kiedy odpoczywasz?  너는 언제 쉬어?

   → Odpoczywam wieczorem po pracy.  퇴근 후 저녁에 쉬어.

3. Gdzie najczęściej odpoczywacie?  너희가 가장 자주 쉬는 곳은 어디야?

   → Zwykle odpoczywamy w domu.  보통은 집에서 쉬어.

4. Dlaczego już odpoczywasz, skończyłeś pracę?

   왜 벌써 쉬고 있어, 일 끝났어?

   → Tak, skończyłem wcześniej i mogę już odpoczywać.

   응, 일찍 끝나서 이제 쉴 수 있어.

5. Jak długo odpoczywasz po obiedzie?  점심 식사 후에 얼마 동안 쉬는 거야?

   → Po obiedzie odpoczywam przez 15 minut i wracam do pracy.

   점심 식사 후에 15분 정도 쉬고 일하러 가.

Part 3-32. 자주 등장하는 일반동사 패턴32. Odpoczywać

## 201 유용한 일반/조동사 + odpoczywać

###  OLIWIA'S TIP

part2의 유용한 일반/조동사 10개 패턴 바로 뒤에 일반동사의 원형이 오는 패턴을 학습하게 됩니다. 이외에도 육하원칙 의문사를 활용하여 여러 문장을 회화에 응용할 수 있습니다.

| lubić | | |
|---|---|---|
| chcieć | | |
| móc | | |
| musieć | + | odpoczywać (ndk) / odpocząć (dk) |
| woleć | | |
| trzeba | | |
| warto | | |
| można | | |

## 예문

1. Kto z was lubi odpoczywać w górach?

   너희 중 누가 산에서 쉬는 걸 좋아해?

2. Chcesz już odpocząć czy możemy jeszcze pójść do jednego sklepu?

   벌써 쉬고 싶어? 아님 가게 한 군데 더 가볼 수 있어?

3. Gdzie możemy odpocząć?

   우리는 어디에서 쉴 수 있나요?

4. Musisz odpocząć, żeby nabrać sił.

   기력을 회복하려면 쉬어야만 해.

5. Jak długo trzeba odpoczywać po maratonie?

   마라톤 후에는 얼마나 쉬어야 하나요?

6. Dlaczego warto odpoczywać?

   쉬는 것은 왜 값어치가 있는 일인가요?

7. Nie możesz teraz odpoczywać, nie skończyłeś jeszcze zadania domowego.

   아직 숙제를 끝내지 못했으니깐 지금은 쉴 수 없어.

Part 3-32. 자주 등장하는 일반동사 패턴32. Odpoczywać

## 202 Odpoczywałem + 부사
나는 ~에 쉬었습니다.

### ▼ 미래형 활용

Odpocznę + 부사             나는 ~에 쉴 것입니다.

### ▼ 패턴: 과거, 현재, 미래형 odpoczywać 활용법

|  | 과거 (ndk) | 현재 | 미래 (dk) |
|---|---|---|---|
| 1인칭단수 | odpoczywałem/odpoczywałam | odpoczywam | odpocznę |
| 2인칭단수 | odpoczywałeś/odpoczywałaś | odpoczywasz | odpoczniesz |
| 3인칭단수 | odpoczywał/odpoczywała | odpoczywa | odpocznie |
| 1인칭복수 | odpoczywaliśmy/odpoczywałyśmy | odpoczywamy | odpoczniemy |
| 2인칭복수 | odpoczywaliście/odpoczywałyście | odpoczywacie | odpoczniecie |
| 3인칭복수 | odpoczywali/odpoczywały | odpoczywają | odpoczną |

### ▼ 추가 활용 표현

| ktoś 누군가 | Nie lubię pracować, gdy ktoś inny odpoczywa obok.<br>옆에서 누군가가 쉬고 있으면 일하기 싫어져. |
|---|---|
| kiedyś 언젠가 | Kiedyś odpoczywaliśmy w Francji.<br>우리는 프랑스에서 쉬었던 적이 있었어. |
| gdzieś 어디선가 | Odpoczywaliście gdzieś w czasie wakacji?<br>너희 휴가 때 어디에선가 쉬었어? |

### ▼ 어울리는 전치사

| w ~에서 | w domu/w parku/w hotelu (집/공원/호텔)에서 |
|---|---|
| nad ~에서 | nad morzem/nad jeziorem/nad rzeką (해변/호수/강가)에서 |

## 예문

1. W lipcu będę odpoczywała przez cały miesiąc.

   7월에는 한 달 동안 쉴 거야.

2. Kiedyś odpoczywałam w Polsce przez 3 miesiące.

   3개월간 폴란드에서 쉬었던 적이 있었어.

3. Czy ktoś odpoczywał w moim pokoju gdy mnie nie było w domu?

   내가 집에 없을 때 누군가 내 방에서 쉬었어?

4. Odpoczywaliście gdzieś nad rzeką w wakacje?

   너희는 방학 때 강가 어디에선가 쉬었어?

5. Odpoczywaliśmy wczoraj w domku nad jeziorem.

   우리는 어제 호숫가에 있는 집에서 쉬었어.

6. W sobotę będziemy odpoczywali u rodziców.

   우리는 토요일에 부모님 댁에서 쉴 거야.

 Oliwia's Tip

odpocząć는 odpoczywać의 완료형 표현으로 불규칙으로 어미 변형을 하기 때문에 동사 변형에 유의해야 합니다. 완료형 표현과 불완료형 표현 모두 의미 차이에 따라 여러 가지로 쓸 수 있습니다.

Part 3-32. 자주 등장하는 일반동사 패턴32. Odpoczywać

## 203 Odpoczywać의 다양한 활용

 OLIWIA'S TIP

폴란드어의 경우, 어원을 알고 전치사에서 따온 접두사를 앞에 넣으면 의미가 약간은 비슷한, 아님 완전히 다른 의미의 단어가 됩니다. 예를 들어 odpoczywać는 "쉬다."라는 단어로, 그 기원은 odpoczynek (휴식)에서 나온 동사입니다. 이어 wy(out)의 의미를 갖는 전치사를 접두사로 넣으면 "푹 쉬다."의 뜻으로 불완료형태의 비슷한 단어가 됩니다.

즉, 폴란드어를 공부할 때에는 어원을 잘 익혀 두고 파생되는 동사 및 접두사(의미)를 이해하면 접근이 쉬워집니다. 이와 같은 맥락으로 본 동사 패턴에서는 각종 파생되는 동사를 어원 명사, 접두사+동사, 분사, 명령법 등이 어떠한 규칙으로 만들어지는 지를 살펴본다면 어원 암기만을 통해 내용을 추론할 수 있게 됩니다.

| 구분 | 완성 | 의미 |
| --- | --- | --- |
| wy | wy**poczy**wać | 푹 쉬다 |
| 명사 | od**poczy**nek=wy**poczy**nek | 휴식 |
| 명령법 | od**poczy**waj!(ndk) | 쉬어라! |
| | od**pocz**nij!(dk) | |
| 현재분사 | od**poczy**wając | 쉬면서 |
| 유사동사 | z**relaks**ować się | 긴장을 풀다, 쉬다 |
| 명사 | **relaks** | 안도, 안심, 휴식 |
| 명령법 | z**relaks**uj się | 긴장 풀어 |

## 예문

1. Jestem bardzo zestresowany i potrzebuję relaksu.

   나 너무 스트레스 받아서 휴식이 필요해.

2. Gdzie lubisz wypoczywać w lecie?

   여름에는 어디에서 쉬는 걸 좋아해?

3. Odpoczywając nie myślicie o pracy?

   너희는 쉴 때에는 일에 대해 생각하지 않아?

4. Chcesz wieczorem zrelaksować się w wannie?

   저녁에 욕조에서 휴식을 취하고 싶어?

5. Odpoczywaj, ile chcesz, dzisiaj ja ugotuję obiad i posprzątam.

   쉬고 싶은 만큼 쉬어, 오늘은 내가 점심도 요리하고 청소도 할게.

6. Odpoczynek jest potrzebny, żeby żyć zdrowo i szczęśliwie.

   건강하고 행복하게 살기 위해서는 휴식이 필요해.

 **OLIWIA'S TIP**

zrelaksować się 는 완료형태로 odpoczywać와 비슷한 의미로 쓸 수 있습니다. 반드시 się을 함께 써야 함에 유의해야 하며, 외래어에서 유입된 단어라 ować형태로 어미 변형합니다.

# 핵심 패턴

# Part.4

## 활용도가 좋은 기타 동사

#01

* 기타 동사

204. Pytać 1: 묻다.
205. Pytać 2: 묻다.
206. Starać się1: 노력하다.
207. Starać się 2: 노력하다.
208. Mówić 1: 말하다.
209. Mówić 2: 말하다.
210. Brać 1: 가져가다.
211. Brać 2: 가져가다.
212. Wybierać 1: 선택하다.
213. Wybierać 2: 선택하다.
214. Pracować 1: 일하다.
215. Pracować 2: 일하다.
216. Przygotować 1: 준비하다.
217. Przygotować 2: 준비하다.
218. Planować 1: 계획하다.
219. Planować 2: 계획하다.
220. Próbować 1: 시도하다.
221. Próbować 2: 시도하다.
222. Zmieniać 1: 변경하다.
223. Zmieniać 2: 변경하다.
224. Myśleć 1: 생각하다.
225. Myśleć 2: 생각하다.
226. Wysyłać 1: 보내다. / Składać 1: 제출하다.
227. Wysyłać 2: 보내다.
228. Składać 2: 제출하다.
229. Pamiętać 1: 기억하다.
230. Pamiętać 2: 기억하다.
231. Prowadzić 1: 진행하다.
232. Prowadzić 2: 진행하다.

## Part 4-01. 활용도가 좋은 기타 동사

## 204  Pytać 1 : 묻다.

▼ "6하원칙 의문사 + pytać " 패턴 예문

| | |
|---|---|
| kto 누가 | Kto z was pytał gdzie jest bank?<br>너희들 중에 은행이 어디에 있는지 누가 물어봤어? |
| kiedy 언제 | Kiedy o to pytałeś?<br>언제 그것에 대해 물었지? |
| gdzie 어디서 | Gdzie można pytać o szczegóły?<br>상세 정보에 대해서는 어디에서 물어볼 수 있나요? |
| co 무엇을 | O co pytałeś nauczyciela?<br>선생님에게 무엇에 대해 물었어? |
| jak 어떻게 | Jak można zapytać o drogę po polsku?<br>길에 대해서 폴란드어로 어떻게 물어볼 수 있나요? |
| dlaczego 왜 | Dlaczego mnie o to pytasz?<br>왜 나한테 그것에 대해 묻는 거야? |

▼ "동사 + 동사원형" 패턴 예문

| | | |
|---|---|---|
| lubić | | |
| chcieć | | |
| móc | | |
| musieć | + | pytać (ndk)<br>/ zapytać (dk) |
| woleć | | |
| trzeba | | |
| warto | | |
| wolno | | |
| można | | |

## 예문

1. Lubię pytać rodziców, czy potrzebują pomocy.

   나는 부모님에게 도움이 필요한지 물어보는 걸 좋아해.

2. Chcesz mnie o coś zapytać?

   내게 뭔가를 물어보고 싶어?

3. Mogę zapytać o drogę w 5 różnych językach.

   나는 5개 언어로 길을 물어볼 수 있어.

4. Muszę jeszcze zapytać szefa, czy mogę wziąć urlop.

   휴가를 쓸 수 있는 지 상사에게 아직 물어봐야 해.

5. Wolę nie pytać, dlaczego masz zły humor.

   기분이 왜 안 좋은 지 물어보지 않는 편이 좋아.

6. Na spotkaniu trzeba zapytać klienta, czy chce przedłużyć umowę.

   계약을 연장하고 싶은 지 회의 때 고객에게 물어봐야 해.

7. Warto pytać szczerze, gdy się czegoś nie wie.

   뭔가를 모를 때에는 솔직하게 물어보는 편이 좋아.

8. O co nie wolno pytać na rozmowie kwalifikacyjnej?

   면접에서 무엇에 대해 물어볼 수 없나요?

9. Gdzie można zapytać o drogę?

   어디에서 길을 물어볼 수 있나요?

10. Dlaczego pytasz mnie, czy mam męża?

    왜 내게 남편이 있는 지 물어봐?

## Part 4-01. 활용도가 좋은 기타 동사

### 205 Pytać 2 : 묻다.

▼ 패턴: 과거, 현재, 미래형 pytać 활용법

|  | 과거 (dk) | 현재 | 미래 (dk) |
|---|---|---|---|
| 1인칭 단수 | zapytałem/zapytałam | pytam | zapytam |
| 2인칭 단수 | zapytałeś/zapytałaś | pytasz | zapytasz |
| 3인칭 단수 | zapytał/zapytała | pyta | zapyta |
| 1인칭 복수 | zapytaliśmy/zapytałyśmy | pytamy | zapytamy |
| 2인칭 복수 | zapytaliście/zapytałyście | pytacie | zapytacie |
| 3인칭 복수 | zapytali/zapytały | pytają | zapytają |

▼ pytać의 다양한 활용

| 구분 | 불완료 | 완료 | 의미 |
|---|---|---|---|
| za | pytać | zapytać | 묻다 |
| prze |  | przepytać | 문제를 내다 |
| 명사 | pytanie |  | 질문 |
|  |  | znak zapytania | 물음표 |
| 명령법 | pytaj! | zapytaj! | 물어봐! |
| 현재분사 | pytając |  | 물어보면서 |

## 예문

1. Pytając o drogę zawsze podziękuj za pomoc.
   길에 대해 물어볼 때면 항상 도움 준걸 감사해야 돼.

2. Przepraszam, czy mogę zadać jedno pytanie?
   실례합니다만, 질문 하나만 해도 될까요?

3. Możesz mnie zapytać o cokolwiek!
   너는 뭐든 나에게 물어볼 수 있어!

4. Nauczyciel przepytał ucznia z tematu ostatniej lekcji.
   선생님은 최근 수업 주제에 대해 학생에게 문제를 냈어.

5. Pytałeś koleżanki, co chce dostać na urodziny?
   생일에 무엇을 받고 싶은 지 친구에게 물어봤어?

6. Zapytam rodziców, czy zjemy dziś razem kolację.
   오늘 함께 저녁 식사를 할건지 부모님께 물어볼게.

7. Kiedy zapytasz szefa o przedłużenie umowy?
   계약 연장을 할 건지 상사에게 언제 물어볼 거야?

8. O co zapytałeś wczoraj klienta na spotkaniu?
   어제 회의에서 고객에게 뭐에 대해 물어봤어?

9. Wieczorem zapytam dziewczynę, jaki film chce obejrzeć w kinie.
   극장에서 어떤 영화를 보고 싶은 지 여자친구에게 저녁에 물어볼 거야.

10. O co zapytacie dziś na zebraniu?
    너희는 오늘 회의에서 무엇에 대해 물어볼 거야?

Part 4-01. 활용도가 좋은 기타 동사

## 206 Starać się 1 : 노력하다.

▼ "6하원칙 의문사 + starać się " 패턴 예문

| kto 누가 | Kto najbardziej stara się wygrać?<br>누가 이기려고 가장 많이 노력하고 있어? |
|---|---|
| kiedy 언제 | Kiedy postarasz się schudnąć?<br>언제 살 빼려고 노력해? |
| gdzie 어디서 | Gdzie można starać się o pracę?<br>어디에서 일을 구하려는 노력을 할 수 있어? |
| co 무엇을 | Co starasz się osiągnąć w życiu?<br>성공한 인생을 위해 어떤 노력을 하고 있어? |
| jak 어떻게 | Jak staracie się dbać o zdrowie?<br>너희는 건강을 지키려고 어떤 노력을 하고 있어? |
| dlaczego 왜 | Dlaczego nie starasz się bardziej?<br>왜 너는 좀 더 노력하지 않아? |

▼ "동사 + 동사원형" 패턴 예문

| lubić | | |
|---|---|---|
| chcieć | | |
| móc | | |
| musieć | + | starać się (ndk) /<br>postarać się (dk) |
| woleć | | |
| prosić | | |
| trzeba | | |
| warto | | |
| można | | |

## 예문

1. Lubię starać się wyglądać modnie.

   나는 세련되어 보이려 (노력)하는 걸 좋아해.

2. W przyszłym roku postaram się zaoszczędzić więcej pieniędzy.

   내년에는 돈을 좀 더 아끼려고 노력 할거야.

3. Możesz postarać się bardziej?

   너는 좀 더 노력할 수 있겠어?

4. Musimy starać się pomagać rodzicom.

   우리는 부모님께 도움을 드리려고 노력해야만 해.

5. Wolę starać się być szczęśliwy niż bogaty.

   부자가 되기 보다 행복해지려고 노력하는 편이 더 좋아.

6. Proszę, postaraj się mi pomóc.

   나를 좀 도와주려고 노력해줘.

7. Żeby osiągnąć sukces trzeba naprawdę się postarać.

   성공하기 위해서는 정말 많은 노력을 해야 해.

8. Warto starać się pomagać innym ludziom.

   다른 사람들을 도와주려는 노력은 가치가 있는 일이야.

9. Czy po wypadku można starać się uzyskać odszkodowanie?

   사고 후 보상 받을 수 있도록 노력할 여지가 있나요?

10. Dlaczego nie starasz się wygrać meczu?

    경기에 이기려고 왜 애쓰지 않아?

Part 4-01. 활용도가 좋은 기타 동사

## 207 Starać się 2 : 노력하다.

▼ 패턴: 과거, 현재, 미래형 starać się 활용법

| +się | 과거 (ndk) | 현재 | 미래 (dk) |
| --- | --- | --- | --- |
| 1인칭 단수 | starałem/starałam | staram | postaram |
| 2인칭 단수 | starałeś/starałaś | starasz | postarasz |
| 3인칭 단수 | starał/starała | stara | postara |
| 1인칭 복수 | staraliśmy/starałyśmy | staramy | postaramy |
| 2인칭 복수 | staraliście/starałyście | staracie | postaracie |
| 3인칭 복수 | starali/starały | starają | postarają |

▼ starać się 의 다양한 활용

| 구분 | 불완료 | 완료 | 의미 |
| --- | --- | --- | --- |
| po | starać się | postarać się | 노력하다 |
| 명사 | staranie | | 노력 |
| | staranność | | 성실 |
| 명령법 | postaraj się! | | 노력해! |
| 현재분사 | starając się | | 노력하면서 |
| 능동분사 | starający się | | 노력하는 |
| 수동분사 | staranny | | 근면한 |

520

## 예문

1. Możesz mi polecić starannego pracownika?

   성실한 직원을 나에게 추천해줄 수 있어?

2. Staranność to ważna cecha charakteru.

   성실함은 중요한 성격적 특징이다.

3. Bardzo dużo stresowałaś się starając się o pracę w firmie?

   회사에서 업무에 대해 애쓰느라 스트레스 아주 많이 받았지?

4. Czy twój szef docenia pracowników starających się pomóc firmie?

   상사는 회사를 위해 노력하는 직원들을 알아줘?

5. Czy twoi rodzice starają się dbać o zdrowie?

   너희 부모님들께서는 건강을 돌보기 위해 노력하셔?

6. Starałem się nauczyć języka angielskiego, ale jest za trudny.

   영어공부를 하려고 애썼는 데 너무 어려워.

7. Postaram się zdać w tym roku egzamin na prawo jazdy.

   올해 운전면허 취득을 위해 노력할거야.

8. Kto z was starał się kiedyś o wizę do Chin?

   너희 중에 중국 비자 취득을 위해 노력했던 사람 있어?

9. Czy twoi znajomi starali się o stypendium na uczelni?

   네 지인들은 대학교에서 장학금을 받기 위해 노력했어?

10. Postaramy się nie zawieść oczekiwań rodziców.

    우리는 부모님의 기대를 저버리지 않도록 노력할거야.

## 208  Mówić 1 : 말하다.

▼ "6하원칙 의문사 + mówić " 패턴 예문

| | |
|---|---|
| kto 누가 | Kto powiedział ci, że jesteś gruba?<br>네가 뚱뚱하다고 누가 말했어? |
| kiedy 언제 | Kiedy mówisz po polsku, stresujesz się?<br>폴란드어로 말할 때 스트레스 받아? |
| gdzie 어디서 | Powiedz mi proszę, gdzie jest toaleta?<br>화장실이 어디에 있는 지 말좀 해줘. |
| co 무엇을 | Co powiedziałeś przed chwilą nauczycielce?<br>선생님에게 방금 전 뭐라고 이야기했어? |
| jak 어떻게 | Jak mogę powiedzieć jej, że ją kocham?<br>내가 그녀를 사랑한다고 어떻게 말할 수 있어? |
| dlaczego 왜 | Dlaczego nie powiedziałeś mi, że się spóźnisz?<br>늦을 거라고 왜 나한테 이야기 안 했어? |

▼ "동사 + 동사원형" 패턴 예문

| | | |
|---|---|---|
| lubić | | |
| chcieć | | |
| móc | | |
| musieć | | |
| woleć | + | mówić (ndk) /<br>powiedzieć (dk) |
| prosić | | |
| trzeba | | |
| warto | | |
| wolno | | |
| można | | |

## 예문

1. Lubię mówić po polsku.

   폴란드어로 이야기하는 것을 좋아해.

2. Chcę mówić biegle po angielsku.

   영어로 유창하게 이야기하고 싶어.

3. Możesz mi powiedzieć, dlaczego masz zły humor?

   기분이 왜 안 좋은지 내게 말해줄 수 있어?

4. Musimy mówić trochę głośniej, babcia słabo słyszy.

   할머니 귀가 잘 안 들리니 우리는 좀 더 큰 소리로 말해야 해.

5. Wolę nie mówić o tym temacie.

   이 주제에 대해서는 말하지 않은 편이 좋아.

6. Proszę mów powoli.

   천천히 좀 말해주세요.

7. W fabryce trzeba często mówić pracownikom o bezpieczeństwie.

   공장에서는 직원들에게 안전에 대해 자주 이야기해야만 해.

8. W trakcie lekcji języka polskiego nie wolno mówić po angielsku.

   폴란드어 수업 중에는 영어를 쓸 수 없습니다.

9. Umiem mówić po japońsku.

   나는 일본어로 말할 줄 알아.

10. Jestem twoim przyjacielem i możesz mi powiedzieć o wszystkim.

    나는 네 친구니깐 내게 모든 걸 이야기해도 돼.

## Part 4-01. 활용도가 좋은 기타 동사

### 209 Mówić 2 : 말하다.

▼ 패턴: 과거, 현재, 미래형 mówić 활용법

|  | 과거 (ndk) | 현재 | 미래 (dk) |
|---|---|---|---|
| 1인칭 단수 | mówiłem/mówiłam | mówię | powiem |
| 2인칭 단수 | mówiłeś/mówiłaś | mówisz | powiesz |
| 3인칭 단수 | mówił/mówiła | mówi | powie |
| 1인칭 복수 | mówiliśmy/mówiłyśmy | mówimy | powiemy |
| 2인칭 복수 | mówiliście/mówiłyście | mówicie | powiecie |
| 3인칭 복수 | mówili/mówiły | mówią | powiedzą |

▼ mówić 의 다양한 활용

| 구분 | 파생 불완료 | 파생 완료 | 파생명사 |
|---|---|---|---|
| 기본 | mówić (말하다) | powiedzieć | mowa (말) |
| u | umawiać (약속하다) | umówić | umowa (계약서) |
| wy | wymawiać (발음하다) | wymówić | wymowa (발음) |
| za | zamawiać (주문하다) | zamówić | zamówienie (주문) |
| prze | przemawiać (연설하다) | przemówić | przemówienie (연설) |
| 명사 |  |  | mówca (연설자) |
| 명령법 | mów! (말해!) | powiedz! |  |
| 현재분사 | mówiąc (말하면서) |  |  |

| | 여격 인칭대명사 |
|---|---|
| **Mówić (ndk) / Powiedzieć (dk)** | mi |
| | ci |
| | mu/jej |
| | nam |
| | wam |
| | im |

## 예문

1. Dokładna wymowa jest ważnym elementem nauki języka obcego.

   정확한 발음은 외국어 공부에 중요한 부분이야.

2. Przemówienie prezydenta było bardzo interesujące.

   대통령의 연설은 매우 흥미로웠어.

3. Powiedziałeś kolegom, że chcesz zmienić pracę?

   회사를 이직하고 싶다고 친구들에게 이야기했어?

4. Mówiąc po angielsku nie robicie błędów gramatycznych?

   영어로 이야기할 때 문법적인 실수는 안 해?

5. Jak poprawnie wymawia się to słowo?

   이 단어를 어떻게 올바르게 발음해?

6. Mówiłem ci już, że znalazłem nową pracę?

   새로운 직장을 구했다고 벌써 네게 말했나?

7. Kiedy powiesz mężowi, że jest w ciąży?

   남편에게 네 임신 사실을 언제 이야기할 거야?

8. Powiesz mi, o czym teraz myślisz?

   무슨 생각하고 있는 지 내게 말해줘.

9. Podczas obiadu mówiłam rodzicom o naszych planach na przyszłość.

   점심 식사 중에 우리의 미래 계획에 대해 부모님께 이야기했어.

10. Mówiłeś szefowi, że chcesz wziąć urlop w piątek?

    금요일에 휴가 내고 싶다고 상사에게 이야기했어?

## Part 4-01. 활용도가 좋은 기타 동사

## 210  Brać 1 : 가져가다.

▼ "6하원칙 의문사 + brać / wziąć " 패턴 예문

| kto 누가 | Kto bierze ten lek?<br>이 약을 누가 복용해? |
|---|---|
| kiedy 언제 | Kiedy wziąłeś ode mnie tę książkę?<br>너는 언제 나한테 이 책을 가져갔어? |
| gdzie 어디서 | Gdzie chcesz wziąć ślub?<br>어디에서 결혼하고 싶어? |
| co 무엇을 | Co bierzesz z domu gdy jedziesz na wycieczkę?<br>여행을 갈 때 집에서 뭘 챙겨가? |
| jak 어떻게 | Wiesz jak wziąć pożyczkę w banku?<br>어떻게 은행에서 대출을 받을 수 있는 지 알아? |
| dlaczego 왜 | Dlaczego nie wziąłeś czapki?<br>왜 모자를 챙겨오지 않았어? |

▼ "동사 + 동사원형" 패턴 예문

| | | |
|---|---|---|
| lubić | | |
| chcieć | | |
| móc | | |
| musieć | | |
| woleć | + | **brać (ndk)**<br>**/ wziąć (dk)** |
| prosić | | |
| trzeba | | |
| warto | | |
| wolno | | |
| można | | |

526

## 예문

1. Lubię brać udział w targach.

   나는 박람회에 참여하는 걸 좋아해.

2. Chciałbym wziąć ten laptop na spotkanie.

   나는 회의에 이 노트북을 가져가고 싶어.

3. Dziś pada deszcz, możesz wziąć parasol?

   오늘 비가 오는 데 우산 챙겼어?

4. Wolę wziąć taksówkę niż jechać autobusem.

   버스 타는 것 보다 택시 잡는 걸 더 선호해.

5. Proszę weź kanapkę, żebyś nie był głodny.

   허기지지 않으려면 샌드위치 챙겨.

6. Jadąc za granicę trzeba wziąć paszport.

   외국에 갈 때에는 여권을 챙겨야만 해.

7. Warto wziąć trochę gotówki na podróż.

   여행 때 현금을 조금 챙겨가야 할 필요가 있어.

8. Nie wolno brać narkotyków.

   마약을 복용하면 안됩니다.

9. Można stąd brać papier do drukarki?

   출력용 종이는 여기에서 가져올 수 있나요?

10. Dlaczego wziąłeś tylko 100 zł? Bilet kosztuje 120zł.

    왜 100 즈워티밖에 안 챙겼어? 표 값이 120 즈워티야.

Part 4-01. 활용도가 좋은 기타 동사

## 211 Brać 2 : 가져가다.

▼ 패턴: 과거, 현재, 미래형 brać/wziąć 활용법

|  | 과거 (dk) | 현재 | 미래 (dk) |
|---|---|---|---|
| 1인칭단수 | wziąłem/wzięłam | biorę | wezmę |
| 2인칭단수 | wziąłeś/wzięłaś | bierzesz | weźmiesz |
| 3인칭단수 | wziął/wzięła | bierze | weźmie |
| 1인칭복수 | wzięliśmy/wzięłyśmy | bierzemy | weźmiemy |
| 2인칭복수 | wzięliście/wzięłyście | bierzecie | weźmiecie |
| 3인칭복수 | wzięli/wzięły | biorą | wezmą |

▼ brać/wziąć 의 다양한 활용

| 구분 | 파생 불완료 | 파생 완료 | 파생명사 |
|---|---|---|---|
| z | zbierać (모으다) | zebrać | zebranie (회의) |
| za | zabierać (빼앗다) | zabrać | zabranie (탈취)<br>zabór (합병) |
| prze | przebierać (옷을) 갈아입다 | przebrać | przebranie (변장) |
| po | pobierać (채취하다) | pobrać | pobranie (수집)<br>pobór (채취) |
| wy | wybierać (선택하다) | wybrać | wybieranie (선택)<br>wybór (선택)<br>wybory (선거) |
| 명령법 | bierz! (brać) (가져가!) | weź! (wziąć) | |
| 파생동사<br>기본명령법 | zbieraj! (수집해!) | zbierz! | |
| 현재분사 | biorąc (가져오면서) | | |

## 예문

1. Bank pobiera z mojego konta pieniądze na spłatę pożyczki.

    은행은 내 계좌에서 대출금을 빼가.

2. Zabranie czyjejś rzeczy bez pytania to kradzież.

    물어보지 않고 누군가의 물건을 가져가는 행위는 도둑질이야.

3. Wybory prezydenta były głównym tematem rozmów.

    대통령 선거가 주요 대화 내용이었어.

4. Wziąłeś dziś rano leki na przeziębienie?

    오늘 아침에 감기약을 먹었어?

5. Co weźmiesz z bagażnika?

    트렁크에서 뭘 챙길 거야?

6. Twoi rodzice wzięli ślub w kościele?

    너희 부모님은 성당에서 결혼식을 올렸어?

7. Co twój syn bierze z lodówki?

    네 아들은 냉장고에서 뭘 꺼내는 거야?

8. Dlaczego wziąłeś bez pytania mój komputer?

    왜 물어보지도 않고 내 컴퓨터를 가져갔어?

9. W środę weźmiesz podręcznik dla mnie?

    수요일에 나를 위해 교재를 가져다 줄래?

10. Weź parasol, dziś pada deszcz.

    우산 챙겨, 오늘 비 온대.

### Part 4-01. 활용도가 좋은 기타 동사

## 212 Wybierać 1 : 선택하다.

▼ "6하원칙 의문사 + wybierać/wybrać " 패턴 예문

| kto 누가 | Kto wybrał menu na dzisiaj?<br>누가 오늘 메뉴를 골랐어? |
|---|---|
| kiedy 언제 | Kiedy wybierzesz nową tapetę do pokoju?<br>언제 새로운 방 벽지를 고를 거야? |
| gdzie 어디서 | Gdzie można wybrać sygnał budzika?<br>알람 신호를 어디에서 고를 수 있어? |
| co 무엇을 | Co wybierzesz, lody czekoladowe czy waniliowe?<br>초콜릿 아님 바닐라 아이스크림 중 어떤 걸 고를래? |
| jak 어떻게 | Jak wybiera się prezydenta w Korei?<br>한국에서는 대통령을 어떻게 선출해? |
| dlaczego 왜 | Dlaczego jeszcze nie wybraliście hotelu na wakacje?<br>너희는 왜 아직까지 휴가 때 쓸 호텔을 선택하지 않았어? |

▼ "동사 + 동사원형" 패턴 예문

| lubić | | |
|---|---|---|
| chcieć | | |
| móc | | |
| musieć | | |
| woleć | + | **wybierać (ndk)**<br>**/ wybrać (dk)** |
| prosić | | |
| trzeba | | |
| warto | | |
| wolno | | |
| można | | |

## 예문

1. Lubię wybierać drogie torby.

   나는 비싼 가방들을 고르는 걸 좋아해.

2. Chcę wybrać tego kandydata na prezydenta.

   대통령으로 이 후보자를 선택하고 싶어.

3. Możesz pomóc mi wybrać koszulę na rozmowę kwalifikacyjną?

   면접 때 입을 셔츠를 좀 골라줄 수 있어?

4. Muszę wybrać dobry laptop.

   좋은 노트북을 선택해야만 해.

5. Wolę wybrać niebieski sweter.

   파란 스웨터를 더 좋아해.

6. Proszę wybieraj ostrożnie.

   신중하게 선택해줘.

7. Trzeba wybrać bezpieczny samochód.

   안전한 자동차를 골라야만 해.

8. Warto wybrać to miejsce na wakacje.

   여행지로 이 장소를 선택할 만한 가치가 있어.

9. Dzieciom wolno wybrać lody, które chcą zjeść.

   아이들은 먹고 싶은 아이스크림을 자유롭게 선택할 수 있어.

10. Przepraszam, czy można wybrać kolor tych mebli?

    실례합니다만, 이 가구의 색깔을 고를 수 있나요?

## 213  Wybierać 2 : 선택하다.

▼ 패턴: 과거, 현재, 미래형 wybierać 활용법

|  | 과거 (dk) | 현재 | 미래 (dk) |
|---|---|---|---|
| 1인칭 단수 | wybrałem/wybrałam | wybieram | wybiorę |
| 2인칭 단수 | wybrałeś/wybrałaś | wybierasz | wybierzesz |
| 3인칭 단수 | wybrał/wybrała | wybiera | wybierze |
| 1인칭 복수 | wybraliśmy/wybrałyśmy | wybieramy | wybierzemy |
| 2인칭 복수 | wybraliście/wybrałyście | wybieracie | wybierzecie |
| 3인칭 복수 | wybrali/wybrały | wybierają | wybiorą |

▼ wybierać/wybrać의 다양한 활용

| 구분 | 불완료 | 완료 | 의미 |
|---|---|---|---|
| 기본 | wybierać | wybrać | 선택하다 |
| 명사 |  | wybór | 선택 |
|  |  | wybory | 선거 |
| 명령법 | wybieraj! | wybierz! | 선택해! |
| 현재분사 | wybierając |  | 선택하면서 |
| 수동분사 |  | wybrany | 선정된 |

## 예문

1. Kto wybierze prezent dla ojca?

   아버지를 위한 선물을 누가 골라?

2. Wybierz jaki film chcesz obejrzeć.

   어떤 영화를 보고 싶은 지 선택해.

3. Wybierając buty warto najpierw je przymierzyć.

   신발을 고를 때에는 먼저 신어보는 편이 좋아.

4. Wybór wygodnego krzesła jest bardzo ważny.

   편안한 의자를 고르는 건 매우 중요해.

5. Kiedy w Korei będą wybory?

   언제 한국에서 선거가 있어?

6. W styczniu wybrałem miejsce na wakacje w tym roku.

   올해 1월 방학 때 있을 장소를 선택했어.

7. Wybrałeś już hotel na wakacje?

   휴가 때 있을 호텔을 벌써 골랐어?

8. Rodzice wybrali już prezent dla syna.

   부모님은 아들을 위한 선물을 벌써 골랐어.

9. Jutro wybiorę nowy temat prezentacji.

   내일 새로운 프레젠테이션 주제를 선택할거야.

10. Polacy wybierają dziś prezydenta w wyborach.

    폴란드 사람들은 오늘 선거에서 대통령을 뽑아.

Part 4-01. 활용도가 좋은 기타 동사

## 214  Pracować 1 : 일하다.

▼ "6하원칙 의문사 + pracować " 패턴 예문

| kto 누가 | Kto pracuje razem z tobą?<br>누가 너와 함께 일하고 싶어해? |
|---|---|
| kiedy 언제 | Kiedy pracowałeś w tej firmie?<br>언제 이 회사에서 일을 했어? |
| gdzie 어디서 | Gdzie pracujecie?<br>너희는 어디에서 일해? |
| jak 어떻게 | Jak często pracujesz w weekendy?<br>얼마나 자주 주말에 근무를 해? |
| dlaczego 왜 | Dlaczego tata dzisiaj nie pracuje?<br>오늘 아빠는 왜 일을 안 해? |

▼ "동사 + 동사원형" 패턴 예문

| lubić / chcieć / móc / musieć / woleć / prosić / **trzeba** / **warto** / **wolno** / **można** | + | **pracować (ndk)** |
|---|---|---|

## 예문

1. Gdzie lubisz pracować?

   어디에서 일하는 걸 좋아해?

2. Chcesz pracować w tej firmie?

   너는 이 회사에서 일하고 싶어?

3. Możemy pracować razem?

   우리가 함께 일할 수 있어?

4. Wolisz pracować wieczorem czy rano?

   저녁 혹은 아침 중 언제 일하는 걸 선호해?

5. Proszę pracować pilnie.

   일 열심히 해!

6. Trzeba dużo pracować, żeby dostać awans.

   승진하려면 일을 많이 해야 해.

7. W tym budynku nie wolno pracować w weekendy.

   이 건물에서는 주말 근무를 하면 안됩니다.

8. Czy można pracować w biurze podczas przerwy obiadowej?

   점심 시간 중에도 사무실에서 일할 수 있나요?

9. Warto pracować w waszej firmie?

   너희 회사는 일할 만 해?

10. Dlaczego musisz pracować w niedzielę?

    왜 일요일에도 일을 해야 해?

Part 4-01. 활용도가 좋은 기타 동사

## 215 Pracować 2 : 일하다.

▼ 패턴: 과거, 현재, 미래형 pracować 활용법

| | 과거 | 현재 | 미래 |
|---|---|---|---|
| 1인칭단수 | pracowałem/ pracowałam | pracuję | będę pracował/ pracowała |
| 2인칭단수 | pracowałeś/ pracowałam | pracujesz | będziesz pracował/ pracowała |
| 3인칭단수 | pracował/ pracowała | pracuje | będzie pracował/ pracowała |
| 1인칭복수 | pracowaliśmy/ pracowałyśmy | pracujemy | będziemy pracowali/ pracowały |
| 2인칭복수 | pracowaliście/ pracowałyście | pracujecie | będziecie pracowali/ pracowały |
| 3인칭복수 | pracowali/ pracowały | pracują | będą pracowali/ pracowały |

▼ pracować 의 다양한 활용

| 구분 | 완성 | 의미 |
|---|---|---|
| prze | przepracować się | 과하게 일하다 (과로하다) |
| 명사 | praca | 일 |
| | pracownik | 직원 |
| | pracodawca | 고용주 |
| | praca domowa | 집안일, 숙제 |
| | pracownia | 작업실 |
| | wypracowanie | 에세이 과제 |
| 형용사 | pracowity | 성실한, 부지런한 |
| 명령법 | pracuj! | 일해! |
| 현재분사 | pracując | 일하면서 |
| 수동분사 | zapracowany | (일이 많아) 바쁜 |

## 예문

1. Artysta jest w pracowni od rana do wieczora.

   예술가는 작업실에서 아침부터 저녁까지 있어.

2. Nie przepracuj się, bo zachorujesz.

   너무 과로하지마, 병 나.

3. Uczniowie muszą napisać wypracowanie do poniedziałku.

   학생들은 월요일까지 에세이를 써야만 해.

4. Moi pracownicy są bardzo pracowici.

   내 직원들은 아주 부지런해.

5. Dlaczego jesteś ostatnio taki zapracowany?

   요즘 왜 이렇게 바빠?

6. Pracuj uważniej, ostatnio zrobiłeś dużo błędów.

   최근에 실수를 많이 했으니, 주의해서 일해줘.

7. Pracownicy muszą pracować pilnie.

   직원들은 열심히 일을 해야만 해.

8. Mój pracodawca dał mi ostatnią szansę, żebym poprawiła wyniki sprzedaży.

   고용주는 내가 판매 결과를 수정할 수 있도록 마지막 기회를 주었어.

9. Pracując w tej firmie nauczyłam się wiele nowych rzeczy.

   이 회사에서 일하면서, 새로운 많은 것들을 배웠어.

10. Moja praca daje mi dużo radości.

    내 일은 나에게 많은 즐거움을 줘.

Part 4-01. 활용도가 좋은 기타 동사

## 216 Przygotować 1 : 준비하다.

▼ "6하원칙 의문사 + przygotować" 패턴 예문

| kto 누가 | Kto przygotuje prezentacje na zebranie?<br>누가 회의 프레젠테이션을 준비해? |
|---|---|
| kiedy 언제 | Kiedy trzeba przygotować raport miesięczny?<br>언제까지 월간 보고서를 준비해야 하나요? |
| gdzie 어디서 | Gdzie przygotujecie kolację?<br>너희는 어디에서 저녁을 준비해? |
| co 무엇을 | Co przygotujesz na święta?<br>명절에 무엇을 준비해? |
| jak 어떻게 | Jak trzeba przygotować rybę do jedzenia?<br>어떻게 생선 요리를 준비해야 하나요? |
| dlaczego 왜 | Dlaczego nie przygotowałeś jeszcze stołu na obiad?<br>점심 식사용 테이블을 왜 아직까지 준비하지 않았어? |

▼ 패턴: przygotować 를 이용한 다양한 관용어구

| lubić | | |
|---|---|---|
| chcieć | | |
| móc | | |
| musieć | | |
| woleć | + | przygotowywać (ndk) / przygotować (dk) |
| prosić | | |
| trzeba | | |
| warto | | |
| wolno | | |
| można | | |

## 예문

1. Lubimy przygotowywać plan wycieczki.

   우리는 여행 계획을 준비하는 것을 좋아해.

2. Chcę przygotować dziś kolację dla dziewczyny.

   여자친구를 위해 오늘 저녁 식사를 준비하고 싶어.

3. Możesz przygotować ten raport do jutra?

   이 보고서를 내일까지 준비할 수 있어?

4. Musimy przygotować paszporty przed wyjazdem za granicę.

   우리는 해외 여행 전 여권을 준비해야만 해.

5. Wolę przygotować materiały szkoleniowe niż prowadzić szkolenie.

   교육을 진행하는 것보다 교육용 자료를 준비하는 걸 더 선호해.

6. Proszę przygotuj ten projekt do piątku.

   금요일까지 이 프로젝트를 준비해주세요.

7. Trzeba przygotować potrzebne dokumenty przed spotkaniem.

   회의 전에 필요한 서류를 준비해야만 해.

8. Warto przygotować pamiątki dla gości z Polski.

   폴란드 손님을 위해 기념품을 준비할만한 가치가 있어.

9. Nie wolno przygotowywać obiadu w akademiku.

   기숙사에서는 점심을 준비할 수 없습니다.

10. Można przygotować list motywacyjny przez internet?

    인터넷으로 자기소개서를 준비할 수 있나요?

Part 4-01. 활용도가 좋은 기타 동사

## 217 Przygotować 2 : 준비하다.

▼ 패턴: 과거, 현재, 미래형 przygotować 활용법

|  | 과거 (dk) | 현재 | 미래 (dk) |
|---|---|---|---|
| 1인칭단수 | przygotowałem/przygotowałam | przygotowuję | przygotuję |
| 2인칭단수 | przygotowałeś/przygotowałaś | przygotowujesz | przygotujesz |
| 3인칭단수 | przygotował/przygotowała | przygotowuje | przygotuje |
| 1인칭복수 | przygotowaliśmy/przygotowałyśmy | przygotowujemy | przygotujemy |
| 2인칭복수 | przygotowaliście/przygotowałyśmy | przygotowujecie | przygotujecie |
| 3인칭복수 | przygotowali/przygotowały | przygotowują | przygotują |

▼ przygotować 의 다양한 활용

| 구분 | 완성 | 의미 |
|---|---|---|
| 명사 | przygotowanie | 준비 |
| 형용사 | gotowy/a | 준비된(남/여) |
| 명령법 | przygotuj! | 준비해! |
| 현재분사 | przygotowując | 준비하면서 |
| 수동분사 | przygotowany | 준비된 |

## 예문

1. Ktoś przygotował dla mnie świeże owoce.

   누군가 나를 위해 신선한 과일을 준비했어.

2. Kiedyś przygotowaliśmy dobrą mapę.

   우리는 좋은 지도를 준비했던 적이 있어.

3. Co przygotowujecie na spotkanie?

   너희는 회의를 위해 무엇을 준비하고 있어?

4. Od lipca będziemy przygotowywali ważny projekt.

   우리는 7월부터 중요한 프로젝트를 준비할거야.

5. Przygotuję promocję tych produktów.

   나는 이 제품의 홍보를 준비할거야.

6. Przygotowałam dla matki drogi prezent.

   나는 어머니를 위해 비싼 선물을 준비했어.

7. Co rodzice przygotowali dziś na obiad?

   오늘 부모님은 점심으로 무엇을 준비했어?

8. Przygotujesz prezent dla żony z okazji rocznicy ślubu?

   와이프를 위해 결혼 기념일 선물을 준비할거야?

9. Dzieci przygotowują festiwal szkolny.

   아이들은 학교 축제를 준비하고 있어.

10. Przygotowałeś prezentację na dzisiejsze spotkanie?

    오늘 회의 프레젠테이션 준비했어?

Part 4-01. 활용도가 좋은 기타 동사

## 218　Planować 1 : 계획하다.

▼ "6하원칙 의문사 + planować" 패턴 예문

| | |
|---|---|
| kto 누가 | Kto planuje wycieczkę do Polski?<br>누가 폴란드 여행을 계획하고 있어? |
| kiedy 언제 | Kiedy planujecie urlop?<br>너희는 언제 휴가를 계획하고 있어? |
| gdzie 어디서 | Gdzie planujesz spędzić wakacje?<br>어디에서 휴가를 보낼 계획이야? |
| co 무엇을 | Co planujesz na wieczór?<br>저녁에 무슨 계획 있어? |
| jak 어떻게 | Jak twoi znajomi planują podróż?<br>너의 지인들은 여행을 어떻게 계획해? |
| dlaczego 왜 | Dlaczego nie planujesz jeszcze imprezy urodzinowej?<br>너는 왜 아직 생일 파티를 계획하지 않아? |

▼ "동사 + 동사원형" 패턴 예문

| | | |
|---|---|---|
| lubić | | |
| chcieć | | |
| móc | | |
| musieć | | |
| woleć | + | planować (ndk)<br>/ zaplanować (dk) |
| prosić | | |
| trzeba | | |
| warto | | |
| wolno | | |
| można | | |

## 예문

1. Lubię planować różne projekty.

   나는 다양한 프로젝트를 계획하는 걸 좋아해.

2. Na spotkaniu chcemy zaplanować zamówienie materiałów.

   우리는 회의 때 자재 발주에 대해 계획하고 싶어.

3. Możemy zaplanować wycieczkę razem.

   우리는 함께 여행을 계획할 수 있어.

4. Musimy dobrze zaplanować jak spędzimy urlop.

   휴가를 어떻게 보낼 지 제대로 계획해야만 해.

5. Wolę planować wakacje w górach niż nad morzem.

   해변가보다는 산에서 휴가를 계획하는 걸 더 선호해.

6. Proszę zaplanuj dokładnie wszystkie wizyty u lekarza.

   병원 방문에 필요한 모든 걸 정확하게 계획하세요.

7. Trzeba planować noclegi przed wyjazdem na wakacje.

   휴가를 떠나기 전에 숙박계획을 정해야 한다.

8. Warto planować wyjazd na wakacje wcześniej, bilety lotnicze będą tańsze.

   항공 표가 쌀 때 일찍 휴가 계획을 짜는 편이 좋아.

9. Trasę podróży można planować w internecie.

   인터넷에서 여행경로를 계획할 수 있어.

10. O czym nie wolno zapomnieć podczas planowania wycieczki?

    여행 준비를 할 때, 잊어버리면 안되는 것이 무엇일까?

## Part 4-01. 활용도가 좋은 기타 동사

## 219  Planować 2 : 계획하다.

▼ 패턴: 과거, 현재, 미래형 planować 활용법

|  | 과거 (dk) | 현재 | 미래 (dk) |
|---|---|---|---|
| 1인칭 단수 | zaplanowałem/zaplanowałam | planuję | zaplanuję |
| 2인칭 단수 | zaplanowałeś/zaplanowałaś | planujesz | zaplanujesz |
| 3인칭 단수 | zaplanował/zaplanowała | planuje | zaplanuje |
| 1인칭 복수 | zaplanowaliśmy/zaplanowałyśmy | planujemy | zaplanujemy |
| 2인칭 복수 | zaplanowaliście/zaplanowałyście | planujecie | zaplanujecie |
| 3인칭 복수 | zaplanowali/zaplanowały | planują | zaplanują |

▼ planować의 다양한 활용

| 구분 | 완성 | 의미 |
|---|---|---|
| 명사 | plan | 계획 |
|  | planowanie | 계획하기 |
| 명령법 | planuj! | 계획해봐! |
| 현재분사 | planując | 계획하면서 |
| 수동분사 | zaplanowany | 계획된 |

## 예문

1. Kiedyś zaplanowałem wakacje dla rodziny, ale ostatecznie nie mogliśmy pojechać.

   가족을 위한 여행을 계획했었는 데 결국 갈 수 없게 되었어.

2. Ktoś z was zaplanował już wycieczkę w wakacje?

   너희 중에 누가 휴가 여행을 벌써 계획했어?

3. Jutro zaplanuję harmonogram szkolenia.

   내일은 교육 일정을 세울 거야.

4. Gdzie można znaleźć plan budowy?

   어디에서 건설 계획서를 찾을 수 있나요?

5. Planowanie podróży może być bardzo męczące.

   여행 계획은 매우 피곤한 작업이 될 수 있어.

6. Pojutrze zaplanuję podróż służbową.

   내일 모레 출장을 계획할거야.

7. Zaplanowałem w tym roku urlop na wrzesień.

   이번 연도 휴가는 9월로 계획했어.

8. Dziadek planuje porządki w piwnicy na weekend.

   할아버지는 주말에 지하창고 정리를 계획 중이야.

9. Planuję zmienić wkrótce pracę.

   곧 직장을 옮길 계획이야.

10. Zaplanujecie trasę naszej podróży?

    너희는 우리의 여행 경로를 계획할거야?

Part 4-01. 활용도가 좋은 기타 동사

## 220　Próbować 1 : 시도하다.

▼ "6하원칙 의문사 + próbować " 패턴 예문

| | |
|---|---|
| kto 누가 | Kto z was próbował rozmawiać po polsku w sklepie?<br>너희 중에 누군가 가게에서 폴란드어로 이야기하려 했어? |
| kiedy 언제 | Kiedy spróbujesz nauczyć się tańczyć?<br>언제 춤을 배워볼거야? |
| gdzie 어디서 | Gdzie można spróbować polskich słodyczy?<br>폴란드 사탕은 어디에서 맛볼 수 있어? |
| co 무엇을 | Co próbowałeś ugotować dla dziewczyny?<br>여자친구를 위해 무엇을 요리하려고 했어? |
| jak 어떻게 | Jak można spróbować jeść coś tak ostrego?<br>이렇게 매운 음식을 어떻게 먹어볼 수 있나요? |
| dlaczego 왜 | Dlaczego nie spróbowałeś tej potrawy?<br>이 음식을 왜 먹어보지 않았어? |

▼ "동사 + 동사원형" 패턴 예문

| | | |
|---|---|---|
| lubić | | |
| chcieć | | |
| móc | | |
| musieć | | |
| woleć | + | próbować (ndk) |
| prosić | | / spróbować (dk) |
| trzeba | | |
| warto | | |
| wolno | | |
| można | | |

## 예문

1. Lubię zawsze próbować czegoś nowego.

   나는 항상 새로운 뭔가를 시도하는 걸 좋아해.

2. Chcemy spróbować wygrać ten przetarg.

   우리는 이 입찰에서 이기고 싶습니다.

3. Możemy spróbować nauczyć się pływać.

   우리는 수영을 배워볼 수 있습니다.

4. Muszę przynajmniej spróbować wygrać mecz.

   적어도 이 경기에서 이기려는 시도는 해봐야 해.

5. Wolę spróbować niż poddać się.

   나는 포기하는 것보다 시도해 보는 편입니다.

6. Proszę przynajmniej spróbuj tej potrawy.

   적어도 이 음식은 먹어봐 주세요.

7. Trzeba próbować jedzenia przed dodaniem przypraw.

   양념을 넣기 전에 음식을 먹어봐야 해.

8. Warto spróbować tradycyjnego koreańskiego jedzenia.

   한국 전통음식은 먹어볼 가치가 있어.

9. Nie wolno próbować jeść tych grzybów, są trujące.

   이 버섯은 독이 있어서 먹어볼 수 없어.

10. Można spróbować, jak działa to urządzenie?

    이 장비가 어떻게 작동되는 지 확인해볼 수 있나요?

## Part 4-01. 활용도가 좋은 기타 동사

### 221　Próbować 2 : 시도하다.

▼ 패턴: 과거, 현재, 미래형 próbować 활용법

|  | 과거 (dk) | 현재 | 미래 (dk) |
|---|---|---|---|
| 1인칭 단수 | spróbowałem/ spróbowałam | próbuję | spróbuję |
| 2인칭 단수 | spróbowałeś/spróbowałaś | próbujesz | spróbujesz |
| 3인칭 단수 | spróbował/spróbowała | próbuje | spróbuje |
| 1인칭 복수 | spróbowaliśmy/ spróbowałyśmy | próbujemy | spróbujemy |
| 2인칭 복수 | spróbowaliście/ spróbowałyście | próbujecie | spróbujecie |
| 3인칭 복수 | spróbowali/ spróbowały | próbują | spróbują |

▼ próbować의 다양한 활용

| 구분 | 완성 | 의미 |
|---|---|---|
| wy | wypróbować | 시험해보다 |
| 명사 | próba / próbka | 리허설 / 시료, 샘플 |
| | spróbowanie | 시도하는 것 |
| 명령법 | próbuj! / spróbuj! | 시도해 봐! |
| 현재분사 | próbując | 시도하면서 |
| 수동분사 | wypróbowany | 경험해 본, 확인해 본 |

## 예문

1. Kiedyś lubiłam próbować nowych wyzwań.
   새로운 도전을 시도하는 것을 좋아했던 적이 있었어.
2. Chcesz wypróbować jak działa to urządzenie?
   이 장비가 어떻게 작동하는 지 확인하고 싶어?
3. Spróbuj tej przekąski, jest bardzo smaczna.
   이 간식을 먹어봐, 매우 맛있어.
4. Od jutra będę próbować uczyć się pilnie.
   내일부터 열심히 공부하려고 노력할거야.
5. Gdzie jest próbka nowego materiału?
   새로운 자료의 샘플은 어디에 있나요?
6. Próba przedstawienia odbędzie się o godzinie 17.
   연극 리허설은 17시에 진행됩니다.
7. Spróbowałem tej potrawy, ale była niedobra.
   이 음식을 먹어봤는데 별로 였어.
8. Próbujesz naprawić zepsutą lodówkę?
   고장 난 냉장고를 고쳐보려고 해?
9. Spróbujecie mojego ciasta?
   너희들은 내 케이크를 먹어볼 거야?
10. Chcesz spróbować nauczyć się czegoś nowego?
    뭔가 새로운걸 배워 보고 싶어?

## Part 4-01. 활용도가 좋은 기타 동사

### 222　Zmienić 1 : 변경하다.

▼ "6하원칙 의문사 + zmienić " 패턴 예문

| | |
|---|---|
| kto 누가 | Kto z twojej rodziny zmienił ostatnio pracę?<br>너의 가족 중에 최근 이직한 사람? |
| kiedy 언제 | Kiedy zmieniłaś kolor włosów?<br>언제 머리 색을 바꿨어? |
| gdzie 어디서 | Gdzie można zmienić hasło do konta bankowego?<br>은행 계좌 비밀번호를 어디에서 바꿀 수 있나요? |
| co 무엇을 | Co ostatnio zmieniliście w wystroju mieszkania?<br>최근에 집 인테리어할 때 무엇을 바꿨어? |
| jak 어떻게 | Jak zmienił się twój brat po ślubie?<br>결혼 후에 네 동생은 어떻게 달라졌어? |
| dlaczego 왜 | Dlaczego nie zmieniłeś pościeli przed wizytą gości?<br>손님이 방문하기 전에 왜 침구를 교체하지 않았어? |

▼ "동사 + 동사원형" 패턴 예문

| | | |
|---|---|---|
| lubić | | |
| chcieć | | |
| móc | | |
| musieć | | |
| woleć | + | zmieniać (ndk)<br>/ zmienić (dk) |
| prosić | | |
| trzeba | | |
| warto | | |
| wolno | | |
| można | | |

## 예문

1. Lubię często zmieniać wystrój mieszkania.

   나는 자주 집 인테리어를 바꾸는 것을 좋아해.

2. Chcemy zmienić samochód na nowszy.

   우리는 자동차를 신형으로 바꾸고 싶어.

3. Możemy zmienić datę spotkania?

   우리는 미팅 일자를 바꿀 수 있나요?

4. Muszę zmienić miejsce parkingowe.

   나는 주차장 장소를 바꿔야만 해.

5. Proszę zmień muzykę.

   음악을 바꿔주세요.

6. Trzeba już zmienić filtr wody?

   물 필터를 벌써 교체해야 하나요?

7. Warto regularnie zmieniać szampon.

   정기적으로 샴푸를 바꾸는 것이 좋아.

8. Nie wolno zmieniać pasa drogi przed zakrętem.

   회전하기 전에 차선을 변경하면 안됩니다.

9. Czy można zmienić harmonogram szkolenia?

   교육 일정을 변경할 수 있나요?

10. Wolisz zmieniać mieszkanie co kilka lat, czy mieszkać cały czas w tym samym miejscu?

    몇 년마다 집을 바꾸는 것이 좋아 아님 계속 같은 장소에서 사는 것이 좋아?

Part 4-01. 활용도가 좋은 기타 동사

## 223 Zmienić 2 : 변경하다.

▼ 패턴: 과거, 현재, 미래형 zmienić 활용법

|  | 과거 (dk) | 현재 | 미래 (dk) |
|---|---|---|---|
| 1인칭 단수 | zmieniłem/zmieniłam | zmieniam | zmienię |
| 2인칭 단수 | zmieniłeś/zmieniłaś | zmieniasz | zmienisz |
| 3인칭 단수 | zmienił/zmieniła | zmienia | zmieni |
| 1인칭 복수 | zmieniliśmy/zmieniłyśmy | zmieniamy | zmienimy |
| 2인칭 복수 | zmieniliście/zmieniłyście | zmieniacie | zmienicie |
| 3인칭 복수 | zmienili/zmieniły | zmieniają | zmienią |

▼ zmienić의 다양한 활용

| 구분 | 파생 완료 | 파생 불완료 | 파생명사 |
|---|---|---|---|
| za | zamienić 대체하다 | zamieniać | zamiana (대체) |
| wy | wymienić 교환하다 | wymieniać | wymiana (교환) |
| roz | rozmienić 잔돈으로 바꾸다 | rozmieniać |  |
| prze | przemienić 변형하다 | przemieniać | przemiana (변형) |
| od | odmienić (격)변화하다 | odmieniać | odmiana (격변화) |
| 명령법 | zmień! (zmienić) | zmieniaj! (zmieniać) | 바꿔라! |
| 파생동사 명령법 | wymień! | wymieniaj! | 교환해라! |
| 현재분사 |  | zmieniając | 바꾸면서 |

## 예문

1. Zmienisz opony w moim samochodzie?

   내 자동차에서 타이어를 교체할거야?

2. Pogoda zmieni się w przyszłym tygodniu.

   다음 주부터 날씨가 바뀐대.

3. Możesz zamienić się ze mną tematem prezentacji?

   나와 프리젠테이션 주제를 바꿀 수 있어?

4. Jeżeli pilot nie działa, musisz wymienić baterie.

   리모컨 작동이 안되면, 배터리를 교환해야 해.

5. W tę środę zmienię komputer na nowy.

   이번주 수요일에 컴퓨터를 새 것으로 바꿀 거야.

6. Jutro zmienię dzwonek w telefonie.

   내일 핸드폰 벨 소리를 바꿀 거야.

7. Kiedy ostatnio zmieniłaś kolor włosów?

   최근에 언제 머리 색을 바꿨어?

8. Zmienicie plany na wakacje jeśli będzie zimno?

   날이 추우면 너희는 휴가 계획을 바꿀 거야?

9. Właściciel restauracji zmienia menu co 3 miesiące.

   식당 주인은 3개월마다 메뉴를 바꿔.

10. Co zmieniłyście w swoim życiu w ciągu ostatniego roku?

    지난 일 년 동안 인생에 어떤 변화가 있었나요?

Part 4-01. 활용도가 좋은 기타 동사

## 224　Myśleć 1 : 생각하다.

▼ "6하원칙 의문사 + myśleć " 패턴 예문

| kto 누가 | Kto z was myśli już o wakacjach?<br>너희 중 누가 휴가에 대해 벌써 생각해? |
|---|---|
| kiedy 언제 | Kiedy myślisz o rodzicach, co czujesz?<br>부모님에 대해 생각할 때 어떤 느낌이 들어? |
| gdzie 어디서 | Gdzie można spokojnie usiąść i pomyśleć?<br>어디에서 차분히 앉아 생각할 수 있어? |
| jak 어떻게 | Jak myślisz, dlaczego przegraliśmy ten mecz?<br>이 경기에서 왜 졌는 지 생각해 봤어? |
| dlaczego 왜 | Dlaczego myślisz zawsze tylko o sobie?<br>왜 너는 항상 너만 생각해? |

▼ "동사 + 동사원형" 패턴 예문

| lubić | | |
|---|---|---|
| chcieć | | |
| móc | | |
| musieć | | |
| woleć | + | myśleć (ndk)<br>/ pomyśleć (dk) |
| prosić | | |
| trzeba | | |
| warto | | |
| wolno | | |
| można | | |

## 예문

1. Kiedy pada deszcz lubię myśleć o tobie.

   비가 올 때면 너에 대해 생각하는 걸 좋아해.

2. Chcemy pomyśleć poważnie o ślubie.

   우리 결혼에 대해 신중하게 생각하고 싶어.

3. Możemy pomyśleć o tym później?

   이것에 대해 나중에 생각할 수 있어?

4. Wolę jeszcze o tym pomyśleć i podjąć decyzję później.

   이것에 대해 좀 더 생각해보고 결정은 나중에 하는 것이 좋을 것 같아.

5. Proszę pomyśl o tym i daj mi odpowiedź do jutra.

   이것에 대해 생각해보고 내일까지 나에게 답변해 주세요.

6. Trzeba pomyśleć o zmianie samochodu na lepszy.

   더 좋은 자동차로 바꿀 생각을 해야 해.

7. Warto spokojnie o tym pomyśleć.

   이것에 대해서는 차분하게 생각해 볼만 해.

8. Nie wolno tak myśleć, to złe nastawienie.

   그렇게 생각하지 마세요. 나쁜 태도입니다.

9. Można myśleć w języku obcym?

   외국어로도 생각하는 게 가능한가요?

10. Dlaczego nie chcesz pomyśleć o zmianie pracy?

    왜 회사 이직에 대해서 생각하기 싫어?

Part 4-01. 활용도가 좋은 기타 동사

## 225　Myśleć 2 : 생각하다.

▼ 패턴: 과거, 현재, 미래형 myśleć 활용법

|  | 과거 (ndk) | 현재 | 미래 (dk) |
|---|---|---|---|
| 1인칭 단수 | myślałem/myślałam | myślę | pomyślę |
| 2인칭 단수 | myślałeś/myślałaś | myślisz | pomyślisz |
| 3인칭 단수 | myślał/myślała | myśli | pomyśli |
| 1인칭 복수 | myśleliśmy/myślałyśmy | myślimy | pomyślimy |
| 2인칭 복수 | myśleliście/myślałyście | myślicie | pomyślicie |
| 3인칭 복수 | myśleli/myślały | myślą | pomyślą |

▼ myśleć 의 다양한 활용

| 구분 | 완성 | 의미 |
|---|---|---|
| wy | wy**myślać** | 발명하다 |
| na | na**myślać** się | 열심히 생각하다 |
| 명사 | **myśl** | 생각 |
| 명사 | po**mysł** | 아이디어 |
| 명사 | u**mysł** | 정신 |
| 명사 | bez**myśl**ność | 무의식 |
| 명령법 | **myśl**!/ po**myśl**! | 생각해봐! |
| 현재분사 | **myśl**ąc | 생각하면서 |
| 수동분사 | wy**myśl**ony | 발명된 |

| Myśleć o (ndk) /<br>Pomyśleć o (dk) | 장소격 인칭대명사 | |
|---|---|---|
| | mnie | nas |
| | tobie | was |
| | nim/niej | nich |

## 예문

1. Kto wymyślił temat tej prezentacji?

    누가 이 프레젠테이션의 주제를 생각해냈어?

2. Pomyśl proszę o tym, co powiedziałem.

    내가 말했던 것에 대해 생각 좀 해봐.

3. Bezmyślność kierowcy doprowadziła do wypadku.

    운전자의 무의식으로 사고가 발생되었습니다.

4. Jaka była twoja pierwsza myśl, gdy się obudziłeś?

    잠에서 깼을 때 가장 먼저 생각난 게 뭐야?

5. Od nowego roku będę myślał o zmianie pracy.

    새해부터 이직에 대해 생각할 거야.

6. Myślę, że warunki tej umowy są niekorzystne.

    이 계약 조건은 바람직하지 않다고 생각해.

7. Myślałam o tobie od naszego ostatniego spotkania.

    최근 우리의 만남 이후부터 너에 대해 생각했어.

8. Pomyślę o zmianach w treści umowy.

    계약서 상의 변경 사항에 대해 생각해볼게.

9. Myślicie już o wakacjach?

    너희는 벌써 휴가에 대해 생각해?

10. Jednak nie jesteś tak silny jak myślałeś.

    너는 네가 생각했던 것처럼 그렇게 강하진 않아.

## Part 4-01. 활용도가 좋은 기타 동사

## 226 Wysłać 1 : 보내다. / Składać 1 : 제출하다.

▼ "6하원칙 의문사 + wysłać/składać " 패턴 예문

| | |
|---|---|
| kto 누가 | Kto wysłał do ciebie pocztówkę z wakacji?<br>누가 휴가 중에 네게 엽서를 보냈어? |
| kiedy 언제 | Kiedy trzeba złożyć podanie o stypendium?<br>언제 장학금 신청서를 제출해야 해? |
| gdzie 어디서 | Gdzie wysłałeś paczkę?<br>어디에서 소포를 보냈어? |
| co 무엇을 | Co wysłałeś koleżance z okazji urodzin?<br>생일선물로 친구(여)에게 무엇을 보냈어? |
| jak 어떻게 | Jak można wysłać paczkę z Korei do Polski?<br>한국에서 폴란드로 소포를 어떻게 보낼 수 있어? |
| dlaczego 왜 | Dlaczego nie wysłaliście jeszcze umowy klientowi?<br>왜 아직까지 고객에게 계약서를 보내지 않았어? |

▼ "동사 + 동사원형" 패턴 예문

| | | |
|---|---|---|
| lubić | | |
| chcieć | | |
| móc | | **wysyłać (ndk) / wysłać (dk)** |
| musieć | | **보내다** |
| woleć | + | |
| prosić | | |
| trzeba | | **składać (ndk) / złożyć (dk)** |
| warto | | **제출하다** |
| wolno | | |
| można | | |

## 예문

1. Lubię wysyłać prezenty znajomym.

   나는 지인에게 선물 보내는 것을 좋아해.

2. Chcesz wysłać dziewczynie list z okazji urodzin?

   생일을 기념해서 여자친구에게 편지를 보내고 싶어?

3. Możesz złożyć za mnie to podanie w urzędzie?

   나 대신 이 신청서를 관공서에 제출해줄 수 있어?

4. Muszę złożyć ten dokument w sekretariacie do godziny 17.

   비서실에 이 서류를 17시까지 제출해야만 해.

5. Wolisz wysyłać rodzicom pieniądze czy prezenty?

   부모님께 돈을 보내는 것이 좋아 아님 선물 보내는 것이 좋아?

6. Poprosiłem szefa, żeby wysłał mi propozycję umowy dla klienta.

   고객에게 제안한 계약서를 내게 보내달라고 상사에게 부탁했어.

7. Trzeba sprawdzić treść umowy przed wysłaniem.

   송부 전에 계약서 내용을 확인할 필요가 있다.

8. Warto składać dokumenty w urzędzie osobiście.

   개인적으로 관공서에 서류를 제출하는 편이 좋아.

9. Czy wolno składać kopię dokumentów?

   서류 사본을 제출해도 되나요?

10. Przy pomocy poczty można wysłać paczkę gdziekolwiek chcesz.

    어디든 원할 때 우편 서비스로 소포를 보낼 수 있습니다.

Part 4-01. 활용도가 좋은 기타 동사

## 227　Wysłać 2 : 생각하다.

▼ 패턴: 과거, 현재, 미래형 wysłać 활용법

|  | 과거 (dk) | 현재 | 미래 (dk) |
|---|---|---|---|
| 1인칭 단수 | wysłałem/wysłałam | wysyłam | wyślę |
| 2인칭 단수 | wysłałeś/wysłałaś | wysyłasz | wyślesz |
| 3인칭 단수 | wysłał/wysłała | wysyła | wyśle |
| 1인칭 복수 | wysłaliśmy/wysłałyśmy | wysyłamy | wyślemy |
| 2인칭 복수 | wysłaliście/wysłałyście | wysyłacie | wyślecie |
| 3인칭 복수 | wysłali/wysłały | wysyłają | wyślą |

▼ wysłać 의 다양한 활용

| 구분 | 완성 | 의미 |
|---|---|---|
| wy | wy**słać** | 보내다 |
| prze | prze**słać** | 전송하다 |
| przy | przy**słać** | 보내오다 |
| 명사 | wy**syłka** | 배송 |
|  | wy**syłanie** | 배송하는 것 |
| 명령법 | wy**ślij** | 보내라 |
| 현재분사 | wy**syła**jąc | 보내면서 |
| 수동분사 | wy**sła**ny | 보내진 |

| Wysyłać (ndk) / Wysłać (dk) | 여격 인칭대명사 ||
|---|---|---|
|  | mi | nam |
|  | ci | wam |
|  | mu/jej | im |

## 예문

1. 3 dni temu wysłałem ci e-mail odnośnie naszego spotkania.

   나는 3일 전에 우리 미팅과 관련해서 네게 이메일을 보냈어.

2. Wyślij mi umowę do jutra.

   내일까지 내게 계약서를 보내줘.

3. Ile kosztuje wysyłka paczki do Polski?

   폴란드로 보내는 소포 비용은 얼마인가요?

4. Czy ta firma przysłała już nam fakturę?

   이 회사에서 벌써 우리에게 계산서를 보냈어?

5. Wysłanie listu na poczcie jest bardzo proste.

   우체국에서 편지를 보내는 것은 매우 간단해.

6. Wysłałem ci treść umowy do sprawdzenia.

   나는 확인용으로 네게 계약서 내용을 보냈어.

7. W sobotę wyślę paczkę rodzicom.

   토요일에는 부모님께 소포를 보낼 거야.

8. Jak często wysyłacie pieniądze rodzicom?

   너희는 부모님께 얼마나 자주 돈을 보내?

9. Wysłaliście już wszystkie zaproszenia ślubne?

   너희는 벌써 결혼식 청첩장을 모두에게 보냈어?

10. Klient wyśle zamówienie po południu.

    고객은 오후에 발주서를 보낼 거야.

## Part 4-01. 활용도가 좋은 기타 동사

### 228　Składać 2 : 제출하다.

▼ 패턴: 과거, 현재, 미래형 składać 활용법

|  | 과거 (dk) | 현재 | 미래 (dk) |
|---|---|---|---|
| 1인칭단수 | złożyłem/złożyłam | składam | złożę |
| 2인칭단수 | złożyłeś/złożyłaś | składasz | złożysz |
| 3인칭단수 | złożył/złożyła | składa | złoży |
| 1인칭복수 | złożyliśmy/złożyłyśmy | składamy | złożymy |
| 2인칭복수 | złożyliście/złożyłyście | składacie | złożycie |
| 3인칭복수 | złożyli/złożyły | składają | złożą |

▼ składać 의 다양한 활용

| 구분 | 완료 | 불완료 | 파생명사 |
|---|---|---|---|
| z | złożyć (제출하다) | składać | skład (성분)<br>składnik (재료) |
| u | ułożyć (정리하다) | układać | układ (레이아웃) |
| za | założyć (설립/설치하다)<br>(옷을 입다) | zakładać | zakład (내기) |
|  | założyć się (내기하다) |  |  |
| prze | przełożyć<br>(약속) 날짜 변경하다 | przekładać | przekład (번역) |
| przy | przyłożyć (내려놓다) | przykładać | przykład (예시) |
| po | położyć (놓다) | pokładać | pokład (선박갑판) |
| roz | rozłożyć<br>(나누다/전파하다) | rozkładać | rozkład (일정) |
| 명령법 | złóż! | składaj! | 제출해! |
| 현재분사 |  | składając | 제출하면서 |
| 수동분사 | złożony |  | 제출된 |

## 예문

1. Planujesz złożyć rezygnację?

   너는 사직서를 제출할 계획이야?

2. Jeździłeś kiedyś na składanym rowerze?

   너는 접히는 자전거를 타본 적이 있어?

3. Gdzie można kupić jakąś składankę muzyki klasycznej?

   베스트 클래식 앨범을 어디에서 살 수 있어?

4. Złóż formalny protest odnośnie nieuczciwego przetargu!

   불공정한 입찰과 관련한 항의서를 공식적으로 제출하세요!

5. Składając dokumenty w urzędzie sprawdź najpierw, czy nie ma żadnych błędów.

   관공서에 서류를 제출할 때에는 오류가 없는 지 먼저 확인해야 해.

6. Złożyłem wczoraj pismo w urzędzie.

   어제는 관공서에 공문을 제출했어.

7. Kiedy złożycie wszystkie dokumenty niezbędne do podpisania umowy?

   너희는 계약서 서명에 필요한 모든 서류를 언제까지 제출할거야?

8. Studenci składają podanie o powtórzenie egzaminu.

   학생들은 재시험에 관한 신청서를 제출하고 있어.

9. Złożyłeś w banku wniosek o pożyczkę?

   너는 은행에 대출금 신청서를 제출했어?

10. Kiedy złożyłeś szefowi sprawozdanie za ostatni miesiąc?

    언제 상사에게 지난달 분 보고서를 제출했어?

Part 4-01. 활용도가 좋은 기타 동사

## 229　Pamiętać 1 : 기억하다.

▼ "6하원칙 의문사 + pamiętać " 패턴 예문

| | |
|---|---|
| kto 누가 | Kto pamięta kiedy Anna ma urodziny?<br>안나 생일이 언제인지 기억하는 사람? |
| kiedy 언제 | Pamiętasz kiedy mieliśmy się spotkać z profesorem?<br>교수님과 언제 만나야 하는 지 기억해? |
| gdzie 어디서 | Pamiętasz gdzie byliśmy w restauracji w Krakowie?<br>크라쿠프에서 어느 식당에 갔었는 지 기억해? |
| co 무엇을 | Co pamiętasz z dzieciństwa?<br>어린 시절 중 기억나는 것 있어? |
| jak 어떻게 | Pamiętasz jak ona ma na imię?<br>그녀 이름이 무엇이었는 지 기억해? |
| dlaczego 왜 | Dlaczego nie pamiętasz kiedy są urodziny babci?<br>할머니 생신이 언제인지 왜 기억을 못해? |

▼ "동사 + 동사원형" 패턴 예문

| | | |
|---|---|---|
| lubić | | |
| chcieć | | |
| móc | | |
| musieć | | |
| woleć | + | pamiętać (ndk)<br>/ zapamiętać (dk) |
| prosić | | |
| trzeba | | |
| warto | | |
| można | | |

## 예문

1. Lubię pamiętać wszystkie szczegóły naszych rozmów.

   나는 우리의 세세한 대화, 모든 것을 기억하는 걸 좋아해.

2. Którą randkę chcesz pamiętać do końca życia?

   어떤 데이트를 평생 기억하고 싶어?

3. Nie możesz zapamiętać mojego numeru telefonu?

   내 핸드폰 번호를 암기할 수 없어?

4. Musisz zapamiętać to hasło.

   이 비밀번호를 기억해야 해.

5. Wolisz nie pamiętać naszej kłótni?

   우리 싸움은 기억하지 않는 편이 좋지?

6. Prosiłaś rodziców, żeby pamiętali kupić ser?

   치즈 사는 거 잊지 말라고 부모님께 부탁 드렸어?

7. Trzeba pamiętać o historii naszego kraju.

   우리 나라 역사를 기억해야만 해.

8. Warto pamiętać o tradycyjnej kulturze.

   전통 문화에 대해 기억할 필요가 있어.

9. Czy można zapamiętać tak długie hasło?

   이렇게 긴 비밀번호를 기억할 수 있어?

10. Chcę zapamiętać wszystko, czego się nauczyłem dzisiaj w szkole.

    오늘 학교에서 무엇을 배웠는 지 전부 기억하고 싶어.

Part 4-01. 활용도가 좋은 기타 동사

## 230　Pamiętać 2 : 기억하다.

▼ 패턴: 과거, 현재, 미래형 pamiętać 활용법

|  | 과거 | 현재 | 미래 |
|---|---|---|---|
| 1인칭 단수 | pamiętałem/pamiętałam | pamiętam | będę pamiętał/pamiętała |
| 2인칭 단수 | pamiętałeś/pamiętałaś | pamiętasz | będziesz pamiętał/pamiętała |
| 3인칭 단수 | pamiętał/pamiętała | pamięta | będzie pamiętał/pamiętała |
| 1인칭 복수 | pamiętaliśmy/pamiętałyśmy | pamiętamy | będziemy pamiętali/pamiętały |
| 2인칭 복수 | pamiętaliście/pamiętałyście | pamiętacie | będziecie pamiętali/pamiętały |
| 3인칭 복수 | pamiętali/pamiętały | pamiętają | będą pamiętali/pamiętały |

▼ pamiętać 의 다양한 활용

| 구분 | 완성 | 의미 |
|---|---|---|
| za | zapamiętać | 명심하다, 기억하다 |
| 명사 | pamięć | 기억력 |
|  | pamiętnik | 일기 |
|  | pamiątka | 기념품 |
| 명령법 | pamiętaj! | 기억해라! |
| 현재분사 | pamiętając | 기억하면서 |

| | 목적격 인칭대명사 | | 소유격 인칭대명사 |
|---|---|---|---|
| Pamiętać | mnie | Nie pamiętać | mnie |
|  | ciebie |  | ciebie |
|  | go/je/ją |  | go/jej |
|  | nas |  | nas |
|  | was |  | was |
|  | ich |  | ich |

## 예문

1. Pamiętasz mnie?

   나를 기억해?

2. Pamiętaj o spotkaniu z klientem.

   고객과의 미팅 잊지마.

3. Moi uczniowie mają słabą pamięć.

   내 학생들은 기억력이 약해.

4. Kupiłeś w Polsce jakieś interesujące pamiątki?

   폴란드에서 어떤 흥미로운 기념품을 샀어?

5. Miło mi, że pamiętałeś kiedy mam urodziny.

   내 생일을 기억해줘서 기뻐.

6. Będziecie pamiętali o waszej obietnicy?

   너희들은 약속을 기억할거야?

7. Pamiętasz,co ci się śniło w nocy?

   밤에 무슨 꿈을 꿨는 지 기억해?

8. Będziemy pamiętali o kupnie biletów.

   우리는 티켓 구매에 대해 기억할거야.

9. Pamiętałeś o przygotowaniu materiałów na zebranie?

   회의 자료를 준비해야 되는 걸 기억해 냈어?

10. Pamiętam, że pożyczyłem od ciebie 100 zł.

    네게 100 즈워티를 빌렸던 걸로 기억해.

Part 4-01. 활용도가 좋은 기타 동사

## 231 Prowadzić 1 : 진행하다.

▼ "6하원칙 의문사 + prowadzić " 패턴 예문

| | |
|---|---|
| kto 누가 | Kto prowadzi wykłady z ekonomii?<br>누가 경제학 수업을 진행해? |
| kiedy 언제 | Kiedy będziesz prowadził szkolenie?<br>언제 교육을 진행할거야? |
| gdzie 어디서 | Gdzie prowadzone są zajęcia z języka polskiego?<br>어디에서 폴란드 수업이 진행되고 있어? |
| jak 어떻게 | Jak prowadzisz zajęcia ze studentami?<br>어떻게 학생들과의 수업을 진행하나요? |
| dlaczego 왜 | Dlaczego nie prowadzisz nigdy samochodu?<br>왜 절대 운전을 하지 않아? |

▼ "동사 + 동사원형" 패턴 예문

| | | |
|---|---|---|
| lubić | | |
| chcieć | | |
| móc | | |
| musieć | | |
| woleć | + | **prowadzić** |
| prosić | | |
| trzeba | | |
| warto | | |
| wolno | | |
| można | | |

## 예문

1. Lubię prowadzić zajęcia dla dzieci.

   아이들과 수업 하는 것을 좋아해.

2. Nie chcę prowadzić dziś wykładów.

   오늘은 강의를 진행하고 싶지 않아.

3. Mogę prowadzić jutro spotkanie z klientem?

   내일 고객과의 미팅을 진행할 수 있어?

4. Musimy przeprowadzić prezentację we wtorek.

   우리는 화요일에 프레젠테이션을 진행해야 해.

5. Wolę nie prowadzić spotkania z podwykonawcą.

   나는 협력사와 미팅을 진행하지 않는 편이 더 좋아.

6. Proszę prowadź samochód ostrożnie.

   조심히 운전하세요.

7. Warto prowadzić bloga, żeby promować firmę.

   회사 홍보용으로 블로그를 운영하는 건 가치가 있는 일이야.

8. Nie wolno prowadzić samochodu pod wpływem narkotyków.

   마약 기운이 있을 때에는 운전할 수 없습니다.

9. Czy można tu prowadzić samochód z prędkością powyżej 100km/h?

   여기는 시속 100km 이상의 속도로 운전할 수 있나요?

10. Proszę poprowadź dziś tę lekcję za mnie.

    오늘 나 대신 이 수업 좀 진행해줘.

## Part 4-01. 활용도가 좋은 기타 동사

### 232　Prowadzić 2 : 진행하다.

▼ 패턴: 과거, 현재, 미래형 prowadzić 활용법

|  | 과거 | 현재 | 미래 |
|---|---|---|---|
| 1인칭단수 | prowadziłem/prowadziłam | prowadzę | będę prowadził/prowadziła |
| 2인칭단수 | prowadziłeś/prowadziłaś | prowadzisz | będziesz prowadził/prowadziła |
| 3인칭단수 | prowadził/prowadziła | prowadzi | będzie prowadził/prowadziła |
| 1인칭복수 | prowadziliśmy/prowadziłyśmy | prowadzimy | będziemy prowadzili/prowadziły |
| 2인칭복수 | prowadziliście/prowadziłyście | prowadzicie | będziecie prowadzili/prowadziły |
| 3인칭복수 | prowadzili/prowadziły | prowadzą | będą prowadzili/prowadziły |

▼ prowadzić 의 다양한 활용

| 접두사 | 완료 | 불완료 | 파생명사/의미 |
|---|---|---|---|
| w | wprowadzić się<br>이사 오다 | wprowadzać się | wprowadzenie<br>안내, 도입 |
| wy | wyprowadzić się<br>이사 나가다 | wyprowadzać się |  |
| prze | przeprowadzić<br>실시하다 | przeprowadzać | przeprowadzenie<br>실시 |
|  | przeprowadzić się<br>이사하다 |  | przeprowadzka 이사 |
| o | oprowadzić<br>가이드 하다 | oprowadzać | oprowadzenie<br>가이드 |
| za | zaprowadzić<br>데려다 주다 | zaprowadzać | zaprowadzenie<br>배웅 |
| 명령법 | prowadź! 진행해!<br>zaprowadź! 데려다줘! | wprowadzaj się!<br>이사와! |  |
| 현재분사 | prowadząc |  | 진행하면서 |
| 수동분사 |  | przeprowadzony | 실시된 |

## 예문

1. Będę prowadziła samochód podczas podróży.

   여행 중에는 운전을 할 거야.

2. Będziemy prowadzili wykłady dla studentów w środę.

   우리는 수요일에 학생들을 위해 강의를 진행할 거야.

3. Wczoraj prowadziłam ważne spotkanie.

   어제는 중요한 회의를 진행했어.

4. 3 dni temu prowadziłem zebranie akcjonariuszy.

   3일 전에 주주총회를 진행했어.

5. O której godzinie zaprowadzisz syna do przedszkola?

   몇 시에 아들을 유치원에 데려다 줄 거야?

6. Kto oprowadza gości z Francji po mieście?

   누가 프랑스에서 온 손님들을 시내 가이드 해줘?

7. Prowadzenie samochodu pod wpływem alkoholu jest zabronione.

   알코올 기운이 있는 상태에서 운전하는 것은 금지되어 있습니다.

8. Wyprowadziłeś się z mieszkania rodziców?

   부모님 집에서 독립했어?

9. Zaprowadź dziadka do szpitala, on nie ma siły iść sam.

   할아버지를 병원에 모셔다 드려, 혼자 걸으실 힘이 없으셔.

10. Kiedy wprowadzicie się do nowego domu?

    언제 새로운 집으로 이사 들어가?

# 핵심 패턴

# 부 록

* 함께 연습하면 좋을 추가 동사

* 한눈에 보는 격정리

* 학습 요령

  1. 현재 동사의 단/복수 어미변형

  2. 과거형 어미 변형

  3. 미래형 어미 변형

  4. 불완료 동사(ndk) vs 완료 동사(dk)

  5. 육하원칙(kto,kiedy,gdzie,co,jak,dlaczego) + kto, co 변형

  6. 유용한 일반동사 /조동사+ 동사원형

  7. 어울리는 전치사 & 접두사의 기본적인 의미

  8. 동사파 명사 만드는 방법

  9. 명령문 만드는 방법

  10. 분사 만드는 방법

  11. 각 격별 인칭대명사

  12. 다양한 부사의 활용

  13. 활용도 좋은 여격 쓰임

## ★ 함께 연습하면 좋을 추가 동사

| | 동사 1 | 동사 2 | 동사 3 | 동사 4 |
|---|---|---|---|---|
| 의미 | 제안하다 | 반복하다 | 분석하다 | 정리하다 |
| 동사(불완료) | proponować | powtarzać | analizować | porządkować |
| 동사(완료) | zaproponować | powtórzyć | przeanalizować | uporządkować |
| 격 | 목적격 | 목적격 | 목적격 | 목적격 |
| 과거변형 | zaproponowałem | powtórzyłem | przeanalizowałem | porządkowałem |
| 현재변형 | proponuję | powtarzam | analizuję | porządkuję |
| 미래변형 | zaproponuję | powtórzę | przeanalizuję | uporządkuję |
| 명령문 | zaproponuj | powtórz | analizuj | porządkuj |
| 현재분사 | proponując | powtarzając | analizując | porządkując |
| 수동분사 | zaproponowany | powtórzony | przeanalizowany | uporządkowany |
| 명사 | propozycja | powtórka | analiza | porządek |

| | 동사 5 | 동사 6 | 동사 7 | 동사 8 |
|---|---|---|---|---|
| 의미 | 제안하다 | 수집하다 | 협상하다 | 출력하다 |
| 동사(불완료) | proponować | kolekcjonować | negocjować | drukować |
| 동사(완료) | zaproponować | | wynegocjować | wydrukować |
| 격 | 목적격 | 목적격 | 목적격 | 목적격 |
| 과거변형 | zaproponowałem | kolekcjonowałem | negocjowałem | wydrukowałem |
| 현재변형 | proponuję | kolekcjonuję | negocjuję | drukuję |
| 미래변형 | zaproponuję | będę kolekcjonować | będę negocjować | wydrukuję |
| 명령문 | zaproponuj | kolekcjonuj | negocjuj | wydrukuj |
| 현재분사 | proponując | kolekcjonując | negocjując | drukując |
| 수동분사 | zaproponowany | kolekcjonowany | negocjowany | wydrukowany |
| 명사 | propozycja | kolekcja | negocjacje | drukowanie |

 Oliwia's Tip

본 교재의 핵심패턴 part1,2,3,4에서 꾸준히 연습한 내용을 바탕으로 상기의 동사들도 같은 패턴으로 적용하여 연습해야 합니다.
해당 동사들을 연습할 때에는 다음 사항에 주의하여 학습해주세요!

| | 동사 9 | 동사 10 | 동사 11 | 동사 12 |
|---|---|---|---|---|
| 의미 | 스캔하다 | 승진하다 | 토론하다 | 충전하다 |
| 동사(불완료) | skanować | awansować | dyskutować | ładować |
| 동사(완료) | zeskanować | | | załadować |
| 격 | 목적격 | +jak | + o | 목적격 |
| 과거변형 | skanowałem | awansowałem | dyskutowałem | załadowałem |
| 현재변형 | skanuję | awansuję | dyskutuję | ładuję |
| 미래변형 | będę skanować | będę awansować | będę dyskutować | załaduję |
| 명령문 | skanuj | awansuj | dyskutuj | załaduj |
| 현재분사 | skanując | awansując | dyskutując | ładując |
| 수동분사 | skanowany | awansowany | dyskutowany | załadowany |
| 명사 | skanowanie | awansowanie | dyskutowanie | ładowanie |

| | 동사 13 | 동사 14 | 동사 15 | 동사 16 |
|---|---|---|---|---|
| 의미 | 피우다 | 주시하다 | 되다 | 잃다 (길을 잃다) |
| 동사(불완료) | palić | pilnować | zostawać | gubić (się) |
| 동사(완료) | zapalić | | zostać | zgubić (się) |
| 격 | 목적격 | 목적격 | 기구격 | 목적격 |
| 과거변형 | zapaliłem | pilnowałem | zostałem | zgubiłem (się) |
| 현재변형 | palę | pilnuję | zostaję | gubię (się) |
| 미래변형 | zapalę | przypilnuję | zostanę | zgubię (się) |
| 명령문 | zapal | pilnuj | zostań | nie zgub (się) |
| 현재분사 | paląc | pilnując | zostając | gubiąc |
| 수동분사 | zapalony | pilnowany | | zgubiony |
| 명사 | palenie | pilnowanie | | zgubienie |

 **OLIWIA'S TIP**

*불완료-완료 동사 이외에도 전치사를 접두사로 넣은 다양한 단어들을 유추할 수 있도록 연습해야 합니다.

*대부분의 동사들은 그 뒤에 목적격을 취하지만, 그 외에 다른 격을 취하는 동사들의 어미 변형은 전체적으로 정리해놓은 학습요령을 참고하면 좋습니다.

## ★ 함께 연습하면 좋을 추가 동사

|  | 동사 17 | 동사 18 | 동사 19 | 동사 20 |
|---|---|---|---|---|
| 의미 | 빌리다 | 임대하다 | 파괴하다 | 고대하다/ 기대하다 |
| 동사(불완료) | pożyczać | wynajmować | niszczyć | oczekiwać |
| 동사(완료) | pożyczyć | wynająć | zniszczyć |  |
| 격 | 소유격 | 목적격 | 목적격 | 소유격 |
| 과거변형 | pożyczyłem | wynająłem | zniszczyłem | oczekiwałem |
| 현재변형 | pożyczam | wynajmuję | niszczę | oczekuję |
| 미래변형 | pożyczę | wynajmę | zniszczę | będę oczekiwać |
| 명령문 | pożycz | wynajmij | zniszcz | oczekuj |
| 현재분사 | pożyczając | wynajmując | niszcząc | oczekując |
| 수동분사 | pożyczony | wynajęty | zniszczony | oczekiwany |
| 명사 | pożyczenie | wynajęcie | zniszczenie | oczekiwanie |

|  | 동사 21 | 동사 22 | 동사 23 | 동사 24 |
|---|---|---|---|---|
| 의미 | 설계하다/ 프로젝트를 진행하다 | 해결하다 | 해결하다 | 취소하다 |
| 동사(불완료) | projektować | rozwiązywać | załatwiać | odwoływać |
| 동사(완료) | zaprojektować | rozwiązać | załatwić | odwołać |
| 격 | 목적격 | 목적격 | 목적격 | 목적격 |
| 과거변형 | zaprojektowałem | rozwiązałem | załatwiłem | odwołałem |
| 현재변형 | projektuję | rozwiązuję | załatwiam | odwołuję |
| 미래변형 | zaprojektuję | rozwiążę | załatwię | odwołam |
| 명령문 | zaprojektuj | rozwiąż | załatwiaj | odwołaj |
| 현재분사 | projektując | rozwiązując | załatwiając | odwołując |
| 수동분사 | zaprojektowany | rozwiązany | załatwiony | odwołany |
| 명사 | projektowanie | rozwiązanie | załatwienie | odwołanie |

OLIWIA'S TIP

*명령법/현재분사/수동분사/명사의 경우, 앞서 하나씩 연습했던 패턴 연습 이외에도, 학습 요령 내 규칙을 참고하셔서 연습하면 좋습니다.

|  | 동사 25 | 동사 26 | 동사 27 | 동사 28 |
|---|---|---|---|---|
| 의미 | 연기하다 | 고용하다 | 번역하다 | 설명하다 |
| 동사(불완료) | przekładać | zatrudniać | tłumaczyć | tłumaczyć |
| 동사(완료) | przełożyć | zatrudnić | przetłumaczyć | wytłumaczyć |
| 격 | 목적격 | 목적격 | 목적격 | 목적격 |
| 과거변형 | przełożyłem | zatrudniłem | przetłumaczyłem | wytłumaczyłem |
| 현재변형 | przekładam | zatrudniam | tłumaczę | tłumaczę |
| 미래변형 | przełożę | zatrudnię | przetłumaczę | wytłumaczę |
| 명령문 | przełóż | zatrudniaj | przetłumacz | wytłumacz |
| 현재분사 | przekładając | zatrudniając | tłumacząc | tłumacząc |
| 수동분사 | przełożony | zatrudniony | przetłumaczony | wytłumaczony |
| 명사 | przekładanie | zatrudnienie | tłumaczenie | wytłumaczenie |

|  | 동사 29 | 동사 30 | 동사 31 | 동사 32 |
|---|---|---|---|---|
| 의미 | 켜다 | 끄다 | 닫다 | 열다 |
| 동사(불완료) | włączać | wyłączać | zamykać | otwierać |
| 동사(완료) | włączyć | wyłączyć | zamknąć | otworzyć |
| 격 | 목적격 | 목적격 | 목적격 | 목적격 |
| 과거변형 | włączyłem | wyłączyłem | zamknąłem | otworzyłem |
| 현재변형 | włączam | wyłączam | zamykam | otwieram |
| 미래변형 | włączę | wyłączę | zamknę | otworzę |
| 명령문 | włącz | wyłącz | zamknij | otwórz |
| 현재분사 | włączając | wyłączając | zamykając | otwierając |
| 수동분사 | włączony | wyłączony | zamknięty | otwarty |
| 명사 | włączenie | wyłączenie | zamknięcie | otwarcie |

## OLIWIA'S TIP

*과거-현재-미래의 어미 변형은 1인칭을 위주로 정리해두었지만, 앞서 하나씩 연습했던 패턴 이외에 학습 요령을 참고하여 과거-현재-미래 동사의 어미변형을 연습하고, 이때 완료-불완료는 의미상의 차이가 있음을 염두해 두어야 합니다. 단, 본 부록에서는 완료-불완료 중 더 자주 쓰는 형태로 정리해두었습니다.

# ★ 한눈에 보는 격 정리

| | 의미/활용 | 어미변형 (단수) | | | 어미변형 (복수) | | |
|---|---|---|---|---|---|---|---|
| **1격 주격** | 주어에 해당됨 | 변형 없음 | | | 남자명사 | -e / -i/-y | -y,-i / -owie |
| | | | | | 비남자명사 | -e | -y,-i |
| | | | | | 중성명사 | -e | -a |
| | | | | | 여성명사 | -e | -y,-i |
| **2격 소유격** | 1. 소유의 의미<br>2. 부정문 뒤<br>3. 수량 표현 뒤 | 남성생물 | -ego | -a | 남성명사 | | -ów / -y,-i |
| | | 남성무생물 | -ego | -u | 중성명사 | -ich/-ych | 탈락 -y,-i / -ów |
| | | 중성 | -ego | -a | | | |
| | | 여성 | -ej | -i/-y | 여성명사 | | 탈락 -y/-i |
| **3격 여격** | '~에게'의 의미인 간접목적어 | 남성 | -emu | -owi | 남성 | -ym/-im | -om |
| | | 중성 | | -u | 중성 | | |
| | | 여성 | -ej | 경음 → 연음화 +e / -i/-y | 여성 | | |
| **4격 목적격** | '~를'의 의미인 직접목적어 | 남성생물 | -ego | -a | 남자명사 | -ich/-ych | -ów / -y,-i |
| | | 남성무생물 | X | X | 비남자명사 | -e | -y,-i |
| | | 중성 | X | X | 중성명사 | -e | -a |
| | | 여성 | -ą | -ę | 여성명사 | -e | -y,-i |
| **5격 기구격** | 1. 신분, 자격을 나타낼때<br>2. 기구, 도구를 이용할때<br>3. 교통수단을 말할때 | 남성 | -ym/-im | -em | 남성 | -imi/-ymi | -ami |
| | | 중성 | | | 중성 | | |
| | | 여성 | -ą | -ą | 여성 | | |
| **6격 장소격** | 장소를 나타낼때 | 남성 | -ym/-im | 경음 → 연음화 +e / -u (k,g,ch) | 남성 | -ich/-ych | -ach |
| | | 중성 | | | 중성 | | |
| | | 여성 | -ej | 경음 → 연음화 +e / -i/y | 여성 | | |

| | 동사 | 전치사 | 인칭대명사 ||
|---|---|---|---|---|
| 1격<br>주격 | być | | Ja / Ty / On / Ono / Ona | My / Wy / Oni / One |
| 2격<br>소유격 | bać się, brakować, potrzebować, słuchać, szukać, unikać, uczyć się, pilnować, życzyć, odmawiać, oczekiwać, nabrać | dla, bez, oprócz, u, z, do, koło, obok, od | mnie / ciebie/cię / jego/niego/go / jej/niej | nas / was / ich/nich |
| 3격<br>여격 | odpowiadać, pomagać, służyć ufać, wybaczać, wierzyć | dzięki, ku, przeciwko, wbrew, na przekór | mnie/mi / tobie/ci / jemu/niemu/mu / jej/niej | nam / wam / im / nim |
| 4격<br>목적격 | czekać na, patrzeć na, prosić o, martwić się o, iść po, dziękować za, wierzyć w, grać w<br>*~을/~를로 끝나는 대부분의 동사 | przez | mnie / ciebie/cię / jego/niego/go / je/nie / ją/nią | nas / was / ich/nich / je/nie |
| 5격<br>기구격 | bawić się, zostać, cieszyć się, martwić się, interesować się, opiekować się, zajmować się, rządzić, wyróżniać się | między, nad, ponad, pod, przed, za, poza, z | mną / tobą / nim / nią | nami / wami / nimi |
| 6격<br>장소격 | grać na | na, o, o+시간, po, przy, w | o mnie / o tobie / o nim / o niej | o nas / o was / o nich |

 **OLIWIA'S TIP**

폴란드어를 공부할 때에는 각 격의 의미, 활용, 동사 및 전치사에 따라 뒤에 나오는 형용사와 명사가 바뀜을 이해하는 것이 중요합니다. 따라서, 폴란드어를 학습할 때에는 상기에 정리해 놓은 활용, 동사, 전치사를 외우고 단수/복수에 따른 어미변형을 익히면 수월하게 접근할 수 있습니다. 대부분의 동사는 목적격 동사임을 감안하여, 목적격 어미 변형은 1차적으로 학습하는 것이 좋습니다.

## ☆ 학습 요령

### 1. 현재 동사의 단/복수 어미변형

1) ać 형 동사 어미 변형

| znać<br>(~를 알다) | 주격단수 | 주격복수 |
|---|---|---|
| 1인칭 | znam | znamy |
| 2인칭 | znasz | znacie |
| 3인칭 | zna | znają |

-ać형 활용 동사 : -am, -asz, -a, -amy, -acie, -ają
czytać(~를 읽다), słuchać(~를 듣다), oglądać(~를 보다), pytać(~를 묻다), siadać(앉다), rozmawiać(이야기하다), zaczynać(~를 시작하다), znać(~를 알다), zwiedzać(~를 구경하다)

2) -ić,-yć 형 동사 어미 변형

| kończyć<br>(~를 마치다) | 주격단수 | 주격복수 |
|---|---|---|
| 1인칭 | kończę | kończymy |
| 2인칭 | kończysz | kończycie |
| 3인칭 | kończy | kończą |

-ić/-yć형 동사의 어미 활용: -ę, -isz/ysz, -i/y, -imy/ymy, -icie/ycie, -ą
zobaczyć(~를 보다), tańczyć(춤추다), kończyć(~를 끝내다), uczyć się(~를 공부하다)
**주의: -bić, -pić, -wić, -mić, -nić로 끝나는 -ić 형은 "i"가 1인칭과 3인칭 복수에 살아 있습니다.**

mówić(말하다), kupić(~를 사다), robić(~를 하다, 만들다), martwić się o(~를 걱정하다)

| robić<br>(~를 하다) | 주격단수 | 주격복수 |
|---|---|---|
| 1인칭 | robię | robimy |
| 2인칭 | robisz | robicie |
| 3인칭 | robi | robią |

3) -ować, -iwać, -ywać형 동사 어미 변형

| pracować<br>(~일하다) | 주격단수 | 주격복수 |
|---|---|---|
| 1인칭 | pracuję | pracujemy |
| 2인칭 | pracujesz | pracujecie |
| 3인칭 | pracuje | pracują |

-ować, -iwać, -ywać형 동사: **-uję, -ujesz, -uje, -ujemy, -ujecie, -ują** 어미
potrzebować(필요하다), kupować(사다), chorować(아프다), dyskutować(토론하다), budować(짓다), całować(키스하다), planować(~를 계획하다), projektować(~프로젝트를 구상하다)

4) 단음절 동사 어미 변형

| pić<br>(~를 마시다) | 주격단수 | 주격복수 |
|---|---|---|
| 1인칭 | piję | pijemy |
| 2인칭 | pijesz | pijecie |
| 3인칭 | pije | piją |

기타 단음절 동사 : bić(때리다), czuć się(느끼다), szyć(꿰매다)
**주의: pić(마시다), myć się(씻다), czuć się(느끼다)과 같이 동사가 단음절로 끝나는 동사는 -ij-, -yj-, -uj-로 각 어미가 끝납니다.**

5) 불규칙 동사변형
아래에 제시한 기타 불규칙 동사는 일정한 규칙이 없기 때문에 암기가 필요합니다. 중요한 동사들은 대부분 불규칙 동사에 해당됩니다. 본 교재에 상세하게 수록해두었으니 본문을 참고하여 학습하면 좋습니다.
**np.) pisać, dać, jeść, brać, spać, iść, jechać**

## ☆ 학습 요령

### 2. 과거형 어미 변형

1) być

| być | 단수 | | | 복수 | | 과거형 어미 | |
|---|---|---|---|---|---|---|---|
| | 남성 | 여성 | 중성 | 남성사람 | 그외의 성 | 단수 | 복수 |
| 1인칭 | byłem | byłam | | byliśmy | byłyśmy | −łem/−łam | −liśmy/−łyśmy |
| 2인칭 | byłeś | byłaś | | byliście | byłyście | −łeś/−łaś | −liście/−łyście |
| 3인칭 | był | była | było | byli | były | −ł/−ła/−ło | −li/−ły |

2) −eć 형 동사

| mieć | 단수 | | | 복수 | | 과거형 어미 | |
|---|---|---|---|---|---|---|---|
| | 남성 | 여성 | 중성 | 남성사람 | 그외의 성 | 단수 | 복수 |
| 1인칭 | miałem | miałam | | mieliśmy | miałyśmy | −łem/−łam | −liśmy/−łyśmy |
| 2인칭 | miałeś | miałaś | | mieliście | miałyście | −łeś/−łaś | −liście/−łyście |
| 3인칭 | miał | miała | miało | mieli | miały | −ł/−ła/−ło | −li/−ły |

*eć형 동사: chcieć, musieć, słyszeć, patrzeć, woleć, powiedzieć, zapomnieć, leżeć, przypomnieć, widzieć, rozumieć, siedzieć

## OLIWIA'S TIP

동사의 과거형은 현재형 어미 변형이 아닌 동사원형에 과거형 어미를 넣어 만듭니다.

## 3. 미래형 어미 변형

1) 미래를 만드는 방법
 - 동사의 미래시제 + 동사원형
 - 동사의 미래시제 + 불완료형 동사의 3인칭 과거형 단수 또는 복수
 - 완료형 동사: 현재 시제로 미래를 표현함.

| 동사의 미래 시제 | | 동사원형 | 동사의 미래 시제 | 불완료형 동사의 3인칭 과거형 단수 또는 복수 |
|---|---|---|---|---|
| ja | będę | pytać | będę | pytał/pytała |
| ty | będziesz | pytać | będziesz | pytał/pytała |
| on | będzie | pytać | będzie | pytał/pytała |
| ona | będzie | pytać | będzie | pytał/pytała |
| ono | będzie | pytać | będzie | pytało |
| my | będziemy | pytać | będziemy | pytali/pytały |
| wy | będziecie | pytać | będziecie | pytali/pytały |
| oni | będą | pytać | będą | pytali |
| one | będą | pytać | będą | pytały |

 Oliwia's Tip

미래형 동사를 만드는 방법은 총 3가지로 "동사의 미래시제 + 동사원형", "동사의 미래시제 + 불완료형 동사의 3인칭 과거형 단수 또는 복수"는 의미차이가 없이 쓸 수 있으며, "미래에 반복적으로, 습관적으로 할 것"을 표현할 때 쓸 수 있습니다. 반면 완료형 동사는 현재시제로 미래를 나타내며, 의지가 있는 일회성 미래를 표현합니다.

## ☆ 학습 요령

### 4. 불완료 동사(ndk) vs 완료 동사(dk)

1) 불완료형 동사란? (이하, ndk로 표시함)

> być 미래형 + (불완료형) 동사원형 혹은 3인칭 단복수 어간 = 반복 미래형

과거·현재·미래 시제에서 어떠한 행위가 계속적, 습관적, 반복적으로 행해질 때 사용합니다. 하지만 행위가 반복적이지 않고 일회성인 경우가 있습니다. 이때에 완료형 동사를 사용하면서 미래를 나타낼 수 있습니다.

2) 완료형 동사란? (이하, dk로 표시함)

> 완료형 동사의 현재형 = (단발성) 미래를 나타냄

과거에 이미 일어나서 행위가 끝났거나, 미래에 한 번 일어나 끝나게 될 동작을 나타낼 때, 이를 '완료형 동사'라고합니다. 따라서, 완료형 동사를 현재로 쓰게 되면 미래에 한 번 일어난다는 의미가 됩니다.

### * 완료형 동사를 만드는 방법

1) 접두사 + 불완료형 동사 = 완료형 동사
z + robić = zrobić, s + kończyć = skończyć, po + szukać = poszukać

2) 단어 중 짧은 단어 = 완료형 동사
spotykać-spotkać(dk), zmieniać-zmienić(dk), wysyłać-wysłać(dk), kupować-kupić(dk)

3) ać형 동사는 불완료, -ić형 동사는 완료
sprawdzać-sprawdzić(dk), potwierdzać-potwierdzić(dk)

4) 불규칙 동사
mówić-powiedzieć(dk), brać-wziąć(dk), wracać-wrócić(dk), widzieć-zobaczyć(dk)

**[ 과거형 불완료 vs 완료 뉘앙스 차이 ]**

    Wczoraj robiłam porządki w domu.
       → 어제 집에서 정리를 했는데 모든 것을 정리 한건 아님.
    Wczoraj zrobiłam porządki w domu.
       → 어제 집안 정리를 모두 끝냈다는 의미임.

**[ 미래형 불완료 vs 완료 뉘앙스 차이 ]**

    Będę robiła pranie dziś wieczorem.
    오늘 저녁에는 세탁기를 돌릴거지만 모든 세탁물을 다 돌릴건지는 모름.
    Zrobię pranie dziś wieczorem.
    오늘 저녁에는 세탁물 전체를 다 돌려 빨래 마무리를 할할 것이라는 의지가 담겨있음.

##  OLIWIA'S TIP

Part2부터는 과거-현재-미래형 연습에서 가장 자연스럽고 자주 쓰이는 표현 위주로 완료, 불완료 표현을 섞어 학습할 수 있도록 구성하였습니다. 대부분의 일반동사는 완료형-불완료형이 함께 존재하는데, 이는 뉘앙스의 차이로 해석을 해야 합니다. 완료-불완료를 구분하여 학습하여야 하며, 해석 역시 달라질 수 있음을 염두해두어야 합니다.
문법적으로는 완료, 불완료 표현을 써도 모두 맞는 표현이긴 하지만 의미가 살짝 달라지고, 간혹 동사에 따라 어색한 표현이 될 수도 있습니다. 따라서, 본 Part2부터는 어색하지 않은 표현들, 자주 쓰는 표현을 중심으로 완료/불완료 하나씩만 담았습니다.
이하, 완료형 동사에는 dk로 표시를 하였으며, ndk는 불완료를 의미합니다.

## ☆ 학습 요령

5. 육하원칙 (kto, kiedy, gdzie, co, jak, dlaczego) + kto, co 변형

| kto | 누가 |
|---|---|
| kiedy | 언제 |
| gdzie | 어디서 |
| co | 무엇을 |
| jak | 어떻게 |
| dlaczego | 왜 |

*kto/co의 격변화

| 주격 | 소유격 | 여격 | 목적격 | 기구격 | 장소격 |
|---|---|---|---|---|---|
| kto | kogo | komu | kogo | kim | o kim |
| co | czego | czemu | co | czym | o czym |

| ktoś | 누군가 |
|---|---|
| kiedyś | 언젠가 |
| coś | 뭔가 |
| gdzieś | 어디선가 |
| jakiś | 어떤 |

### ⭐ OLIWIA'S TIP

해당 패턴의 경우, 육하원칙을 이용하여 다양하게 활용할 수 있습니다. 단독적으로 육하원칙을 이용하여 질문-답 형식으로 쓸 수도 있고, <u>6번의 유용한 일반/조동사를 육하원칙과 넣어 활용할 수 있습니다.</u> 본 교재에서 다양한 예문을 활용할 수 있도록 수록해 두었습니다. 또한 불분명한 사실에 대하여 이야기할 때, <u>"육하원칙 + ś"</u>를 넣어 풍부하고 유창하게 표현할 수 있습니다. 여기에서 kto, co 및 이하의 육하원칙은 격에 따라 형용사처럼 변화한다는 특징이 있습니다.

## 6. 유용한 일반동사/조동사 + 동사원형

| | | |
|---|---|---|
| lubić | | |
| chcieć | | |
| móc | | |
| musieć | | |
| woleć | **+** | **동사원형** |
| prosić | | |
| trzeba | | |
| warto | | |
| wolno | | |
| można | | |

## ⭐ OLIWIA'S TIP

Part2부터 등장하는 유용한 일반/조동사 10개 패턴 바로 뒤에 일반동사의 원형이 오는 패턴은 자주 쓰면서도 어렵지 않게 배울 수 있으므로 굉장히 중요한 학습입니다. 특히 별다른 동사변형이 없이 쓸 수 있는 trzeba, warto, wolno, można의 경우 바로 뒤에 동사원형만 넣으면 되므로, 아주 쉽게 접근할 수 있습니다. 동사변형이 어렵다면 상기의 동사 4개를 이용해서 part3의 자주 쓰는 일반동사들만 공부를 해도 어느 정도의 회화가 가능하다고 말할 수 있습니다. 또한 해당 패턴을 잘 이용하여 의문문, 부정문, 동사변형을 연습하면 수십개의 문장을 만들 수 있습니다. 교재 부록에 수록되어 있는 동사 이외에도 여러 동사들도 동일한 방법으로 연습을 하면 효과적입니다.

## ☆ 학습 요령

### 7. 어울리는 전치사 & 접두사의 기본적인 의미

| 격 | 전치사 |
|---|---|
| 2격 소유격 | dla, bez, oprócz, u, z, do, koło, obok, od |
| 3격 여격 | dzięki, ku, przeciwko, wbrew, na przekór |
| 4격 목적격 | przez |
| 5격 기구격 | między, nad, ponad, pod, przed, za, poza, z |
| 6격 장소격 | na, o, o+시간, po, przy, w |

| 접두사 | 의미 |
|---|---|
| do | 목표점을 향해 감 |
| o/ob | 주위를 순회함 |
| od/ode | 떠남 |
| pod | 위로 올라감/가까이 다가감 |
| nad | 위에서 내려옴/다가옴 |
| prze | 통과, 지나감 |
| przy | 도착 |
| roz | 여러 방향으로 흩어짐, 해결 |
| w | 안으로 들어옴 |
| wy | 밖으로 나감 |
| s/z(e) | 아래로 내려감 |

 **OLIWIA'S TIP**

Part2부터 각 동사에 등장하는 "접두사에 따른 다양한 의미" 파트의 경우, 접두사에 따라 의미 차이가 나기 때문에 접두사의 의미를 잘 알아 두는 것이 좋으며, <u>접두사는 전치사에서 나온다는 점</u>도 확인하면 좋습니다. 또한 전치사의 경우 동사에 어울리는 전치사들을 별도로 교재에 넣어두었으나, 이외에도 위의 전치사를 이용하여 다양하게 표현하는 연습을 하면 효과적입니다.

## 8. 동사파 명사 만드는 방법

1) ać로 끝나는 동사: 원형 ć제외 후 + nie
czytać-czytanie, pisać-pisanie, spać-spanie
2) -eć, -ić, -yć,-ść, -źć로 끝나는 동사: 원형의 뒷 어미 제외 후 + enie
leżeć-leżenie, myśleć-myślenie, chodzić-chodzenie
3) -ić, -yć로 끝나는 단음절 동사: 원형 ć제외 후 + cie
pić-picie, żyć-życie, myć-mycie

## 9. 명령문 만드는 방법

1) ać로 끝나는 동사: 현재형 3인칭 단수 어간 + j
czytać-czytaj, czekać-czekaj, rozmawiać-rozmawiaj, słuchać-słuchaj

2) -eć로 끝나는 동사: 원형동사 어간 + -ij/-yj
zapomnieć-zapomnij(불규칙), chcieć-chciej, mieć-miej

3) -ić, -yć 로 끝나는 동사: 생략
robić-rób, mówić-mów, kończyć-kończ

4) -ować, -iwać, -ywać로 끝나는 동사: 현재형 3인칭 단수 어간+ 어미 삭제
pracować-pracuj, oczekiwać-oczekuj, podziękować-podziękuj

## ☆ 학습 요령

### 10. 분사 만드는 방법

| 분사 (=형용사역할; 서술적, 명사 수식) | | | |
|---|---|---|---|
| 부사적 분사 (서술적 역할) | | 형용사적 분사 (명사 수식) | |
| 현재 분사 (-ąc) | 과거 분사 (-wszy) | 능동 분사 (-ący, -ące, -ąca) | 수동 분사 (-ony, -one, -ona) |

1) 부사적 분사: 부사이므로, 어미 변형이 이루어지지 않음.
-현재분사: 한 문장에서 두 가지의 행위나 동작을 동시에 행할 때 사용하며, 동시 동작의 의미인 현재분사는 불완료형 동사만 사용할 수 있습니다.
어미형태: 불완료형 동사 + -ąc
np.) Wracając do domu, kupiłem ciasta. 집으로 돌아가는 길에, 케이크를 샀다.
-과거분사: 한 문장에서 두 가지 동작을 시간차를 두고 행하는 것을 말하며, 과거분사로 표현한 동사가 먼저 행하고, 나머지 동사가 그 다음으로 이루어집니다. "~한 후"로 해석됩니다. 완료형 동사만 사용할 수 있습니다.
어미형태: 완료형 동사 + -wszy
np.) Przeczytawszy książkę, leżałem w łóżku. 책을 모두 읽은 후에 침대에 누웠다.

2) 형용사적 분사: 형용사 취급을 하므로, 형용사처럼 어미변형이 이루어짐.
-능동분사: 동사의 의미에서 나온 형용사의 역할로 "~하고 있는" "~하는" 등으로 해석할 수 있습니다. 이때, 뒤에 나오는 명사에 따라 남성/중성/여성으로 어미 변형이 이루어집니다.
어미형태: 불완료형 동사 + -ący(남), -ące(중), -ąca(여)
np.) Dziewczyna kupująca książkę, zapłaciła za tę książkę. 책을 사는 소녀는 책 값을 지불했다.
-수동분사: 타동사의 경우 수동분사 표현이 가능하며, ~어진, ~된으로 해석됩니다.
어미형태: 완료/불완료 동사 + -ony(남), -one(중), -ona(여)
np.) Nagrodzony film mi się podobał. 상을 받은 영화는 내 마음에 들었다.

## 11. 각 격별 인칭대명사

| 주격(단수) | 소유격 | 여격 | 목적격 | 기구격 | 장소격 |
|---|---|---|---|---|---|
| ja | mnie | mi | mnie | mną | o mnie |
| ty | ciebie/cię | tobie/ci | ciebie/cię | tobą | o tobie |
| on | jego/go/niego | jemu/mu/niemu | jego/go/niego | nim | o nim |
| ono | | | je/nie | | |
| ona | jej/niej | jej | ją/nią | nią | o niej |

| 주격(복수) | 소유격 | 여격 | 목적격 | 기구격 | 장소격 |
|---|---|---|---|---|---|
| my | nas | nas | nas | nami | o nas |
| wy | was | was | was | wami | o was |
| oni | ich/nich | im/nim | ich/nich | nimi | o nich |
| one | | | je/nie | | |

## ⭐ OLIWIA'S TIP

위의 파란색 표시는 전치사가 바로 앞에 나올 경우에만 쓸 수 있습니다. 소유격과 목적격은 형용사적 어미 변형이 비슷하게 이루어지는 것과 마찬가지로 인칭대명사도 비슷하나, ono 에 차이가 있으므로 유의하셔야 합니다.

## ☆ 학습 요령

### 12. 다양한 부사의 활용

부사는 문장 구성에 영향을 주지 않은 품사로, 문장 전체를 수식하는 역할을 하여 문장을 좀 더 풍부하게 만들어 줍니다. 기본적인 부사 이외에도 빈도부사, **전치사 + 명사** 표현, 시간 표현 등 모두 문장을 풍부하게 해주는 부사로 볼 수 있습니다. **본 교재의 핵심패턴에 나와있는 동사를 이하의 다양한 부사와 함께 활용하여 풍부하게 연습하면 효과적으로 학습할 수 있습니다.**

### 1) 부사 만드는 법

− 형용사 어미 + o: ~하게

| 형용사 | 부사 | 의미 |
|---|---|---|
| długi ↔ krótki | długo ↔ krótko | 길게 ↔ 짧게 |
| głupi | głupio | 어리석게 |
| gorący ↔ zimny | gorąco ↔ zimno | 뜨겁게 ↔ 차갑게 |
| drogi ↔ tani | drogo ↔ tanio | 비싸게 ↔ 싸게 |
| cichy ↔ głośny | cicho ↔ głośno | 조용히 ↔ 시끄럽게 |
| wysoki ↔ niski | wysoko ↔ nisko | 높게 ↔ 낮게 |
| smutny ↔ wesoły | smutno ↔ wesoło | 슬프게 ↔ 활기차게 |
| miły | miło | 친절하게 |
| duży ↔ mały | dużo ↔ mało | 많게 ↔ 적게 |

− 형용사 어미 + e: ~하게

| 형용사 | 부사 | 의미 |
|---|---|---|
| ładny | ładnie | 아름답게 |
| sympatyczny | sympatycznie | 동정심있게 |
| stały | stale | 꾸준히, 변함없이 |
| doskonały | doskonale | 정확하게 |
| mądry | mądrze | 영리하게 |
| dobry | dobrze | 좋게 |

## 2) 빈도부사

> codziennie 매일, co drugi dzień 이틀 마다, co tydzień 매주, co miesiąc 매달, co rok 매년, raz w tygodniu 일주일에 한 번, raz w miesiącu 한 달에 한 번, raz w roku 일 년에 한 번, teraz 지금, najpierw 먼저, zawsze 항상, często 자주, zazwyczaj/zwykle 보통, czasami 가끔, rzadko 드물게, nigdy 절대

## 3) "전치사 + 명사"=부사

[시간 부사; 요일]
*요일에 대해 이야기할 경우, "~에"라는 전치사 w를 써서 표현하며, 이때 w 다음에는 목적격이 나옵니다.

| 월요일에 | 화요일에 | 수요일에 | 목요일에 | 금요일에 | 토요일에 | 일요일에 |
|---|---|---|---|---|---|---|
| w poniedziałek | we wtorek | w środę | w czwartek | w piątek | w sobotę | w niedzielę |

[시간 부사; 월]
*월에 대해 이야기할 경우, "~에"라는 전치사 w를 써서 표현하며, 이때 w 다음에는 장소격이 나옵니다.

| 1월에 | w styczniu | 7월에 | w lipcu |
|---|---|---|---|
| 2월에 | w lutym | 8월에 | w sierpniu |
| 3월에 | w marcu | 9월에 | we wrześniu |
| 4월에 | w kwietniu | 10월에 | w październiku |
| 5월에 | w maju | 11월에 | w listopadzie |
| 6월에 | w czerwcu | 12월에 | w grudniu |

[시간 부사; 시간]
*시간표현은 다양하게 활용할 수 있습니다. 12시까지 외운 후 오후의 표현은 po południu, wieczorem과 같은 단어를 넣어 오후와 저녁을 표현할 수 있습니다.

| 주격 (-a)<br>몇 시 | na + 목적격 (-a)<br>몇 시로 | o + 장소격 (-ej)<br>몇 시에 |
|---|---|---|
| 1:00 - pierwsza | na pierwszą | o pierwszej |
| 2:00 - druga | na drugą | o drugiej |

## ☆ 학습 요령

[시간 부사; 시간]

| 주격 (-a)<br>몇 시 | na + 목적격 (-ą)<br>몇 시로 | o + 장소격 (-ej)<br>몇 시에 |
|---|---|---|
| 3:00 - trzecia | na trzecią | o trzeciej |
| 4:00 - czwarta | na czwartą | o czwartej |
| 5:00 - piąta | na piątą | o piątej |
| 6:00 - szósta | na szóstą | o szóstej |
| 7:00 - siódma | na siódmą | o siódmej |
| 8:00 - ósma | na ósmą | o ósmej |
| 9:00 - dziewiąta | na dziewiątą | o dziewiątej |
| 10:00 - dziesiąta | na dziesiątą | o dziesiątej |
| 11:00 - jedenasta | na jedenastą | o jedenastej |
| 12:00 - dwunasta | na dwunastą | o dwunastej |

[전치사 + 기구격 = 부사] *사람과 관련된 표현은 여러 전치사와 쓸 수 있지만 특히 "z + 기구격"으로 쓰면 "~와 함께"의 의미가 되므로 다양한 표현을 구사할 수 있습니다.

| 할아버지와 함께 | z dziadkiem | 남편 | z mężem |
|---|---|---|---|
| 할머니 | z babcią | 아내 | z żoną |
| 아버지 | z ojcem | 지인들 | ze znajomymi |
| 어머니 | z matką | 직원들 | z pracownikami |
| 상사 | z szefem | 형/오빠/남동생 | z bratem |
| 매니저 | z menedżerem | 오빠들/형들 | ze starszymi braćmi |
| 친구들 | z kolegami | 여동생/언니 | z siostrą |
| 친한 친구들 | z przyjaciółmi | 여동생들 | z młodszymi siostrami |
| 여자친구 | z dziewczyną | 남자친구 | z chłopakiem |
| 삼촌, 작은아버지 | z wujkiem | 막내딸 | z najmłodszą córką |

*교통수단의 경우, "~를 타고 이동하다."의 의미로 쓰이기 때문에 단독으로 기구격 표현을 쓰면 쉽게 표현할 수 있습니다.

| 지하철을 타고 | metrem | 비행기 | samolotem |
|---|---|---|---|
| 버스 | autobusem | 배 | statkiem |
| 택시 | taksówką | 오토바이 | motocyklem |
| 자동차 | samochodem | 자전거 | rowerem |

[전치사 + 장소격 = 부사] *~에 해당되는 전치사는 장소격뿐 아니라 소유격, 기구격도 표현이 됩니다. 대화하기 편하게 한 묶음으로 암기하는 것이 좋습니다.

| 위에 | w górze | 뒤에 | z tyłu |
|---|---|---|---|
| 아래 | na dole | 오른쪽에 | w prawo |
| 안에 | w środku | 왼쪽에 | w lewo |
| 밖에 | na zewnątrz | 동쪽에 | na wschodzie |
| 옆에 | obok | 서쪽에 | na zachodzie |
| 사이에, 가운데에 | między | 남쪽에 | na południu |
| 앞에 | przed | 북쪽에 | na północy |

## ☆ 학습 요령

[전치사 + 장소격 = 부사]
*아래의 부사 표현들은 한 묶음으로 암기하는 것이 좋습니다.
**"w/na ~에, o ~에 대하여, po ~후에, przy ~옆에"의 의미로 장소격을 쓰는 전치사**입니다.

| na (~에서) | o (~에 대하여) | po (~후에) |
|---|---|---|
| na lotnisku<br>공항에서 | o pogodzie<br>날씨에 대하여 | po obiedzie<br>점심 식사 후에 |
| na pierwszym piętrze<br>1층에서 | o mamie<br>엄마에 대하여 | po świecie<br>세계 곳곳으로 |
| na spotkaniu<br>회의에서 | o lekarzu<br>의사에 대하여 | po kolacji<br>저녁 식사 후에 |
| na kolacji<br>저녁 식사 중에 | o ojcu<br>아버지에 대하여 | po imprezie<br>파티 후에 |
| na parterze<br>0층에서 | o dziecku<br>아이에 대하여 | po śniadaniu<br>아침 식사 후에 |
|  | o czwartej<br>네시에 |  |

| w (~에서) | | przy (~옆에) |
|---|---|---|
| w kawiarni<br>커피숍에서 | w parku<br>공원에서 | przy komputerze<br>컴퓨터 옆에 |
| w domu<br>집에서 | w samochodzie<br>자동차에서 | przy plaży<br>해변가 옆에 |
| w sklepie<br>가게에서 | w miejscu<br>자리/좌석/장소 에서 | przy biurku<br>책상 옆에 |
| w szkole<br>학교에서 | w windzie<br>엘리베이터에서 |  |

## 13. 활용도 좋은 여격 쓰임

*아래의 여격 구문은 한 묶음으로 암기하여 익히는 것이 좋습니다.

| 여격을 사용하는 관용어구 | 예시 |
|---|---|
| chce się (~가 원하다.) | Chce mi się spać. (나) 졸려. |
| śni się (~ 꿈꾸다.) | Śniło ci się dziecko?<br>(너는) 아이 꿈을 꿨어? |
| brakuje (~가 부족하다.) | Brakuje mi czasu. (brakować+여격+소유격)<br>(나는) 시간이 부족해. |
| nudzi się (~지루하다.) | Nudzi nam się w szkole.<br>(우리는) 학교가 지루해. |
| idzie (~되어가다.) | Praca idzie dobrze.<br>일은 잘 진행되고 있어. |
| wolno (~허락하다.) | Wolno nam wychodzić.<br>(우리는) 나가도 돼. |
| smutno (~슬프다.) | Dlaczego ci smutno?<br>(너는) 왜 슬퍼? |
| miło (~ 반갑다.) | Miło mi ciebie poznać.<br>너를 알게 되어 기뻐. |
| dobrze (~좋다.) | Spacer dobrze mi zrobił.<br>산책했더니 (내가) 기운이 났어. |
| źle (~ 나쁘다.) | Egzamin źle mi poszedł.<br>(나는) 시험 잘 못 봤어. |
| słabo (~약하다.) | Słabo ci? 너 힘 없어? (아파?) |
| gorąco (~덥다.) | Gorąco mi. 나 더워. |
| wesoło (~기쁘다.) | Wesoło nam. 우리는 기뻐. |
| szkoda (~유감스럽다, 애처롭다.) | Szkoda ci pieniędzy na taksówkę?<br>(너) 택시비가 아깝지? |
| wygodnie (~가 편안하다.) | Wygodnie mi tutaj zostać.<br>(나는) 여기에 있는 것이 편해. |
| podoba się (~에 마음에 들다.) | Podobają wam się te kwiaty?<br>이 꽃이 (너희들) 마음에 들어? |

♪ DZIĘKUJĘ